Richard van Dülmen

Kultur und Alltag in der Frühen Neuzeit

Erster Band

Richard van Dülmen

Kultur und Alltag in der Frühen Neuzeit

Erster Band

Das Haus und seine Menschen
16.–18. Jahrhundert

Verlag C. H. Beck München

Mit 64 Abbildungen im Text

CIP-Titelaufnahme der Deutschen Bibliothek:

Dülmen, Richard van:
Kultur und Alltag in der Frühen Neuzeit / Richard van Dülmen. – München : Beck.
Bd. 1. Das Haus und seine Menschen : 16.–18. Jahrhundert. – 3. Aufl. 1999
ISBN 3 406 45015 6

ISBN 3 406 45015 6

Dritte Auflage, 1999

Umschlaggestaltung: Bruno Schachtner, Dachau
Umschlagabbildung: Familienbild. Gemälde von Georg Pencz, 1541
(Germanisches Nationalmuseum, Nürnberg)
Satz: Fotosatz Otto Gutfreund, Darmstadt
Druck und Bindung: Kösel, Kempten
Printed in Germany

Inhalt

Einleitung 7

I. Haus und Familie 11

1. Das Haus 12
2. Haushalts- und Familiengröße 23
3. Der patriarchalische Haushalt 38
4. Wohnen, Essen und Kleiden 55

II. Kindheit und Jugend 79

1. Geburt und Kindersterblichkeit 80
2. Erziehung 101
3. Jugend 121

III. Heirat und Ehe 133

1. Heirat: Verlobung und Trauung 134
2. Ehe als gesellschaftliche Institution 157
3. Sexualität 184

IV. Alter und Tod 199

1. Alter und Altersversorgung 200
2. Lebenserwartung und Todesursachen 207
3. Sterben und Begräbnis 215

V. Die Geburt der bürgerlichen Familie: Utopie oder Wirklichkeit . 229

Schlußbetrachtung 241

Anmerkungen 245
Literaturverzeichnis 296
Abbildungsnachweis. 307
Namen-, Orts-, Sachregister 308

Meinen Kolleginnen und Kollegen,
Mitarbeiterinnen und Mitarbeitern
gewidmet

Einleitung

Vom einfachen Bauern bis zum reichen Kaufmann, vom armen Handwerker bis zum Adel in der Stadt und auf dem Land lebte der Mensch in der frühen Neuzeit sein Leben lang in der häuslichen Gemeinschaft. Sie war die ursprüngliche, die geordnete Lebenseinheit. Mag sie groß oder klein, mag sie hie und da unterschiedlich strukturiert gewesen sein, sie blieb der Lebensmittelpunkt: denn unbehaust und allein lebte nur der Landstreicher. Die Hausgemeinschaft vom Beginn des 16. bis zum Ausgang des 18. Jahrhunderts läßt sich nicht mit einer Wohngemeinschaft, ja nicht einmal mit einer Familie im modernen Sinn vergleichen. Sie bildete eine Lebensordnung eigener Art; eine Lebensordnung, die den sozialen und wirtschaftlichen Verhältnissen ebenso entsprach wie den herrschaftlichen Bedingungen der vorindustriellen Gesellschaft. Haus und Familie bildeten eine Schutz- und Lebensgemeinschaft, in der Arbeit und Leben nicht – wie in späteren Zeiten – voneinander geschieden waren. Allein durch ihre enge Verknüpfung war das soziale und wirtschaftliche Überleben gesichert. Die uns heute längst vertraute Individualität innerhalb der Familie kannte der Mensch damals nicht: er lebte eingebunden in der patriarchalisch bestimmten Struktur des Hauses und tat, was ihm geheißen wurde innerhalb einer strengen, auf überlieferten Normen beruhenden Hausordnung. Aber auch die Hausgemeinschaft selbst war keineswegs eine autonome soziale Einheit. Sie war vielmehr ihrerseits in die Arbeits- und die Normenwelt der Dorf- und der Stadtgesellschaft eingebunden und hatte für deren Sicherung und Überleben einen wichtigen Beitrag zu leisten.

Diese Ordnung des Lebens war auch ein wesentlicher Bestandteil der feudalen Gesellschaft. Sie erstarrte jedoch nicht in den ihr auferlegten Regeln, blieb vielmehr durchaus wandlungsfähig. Zu Ende ging sie erst, als unter den Bedingungen einer zunehmenden Staatsherrschaft, wirtschaftlicher Expansion und der Säkularisierung der Gesellschaft neue Ordnungen entworfen und verwirklicht wurden.

Darstellung und Analyse des typischen Familienlebens in der frühen Neuzeit, das sich unter den Bedingungen des ‚ganzen' Hauses entfaltet hat, sind Gegenstand der vorliegenden Untersuchung. Zwar wird auch die Frage nach Ursprung und Entstehung der heutigen Familie in der Vormoderne gestellt, vor allem aber geht es um die Rekonstruktion der Wohn- und Arbeitsgemeinschaft des Hauses als eines Lebensraumes, der alle materiellen und emotionalen Bedürfnisse der Menschen jener Jahrhunderte befriedigen mußte und ihn – in Ehe und Kindererziehung, in den zwischenmenschlichen

Beziehungen, in der Arbeit und im Tod entscheidend prägte. Wohl unterscheidet sich das Leben in der heutigen Familie grundlegend von dem im ‚vormodernen' Haus. Aber wenn dieses auch keine Trennung von Arbeit und Privatleben, von Individualität und Öffentlichkeit kannte, so wäre es gleichwohl falsch, das familiäre Leben der Frühen Neuzeit einzig auf Arbeit und Erhaltung des Besitzstandes zu reduzieren. Lebensanspruch und Lebenswirklichkeit waren damals anders als heute – aber auch die Menschen damals haben ihre Feste gefeiert und geliebt.

Man kann die Lebensqualität in der frühneuzeitlichen Gesellschaft nicht mit modernen Maßstäben messen; die meisten Menschen führten ein hartes und entbehrungsreiches Leben. Wenn man sich aber zugleich die herrschenden Lebensbedingungen vor Augen hält, dann läßt sich auch ein beachtlicher Wille zur Gestaltung des Lebens erkennen, der dem der heutigen Gesellschaft nicht nachsteht. An der Organisation des häuslichen Lebens haben die tradierten Erfahrungen vieler Generationen mitgewirkt. Sie entsprach einer Lebensordnung, in der viele angesichts materieller Knappheit nur durch die Zugehörigkeit zu einer häuslichen Gemeinschaft ein gesichertes Leben in Ehre führen konnten.

Die vorliegende Untersuchung gründet auf den Anregungen und Ergebnissen der historischen Familienforschung (Imhof, Mitterauer, Laslett), der Sozialisationsgeschichte (Elias, Ariès, Flandrin) und der Volkskunde bzw. Anthropologie (Kramer, Davis, Bourdieu). Sie will sich andererseits nicht damit begnügen, nur die materiellen Bedingungen des Familienlebens und die häuslichen Lebensverhältnisse zu rekonstruieren. Vielmehr möchte sie eine umfassende – soziale, kulturelle und ökonomische – Perspektive des Familienlebens von der Geburt bis zum Tod öffnen und damit auch die Empfindungswelt, die ‚Innenseite' also des häuslichen Lebenszusammenhangs zeigen. Die Darstellung des Lebenszyklus erscheint mithin als der beste Weg, das Leben in der Familie der frühen Neuzeit sichtbar zu machen.

So steht einmal jene *Lebensordnung* im Vordergrund, die unter den Bedingungen der ‚vormodernen' Ökonomie das Überleben in einer Gesellschaft garantiert hat – in der es Alternativen zum Leben im ‚ganzen' Haus kaum gab. Die Darstellung will dann besonders auf die *strukturalen Zusammenhänge* im vormodernen Familienleben eingehen, wobei weniger die regionalen Besonderheiten interessieren als die Unterschiede zur heutigen Gesellschaft. Insofern steht die ‚dichte' Beschreibung der ‚vormodernen' Welt des häuslichen Lebens in ihrer komplexen Gestalt, wie sie bis weit ins 18. Jahrhundert, ja noch ins frühe 19. Jahrhundert hinein das alltägliche Leben der meisten Menschen geprägt und organisiert hat, mehr im Vordergrund als das Nachzeichnen und das Aufspüren neuer Erscheinungen und Wandlungsprozesse, die zur Ausbildung moderner Familienstrukturen geführt hatten, sowenig diese Entwicklungen ausgeblendet werden. Zwar sollen drittens soziale wie geschlechtsspezifische Unterschiede deutlich herausgestellt werden, denn die Erfahrungen der verschiedenen sozialen Gruppen sowie der von Männern und Frauen differieren beträchtlich. Das Interesse wendet sich jedoch vor allem der häuslichen Lebenswelt des *einfachen Volkes* zu, denn die meisten Menschen in der frühen Neuzeit waren Bauern und Handwerker. Die Rekonstruktion ihrer familiären Lebensordnung geht schließlich über die Beschreibung des objektiv Vorgegebenen hinaus; die uns bekannten Quellen bieten Einblicke auch in die *subjektive Erfahrungswelt* der Hausbewohner selbst. Das wird in der gegenwärtigen Forschung nicht selten vernachlässigt: Im Mittelpunkt unserer Darstellung steht daher der Versuch, die Welt des häuslichen Lebens aus der Zeit und ihren sozialen Lebensmöglichkeiten selbst zu verstehen und zu erklären.

Es ist keine idyllische Welt, die hier vor Augen tritt, aber auch nicht ein schreckliches Leben in Jahrhunderten eines langsamen Wandels, das den Menschen jede Möglichkeit zur eigenen Lebensgestaltung verschloß. Die häusliche Welt zwischen dem 16. und dem 18. Jahrhundert ist sehr viel facettenreicher als es den Anschein haben könnte, ja sie kann als eine kulturelle Leistung angesehen werden, deren Wert keineswegs geringer ist als jener des familiären Lebens in der Moderne.

Dieser Darstellung von Haus und Familie, Ehe, Kindheit und Jugend, Alter und Tod im häuslichen Leben sollen zwei weitere Untersuchungen folgen. Der zweite Band wird sich mit dem öffentlich-sozialen Leben beschäftigen, der Welt der Arbeit, der Stände und der öffentlichen Ordnung. Der dritte Band wendet sich dann dem Aberglauben und der Religion ebenso zu wie der Entwicklung des neuen Wissens und der aufklärerischen Kommunikation. Mit der Behandlung dieser zentralen Probleme der frühneuzeitlichen Kultur und Gesellschaft kann im Umriß das Bild einer Zeit hervortreten, deren Wandlungsprozeß die unsere gerade dort verständlich macht, wo die Grenzen zwischen privatem und öffentlichem Leben noch fließend waren. Von Jahrhunderten wird mithin gesprochen, in denen Subjektivität in objektiven Bedingungen völlig aufzugehen schien; auch das möchte dieses Buch zum Ausdruck bringen.

Saarbrücken, Frühjahr 1989

I. Haus und Familie

1. Bauernfamilie des 18. Jh. Gemälde v. J. A. Herrlein

1. Das Haus

Das Haus – und nicht die Familie – bildete in der frühen Neuzeit noch die zentrale Lebensordnung.[1] Die Familie im modernen Sinne entstand erst im 18. Jahrhundert.[2] Das Haus hatte damals noch eine umfassendere Bedeutung als heute.

Das gezimmerte bzw. gemauerte Haus schützte nicht nur die Menschen vor Kälte, Nässe und äußerer Gewalt, bot ihnen Wohnstatt; es war auch der Ort, wo sie arbeiteten, feierten und sich unterhielten.[3] Zwar handelte es sich zumeist um Einzelhäuser, sie waren aber je nach Siedlungsform eingebunden in eine Dorf- oder Stadtgemeinde. Wenn wir von Einödhöfen und Schäferhütten absehen, so stand ein Haus oder ein Hof selten isoliert. Bei den Bauern umfaßte das Haus die Stallungen, bot also auch Platz für Vieh, bei Handwerkern die Werkstätten und das Arbeitsgerät, bei den Kaufleuten Läden und Speicher, also auch Warenlager, bei den Adligen gehörten die Wirtschaftsgebäude dazu. Die jeweilige Struktur des Hauses spiegelt das entsprechende Verhältnis von Arbeits- und Wohnbereich.

Dann bildete das Haus einen Friedensbereich, der entweder durch eine Außenmauer, eine Dachtraufe oder einen Zaun (Etter) von der Außenwelt abgetrennt war.[4] Hausfriedensbruch galt als schweres Vergehen. Es wurde streng unterschieden zwischen einem Angriff auf den Hausherrn auf offener Straße oder in seinem Haus, zwischen Straßenraub oder Einbruch in ein Haus. Ein Schimpfwort, das von außen her ins Haus gerufen wurde, wog schwerer als eines von Angesicht zu Angesicht, denn es verletzte mit der Ehre des Hausherrn auch den Hausfrieden. Ebenso wurde ein Schlag gegen Tür und Fenster schärfer geahndet als ein Hieb auf den Gegner in einer Gasse oder im Wirtshaus.[5] Diesen besonderen Schutz des Hauses mußte der Hausherr garantieren, wenn er seinem Anspruch als Hausherr innerhalb der Dorf- bzw. Stadtgesellschaft gerecht werden wollte. Genügte er dieser Aufgabe nicht, dann konnte ihm das Haus abgedeckt oder das Herdfeuer gelöscht werden. Damit war die häusliche Ordnung zwar allein der Gewalt des Hausherrn unterworfen; die Ausübung seiner Pflicht hingegen wurde von der Nachbarschaft und der staatlichen Obrigkeit kontrolliert. Beide hatten Interesse an einer gut ‚funktionierenden' Hausgemeinschaft, denn sie allein stellte die allgemeine Ordnung sicher. So war das Haus Bestandteil sowohl der genossenschaftlichen wie der herrschaftlichen Welt.[6]

Das Haus meint schließlich eine Lebensgemeinschaft, der nicht nur der Hausbesitzer mit Frau und leiblichen Kindern angehörte, sondern alle, die unter seinem Dach wohnten und der Herrschaft des Hausvaters unterstanden, der ja zumeist Hausbesitzer und ‚Arbeitgeber' zugleich war.[7] Zur Hausgemeinschaft gehörten die leiblichen Kinder, Stiefkinder, auch die unehelich geborenen, Anverwandte, Gesinde, Inleute wie Altenteiler, das Gesinde – Knechte und Mägde, die zumeist unverheiratet waren und sich für eine bestimmte Zeit verdingt hatten. Nicht selten waren es Verwandte; das entsprach der Gewohnheit, die eigenen Kinder auf anderen Höfen arbeiten zu lassen. Die sogenannten Inleute waren Menschen, die mit dem Hausherrn oder der Hausfrau nur selten verwandt waren und auch verheiratet sein konnten, aber der Gewalt des Hausherrn unterstanden. Unter Altenteilern verstehen wir die Gruppen von älteren Personen, zumeist die Großeltern, die nicht mehr der häuslichen Produktionsgemeinschaft angehörten, aber noch im Hause lebten. Alle diese Gruppen zählten zum Haus; erst seit dem 18. Jahrhundert begann man, zwischen der eigentlichen Kernfamilie und dem Gesinde bzw. den Inleuten zu unterscheiden. Nicht Blutsverwandtschaft allein konstituierte das Haus als den sozialen Lebensraum des einzelnen, es war vielmehr die Rechtseinheit und die Lebensgemeinschaft des Hauses selbst. Sprach man in der frühen Neuzeit von der eigentlichen Kern-Familie, so war dabei lediglich von Mann, Frau und Kind bzw. Kindern die Rede.[8] Die Blutsverwandtschaft im Haus war von besonderer Bedeutung, denn erben konnte nur ein legitimer Sohn oder eine legitime Tochter. Im Blick auf die häusliche Rechtsgemeinschaft unterschied man die Kinder gleichwohl kaum vom Gesinde, jedenfalls nicht vor dem Ende des 18. Jahrhunderts, zumal ja auch nichterbberechtigte Kinder sich zumeist als Knechte und Mägde verdingten. Der uns heute geläufige Begriff von Familie, die nur die engere Gemeinschaft von Eltern und Kindern umfaßt, taucht erst gegen Ende des 18. Jahrhunderts auf. Er setzt einerseits die Trennung von Haus und Besitz, andererseits die Ausgliederung des Gesindes voraus. Damit umfaßte die Familie nicht mehr die Funktionsvielfalt des ganzen Hauses.

„Die Familie ist eine Versammlung deren unter einem Gemeinschaftlichen Haus-Vatter beysammen lebenden Personen, bedeutet aber auch öfters eine Verwandtschaft, und begreift mithin nicht nur Eheleut, Kinder und Eltern, sondern auch Dienstboten, Anverwandte und Verschwägerte in sich ... Der Jenige, welcher der Familie vorsteht, wird der Haus-Vatter (Pater familias) oder wenn es eine Weibs-Person ist, die Haus-Mutter (Mater familias) genannt. Sowol eins als das andere, vorzüglich aber Jener, hat denen bey ihm lebenden Haus-Genossen (Domesticis) in Haus-Sachen zu gebieten, wohingegen diesen theils besondere, theils der Haus-Genossenschaft überhaupt anklebende gemeine Rechten und Pflichten zukommen."[9]

Dieser Hinweis auf das Verhältnis von Haus und Familie ist nicht ohne Bedeutung, denn er erhellt wesentliche Unterschiede zwischen der ‚traditionellen' und der ‚modernen' Welt. Sie sind allerdings nur auf der strukturellen Ebene thematisierbar, im empirischen Leben sind die Übergänge fließend und keineswegs so geradlinig, wie das hier erscheinen mag. In der vormodernen Gesellschaft wurde der einzelne Mensch nicht als Individuum verstanden, sondern eben von der Hausgemeinschaft her, in der er lebte, definiert. Darauf verweisen heute noch viele Familiennamen, die sich von einem Hofnamen ableiten lassen.[10] Das Haus erst machte den Menschen zum Mitglied der Gesellschaft. Ein außerhalb des Hauses Lebender galt als unbehaust, sowohl rechtlich wie politisch; zwar nahm die Zahl dieser Menschen seit dem späten 16. Jahrhundert stetig zu, aber das änderte an ihrer Rechtsstellung nichts, sosehr die Obrigkeit auch darum bemüht war, sie durch Vermehrung von Hausgründungen zu integrieren. Nur das Mitglied einer Hausgemeinschaft genoß Schutz und wurde rechtlich und politisch durch den Hausherrn in der Öffentlichkeit vertreten. Vollwertiges Mitglied der feudal-ständischen Gesellschaft war allerdings nur der verheiratete Hausherr selbst, das galt sowohl für den Bauern in der dörflichen Gemeinde wie in der Stadt für den Handwerker in seiner Zunft und für den Kaufmann in seiner Gilde, selbst für den Adligen in der Adelsgesellschaft bzw. im politischen Herrschaftsverband.[11]

Das Haus bildete eine Einheit von sozialen Aufgaben und von Funktionen, die heute voneinander getrennt sind. Unter den Bedingungen einer Arbeitsverfassung bzw. eines ökonomischen Systems, das an erster Stelle für die Selbstversorgung produzierte und noch kaum von der kapitalistischen Maxime des Profits geprägt war, und einer Staatlichkeit, die vor allem auf fürstliche Selbstdarstellung und Abschöpfung aller Überschüsse orientiert war und kaum in gesellschaftliche Prozesse und das soziale Leben eingriff, mußte das ‚ganze Haus' eine Fülle von Aufgaben wahrnehmen, die heute von verschiedenen Institutionen übernommen werden. Gleichwohl war auch in der frühen Neuzeit das Haus keinesfalls autark im Sinne von völliger Unabhängigkeit und Selbstversorgung.

1. Das Haus war eingegliedert in einen übergreifenden Herrschaftsverband mit einem letztlich bereits unangefochtenen Steuer- und Gerichts(Gewalt)monopol. Ein Hausherr konnte, obwohl seine häuslichen Rechte besonders geschützt waren, nicht tun und lassen, was er wollte. Streit im Hause konnte vor Gericht kommen;

2. war das Haus eingebunden in ein regionales Marktnetz, in dem Überschüsse verhandelt wurden und eine Arbeitsteilung stattfand, die eine Selbstversorgung auch auf dem Land, wo die meisten Menschen (70–80 %) lebten, beträchtlich einschränkte. Handwerkliche Tätigkeiten führte der Bauer selbst nur noch selten aus;

3. war das Haus zumeist integriert in eine Dorfgemeinschaft, in der das Nachbarschaftssystem eine gemeinsame Regelung von Angelegenheiten vorsah, die alle betrafen – wie etwa die Wasserversorgung oder Einbringung der Ernte. Das Haus war bei aller sozialen Geschlossenheit nach außen völlig offen.[12] Politische, ökonomische und soziale Ordnungswelten trafen hier zusammen bzw. aufeinander.

Die Kernidee des ganzen Hauses als Einheit von Leben, Wohnen und

2. Süddeutsche Dorfstraße, Anfang des 17. Jh. Kupferstich v. Hans Merian.

Arbeiten war davon wenig berührt.[13] Die Arbeit vollzog sich nicht nur im Haus, auf eigenem Grund und Boden, der ganze Hausverband stellte die traditionelle Arbeitsorganisation überhaupt dar. Alle Mitglieder jeden Alters – Männer, Frauen, Kinder – waren in den häuslichen Arbeitsprozeß eingebunden und mußten nach Anweisung des Hausherrn ihre Arbeit leisten. Man aß und feierte auch gemeinsam. ‚Freizeit' im heutigen Sinne gab es nicht. Garant der häuslichen Ordnung war der Hausherr. Er traf alle wichtigen Entscheidungen und schlichtete auch innerfamiliäre Konflikte. Er repräsentierte das Haus nach außen und war der Gesellschaft gegenüber verantwortlich für die Erziehung der Kinder – oft zusammen mit seiner Frau – im Sinne des christlichen Sittenkodex, für einen eventuellen Klostereintritt bzw. den Beginn eines Lehr- oder Dienstverhältnisses sowie für eine gute Verheiratung der Kinder. Er mußte nicht nur Schutz gewähren, sondern auch für ausreichende Nahrung sorgen. Das schloß unterschiedliche Handhabungen nicht aus, aber seine Rolle war ebenso festgeschrieben, wie die der Frau und auch der Kinder, wollte er seine Ehre im Dorf erhalten bzw. das ‚Glück' und den Frieden seines Hauses bewahren.

Wie Arbeit und Wohnen, rechtliche Kompetenzen und soziale Notwendigkeiten kaum geschieden werden konnten, bildeten oft auch materielle und emotionale Interessen keine Gegensätze, selbst dann, wenn sie Konflikte verursachten.[14] Leistungsfähigkeit und Auskömmlichkeit waren aufeinander bezogen. Besitzdenken schloß Liebesverhältnisse nicht aus. Nicht der Besitz als solcher begründete die Ehre des Hauses, sondern der Umgang mit ihm zum Nutzen aller Mitglieder.

Nun hing die strukturelle Einheit aber wesentlich von der jeweiligen Lebenswelt ab – und die unterlag ständischen oder arbeitsorganisatorischen Kriterien.[15] Es gab nicht die ‚ideale', für alle Schichten repräsentative Hausfamilie. Das Haus eines Bauern unterschied sich beträchtlich vom Haus des Handwerkers, dieses wiederum nicht unwesentlich vom Kaufmannshaus. Auf einer ganz anderen Basis gründeten natürlicherweise die Heimarbeiterfamilie einerseits und der Adelshaushalt andererseits.

Im bäuerlichen Haushalt war die Einheit von Konsumtion und Produktion, von Arbeit und Wohnen am stärksten ausgeprägt.[16] Eine von der Produktion abgehobene Privatsphäre gab es ebensowenig wie die Sonderstellung eines Hausmitgliedes gegenüber den anderen. Alle waren aufeinander angewiesen, so unterschiedlich ihre Rollen in der Gemeinschaft auch definiert waren. Der Lebensrhythmus war der Natur angepaßt, es wechselten arbeitsintensive Zeiten mit Zeiten relativer Muße. Alle sozialen Beziehungen wurden bestimmt durch den Zwang der ‚Nutzung' und die Erhaltung des Besitzes. Der bäuerliche Haushalt produzierte alles, was zum Leben notwendig war, vor allem Nahrung und Kleidung; die Überschüsse wurden von herrschaftlicher Seite abgeschöpft oder auf dem regionalen Markt verkauft. Kleinere handwerkliche Tätigkeiten wurden selbst ausgeführt, größere Arbeiten aber dem Handwerker übergeben. Diese Lebens- und Arbeitsstruktur prägte den bäuerlichen Haushalt nachhaltig.

Zwar kannte der handwerkliche Haushalt ebenfalls die Einheit von Wohnen und Arbeitswelt, unterschied sich aber vom bäuerlichen dadurch, daß er einerseits Auftragsarbeiten leistete und dafür Nahrungsmittel eintauschte und andererseits die Erwerbsarbeit, die der Meister mit den Gesellen und Lehrlingen ausführte, vom Haushalt trennte, der der Hausfrau und ihren Mägden unterstand.[17] Zur Arbeit der Frau gehörten nicht selten auch die Kleinviehhaltung und der Gartenbau. Während bäuerliche Haushalte dörflichen Normen unterlagen, regelten Zunft- bzw. Stadtordnungen den Handwerkerhaushalt. Nicht nur der Besitz begründete das Ansehen des Hauses, sondern auch das Einhalten von Normen (Ehrbarkeit), das überlieferte Können, die technischen Fertigkeiten, die eine elementare Schulausbildung voraussetzte. Die handwerkliche Tätigkeit unterlag keinem jahreszeitlichen Zyklus, sondern der manuellen Fähigkeit, und verteilte sich je nach Aufträgen über das ganze Jahr. Auch diesen Haushalt leitete nicht Gewinn, sondern Auskömmlichkeit.

Ebenso kannte das Kaufmannshaus keine Trennung von Arbeit und Wohnen; die Handlungsgehilfen gehörten mit zum Haushalt.[18] Allerdings

3. Frankfurt im 18. Jh. Gemälde v. C. G. Schütz.

war der Hausherr häufiger abwesend. Das machte entweder einen ‚Stellvertreter' notwendig oder forderte, daß die Hausfrau selbst das Geschäft leitete. Auch das Kaufmannshaus war im Prinzip auf ausreichenden Unterhalt ausgerichtet, doch spielte der Profit zunehmend eine größere Rolle. Er wurde für Luxus und neue Repräsentationsaufgaben eingesetzt. Die Kinder bekamen zumeist eine bessere Ausbildung, zum Teil wuchsen sie wie die Kinder eines Handwerkers in fremden Haushalten auf.

Einen Typ des ganzen Hauses besonderer Art bildete der (land)adelige Haushalt.[19] Hier trat z. T. an die Stelle der Arbeit die herrschaftliche Repräsentation, an der gleicherweise alle Mitglieder eines Hauses teilhatten. Ebenso gab es hier keine Privatsphäre; bei aller Trennung von Hofhaltung und Wirtschaftsführung das Leben des Adels spielte sich im öffentlichen Rahmen ab. In vielen Fällen allerdings unterschied sich das Adelshaus, wenn – wie zumeist – ein Wirtschaftsbetrieb damit verbunden war, wenig vom Haushalt eines Großbauern. Die Größe des Hauses, d. h. vor allem die Größe des Familien- und Gesindeverbandes, und die Repräsentationsaufgaben erlaubten es jedoch, Interessen nachzugehen, die in anderen Lebenswel-

4. Adeliger Besitz im 17. Jh. Kupferstich v. Michael Wenig.

ten so gut wie unmöglich waren: man konnte sich der Kunst, aber auch der Muße intensiver zuwenden und gerade durch die Bildung sein Ansehen fördern. Während die weitere Verwandtschaft für die Bauern, die Handwerker und auch die Kaufleute keine allzu große Rolle spielte, gehörte beim Adel zumeist eine große Verwandtschaft zur Hausgemeinschaft. Dies war durch den gemeinsamen Besitz bedingt, der nach klaren Erbregeln geordnet war, und auch andere Normen der sozialen Beziehungen schuf.[20]

Neben diesen Haupttypen gab es in der frühen Neuzeit noch andere Haus- bzw. Familienformen, die sich zum einen im Zusammenhang der Bürokratisierung, zum anderen im Zuge der Industrialisierung der ländlichen Gesellschaft seit dem späten 18. Jahrhundert herausbildeten. So änderten sich schließlich die alten Muster der Familien- und Hausgemeinschaft.

Hier wäre zunächst die Heimarbeiterfamilie anzuführen.[21] Heimarbeiter waren besitzlose Lohnarbeiter, die in der ländlichen Gewerbeindustrie tätig waren. Sie verfügten über keine Produktionsinstrumente und arbeiteten in Familienverbänden. Eine Trennung von Arbeit und Wohnen gab es zwar auch bei ihnen nicht, dafür arbeitete die Familie des Heimarbeiters aber ohne

Gesinde. Die Familie ist hier ganz auf die Kernfamilie reduziert. Die Mutter nahm eine dem Vater gleichrangige, nicht durch spezifische Arbeiten gesonderte Rolle ein. Dadurch wurde hier das Muster der patriarchalischen Ordnung zum erstenmal aufgebrochen.

Zum anderen sind die sich rasch vermehrenden Beamtenhaushalte zu nennen.[22] Konstitutiv für sie ist erstmals die Trennung von Haus und Betrieb. Waren Arbeits- und Wohnstätte anfangs noch unter einem Dach vereint, so spielte sich das Familienleben zunehmend außerhalb der väterlichen Arbeitswelt ab und gewann mithin als private Sphäre selbständiges Gewicht. Das war eine günstige Voraussetzung für die Entstehung des neuen bürgerlichen Familienleitbildes. Allerdings gab es noch lange keine eindeutige Trennung von Dienstboten- und Familienbereich; ebenso konnte die Hausfrau sich keineswegs auf ihre Privatinteressen konzentrieren; sie stand nach wie vor einem – allerdings entlasteten – Haushalt vor. Die verbliebene autoritäre Stellung des Vaters war hier nicht mehr allein von der Leitung des Hauses bestimmt, sondern sehr viel mehr durch seine außerhäusliche Position.

Die Produktionsweise entschied zumeist über die Form der Familie. Sie prägte die zwischenmenschlichen Beziehungen und damit das Verhältnis zwischen den Geschlechtern wie dasjenige von Eltern und Kindern. Doch auch der Besitz spielte eine Rolle. Die Erhaltung des Besitzes und die Festlegung einer bestimmten Erbfolge strukturierten das Familienleben nachhaltig. Schließlich wurde auch von Bedeutung, welche Belastung das tägliche Leben mit sich brachte – etwa, ob eine ausreichende Lebensgrundlage gegeben war oder nicht. Sparsames oder luxuriöses Leben war nicht in jedem Fall nur abhängig von der finanziellen Lage des Haushaltes, sondern ebensooft von den Traditionen. Wenn auch in den Heimarbeiter- und Beamtenhaushalten erstmals neue Familienstrukturen sichtbar wurden, prägte doch das ‚ganze' Haus die sozialen Beziehungen, zumindest für die Mehrzahl der Haushalte. So waren eheliches Leben, Kindererziehung, Nahrungssicherung und Arbeitsorganisation eng miteinander verknüpft.

Der Wandel der Familienstruktur vom ‚ganzen Haus' zur modernen Kernfamilie wird nicht zu Unrecht als ein Prozeß der Funktionsentlastung beschrieben.[23] Verursacht wurde er durch fundamentale Entwicklungen in drei gesellschaftlichen Bereichen: Zum einen ist der Prozeß der Verstaatlichung bzw. Bürokratisierung zu nennen, der etwa mit dem 16. Jahrhundert einsetzt und gegen Ende des 18. Jahrhunderts einen ersten Höhepunkt erreicht. Der ‚Staat' begann zunehmend, bestimmte soziale Aufgaben zu übernehmen, die bislang die Familie bzw. das Haus wahrgenommen hatte.[24] Dazu kommt der Prozeß der Verstädterung und Protoindustrialisierung. Er wird zwar in Spuren schon im 16. Jahrhundert sichtbar, aber erst im 18. Jahrhundert energisch forciert.[25] Diese Entwicklung änderte auf die Dauer

5. Behausung einer ärmlichen Bauernfamilie des 17. Jh. Radierung v. A. van Ostade.

die Grundlage der zwischenmenschlichen Beziehungen. Schließlich wäre noch die voranschreitende Verschulung hervorzuheben.[26] Immer mehr Haushaltsmitglieder besuchten eine Schule. Damit stieg die alltägliche Reflexionsfähigkeit, und die Möglichkeit, traditionelle Bahnen zu verlassen. Direkte und indirekte Folgen dieses Strukturwandels waren nicht nur die Entstehung und Verbreitung des Heimarbeiter- und Beamtenhaushalts, sondern auch eine Erosion der anderen traditionellen Familientypen.

Fünf zentrale Strukturwandlungen sind hervorzuheben: Ursprünglich übte das Haus bestimmte Gerichtsfunktionen aus; sie erstreckten sich auf Konflikte mit der Außenwelt – vor allem, wenn die Ehre oder das Eigentum verletzt wurden – und auf innerfamiliale Streitigkeiten. Der Hausherr war Herr des Hauses. Im Zuge des Ausbaus des frühmodernen Gerichtswesens und der Verrechtlichung der zwischenmenschlichen Beziehungen wurden dessen Kompetenzen nun zunehmend eingeschränkt. Dem Hausherrn blieben gleichwohl immer noch bestimmte Züchtigungsrechte gegenüber den Mitgliedern des Hauses; nur über Leben und Tod entschied er nirgendwo mehr, selbst gewaltsame Auseinandersetzungen in der Familie wurden bald vor einem öffentlichen Gericht ausgetragen.[27]

Eine alte und zentrale Funktion des ganzen Hauses war die des Schutzes; der Hausherr mußte das Haus vor wilden Tieren und Feinden verteidigen. Diese Verpflichtung erstreckte sich auf alle Hausmitglieder einschließlich des Gesindes, vor allem auch auf Gäste, Kranke, Witwen und Alte. Im Zuge der Eingliederung des ländlichen Hauses in die dörfliche Gemeinde, vor allem des städtischen Hauses in das Zunftwesen (und seine Kontrolle durch die Stadtverwaltung) gingen auch hier allmählich Rechte und Pflichten des Hausherrn an öffentliche Institutionen über. Das Gesinde wurde aufgrund der neuen Lohnverhältnisse, die eine Eigenverantwortlichkeit möglich machten, langfristig aus dem Hausverband gelöst. Mit der Entstehung und Verbreitung von Krankenkassen, Witwen- und Waisenkassen im 18. Jahrhundert, zunächst betrieben von genossenschaftlicher, dann von staatlicher Seite, kam es schließlich zu einer bedeutsamen Entlastung des Hauses. Der Schutz durch den Hausherrn konzentrierte sich zunehmend nur noch auf den Kreis der Kernfamilie.

Nicht minder wichtig war die Entlastung der Familie von Produktionsfunktionen, die zwar bereits vor 1800 einsetzte, sich dann aber im Zug der Industrialisierung beschleunigte. Mit der Trennung von Haus und Betrieb, von Familienleben und Arbeitswelt, die im Beamtenhaushalt erstmals vorgebildet wurde, konnte die Familie zu dem werden, was sie heute ist: eine auf Intimität und Abschließung gerichtete Gemeinschaft. Von diesem Prozeß waren allerdings der bäuerliche und handwerkliche Haushalt, also quantitativ die meisten Haushalte, noch lange Zeit kaum betroffen, um so stärker dafür die neue bürgerliche Oberschicht und, unter ganz anderen Vorzeichen, die neue proletarische Unterschicht.[28]

Weiterhin wurde die alte Familienordnung sukzessive entlastet durch die Ausgliederung der ‚Bildung'. Ursprünglich wurden die Kinder ausschließlich im Haus erzogen. Sie lernten durch die Praxis und folgten zumeist dem Beruf des Vaters. Der Sohn eines Bauern wurde wieder Bauer, ein Handwerker setzte die Tradition des Vaters fort, das gilt auch für den Kaufmann wie den grundbesitzenden Landadligen. Zwar gab es schon lange ein Schulwesen, doch es diente vorwiegend der Ausbildung von Kaufleuten oder Klerikern; allerdings konnten auch viele Handwerker lesen und schreiben. Mit dem allgemeinen Volksschulsystem des 18. Jahrhunderts änderte sich dies in der Weise, daß die Kinder nicht nur allgemeine elementare Grundkenntnisse auch über Dinge erwarben, die mit dem Haus nichts zu tun hatten, sondern erstmals dank ihrer Ausbildung andere Berufe als die ihrer Väter ergreifen konnten. Familiale Sozialisationsfunktionen gingen nach und nach auf öffentliche – kommunale und staatliche – Bildungseinrichtungen über.[29]

Eine Folge des sozialen Wandels war schließlich auch die Änderung im generativen Verhalten. Ursprünglich war es bis ins 19. Jahrhundert hinein der Brauch, in den frühen Ehejahren möglichst viele Kinder zu haben. Die Sterblichkeit war hoch und Kinder wurden frühzeitig für die Mitarbeit gebraucht, ebenso für die spätere Versorgung der Eltern. So war eine hohe Geburtenzahl wünschenswert. In dem Maße, wie medizinische und hygienische Fortschritte die Kindersterblichkeit herabsetzten und die Überlebenschancen sich vergrößerten, darüber hinaus Kinder zu einem Kostenfaktor wurden, der dem steigenden Konsumzwang entgegenstand, setzten im 19. Jahrhundert Familienplanung und Geburtenkontrolle ein. Langfristig wurde damit das Familienleben grundlegend geändert.[30]

So gab das Haus bzw. die ‚alte' Familie bei zunehmender Bürokratisierung, Verstädterung, Protoindustrialisierung und Institutionalisierung der Bildung Funktionen auf und übertrug sie an kommunale oder staatliche Einrichtungen. Die Delegation bestimmter Aufgabenbereiche bedeutet allerdings nicht unbedingt den Verlust von Werten. Vielmehr schuf die Entlastung auch neue Lebensbedingungen und Freiräume, die wir als bedeutenden Gewinn betrachten können. Zwei Entwicklungen seien hervorgehoben.

Die Einbuße der Schutz-, Gerichts- und auch der Produktionsfunktion minderte die patriarchalische Stellung des Hausherrn. Damit entstanden zwar noch lange keine partnerschaftlichen Verhältnisse in der Familie, aber die Einschränkung der patriarchalischen Gewalt schuf langfristig wichtige Voraussetzungen für die Emanzipation von Frau und Kindern. Denn der Hausherr mußte mehr als früher auf deren Interessen, vor allem in der Heiratspolitik, eingehen; dieser Prozeß ist seit dem späten 17. Jahrhundert vornehmlich im entstandenen Bürgertum erstmals feststellbar.[31]

Noch entscheidender als dies: Mit dem Verlust dieser Funktionen entstand ein Freiraum, der zwar nicht arbeitsfrei war, aber die Möglichkeit schuf, mehr als früher das Leben im ‚Privaten' nach eigenen Wünschen zu gestalten. Emotionale Beziehungen gewannen an Eigenständigkeit, die sowohl der Stellung der Frau wie den Kindern, zunächst allerdings nur im Haus, zugute kam. In diesem privaten Raum bildete sich dann schließlich auch eine neue intime Wirklichkeit, die zum Aufstieg der bürgerlichen Gesellschaft wesentlich beitrug. Ökonomische Unabhängigkeit war natürlich eine wichtige Voraussetzung zur Bildung eines neuen Verständnisses zwischenmenschlicher Beziehungen.[32]

Das ‚ganze Haus' war ein Produkt der gesellschaftlichen Entwicklung, es entsprach den herrschaftlichen und ökonomischen Gegebenheiten. Immer hatte es der Sicherung des Lebens und der Befriedigung materieller und emotionaler Interessen der Menschen gedient. Wohl waren der Entfaltung individueller Fertigkeiten und Wünsche klare Grenzen gesetzt, alternative Möglichkeiten zum familiär-häuslichen Zusammenleben gab es aber nicht; sie entstanden erst mit der Herausbildung der bürgerlichen Gesellschaft, ihren neuen Bildungschancen und ihrem entschiedenen Individualismus.

Das ‚ganze Haus' war damit keineswegs identisch mit dem Idealbild des Hauses, wie es Kirchen und weltliche Obrigkeit seit dem späten 16. Jahrhundert als die dem Menschen entsprechende natürliche Lebensordnung propagierten.[33] Zwar gab es Berührungspunkte, aber während Kirchen und weltliche Obrigkeiten mit ihrer Idealisierung die Stärkung der christlich-patriarchalischen Ordnung im Auge hatten, bildete das ‚ganze Haus' in der Wirklichkeit keine harmonische und ‚ideale' Lebensgemeinschaft, sondern war eine Institution, die allein unter den gesellschaftlichen und wirtschaftlichen Bedingungen der frühen Neuzeit das soziale Überleben organisieren konnte. Das ‚reale' ganze Haus finden wir in der bekannten Hausväterliteratur nur idealisiert wieder.[34]

2. Haushalts- und Familiengröße

Der soziale Lebensraum des einzelnen Menschen war die Hausgemeinschaft, zu der alle zählten, die unter einem ‚Dach' lebten, nicht nur die Blutsverwandten.[1] Wenn wir näher auf die Größe eines Haushalts eingehen, müssen wir bedenken, daß die Zusammensetzung eines Hauses eine sehr variable Größe war. Sie hing von den verschiedensten Faktoren ab und war nicht dem biologischen Schicksal anheimgestellt: Kleine Haushalte entstanden nicht dadurch, daß ein Ehepaar nur wenige Kinder hatte bzw. durchbringen konnte, und große Haushalte waren nicht einfach durch Kinderreichtum gekennzeichnet. Wohl spielte die Zahl der eigenen Kinder eine Rolle, aber die Situation war komplexer.[2]

Damit ein Haus wirtschaftlich funktionieren und allen Bewohnern ausreichend Nahrung schaffen konnte, mußte es eine bestimmte Größe haben, die dem ökonomischen Betrieb – sei es als Bauernhof oder als Handwerksbetrieb – entsprach. Die Größe und auch die Zusammensetzung einer Hausgemeinschaft waren also zunächst abhängig von der Größe des Besitzes, vor allem im bäuerlichen und landadligen Haushalt. Die Größenunterschiede der Hausgemeinschaften waren z. T. ganz beachtlich. Bei den bäuerlichen Haushalten kam es noch darauf an, ob vorwiegend Viehwirtschaft oder Ackerbau betrieben wurde – ein entscheidendes Kriterium für diesen Zusammenhang. Wenn die eigenen und die Kräfte der Kinder nicht ausreichten, mußten Gesinde und Taglöhner eingestellt werden. Waren dagegen zu viele eigene Kinder da, mußte der Hausherr versuchen, sie bald anderweitig als Gesinde zu verdingen. Ferner war die Hausgröße abhängig von den Erbgewohnheiten bzw. dem geltenden Erbrecht. Es machte einen beträchtlichen Unterschied, ob das Anerbenrecht vorherrschte oder die Realteilung. Bei Übergabe des Hofes an einen einzigen Erben, blieb seine Besitzgröße erhalten; wurde der Hof nach dem Tod des Hofbesitzers auf die Kinder verteilt, konnte der Besitz so aufgesplittert werden, daß nur wenige von ihrem Teil leben konnten, es sei denn, daß durch geschickte Heiratsstrategie neue lebensfähige Höfe entstanden. Da die meisten Menschen auf dem Lande wohnten, sind die bäuerlichen Rechtsgewohnheiten insgesamt von entscheidender Bedeutung. Nicht minderen Einfluß übte auch die Siedlungsform auf die Haushaltsgröße aus. In der Regel beherbergte ein Einödhof mehr Personen als ein Hof in einem Dorf oder einem Marktflecken. Man kann davon ausgehen daß, je dichter eine Siedlung war, um so kleiner konnte die Hausgemeinschaft sein. So waren es in erster Linie Hausgemeinschaften in städtischen Siedlungen, die Gesinde und Inleute nicht mehr zu ihrer ‚Familie' zählten. Schließlich spielte auch die Art der Arbeit in einer Hausgemeinschaft für deren Größe eine Rolle. Da landwirtschaftliche Tätigkeit, Handwerk oder Heimarbeit die Hausgemeinschaft unterschiedlich belasteten, beeinflußten sie nachhaltig auch die Größenordnung eines Hauses. Wie auch immer die Bedingungen aussahen: Nie war diese Größenordnung dem Zufall überlassen.

Zeigen läßt sich das beispielhaft an Haushalten auf dem Land, in einem Markt oder in der Stadt. Die bisher vorliegenden Forschungsergebnisse sind zwar insgesamt dürftig, lassen aber einige bemerkenswerte generelle Beobachtungen zu.

Ausreichende Informationen sind z. B. über die Hausgemeinschaften der österreichischen Gemeinden Dorfbeuren und Berndorf im 17. Jahrhundert vorhanden.[3] In Berndorf lebten 1649 in 231 Haushalten 1783 Personen und in Dorfbeuren 1648 in 167 Haushalten 992 Personen.

In den Hausgemeinschaften beider österreichischen Ortschaften gibt es zunächst einmal alle bekannten Teilgruppen: Eheleute, Kinder, Gesinde, Inleute und Altenteiler. Im Durchschnitt wohnten dabei in einem Haus in Berndorf 1649: 7,72 Einwohner, in Dorfbeuren 1648: 5,94 Personen.[4] Die Unterschiede ergeben sich durch die Siedlungsform und die Größe des Besitzes. Die Extreme schwanken zwischen 2 Einwohnern und 25 pro Haushalt; der mittlere Wert beträgt 6–10.[5] Aufschlußreich ist nun erstens, daß die durchschnittliche Zahl von Eltern mit Kindern pro Haus in beiden Gemeinden relativ gleich war, in Berndorf 1649: 4,34 und in Dorfbeuren 1648: 4,72. Dies weist darauf hin, daß, unabhängig von der Größe eines Hofes, die eigentliche Kernfamilie klein war; die ländliche Großfamilie in der Vormoderne ist ein Mythos. Die registrierten großen Hausgemeinschaften kamen nicht durch eine große Kinderzahl zustande, sondern durch die Zahl des Gesindes und der Inleute, die als zusätzliche Arbeitskräfte eingestellt wurden. Zweitens aber gab es auch kaum eigentliche Kernfamilien, d. h. Familien, die sich nur auf Eltern und ihre blutsmäßigen Kinder beschränkten (Berndorf 13,9%; Dorfbeuren 25,9%). In jedem Fall mußte die Zahl der Arbeitskräfte ergänzt werden durch Gesinde, das mit 56,2% in Berndorf und 35,4% in Dorfbeuren ein wichtiger Bestandteil der Hausgemeinschaft war. Das Gesinde war grundsätzlich nicht verheiratet, bildete auch keine soziale Schicht. Es waren Jugendliche, vornehmlich Bauern- und Inleutekinder. Oft waren sie sogar mit dem Hausherrn oder der Hausfrau verwandt. Da älteres Gesinde in den Quellen kaum auftaucht, muß angenommen werden, daß die Menschen aus dieser Gruppe über kurz oder lang heirateten; oft wechselten sie auch zu den Inleuten über, die ja prinzipiell verheiratet sein konnten. Drittens fehlen in Berndorf und Dorfbeuren Mehrgenerationenfamilien, d.h. Familien mit Großeltern bzw. Schwiegertöchtern und -söhnen völlig. Eine Heirat war offensichtlich erst nach der Hofübergabe möglich, d.h. nach dem Tod des Hausherrn bzw. nach seinem Überwechseln ins sogenannte Ausgedinge. In Berndorf gab es 68 Häuser mit Ausgedinge, das macht bei insgesamt 231 Häusern immerhin 29,4%. Ob die dort Lebenden allerdings in jedem Fall Großeltern waren, ist nicht sicher. Aus dem Alter des Hausherrn läßt sich nicht ablesen, wann die Hofübergabe erfolgte. Ist von Kindern die Rede, die mit ihren Eltern zusammenlebten, so heißt das nicht, daß es sich um Kleinkinder handelte. Auch 30jährige wurden zu Lebzeiten der Eltern wie Kinder behandelt, sie waren in Funktionen und Rechten dem Gesinde gleichgestellt. Nicht das Alter oder das Verwandtschaftsverhältnis markierte damit eine Grenze zwischen eindeutiger Unterordnung unter den Hausherrn und relativer Unabhängigkeit vom Besitzer, sondern mehr oder weniger die Heirat, die aber immer einen eigenen Hausstand voraussetzte.

Ergänzt werden können diese Ausführungen durch Informationen über die Haushaltsstruktur einer ländlichen Region in Bayern, der Herrschaft Hohenaschau[6], rund 150 Jahre später: 1796 hatte Hohenaschau 3021 Einwohner mit 452 Haushaltungen. Die Region kannte ein intensives protoindustrielles Gewerbe (Montanwesen) (s. Tabelle auf Seite 26).

In Hohenaschau zählten die Haushalte durchschnittlich nicht mehr als 7 Personen und die ‚Kern-Familien' 4,68 Personen. Im Haus lebten im Durchschnitt nur 2,68 Kinder von insgesamt 3,2 Kindern. Freilich sind das wieder nur Durchschnittswerte, die extreme Schwankungen verdecken. Ebenso interessant sind die Differenzen zwischen Bauern, Handwerkern und der Gruppe der Taglöhner. Die größte Personenzahl hatten die Handwerkerhaushalte (7,17), die größte Kinderzahl die Bauern (2,96), wohingegen Tagwerker und Kleinhäusler zwar auch über Gesinde verfügten, insgesamt aber die kleinste Personenzahl im Haushalt und die wenigsten Kinder hatten; bei ihnen ist der Anteil der in fremden Haushalten lebenden Kinder besonders groß.

Tabelle 1
Haushaltsstruktur in Hohenaschau 1796

	H	E	E-D	KiH	KiH-D	KaH	KaH-D	K insg.	K insg.-D	G	G-D	Ü	Ü-D
Bauern	223	1571	7,04	661	2,96	81	0,36	742	3,32	350	1,56	143	0,64
Handwerker	120	861	7,17	313	2,60	65	0,54	378	3,15	235	1,95	95	0,79
Tagwerker, Kleinhäusler, Leerhäusler	91	475	5,21	203	2,23	80	0,97	283	3,10	20	0,21	84	0,92
Übrige	18	107	5,94	32	1,77	10	0,55	42	2,33	39	2,16	8	0,44
Insgesamt	452	3021	6,68	1214	2,68	236	0,52	1450	3,20	645	1,42	330	0,73

H = Haushalt Ki = Kinder insg = insgesamt
E = Einwohner iH = im Haus G = Gesinde
D = im Durchschnitt aH = außer Haus Ü = Übrige

Die Verhältnisse in einem Markt sind denen auf dem Lande im Grunde sehr ähnlich. Nur in zwei Bereichen differieren die Angaben. Als Beispiel sei auf Stockerau in Österreich verwiesen.[7] Stockerau hatte Ende des 17. Jahrhunderts insgesamt 1282 Einwohner, die in 125 Häusern lebten; der Markt war also sogar kleiner als Dorfbeuren. Auf jedes Haus kamen rund 10 Personen. Diese hohe Zahl rekrutiert sich auch hier nicht aus der Größe der Eltern-Kinder-Gruppe, sondern vor allem aus der Vielzahl von Inwohnern, was auf ihre wichtige, wohl handwerklich-gewerbliche Funktion im Markt verweist. Allerdings konnten keine näheren Angaben darüber ermittelt werden, in welchem Bezug die Inwohner zur eigentlichen Hausgemeinschaft und auch zum Markt als Arbeitsorganisation standen.

Tabelle 2
Haushalts- und Familientypologie Markt Stockerau 1696[8]

Gruppe 1 Typ	1	2	3	4	Total		%	
Alleinstehende ledige Personen	1	1	–	–	2	2	1,8	1,8
Ehepaare	4	8	1	–	13		11,5	
Ehepaare mit Kindern	28	36	8	6	78	97	69,0	85,8
Verwitwete mit Kindern	2	2	–	2	6		5,3	
Erweiterte Familien (mit Großeltern, Geschwistern, Enkeln etc.)	1	4	–	–	5	5	4,4	4,4
Haushalte mit unbestimmter Struktur	–	8	1	–	9	9	8,0	8,0
						113	100,0	100,0

1 mit Gesinde mit Inwohnern 3 ohne Gesinde mit Inwohnern
2 mit Gesinde ohne Inwohner 4 ohne Gesinde ohne Inwohner

Es gab in Stockerau einige Entsprechungen zur dörflichen Situation. Auch hier war Kinderreichtum unbekannt. Auf 90 Haushalte entfallen im Durchschnitt nur 2,7 Kinder, die engere Familie bestand also aus 4,7 Personen. Überall gab es den Hausherrn und die Hausfrau. Im Todesfall eines Partners war in einem Handwerkerhaushalt der andere gezwungen, wieder zu heiraten. Mehrgenerationenfamilien kamen nicht vor: Eltern lebten nur mit unverheirateten Kindern zusammen. Heirat war erst möglich in Verbindung mit der Gründung eines eigenen Hausstandes. Zu den Kindern kam das Gesinde. Aber nicht die Existenz von Gesinde (⅓ der Haushalte) ist das Bemerkenswerte dieses Marktes, sondern der hohe Anteil von Inwohnern; in der Hälfte aller Häuser lebten Inwohner, auf eine Haushaltsgruppe kamen 3,6 Inwohner. Während das Gesinde wohl eindeutig zum Haushalt des Hausherrn zählte und sich im Status kaum von den Kindern unterschied, scheinen die Inwohner relativ unabhängig von der Hausgemeinschaft gelebt zu haben. Darauf weisen u. a. auch die Tatsachen, daß sie verheiratet waren und sogar eigenes Gesinde angestellt hatten.[9] Nicht minder interessant sind noch zwei andere Beobachtungen. Zum einen sind Familien ohne Gesinde, also eigentliche Kernfamilien nachweisbar; zum anderen hatten Inwohnerfamilien eine auffallend geringere Kinderzahl: auf 116 Inwohnerfamilien entfallen nur je 1,9 Kinder im Durchschnitt. Je reicher also ein Haushaltsvorstand war, desto mehr Kinder sind im Hause zu verzeichnen. Dies gilt allgemein für alle Haushaltungen. Die Ärmeren mußten aus ökonomischen Gründen ihre Kinder anderswo verdingen.

Städtische Haushalte unterscheiden sich wesentlich von denen des Landes. Leider haben wir nur über Durlach ausreichende Informationen, deren Aussagewert zudem nur beschränkt verallgemeinerbar ist.[10] Denn die statistische Erfassung erfolgte zur Zeit der Stadtgründung des benachbarten Karlsruhe, das viele, vor allem junge Menschen, anzog. Die Stadt hatte 3 164 Einwohner, die in 830 Haushalten, bzw. 560 Häusern lebten. (S. Tabelle auf Seite 28)

Auffallend ist zunächst, daß kein Haushalt über ein eigenes Haus verfügte; es gab im Durchschnitt pro Haus 2,3 Haushalte; eine klare Unterscheidung von Hausbesitzerfamilie und Inwohnerfamilie ist nicht mehr zu treffen. Es gab nur 31 ausdrückliche Inwohnerhaushalte. Auch die Zahl des Gesindes ist gering. Die meisten Haushalte beherbergten Kernfamilien, vollständige und unvollständige Familien. Durchschnittlich lebten in einem Haus – bei insgesamt 360 Häusern – je 8,8 Pesonen, in einem einzelnen Haushalt allerdings nur 3,9; diese Zahl ist geringer als auf dem Land und im Markt. Sie ist weitgehend identisch mit der Größe der eigentlichen Familie. Je differenzierter das gesellschaftliche Leben war, um so stärker näherte sich die Haushaltsgröße der Familiengröße. Hier müssen wir allerdings etwas unterscheiden. Vollständige Familien hatten durchschnittlich 3 Kinder. Die

Tabelle 3

a) Gliederung der Bewohner in Durlach nach der Stellung im Haushalt[11]

	Personenzahl	% der Gesamt-einwohnerschaft	durchschnittl. pro Haushalt
Hausherren	607	19,18	0,73
Hausfrauen	739	23,36	0,89
Eheleute insges.	1346	42,54	1,62
Söhne unter 15	506	15,99	0,61
Söhne über 15	269	8,50	0,32
Töchter unter 15	566	17,89	0,68
Töchter über 15	376	11,88	0,45
Kinder insges.	1717	54,27	2,07
Knechte/Gesellen	51	1,61	0,06
Mägde	26	0,82	0,03
Gesinde insges.	77	2,43	0,09
Übrige	24	0,75	0,03
Summe	3164	100	3,90

b) Gliederung der Ehepaare mit Kindern in Durlach

Ehepaare mit n Kindern	Ehepaare
1	68
2	86
3	59
4	53
5	23
6	15
7	11
8	7
9	–
10	–
11	1

c) Gliederung der Haushalte nach Zahl der Bewohner in Durlach 749 Wohnungen/721 Parteien/2723 Personen

Haushalte mit n Einwohnern	Haushalte
1	84
2	143
3	109
4	127
5	93
1–5	556
6	70
7	31
8	20
9	14
10	9
6–10	144
11	1
12	1
13	1

meisten Ehepaare hatten aber nur 2 Kinder, dann folgten die Paare mit einem bzw. 3 Kindern. Manche Ehepaare hatten jedoch keine bzw. weitaus mehr Kinder. Die Statistik gibt leider keine Auskunft darüber, ob die Ehepaare weitere, außer Haus lebende Kinder hatten, was anzunehmen ist. Die Zahl der im Hause lebenden Kinder ist auch im Fall Durlach auf jeden Fall entschieden geringer, als allgemein angenommen wurde. Große Familien mit Gesinde und Inwohnern sind kaum bekannt, hingegen gab es immerhin 52 erweiterte Familien im Sinne der Mehrgenerationenfamilie.

Vergleichen wir die Verhältnisse auf dem Lande mit denen in einem Markt und in der Stadt, so gilt generell – soweit man dies auf der Basis vorliegender Informationen überhaupt sagen darf –, daß die Zahl der Haushaltsmitglieder und die der Familienmitglieder differieren, und dies auf dem Land entschieden stärker als in der Stadt. Eltern hatten in der Regel sowohl auf dem Land wie in der Stadt nicht mehr als 2 bzw. 3 Kinder im Hause. Das heißt allerdings nicht, daß sie nicht überhaupt mehr Kinder hatten, diese lebten aber außerhalb des Haushaltes. Diese relativ kleine Kinderzahl im Hause reichte vor allem in städtischen Haushalten zur Aufrechterhaltung des Gewerbebetriebes. Zusätzliche Hilfe wie Gesinde finden wir in Durlach kaum, wohingegen gerade auf dem Land die fehlenden Arbeitskräfte durch Anstellung von Gesinde ergänzt wurden.

Eine zweite Beobachtung schließt sich an. Im Durchschnitt bestand ein Haushalt aus einem Elternpaar mit 2–3 Kindern und, wie gesagt, wenn nötig, mit 1–2 bzw. 2–3 Mägden oder Knechten. Mehrgenerationenfamilien fehlen zwar nicht, fallen aber insgesamt kaum ins Gewicht. Großfamilien gibt es damit nicht, sie finden sich dann auch höchstens bei reicheren Bauern. Allerdings darf nicht vergessen werden, daß Durchschnittswerte nicht in jedem Fall repräsentativ für eine Dorf- oder Stadtgesellschaft sind. Eine starke Differenzierung ist vonnöten; die relativ kleinen Durchschnittswerte schließen nicht aus, daß es in jeder Gemeinde extrem große Haushaltungen sogar mit einer Vielzahl eigener Kinder gab. Sie gehörten mit zum Erscheinungsbild des dörflichen und städtischen Lebens.

Insgesamt variierte die Größenordnung der Haushalte nach den erforderlichen Arbeitskräften, sie stieg selbst auf dem Land durchschnittlich nicht höher als auf 8 Personen. Die eigenen Kinder machten dabei nur einen Teil aus, ihre Zahl ging im Durchschnitt selten über 3 hinaus. Dies ist zum einen hervorzuheben. Zum anderen gehörte potentiell zu allen Haushalten Gesinde, in städtischen Haushalten weniger und in ländlichen Haushaltungen mehr. Schließlich blieben auch Mehrgenerationenfamilien nur peripher vertreten. Dies ist ein Hinweis darauf, daß die Haushaltungen zumeist erst nach dem Tod des Hausherrn übertragen wurden, der in der Regel kein so hohes Alter erlebte, daß überhaupt hätte eine Mehrgenerationenfamilie entstehen können.[12]

Die Haushaltsfamilie hat nichts zu tun mit der blutsverwandtschaftlichen

6. Familie Luther, Kupferstich des 18. Jh.

Familie von Eltern mit ihren Kindern. Wie zu sehen war, unterscheiden sich Haushalts- und Familiengröße. Die Volkszählungen und Seelenstandsbücher lassen leicht erkennen, wie der jeweilige Hausstand gegliedert war, wie hoch die Anzahl von Eltern, Kindern, Gesinde, Inleuten und anderen Personen war, die im Hause zusammenlebten. Damit ist aber auch ihre Grenze erreicht, denn sie sagen nichts darüber aus, ob die Eltern in erster Ehe verheiratet und die genannten Kinder leibliche Kinder waren oder ob das Gesinde in einem verwandtschaftlichen Verhältnis zum Hausherrn oder zur Hausfrau stand. Bekannt sind nämlich im frühneuzeitlichen Haushalt alle möglichen Kombinationen: beispielsweise auch der Fall eines Hausherrn mit einer zweiten oder dritten Ehefrau und den Kindern aus allen 2 bzw. 3 Ehen, wobei die 3 Ehefrauen auch ihrerseits verwitwet sein und zusätzliche Kinder ins Haus gebracht haben konnten – und außerdem noch Neffen und Nichten als Knechte oder Mägde zur ‚Familie' gehörten.

Über die Gesamtzahl der Kinder einer Frau können wir aus den Volkszählungen nichts erfahren, dies ist nur durch die Auswertung von kirchlichen Familienbüchern möglich, was freilich nicht nur ein schwieriges Unterfangen ist, sondern auch grundsätzliche methodische Erörterungen verlangt. Denn bei der nicht-namentlichen, einfacheren Methode erhalten wir nur den

7. Familie van Hutten, 17. Jh. Gemälde v. Cornelis de Vos.

jeweiligen Mittelwert der Gesamtheit aller Daten, der über die konkrete Familiengröße bzw. die ganze Kinderzahl pro Ehe geschweige pro Haus wenig aussagt, d. h. es werden gleicherweise Ledige, Witwen und Witwer, unfruchtbare Männer und Frauen sowie Ehepaare mit oder ohne Kinder ohne Beachtung von Vermögenslage und Konfession berücksichtigt. Insofern sagen die errechneten Mittelwerte etwa für Mainz[13]: 1601–1610 = 3,22 Kinder; 1701–1780 = 4,40 und 1781–1790 = 3,33 Kinder; für Oppenheim[14]: 1681 = 2,0, 1775 = 2,0 und 1801 = 2,2 Kinder; und für Gießen[15]: 1701–1725 = 5,0 und 1776–1801 = 4,31 Kinder schon wegen der hohen Kindersterblichkeit wenig aus, sie weisen lediglich daraufhin, daß die durchschnittliche Familiengröße in der frühen Neuzeit recht klein war.

Näher an die tatsächlichen Verhältnisse gelangt man, wenn man sich auf jene Ehen konzentriert, aus denen – bis zum Lebensende – Kinder hervorgegangen sind, auch wenn es sich bei solchen Ehen um Ausnahmen handelt. Denn es ist gerade für diese Zeit aufschlußreich, daß die verschiedensten Kombinationen möglich waren und auch tatsächlich auftraten. Allein bei den Ehen, in denen beide Partner nur einmal verheiratet waren, haben wir die Möglichkeit, die Entwicklung vom Heiratsalter der Partner an, bei der Kinderzahl je nach Lebensalter der Mutter, sowie allgemein das generative

Verhalten nach Jahreszeiten und Lebenszyklen etwas aufzuschlüsseln. Nur so kann auf jeden Fall die Gesamtzahl der Kinder eines Mannes bzw. einer Frau berechnet werden; allerdings wieder mit der Einschränkung, daß Kinder, die früh starben – und die Kindersterblichkeit war ja beträchtlich –, oft nicht registriert wurden. Auch kann damit noch nichts gesagt werden über die Zahl der Kinder, die zu einer bestimmten Zeit in einem Haushalt lebten. Eine vollständige Lösung des Problems gibt es bisher nicht.

Jedenfalls lag die Zahl von Kindern in vollständigen Ehen entschieden höher als im allgemeinen Durchschnitt. In der vollständigen Familie betrug die Anzahl der Geburten pro Ehe in Mainz[16]: 1630–1660 = 8,8, 1701–1710 = 7,72 und 1781–1790 = 7,0; in Oppenheim[17]: 1740/41 = 6,8 (bei Reformierten und Lutheranern), = 8,3 (bei Katholiken); in Gießen[18]: 1631–1730 = 6. Im Vergleich zu Oppenheim und Gießen und auch anderen Städten hatte die größere Stadt offensichtlich eine besonders hohe Anzahl von Großfamilien. So nah nun diese Berechnung auch an die Wirklichkeit heranreicht, es handelt sich nach wie vor nur um Durchschnittswerte. Denn diese Angaben verdecken wieder, daß es durchaus Familien mit wenigen Kindern gab, vor allem auch, daß es Ehen mit mehr als 15 Kindern gab. Heutige Durchschnittswerte besagen letztlich etwas anderes als Durch-

Tabelle 4 Familiengröße – Anzahl der Geburten – in Mainz

Geburten pro Familie	Anzahl der Familien absolut	%	Anzahl der Geburten
1	5	1,78	5
2	12	4,29	24
3	10	3,58	30
4	16	5,72	64
5	20	7,14	100
6	34	12,14	204
7	30	10,72	210
8	37	13,21	296
9	37	13,21	333
10	19	6,79	190
11	20	7,14	220
12	26	9,29	312
13	5	1,78	65
14	4	1,43	56
15	2	0,71	30
16	2	9,71	32
17	–	–	–
18	1	0,36	18
	280	100,00	2189

schnittswerte in der frühen Neuzeit, wo ‚Ausnahmen' die Regel waren. Leider besitzen wir wieder nur aus Mainz eine nähere Aufschlüsselung.[19] Aber sie reicht vielleicht, das pauschale Wissen zu spezifizieren und einmal einen Einblick in die genaue Familiengröße zu bekommen. Ausgewertet wurden 280 Familien mit ihren 2 189 Kindern (s. nebenstehende Tabelle).

Nach dieser Auflistung herrschte zwar die Familie mit 6–9 Kindern vor (49,3 %), aber nicht unbeträchtlich war die Zahl der Familien mit weniger als 5 Kindern (22,5 %) bzw. über 10 Kindern (28,2 %). Unberücksichtigt bei diesen Zahlen ist die hohe Sterblichkeit der Kinder. Wenn davon ausgegangen werden muß, daß beispielsweise in Mainz 1701–1710 = 60,63 %; 1751–1760 = 49,22 %; 1791–1798 = 44,63 % der Kinder im 1.–10. Lebensjahr starben, vermindert sich die angegebene Gesamtzahl wieder beträchtlich.[20]

Durchschnittswerte von Haushalts- und Familiengrößen können zwar, wie gesagt, relativ leicht errechnet werden, aber ‚repräsentative' Ergebnisse sind damit noch lange nicht gewonnen. Das liegt nicht nur an der Schwierigkeit, alle Familienformen zu berücksichtigen, sondern auch etwa daran, daß

Gliederung der Bevölkerung Oppenheims von 1681 (734 von insg. 880 Einw.) nach Alter, Geschlecht und Familienstand:

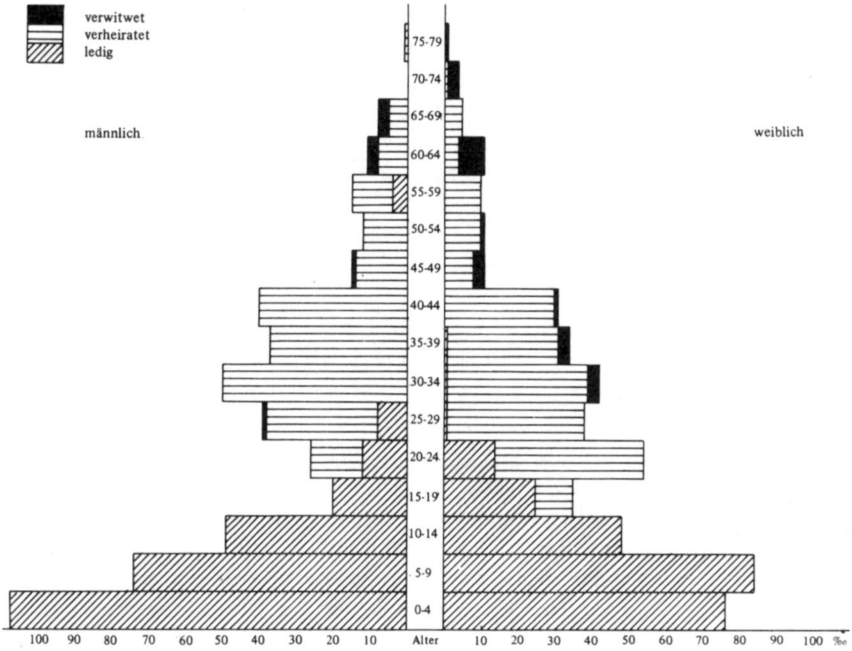

es eine Repräsentativität, wie wir sie kennen, in der Vormoderne nicht gab. Jeder Haushalt und jede Familie müßten für sich allein betrachtet werden.[21] Die Größe eines Besitzes, seine ökonomische Potenz, spielte bei der Gestaltung eines Haushalts ebenso eine Rolle wie die Belastung des Hauses oder Hofes durch Steuern und Abgaben, und diese Bedingungen waren alle sehr unterschiedlich. Am unberechenbarsten blieb die Bedrohung durch Krankheit, Hunger und Tod – und die war natürlich bei keiner Familie gleich. Sie konnte einen großen Haushalt in kurzer Zeit dahinraffen, nicht nur während des 30jährigen Krieges; ehe die moderne Medizin und Hygiene die Lebensverhältnisse grundlegend änderten, war die einzelne Familie in ihrem Bestand immer gefährdet. Dies wird besonders deutlich, wenn wir den Haushalt und die Familie im Zusammenhang der frühneuzeitlichen Bevölkerungsstruktur und -entwicklung betrachten. Zur Verdeutlichung mag ein Beispiel genügen.

Die Alterspyramide von 1681 der gut untersuchten Kleinstadt Oppenheim offenbart – vor allem im Vergleich mit den Querschnitten von 1698 und 1801 – die Lebenschancen einer frühneuzeitlichen Population (s. S. 33).[22]

Vergleicht man die Altersstruktur Oppenheims mit der unserer heutigen Gesellschaft, so ist allgemein zu erkennen, wie gering die Chancen eines Neugeborenen waren, das 10. Lebensjahr zu erreichen. Zwar gab es durchaus einige Menschen, die ein hohes Alter über 70 bzw. 80 erlangten, aber derartige Lebenschancen besaß nur ein kleiner Prozentsatz der Bevölkerung. Es war schon ein beträchtliches ‚Glück', 40 Jahre alt zu werden. Auffallend ist das Verhältnis von Alter, Geschlecht und Familienstand; die meisten, die zu Ende des 17. Jahrhunderts das 20./25. Lebensjahr erreichten, konnten heiraten. Die Lücke bei den 15- bis 19jährigen ist auf die Pestkatastrophe von 1666 zurückzuführen, die vor allem die Kinder traf. Wenn die Geburtenzahlen danach nicht wieder rasch anstiegen, lag dies daran, daß auch zahlreiche gebärfähige Frauen gestorben waren. Die Verengung des Altersaufbaus in der Gruppe der 45- bis 49jährigen Einwohner läßt sich schließlich auf den 30jährigen Krieg zurückführen, besonders auf das verheerende Krisenjahr 1631.

Oppenheim hatte 1689 seine größte Katastrophe erlebt. Die Stadt war infolge des Pfälzischen Erbfolgekrieges zerstört worden, die Einwohner waren allerdings nicht getötet, sondern weitgehend ausgewandert und kehrten später erst allmählich zurück. Noch 1698 – nach 9 Jahren – ist nicht nur ein geringer Anteil von jungen Erwachsenen auffallend – die Gruppe der 20/29er ist 13,7% kleiner als die der 30/39er –, sondern daß es überhaupt keine Personen gab, die über 70 Jahre alt waren. Hier hatte sich der 30jährige Krieg furchtbar ausgewirkt. Das 18. Jahrhundert brachte Oppenheim dann wieder eine von außen relativ wenig gestörte Bevölkerungsentwicklung. Die Lücke bei den 10–15jährigen ist, wenn wir den Durchschnitt von 1801 betrachten, auf die Auswirkungen der Revolutionskriege und verschiedener

Seuchen zurückzuführen. Erstmals leben nun auch wieder sehr alte Leute in der Stadt. Die Lebenserwartungen waren also insgesamt sehr gering, nicht nur wegen plötzlich auftauchender Pestkatastrophen, Seuchen etc., sondern durch die alltäglichen Lebensgefahren. Dies wird noch deutlicher und einprägsamer, wenn man einen Blick auf die Vitalstatistik Oppenheims von 1570–1790 wirft. Die Verhältnisse von Geburten, Heiraten und Sterbefällen sind sicherlich je nach Region verschieden, aber einen Grundzug haben alle Statistiken der frühen Neuzeit gemeinsam: ihre ungewöhnlichen Schwankungen. Eine absehbare Entwicklung gab es nicht.

Vitalstatistik von Oppenheim 1570–1790

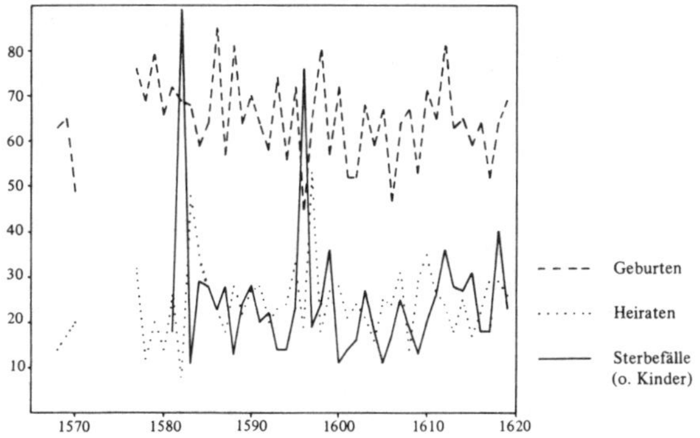

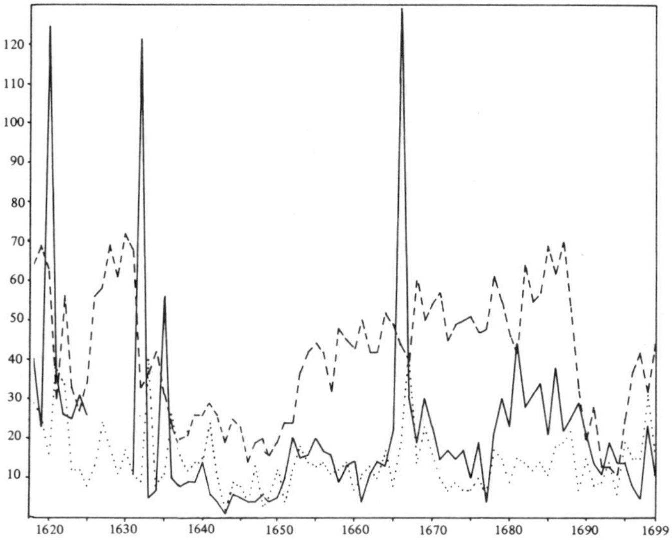

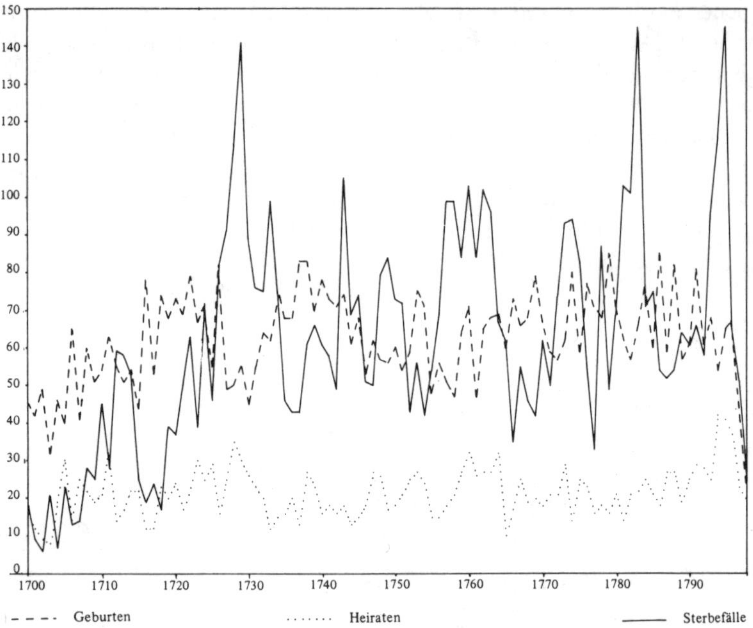

Bei näherer Betrachtung der Vitalstatistik lassen sich 3 Phasen unterscheiden:

In der 1. Phase von 1570–1620, der Phase „ausgehender Blütezeit“, gab es ein langsames, durch die Pest von 1582 und 1596 bedingtes Zurückgehen der jährlichen Geburtenzahlen, das allerdings z. T. bald wieder aufgefangen wurde durch die Zuwanderung von niederländischen und französischen Emigranten. Auffallend ist, daß nach jeder Pest die Zahl der Heiraten einen Höchststand erreicht, was darauf schließen läßt, daß die Sterbefälle neue Heiratschancen (durch Freiwerden von Besitz) und viele heiratswillige Witwen und Witwer schufen. Eine rasche Erholung der Bevölkerung war die Folge. Die 2. Phase von 1620–1700 wird geprägt von Krieg, Pest und Vertreibung. Oppenheim erlebte eine langjährige Besatzung durch französische Truppen, die zu beträchtlichen Ernährungskrisen führte. Nach den 50er Jahren kommt es zu einem Aufschwung der Bevölkerung, der auch nicht durch die große Pest von 1666 unterbrochen wurde. Hohe Heiratszahlen führten zunächst zu Geburtensteigerungen. Dann aber bricht das demographische System mit der Zerstörung der Stadt 1689 völlig zusammen. Nur zögernd wird sie wieder bewohnt. Das 18. Jahrhundert kennt schließlich zunächst einen langsamen Aufschwung, der aber bald in Stagnation umschlägt. Bedingt ist sie durch neue Krisenformen, die nicht zu verstärkten Heiratsaktivitäten führten. 1726 und 1781/83 treffen Oppenheim einerseits

Kälte, Hagelschlag und Überschwemmungen, die zu folgenreichen Ernährungskrisen führten, andererseits Epidemien. Zum Ende des Jahrhunderts kam Oppenheim auch noch in den Strudel der Revolutionskriege. Eine Zunahme der Bevölkerung ist in dieser Zeit kaum nachweisbar.

Diese knappen Hinweise genügen vielleicht, um das Ausmaß der Bedrohung der Bevölkerung, damit auch der einzelnen Familien, in diesem Zeitabschnitt vom 16. zum 18. Jahrhundert abzuschätzen. Ein gemächliches Leben gab es nicht.

Eine Planung des Lebenslaufs war kaum möglich. Das Familienleben blieb noch lange von äußeren Katastrophen bedroht. Wie stark vor allem Krankheit und Tod das Lebensschicksal einzelner Familien bedrängten, so daß manche Hausväter trotz großer Kinderzahl keinen Erben hatten, sei an vier nicht untypischen Beispielen gezeigt.

Burkhardt Zink (1396–1474), der bekannte Chronist, hatte sich, aus ärmlichen Verhältnissen kommend, bald zu einem vermögenden Kaufmann in Augsburg emporgearbeitet.[24] Er hatte viermal geheiratet und mindestens 14 Kinder, von denen aber die meisten bald wieder starben. Mit seiner ersten Frau, einer Magd seines Herrn, was für jenen ein Entlassungsgrund war, hatte er in 20 Jahren 10 Kinder, von denen nur 2 überlebten. Seine zweite Frau, die Witwe eines Hofbeamten mit 2 Kindern, starb 7 Jahre nach der Heirat, ohne mit ihm weitere Kinder gezeugt zu haben. Nach 4½jähriger Witwerschaft heiratete er dann seine dritte Frau, die ihm in 5 Jahren 4 weitere Kinder gebar. Als seine dritte Frau starb, soll er bald wieder geheiratet haben. Über sein späteres Familienleben wissen wir allerdings nur noch wenig.

Bartholomäus Dietwar (1592–1670), evangelischer Pfarrer in Kitzingen, kam aus einer großen Familie.[25] Er war zweimal verheiratet. Während seine erste 16jährige Ehe kinderlos blieb, gebar ihm seine zweite Frau in einer 23jährigen Ehe zwar 8 Kinder, 5 Söhne und 3 Töchter, aber alle außer einer Tochter starben nach wenigen Wochen. Er konnte dies nicht anders deuten, als daß ihn Gottes Zorn und Ungnade verfolge. Als schließlich auch noch seine Frau in ihrem 45. Lebensjahr starb, verblieb er allein mit seiner Tochter, die er aber bald verheiratete.

Johannes Hooss (1670–1723), ein wohlhabender Bauer aus dem hessischen Schwalm, stammte ebenfalls aus einer kinderreichen Familie.[26] Früh verlor er seine Mutter, sein Vater heiratete ein zweites Mal. Bereits mit 16 Jahren mußte Johannes den Hof übernehmen, konnte allerdings erst 3 Jahre später heiraten. Seine Frau gebar ihm 4 Kinder, von denen nur eine Tochter überlebte. Nach dem frühen Tod seiner Frau heiratete auch Johannes ein zweites Mal. Diese zweite Frau gebar ihm nacheinander 12 Kinder, von denen nur 5 Töchter das heiratsfähige Alter erreichten. Vier seiner Söhne hatte er hoffnungsvoll immer auf den Namen Johannes getauft. Als seine Frau 44 Jahre alt wurde, gab er die Hoffnung auf einen männlichen Erben auf, übergab den Hof als 54jähriger seiner ältesten, noch unverheirateten Tochter und zog sich mit seiner Frau aufs Altenteil zurück. Hier lebte er allerdings noch 31 Jahre.

Johann Heinrich Jung-Stilling (1740–1817), der bekannte Arzt, Kameralist und Schriftsteller, entstammte ärmlichsten Verhältnissen.[27] Er war dreimal verheiratet und hatte insgesamt 13 Kinder, nur 5 Kinder überlebten ihn und 5 Kinder starben bald nach der Geburt. Mit der ersten Frau, die er als Student aus religiöser Schwärmerei geheiratet hatte und die nach 10jähriger Ehe als 31jährige starb, hatte er trotz ihrer chronischen Krankheiten 3 Kinder; die zweite Frau lobte er als vortreffliche Haushälterin, sie starb als 30jährige nach 9jähriger Ehe und hinterließ ihm 6 Kinder, von denen 3 überlebten; mit der letzten Frau, die er als 50jähriger heiratete, hatte er dann noch einmal 4 Kinder. Jung-Stilling hatte trotz seiner Karriere stets Schulden und war häufig auf Reisen und vielseitig beschäftigt. 1801 lebten in seinem Hause 14 Personen, für deren Unterhalt er – wie er selbst schrieb – aufkommen mußte: sein Vater Wilhelm Stilling, den er wegen seiner Gebrechlichkeit zu sich genommen hatte, mitsamt einer alten Witwe, die sich um ihn kümmerte, dann er selbst, Jung-Stilling, mit seiner Frau, ihren Schwestern Maria und Amalia, seine Kinder Jakob und Carolina, die schon erwachsen waren, ferner drei Kleinkinder sowie eine Kinderwärterin, eine ältere Witwe und noch eine Magd. „Jeder vernünftige Leser", schrieb Jung-Stilling zu dieser Aufzählung, „der die Einrichtung einer Stadthaushaltung kennt, wo alles für baares Geld gekauft, und auch der standesmäßige Wohlstand beobachtet werden muß, ... der begreift leicht, daß er in solchen theuern Zeiten keine Schulden abtragen konnte; doch wurden die Zinsen immer richtig bezahlt, und keine neue Schulden gemacht."[28]

3. Der patriarchalische Haushalt

Der frühneuzeitliche Haushalt war wie jeder andere ‚Herrschaftsverband' patriarchalisch strukturiert.[1] Zwar konnte vorübergehend, z. B. im Todesfall, auch eine Frau Herrin des Hauses sein, doch in der Regel war der Mann Herr des Hauses, ihm unterstanden alle Haushaltsmitglieder: Ehefrau, Kinder, das Gesinde, er war aber auch Herr über alle beweglichen und unbeweglichen Güter des Hauses, die Haushabe, das Vieh und die Äcker. Aus seiner Herrschaft leitete sich nicht nur seine Machtstellung im Hause ab, sondern auch sein Mitspracherecht in der Dorf- bzw. Stadtgemeinde, deren Träger ja letztlich die Versammlung der Hausväter war, was wieder auf deren Bedeutung im Haushalt zurückwirkte.

„Die Haupt-Person aber eines Hauses wird Haus-Herr oder Haus-Vater genannt, weil er allen, die in der Familie sich befinden, mit väterlicher Treue vorstehen soll, und wird Gott deswegen auch in heil. Schrifft öffters einem

Hauß-Vater verglichen. Die ihm ehelich beygefügte Mit-Person aber wird Haus-Frau genannt, und da jenem eine Potestaet über die Kinder und Dienstboten zugeschrieben wird, so hat dieser nur eine Reverentz und Befehl sich anzumessen. Das Recht aber, der Familie oder dem Hauswesen vorzustehen, kommt dem Haus-Vater principaliter und hauptsächlich zu, als welcher gleichsam ein König und Fürst in seinem Hause ist; Secundario aber, und weil die Frau, als Hauß-Mutter, dem Haußwesen gleichfalls mit vorstehen, und selbiges verwalten helffen soll, kann ihr einiges Recht zugeschrieben werden."[2]

Aus dieser rechtlichen Position eines Hausherrn darf allerdings nicht abgeleitet werden, daß er in gewisser Hinsicht Arbeitgeber war und alle anderen Hausangehörigen unmittelbar in seinen Diensten standen. Moderne ökonomische Vorstellungen der Betriebsführung greifen hier zu kurz. Das Haus bildete eine Arbeits- und Lebensgemeinschaft, die ohne eine ‚produktive' Teilnahme aller Hausmitglieder nicht denkbar war. Die Aufgabenverteilung im Hause läßt nicht den Schluß zu, daß der Hausherr die eigentliche produktive Arbeit leistet, wohingegen der Frau die Hausarbeit übertragen ist. Im ‚ganzen Haus' partizipiert vielmehr jeder an der ‚produktiven' Arbeit. Bei aller Arbeitsteilung wirkten gleichwohl alle auf allen Gebieten zusammen. Dementsprechend gab es auch keine rigide Trennung von ‚weiblicher' und ‚männlicher' Arbeit in der Weise, daß ein Mann nie im Haus wirkte und eine Frau nie außerhalb des Haushaltes arbeitete, sosehr die Frau vor allem bei komplexen Haushalten eindeutig mehr auf das Innen, und der Mann mehr auf das Außen ausgerichtet war.[3] Im Unterschied zu anderen Kulturen kannte die europäische immer mehr ein Miteinander als ein Nebeneinander, was Unterordnung nicht ausschloß.[4]

Ungeachtet der unterschiedlichen Strukturierung der Haushalte der Bauern, der Handwerker, der Kaufleute und auch des (Land-)Adels war der Hausvater immer der Herr der Hausgemeinschaft, die Frau hatte äußerstenfalls stellvertretende Funktionen. Aber solange das ‚ganze Haus' gemeint war, lassen sich produktive und haushälterische Bereiche nicht klar voneinander trennen. Zwar gab es in der Regel zwei Bereiche, den eigentlichen Arbeitsbereich, bei Bauern vor allem die Arbeit auf dem Feld, beim Handwerker den Handwerksbetrieb, beim kaufmännischen Haushalt das Geschäft bzw. das Kontor und selbst beim Land-Adel die Verwaltung auf der einen und den Haushaltsbereich auf der anderen Seite, doch schloß dieser auch produktive Tätigkeit ein. Zu ihm zählten etwa die Kleinviehhaltung und die Gartenpflege. Auf die reine Reproduktion und Konsumtion läßt sich kaum ein Haushalt reduzieren, ansatzweise geschah dies im bürgerlichen und adeligen Haus des 18. Jahrhunderts.[5]

Der Hausherr vertrat das Haus generell nach außen. Er tätigte alle offiziellen Außenkontakte, Verabredungen mit der Nachbarschaft, vor allem Vertragsabschlüsse, Handel und Besitzverkauf. Das gilt für den bäuerlichen,

8. *Hausvater und Hausmutter im 16. Jh. Nürnberger Kupferstich.*

handwerklichen und kaufmännischen Haushalt. Sosehr die Frau auch bei den Entscheidungen mitsprach – jedenfalls ging die Dorf- und Stadtgesellschaft davon aus –, war doch der Mann der offizielle Vertreter des Hauses, in dessen alleiniger Verantwortung alle Geschäfte lagen. Für alle Schäden, die dabei verursacht wurden, haftete er. Aus seiner Verantwortung resultiert aber auch seine starke Stellung im Haus.

In seiner Kompetenz lag weitgehend alle Arbeit außerhalb der eigentlichen Haushaltsführung, soweit diese deutlich trennbar waren. Er bestellte zusammen mit Knechten den Acker, versorgte das Großvieh, leitete den Handwerksbetrieb oder führte das Kontor eines Handelshauses, was nicht ausschloß, daß seine Frau und seine Kinder jeweils mithalfen. Solange es allerdings nur um die Produktion des Hausbedarfs ging, waren alle Tätigkeiten noch prinzipiell austauschbar, d. h. die Frau übernahm nicht nur die Ernte, sondern konnte auch selbst säen, eine Arbeit, die an sich als typisch männlich galt; sie konnte auch im handwerklichen Betrieb helfen oder die Buchführung eines Geschäftes übernehmen.[6] Aber generell unterstand der eigentliche produktive Bereich außerhalb des engeren Haushalts dem Hausvater, das verlangten nicht nur die Öffentlichkeit, sondern auch die Gesamtökonomie des Hauses. Verstärkt wurde dieser Trend zudem, wenn die Produktion auf den Marktabsatz orientiert war und der Betrieb eine Arbeitsteilung unumgänglich machte. Dieser äußere Arbeitsbereich lag dann ausschließlich in der Obhut des Hausherrn. Hier durfte die Frau nicht einmal mitarbeiten. Die Außenorientierung kam dem Hausvater nicht nur rechtens zu, sie gehörte zu seinen Pflichten. Denn nahm er die Aufgaben nicht hinreichend wahr, konnte er von der Nachbarschaft zur Rechenschaft gezogen werden. Insofern war der Hausvater niemals unbeschränkter Herr des Hauses.

Der Hausvater war auch verantwortlich für das sittlich-moralische Leben aller Angehörigen der Hausgemeinschaft[7], für seine Frau, die Kinder und das Gesinde. Diese Forderung gab es – latent – schon lange Zeit, mit der Moralisierung der Öffentlichkeit seit der Reformation gewann sie an erheblichem Nachdruck. Ein Hausherr hatte sein Haus als christliches Haus zu führen; das schloß häusliche Frömmigkeit und regelmäßigen Kirchgang seiner Hausuntergebenen ein wie auch die Kontrolle über das sittliche Verhalten im und außer Hause. Ungebührliches Verhalten seines Gesindes in der Dorföffentlichkeit, eine uneheliche Schwangerschaft seiner Töchter oder Magd und zänkisches Verhalten seiner Frau wurden dem Hausherrn angelastet. Allen sollte er ein ‚moralisches' Beispiel sein und sittlich-moralische Werte rigoros durchsetzen. Nirgendwo finden wir dieses so realisiert wie im Handwerkerhaushalt.[8]

Von Kirche und Obrigkeit wurde die häusliche Ordnung seit dem 16. Jahrhundert zu einer natürlichen, ja göttlichen Ordnung stilisiert. Das Versagen der Herrschaft des Hausherrn, ja der interne Ungehorsam von

9. Der Schellenmacher, 1530. Holzschnitt v. Jost Amman.

Frau und Kindern, wurde nun nicht mehr als innerhäuslicher Konflikt gerügt, sondern als Verstoß gegen die göttliche Ordnung bestraft. Dadurch entstand eine Übermacht des Hausherrn, die sich aus der traditionellen Aufrechterhaltung der häuslichen Ordnung zur Sicherung der Nahrung nicht mehr begründen ließ. Es wurde daher schwerer, sich gegen den autoritären Ehemann bzw. den Vater durchzusetzen, auch wenn man immer wieder an die Verantwortlichkeit des Hausherrn appellierte.

Solange jedoch die Ordnung des ‚ganzen Hauses' Bestand hatte und der Hausherr seine auch religiös begründete Rolle wahrnahm, wurde seine Stellung unreflektiert hingenommen, ja als notwendig angesehen. Frauen und Kinder, die unter der Autorität des Vaters bzw. des Mannes jahrelang gelitten hatten, rechtfertigen später oft selbst die Haushaltsführung des Vaters.[9] Der alltägliche Arbeitsablauf im Hause und die kirchliche Frömmigkeit, wie sie vom Hause praktiziert wurden, hatten eine hohe Kompensationsfunktion. Gehorsam mußten ja Frau und Kinder nicht nur im Hause sein, sondern überall. Anders wurde es, als einerseits die religiöse Legitimierung häuslicher Herrschaft nachließ, und durch die Trennung von Haus und Betrieb der Vater nur als moralische ‚Autorität' und ‚Geldverdiener' die väterliche Autorität hausherrschaftlich vertrat; andererseits die Ehefrau mit den Kindern aus dem unmittelbaren Produktionsbereich abgedrängt wurde und nur noch im Haushalt lebte, der zur Reproduktion und Konsumtion diente; nun wurde erstmals Autorität als bloße, unfunktionale Potestas wahrgenommen, wenn auch nicht im Prinzip in Frage gestellt, so doch negativer als früher empfunden.

Die Stellung der Hausfrau unterschied sich wesentlich von der des Hausvaters. Sie hatte stets eine untergeordnete Rolle, auch wenn man das im Blick auf das ‚ganze Haus' differenziert zu sehen hat. Weil die Frau aus der Öffentlichkeit, sowohl der dörflichen wie städtischen, ausgeschlossen war, konnte sie das Haus nicht nach außen vertreten. Möglich wurde dies nur in Ausnahmefällen, wenn etwa der Mann verstorben war, doch auch dann mußte die Frau diese Aufgaben oft einem anderen Mann, z. B. einem Verwandten oder Nachbarn des Hauses, übertragen. Zwar gibt es vor allem im Spätmittelalter Beispiele dafür, daß Frauen Verträge abschlossen, sowohl im bäuerlichen, im handwerklichen wie im kaufmännischen Bereich, auch Handel treiben, Besitz erwerben und veräußern durften, aber in der Regel – vor allem wenn der Mann noch lebte – war ihnen dies untersagt. Denn auch die dörfliche, städtische und zünftische Gesellschaft war fast ausschließlich eine Männergesellschaft. Das schloß zwar nicht aus, daß auch Frauen außerhäusliche Kontakte pflegten und außerhäuslichen Tätigkeiten nachgehen konnten sowie eine eigene, sozusagen gegenmännliche Öffentlichkeit bildeten, doch in den offiziellen Dorf- und Stadtordnungen erscheint die Frau und ihre Arbeit nicht.[10]

Wert und Aufgaben der Frau beschränkten sich auf den häuslichen Bereich. Das gab die Tradition vor, aber es ist auch kaum eine öffentliche Instanz zu nennen, die dies in Frage stellte und nicht, im Gegenteil, die Häuslichkeit der weiblichen Arbeit unterstrich. Bezeichnend ist das Wort Luthers, der selbst eine ungemein tüchtige Frau hatte: „Wenn sie (die Frauen) aber außer der Haushaltung reden, so taugen sie nichts. Denn wiewohl sie Wert genug haben, doch fehlts und mangelts ihnen an Sachen, die sie nicht verstehen, drum reden sie auch davon läppisch, unordentlich und wüste durcheinander über die Maaße. Daraus erscheinet, daß das Weib geschaffen ist zur Haushaltung, der Mann aber zur Polizey, zu weltlichem Regiment, zu Kriegen und Gerichtshändeln, die zu verwalten und füh-

10. Die Tischzucht, 1645. Kupferstich v. Conrad Meyer.

ren."[11] Zwar wurden später einige Akzente anders gesetzt, aber grundlegend änderte sich an dieser Einschätzung bis weit ins 19. Jahrhundert hinein nichts mehr.

Die Einschränkung der Frau auf das Haus hatte sicherlich traditionelle Gründe der Arbeitsteilung, hing aber auch damit zusammen, daß die Frauen in den entscheidenden Lebensjahren fast immer schwanger waren und Säuglinge zu versorgen hatten, also schon von daher auf das Haus verwiesen waren.[12] Herrschaftliche, ökonomische und anthropologische Momente kommen hier zusammen.

Die Orientierung auf das Haus hieß aber nicht, daß die Frau nur in der engeren Haushaltsführung tätig sein durfte. Sicherlich sind die Grenzen fließend, aber selbstverständlich rechnete der Hausvater mit der Unterstützung der Hausfrau besonders bei der Ernte, mit ihrer Hilfe im Handwerksbetrieb oder im kaufmännischen Kontor vor allem beim Verkauf der Waren – wie untergeordnet diese Tätigkeiten oft sein mochten.[13] Dies gilt insbesondere für die Mehrzahl der einfachen ärmeren und mittleren Haushaltungen. Das gemeinsame Arbeiten war hier dominant. Eine strikte, kaum durchbrochene Regelung finden wir letztlich nur bei größeren und komplexen Betrieben, in denen mehrere Personen arbeiteten. Hier verbot bereits die Mehrbelastung durch den vergrößerten Haushalt eine stärkere weibliche Mittätigkeit.

Im bäuerlichen Haushalt, der häufigsten Familienform, nahm die Hausfrau, trotz der angedeuteten Arbeitsteilung zwischen Mann und Frau, am gesamten Arbeitsprozeß des ‚ganzen Hauses' am stärksten teil. Die Frau sorgte in der Regel für die Zubereitung des Essens, für die Erhaltung der Kleidung, Sauberhaltung des Hauses, in ihrer Obhut lag die Aufzucht der Kinder und die Versorgung des Kleinviehs wie des Gartens, ohne die überhaupt das Leben – und damit das Überleben – nicht zu bewältigen war. Die Arbeit war vielfältig. Sie tat sie nicht auf Anordnung des Hausherrn, sondern eigenständig, sie war damit nicht ‚Arbeitssklavin' des Mannes, sondern hatte mit der ‚Leitung' des eigentlichen Haushalts an der Führung des ganzen Hauses anteil. Außerdem konnte sie auf dem Markt ein- und verkaufen. Ihr zur Seite standen die Kinder und die Mägde, deren Aufgabenbereich weniger klar voneinander getrennt waren als die von Hausherr und Hausfrau. Die Unterordnung der Frau unter den Hausvater bei gleichzeitig größerer Selbständigkeit im Arbeitsprozeß des Hauses unterlag je nach Agrarverfassung und Größe des Hofes zwar einem bestimmten Wandel, aber im Prinzip blieb diese Struktur über das 18. Jahrhundert bis zum Prozeß der Kapitalisierung der Landwirtschaft erhalten.

Wegen der stärkeren Trennung des Betriebes, der dem Mann vorbehalten war, von dem eigentlichen Haushalt, dem die Frau vorstand, gestaltete sich das Leben der Hausfrau im Handwerkerhaushalt anders als auf dem Bauernhof. Hier war die Frau nicht so stark in den Arbeitsprozeß des ‚ganzen Hauses' eingebunden, auch wenn sie für Hilfeleistungen vor allem bei kleineren Betrieben immer zur Verfügung stand, war sie hauptsächlich für die Ernährung der Familie – der Kinder und der Gesellen – und die Kindererziehung zuständig. Am eigentlichen Produktionsbetrieb des Handwerks hatte die Frau in der Regel, nachdem sie aus dem Zunfthandwerk

11. Schnittermahl im 16. Jh. Holzschnitt aus Petrus de Crescentiis „Vom Feld- und Ackerbau" 1583.

sukzessive verdrängt worden war, nicht teil. Zwar trug sie durch ihre ‚kleine' Landwirtschaft produktiv zum Haushalt bei, aber für den Status der Handwerkerfrau wurde nicht nur ihre Reduktion auf den eigentlichen Haushalt entscheidend, sondern, da das ganze Leben des Handwerkers starken sozialen und sittlichen Kontrollen unterstand, ihre ‚Tugend' war für Namen und Kredit des Handwerkers bedeutsam. Im Unterschied zum Bauernhof, wo tatkräftiges Zupacken alles galt, wurden Sparsamkeit und Ehrbarkeit der Hausfrau zum Kapital des Handwerks, wie umgekehrt ihre Unfähigkeit oder Liederlichkeit zum Ruin des Hauses führen konnten.[14]

Die Welt der adeligen Frau unterschied sich wesentlich von der der Bäuerin oder Handwerksmeisterin, auch wenn sie dem Mann ebenso streng untergeordnet war. Einerseits mußte sie einen großen Haushalt leiten, was oft ihre ganze Kraft beanspruchte – insoweit unterscheiden sich die Verhältnisse von denen der Großbäuerin häufig nicht –, und mit dem Mann die Repräsentationspflichten des Hauses teilen, andererseits war sie, nicht zuletzt um diesen Pflichten zu genügen, weitgehend von rein manuellen Tätigkeiten, von der unmittelbaren Hausarbeit und der Kindererziehung, entlastet; dafür stand Personal – Hausmägde, Kinderfrauen, Ammen, Erzieher etc. – zur Verfügung. Mithin konnte sie ihr Leben relativ frei gestalten. Sie konnte den üblichen Tändeleien und Geselligkeiten an größeren Höfen nachgehen, oder auch einen schöngeistigen Salon unterhalten. Auf jeden Fall brauchte sie keinen ‚materiellen' Beitrag zur Lebenshaltung zu leisten, um so stärker war sie allerdings in die kulturelle Repräsentation eingebunden.[15]

Wieder anders gestaltete sich die Arbeit der Frau im sogenannten protoindustriellen Haushalt, einem Haushalt, der vorwiegend bzw. ganz von gewerblicher Heimarbeit lebte, und dessen Verbreitung seit dem 18. Jahrhundert ungewöhnlich zunahm. Es handelte sich um Haushalte der Unterschichten, in denen es die geringste Rollenteilung der Geschlechter gab und in denen auch die patriarchalische Struktur am schwächsten ausgebildet war. Die Frau war wie der Mann und die Kinder voll in den Prozeß der Heimarbeit integriert. Das Spinnen und z. T. auch das Weben als besondere Fertigkeiten der Frauen kamen im Texilgewerbe der Heimarbeiter voll zum Zuge. Die relative Gleichberechtigung von Mann und Frau im protoindustriellen Haushalt hob zwar vermutlich das Selbstbewußtsein der Frau, brachte aber zugleich zusätzliche Belastungen mit sich. Essensversorgung und Kindererziehung konnten hier zwar auch vom Mann übernommen werden, lagen aber de facto zumeist im Aufgabenbereich der Frau, so daß bei der gleichzeitigen Heimarbeit eine ordentliche Haushaltsführung nicht mehr garantiert war. Zwar unterlag die Frau nicht wie im Handwerk dem ständischen Repräsentationszwang, auch konnte sie sich sozial freier bewegen, aber wegen der starken Marktabhängigkeit des protoindustriellen Haushalts trug die Frau am stärksten die Folgelasten schwankender Konjunktur: Armut und Hunger. In diesem Sinne war sie mehr Arbeitskraft des Hauses als Hausfrau; ihre Situation ähnelte der einer späteren Fabrikarbeiterin.

Die Beamten- und Pfarrfrau war stark durch die Bedingungen beeinflußt, die die ‚Moderne' schuf. Ihre Welt war durch die zunehmende Bürokratisierung der Gesellschaft bestimmt und ihr Leben geprägt von der durch die Trennung von Arbeits- und Familienleben zunehmenden Intimität der familiaren Beziehungen. Die Beamtenfrau unterstand eigenen, von anderen weiblichen Arbeitssituationen beträchtlich unterschiedenen Verhältnissen. Nirgendwo in der frühneuzeitlichen Gesellschaft waren das Berufs- und Familienleben, damit auch die Welten des Mannes und der Frau, so getrennt wie in diesen Haushalten, wo der Arbeitsplatz der Männer ausgelagert war. Das bedeutete einerseits, daß die Frau nicht nur äußerlich von der Arbeitswelt des Mannes geschieden lebte – das gilt auch, wenn die Amtsstube noch im Haus untergebracht war –, sondern auch keinen Einblick in seine Arbeitswelt erhielt, andererseits, daß die Frau sich ausschließlich auf den Haushalt im engeren Sinne konzentrieren[16] und hier eine Welt schaffen mußte, in der nicht nur der Mann Entlastung vom Berufsleben fand, sondern die Kinder eine Erziehung erhielten, die dem Aufstiegswillen der Familie entsprach. Die Trennung der Welten von Mann und Frau stärkte damit einerseits die patriarchalische Struktur des Hauses, insofern sie dem Mann ‚Weltläufigkeit' und Überlegenheit gab, andererseits förderte sie die Emotionalisierung der familiären Beziehungen und die moralische Aufwertung der Frau. Während der protoindustrielle Haushalt erstmals ein Muster von sozialer Gleichberechtigung der Frau bot, ohne daß diese allerdings zu einer Lebensqualität werden konnte, schuf die Beamten- und Pfarrfamilie günstige Voraussetzungen für eine moralisch-geistige Emanzipation, bei aller gleichbleibenden starken ökonomischen Abhängigkeit. Eine besondere Rolle spielte die Pfarrfrau, sie mußte nicht nur einen großen Haushalt führen, sondern auch als Hausfrau Vorbild der Gemeinde sein und den Mann vor allem in seinen sozialen Aufgaben unterstützen. Eigene, vom Mann unabhängige Interessen zu verfolgen, war dabei allerdings nicht vorgesehen.[17]

Die Frau hatte ohne Zweifel im ‚ganzen' Haus zwar eine untergeordnete Rolle zu spielen, sie war dem Hausherrn nachgeordnet; ihre Aufgabe erschöpfte sich gleichwohl nicht in der Funktion einer billigen Arbeitskraft, die für Ordnung im Haushalt sorgte und die Kinder, vor allem einen männlichen Erben, zur Welt brachte. Eine rein ökonomische Perspektive griffe zu kurz. Es wurde häufig darauf hingewiesen, daß Bauern ihr Vieh weit höher schätzten als ihre Frauen, etwa in dem Sinn: „Kühverrecke großer Schrecke, Weibersterbe kein Verderbe."[18] Doch dies ist nur die halbe Wahrheit. Weit häufiger sind in volkstümlichen Redensarten positive Einschätzungen grundsätzlicher Art überliefert. „Ein Haus ohne Frau, das ist

12. Flachshechseln im 16. Jh. Holzschnitt aus Petrus de Crescentiis „Vom Feld- und Ackerbau" 1583.

wie ein Ofen ohne Feuer."[19] Sicherlich gab es viele abfällige Bemerkungen über die weibliche Arbeit auch in der frühen Neuzeit, schon immer schätzten Männer ihre eigene Tätigkeit höher ein. Aber es gibt genauso viele Äußerungen über den Wert und die Bedeutung gerade der Hausarbeit der Frauen. Der bayerische Prediger Jordan von Wasserburg hatte 1745 geschrieben:

„Dem Mann gehört die Arbeit auf dem Land und Feld daraussen zu, das Weib aber muß daheim ihr Hauß-Arbeit sorgfältig anschicken und ist diese schier so notwendig, als jene; darumen jene nit recht davon seynd, welche die Weiber-Arbeit sogar verachten und verwerffen, sagende: es seye nichts als eitles Däntlwerk und unnützes Zeitverzehren. Ja freylich wohl! Was hätten sonst die Männer an Leib anzulegen. Was hätten sie zu essen, wann die Weiber nit wären mit ihren Spinnen und Näen, Wischen und Waschen, Kochen und Backen und anderen Sachen?"[20] Noch deutlicher war Luther geworden: „Ein Weib ist ein freundlicher, holdseliger und kurz weiliger Gesell des Lebens. Weiber tragen Kinder und ziehen sie auf, regiren das Haus und theilen ordentlich aus, was ein Mann hineinschaffet und erwirbet... Daher sie auch vom heiligen Geist Hausehren genannt werden, daß sie des Hauses Ehre, Schmuck und Zierde sein wollen."[21]

So unterschiedlich die Arbeiten der Frau in einem bäuerlichen, handwerklichen oder bürgerlichen Haus auch waren, so partizipierte doch jede in eigener Sache an der Sicherung und ‚Nahrung' des Hauses; je einfacher das Haus war, desto umfassender war ihr Anteil an der Ökonomie des ganzen Hauses, doch immer oblag ihr die Wahrung des engeren Haushalts, soweit er vom Bereich der beruflich produktiven Tätigkeit trennbar war. Der Schwerpunkt ihrer Arbeit lag innerhalb des Hauses, in dessen Mittelpunkt der Herd stand. Dabei hat sich dieser Aufgabenbereich und seine Funktion im ‚ganzen' Haus in unserem Zeitabschnitt grundlegend gewandelt. Zwar ist diese Neuorientierung zunächst nur in den mittleren Schichten feststellbar, wurde aber dann ein Signum des Wandels schlechthin: Neben dem ‚alten' Stand der Hausfrau bildete sich im 18. Jahrhundert die Hausfrau ‚modernen' Typs heraus. Die Hausfrau alten Typs stand, zusammen mit dem Hausherrn, dem ganzen Hause vor, das noch keine Trennung von Betrieb und Familie kannte, in dem gemeinsam gearbeitet, gegessen, gefeiert und gerastet wurde. Hier übernahm die Hausfrau – zumeist handelte es sich um die Ehefrau, in Ausnahmefällen konnte es auch eine Magd sein – alle auf das engere Haus bezogenen Arbeitsbereiche als einen Teilbereich der Ökonomie des ‚ganzen' Hauses, dessen anderen Teil der Hausherr zu verantworten hatte. Während die Position der Hausfrau immer besetzt sein mußte, konnte die Außenarbeit des Mannes durchaus einmal ruhen oder von anderen geleistet werden. Dieses Muster kennen wir im Prinzip vor allem aus dem bäuerlichen und z. T. auch aus dem handwerklichen Bereich, und dies über das 18. Jahrhundert hinaus. Das Aufgabenfeld der Hausfrau modernen Typs setzte dagegen die Trennung von Betrieb und Familie bzw. Haus voraus, vor allem die Trennung von der beruflichen Arbeit des Mannes und der häuslichen Tätigkeit der Frau, wie wir sie vor allem bei Pfarr- und Beamtenhaushalten vorgeprägt fanden.

Die Hausfrau modernen Typs ist eine Erscheinung des bürgerlichen Familienlebens seit dem Ende des 18. Jahrhunderts. Äußerlich deckten sich die Aufgabenbereiche beider Hausfrauentypen zwar noch lange, strukturell gab es aber beträchtliche Unterschiede: während die Tätigkeit der Hausfrau älteren Typs zur Ökonomie des ganzen Hauses zählte, die Hausfrau also letztlich die ‚Haus'-Arbeit mit dem Mann teilte, war die Hausfrau modernen Typs allein auf das Haus als einen von jeder ‚Erwerbs'-Arbeit abgeschirmten intimen Lebensraum beschränkt, die ‚Haus'-Arbeit der Frau war der des Mannes nachgeordnet. Die Hausfrau modernen Typs brauchte die vielen schweren Arbeiten der Hausfrau älteren Typs nicht mehr auszuführen; soweit sie noch gegeben waren, wurden sie von den Dienstmädchen übernommen. In den Vordergrund rückte die Schaffung einer intimen Hausatmosphäre. Auf Kosten fast jeder sozialen Beziehung nach außen – für die nun bis auf den alltäglichen Einkauf der Mann zuständig war – wurde die Hausfrau modernen Typs zur Wahrerin der häuslichen Intimität, die Kindern eine gute Erziehung garantierte und dem Mann Erholung und Entspannung von seinen Berufspflichten bot.

Die Aufgabenwelt der Hausfrau alten Typs fand eine Idealisierung in der bekannten Hausväterliteratur des 16. und 17. Jahrhunderts. Sie diente zur Stabilisierung der Verhältnisse im ‚ganzen' Haus, als Grundlage eines ordentlichen, vernünftigen Staatsgebildes.[22] Die Welt der Hausfrau modernen Typs, der bürgerlichen Hausfrau, wurde ideologisch begründet und idylli-

13. Wäscherei, um 1700. Radierung v. J.F. Schuster (nach Chodowiecki).

siert durch die (Unterhaltungs-)Literatur des Bürgertums im ausgehenden 18. Jahrhundert, die, man hat das zeigen können, auch einen immensen Leserinnen-Kreis hatte. Die Festlegung der Frau auf den Haushalt diente sicherlich zur Absicherung sozialer Verhältnisse, sie führte letztlich aber zur strengen Trennung von männlicher Arbeit und weiblicher Wesensbestimmung als Hausfrau, Mutter und Gattin im aufkommenden Kapitalismus.[23]

Im patriarchalischen Haushalt unterstanden die Kinder, solange sie unverheiratet im Hause lebten, unabhängig von ihrem Alter der Autorität des Hausherrn; Jungen wie Mädchen waren ihren Eltern unbedingten Gehorsam schuldig. Der Begriff ‚Kind' konnte alle im Haushalt lebenden Kinder bezeichnen, er war nicht auf die leiblichen Nachkommen des Hausherrn oder der Hausfrau beschränkt, sondern definierte einen sozialen Status.[24] Die Kinder waren in den Arbeitsprozeß des Hauses integriert, sobald ihre Zahl allerdings zu groß war, wurden sie fortgeschickt. Sie gingen dann als Knechte oder Mägde auf andere Höfe oder, wenn es sich um einen Handwerksbetrieb handelte, zogen die Jungen als Gesellen auf Wanderschaft und die Mädchen verdingten sich als Dienstmädchen in anderen Haushalten. Die Söhne wurden in der Regel dem Arbeitsbereich des Hausvaters zugeordnet, während die Töchter die Mutter im Haushalt unterstützten. Sie arbeiteten alle unentgeltlich, erhielten dafür aber bei einer eventuellen Verehelichung eine Mitgift oder einen Erbanteil, der der Situation bzw. der Größe des Hofes oder Betriebes angepaßt war.

In Tätigkeit und Stellung unterschied sich das Gesinde wenig von den Kindern[25]; oft waren sie sogar miteinander verwandt, lange teilten sie die Schlafkammern und arbeiteten und aßen zusammen. Das Gesinde war so lange der Hausherrngewalt unterworfen, solange es sich verdingt hatte. In der Regel wechselten Mägde und Knechte alljährlich die Arbeitsstellen, bis sie sich ‚selbständig' machen konnten. Eigene Gesindeordnungen regelten die Arbeit bis in die Einzelheiten. Die Dienstboten bildeten keine Altersklasse; sobald sie ein Erbe antreten konnten oder genügend verdient hatten, um in den Status der Taglöhner überzuwechseln, heirateten sie. Obwohl sie zum ‚ganzen' Haus zählten, unterschied sie ihre ‚Besoldung' vom Stand der Kinder. Eine noch stärkere Differenz wird bei den Gesellen deutlich. Solange sie in einem Handwerkshaus integriert waren, unterstanden sie wie die Kinder und das Gesinde auf dem Hof der ausschließlichen ‚Gewalt' des Handwerksmeisters, der zugleich der Hausherr war, sie lebten auch oft mit der Familie zusammen. Aber nicht nur die Entlohnung machte sie zu einer eigenen Gruppe im Hause, sie schlossen sich oft auf breiter Ebene zu Vereinigungen zusammen, um geschlossen Forderungen vor allem hinsichtlich ihrer Arbeitsbedingungen durchsetzen zu können. Berücksichtigt man dies, so zählten die wandernden Handwerksgesellen nur noch bedingt zum ‚ganzen Haus'.

Obwohl auch z. T. Inwohner und Altenteiler unter dem Dach des Hausherrn wohnen konnten, teilweise auch in den Arbeitsprozeß des ganzen Hauses integriert waren, läßt sich nicht immer klar ausmachen, ob sie auch der Hausherrngewalt unterstanden.[26] Meist bildeten ja Inwohner eigene Familien, und den Altenteilern war durch den Vertrag mit ihren Erben eine relative Unabhängigkeit zugestanden worden, obwohl sie ökonomisch vom Haus lebten. Jedenfalls gab es über den Kreis der Hausfrau, der Kinder und des Gesindes hinaus noch weitere Personengruppen im ‚ganzen Haus', über die sich die Hausherrngewalt erstrecken konnte. Die Grenzen sind hier je nach Größe des Hofes bzw. Hauses auf dem Lande oder in der Stadt fließend.

Zweifellos wurde die Hausgemeinschaft zusammengehalten durch den Zwang des Überlebens und die Sicherung der Nahrung, die meisten Haushalte hatten Mühe mit dem alltäglichen Auskommen. Aber es wäre zu kurz gegriffen, würde man das häusliche Zusammenleben nur ökonomisch im Sinne einer Arbeitsorganisation begreifen. Die Hausgemeinschaft war darüber hinaus eine Solidargemeinschaft, in der jeder auf jeden angewiesen war und das ganze Leben mit jedem teilte, sie schuf daher Sicherheit, bot Schutz, ja auch Geborgenheit in einer Welt, in der Gefahren drohten, denn nicht nur Mißernten und Krankheit, sondern auch Feindschaft und Tod konnten eine Hausgemeinschaft zutiefst treffen. Wenn man zugleich bedenkt, daß die Hausgemeinschaft eingebunden war in eine Nachbarschaft bzw. Dorfgemeinschaft, in der nicht jeder für sich leben konnte, sondern einer auf den anderen angewiesen war, so erkennt man auch von hier aus die Notwendigkeit, daß eine Hausgemeinschaft im Sinne der Haus- wie der Dorfökonomie funktionierte. Daraus entstand ein Zusammengehörigkeitsgefühl, das dann auch starken Belastungen ausgesetzt werden konnte.

Unter diesen Gegebenheiten hatte die patriarchalische Gewalt des Hausherrn klare Grenzen. Wollte er dem Hause Nahrung und Frieden sichern, dann konnte er nicht als Despot auftreten, sondern mußte auf Eigenständigkeit achten sowie die Befriedigung von Grundbedürfnissen respektieren, denn sonst gefährdete er gerade das, was zu regulieren und zu schützen seine Hauptaufgabe war. Die Ökonomie des ‚ganzen' Hauses zu sichern, war zwar Aufgabe aller, doch in besonderer Weise Pflicht des Hausherrn.

Der Zwang zur Sicherung der Nahrung und des Hausfriedens schloß allerdings Konflikte nicht aus. Das Leben im ‚ganzen' Haus unter der Leitung des Hausherrn war keineswegs idyllisch. Bekannt sind etwa Streitigkeiten mit den Altenteilern[27]; trotz schriftlicher Abmachungen versuchte der neue Hausherr oft, den Anteil, den die Eltern sich vom Hof ausbedungen hatten, zu mindern. Dies geschah nicht unbedingt aus Bosheit, sondern weil das elterliche Deputat oft eine beträchtliche Belastung für den Hof bedeutete. Verständlich ist andererseits, daß Eltern bei der Hofübergabe ihren Lebensabend gut absichern wollten. Wenn der Streit nicht intern geregelt werden konnte, kamen derartige Fälle vor Gericht. Es gab auch Streit mit den Gesellen und dem Gesinde. Auch wenn das Verhältnis zwischen Gesinde und Herr bis ins einzelne geregelt war, schloß dies nicht aus, daß das Gesinde schlecht behandelt, ernährt oder nicht ausreichend besoldet wurde; im Gegenzug zogen Knechte und Mägde über ihren Bauern her. Die vielfältig überlieferten Klagen der Bauern über das ‚faule' Gesinde aber dürfen nicht zu ernst genommen werden: denn ‚Faulheit' und ‚Unzuverlässigkeit' konnten durchaus auch eine Reaktion auf unwürdige Situationen sein.[28] Ähnlich war die Lage der Gesellen, die allerdings durch ihre korporativen Zusammenschlüsse weniger der Willkür des Hausherrn ausgeliefert waren. Die Klagen kreisen auf der einen Seite besonders oft um das schlechte Essen, während die andere Seite die Aufmüpfigkeit der Gesellen bejammerte.[29] Auch die Gesellenordnungen konnten nicht alles regeln. Solange die Heiratschancen gering blieben und Gesellen höchstens noch durch Heirat einer Witwe Meister werden konnten, waren Konflikte oft vorprogrammiert.

14. Tochter und Sohn im 16. Jh. Nürnberger Kupferstich.

Über die Konflikte zwischen Eltern und Kindern wissen wir weit weniger als über Streitigkeiten mit Gesinde bzw. Gesellen. Zwar gab es öffentliche Klagen von Kindern über ihre Eltern bzw. den Hausherrn oder die Hausfrau und umgekehrt, da aber beide Gruppen unausweichlich aufeinander angewiesen waren, mußten sie Kompromisse finden. Äußerstenfalls drohte die Enterbung eines Kindes, das dann nichts entgegensetzen konnte. Die Macht des Hausherrn ging sehr weit, er arrangierte die Heiraten, traf aus eigner Machtvollkommenheit berufliche Entscheidungen für seine Kinder und zögerte die Hofübergabe weit hinaus. Das betraf Jungen wie Mädchen, letztere allerdings entschieden stärker, denn ein Handwerkerssohn konnte sich als Geselle der Gewalt seines Vaters prinzipiell entziehen, ein nicht erbberechtigter Bauernsohn konnte sich anderswo als Knecht verdingen, ohne damit notwendig auf jeglichen Anspruch aufs väterliche Erbe zu verzichten. Die Tochter hatte hingegen nur die Wahl, sich anderswo als Magd zu verdingen.

Über mögliche Konflikte zwischen den Eheleuten zu sprechen, ist schwierig. Von ihrem Verhalten zueinander hing das Gedeihen eines Hofes oder Handwerksbetriebes ab. Die Hausfrau besaß eine relativ autonome Stellung im Haushalt, in die der Mann nicht ohne weiteres eingreifen konnte. Weil Hausherr und Hausfrau sowohl im bäuerlichen wie im handwerklichen Bereich bei allem gemeinsamen Leben eigene Arbeitsbereiche kannten, gab es sicherlich relativ wenig Reibungspunkte, vor allem dann, wenn jeder das von ihm Verlangte einigermaßen erfüllte. Sensibilitäten konnten sich beide allerdings kaum leisten. Streit war letztlich nur dann unvermeidbar, wenn die Hausfrau die Ordnung des Haushaltes gefährdete, weil sie zu wenig zu Hause war, die Kinderaufzucht vernachlässigte oder das Essen schlecht zubereitete, und wenn der Hausherr den Hof oder den Betrieb nicht zu leiten verstand oder den Verdienst oder das Vermögen vertrank oder verspielte. In solchen Situationen griff oft die Nachbarschaft ein, in extremen Fällen bestrafte sogar das Gericht einen der Partner. Das galt vor allem für gewaltsame Auseinandersetzungen; ein uneingeschränktes Züchtigungsrecht hatte der Hausherr nie; seine Frau zu schlagen, galt selbst in bäuerlichen Haushalten als Unrecht, was nicht ausschloß, daß es dennoch geschah. In gravierenden Fällen erhielt die Frau Schutz durch Verwandtschaft, Nachbarschaft oder sogar das weltliche Gericht.[30] Der Mann konnte etwa dazu verurteilt werden, für längere Zeit kein Gasthaus zu besuchen; das bedeutete weitgehend den Ausschluß aus der Männergesellschaft überhaupt. Dasselbe galt allerdings erst recht auch umgekehrt, es gibt reichlich Fälle vor allem aus dem 16. Jahrhundert, nach denen sich Frauen durchaus und über Gebühr zu wehren verstanden.[31] Dies wurde weniger leicht hingenommen. Für einen Mann war es sowohl im Hause wie in der Öffentlichkeit entehrend, wenn ihn eine Frau schlug. Als Zeichen der Unehre konnte ihm das Haus abgedeckt oder das Herdfeuer gelöscht werden. Ein besonderer Fall wird noch aus dem Jahre 1700 berichtet:

„Nichts aber ist so scharff gestraffet worden, als wann ein Mann sich von seiner Frau schlagen lassen; welches folgender gestalten zugieng. Es erschien der General mit andern freywilligen zu Pferd, die Gecken aber öffters bey 2 bis 300 aus denen benachbarten Dörfern, mit papiernen Krägen, höltzernen Degen, Sägen, Axt, und beulen, vermumten gesichter und andern narrischen Aufzügen, unter welchen auch ein Rad war, auf dem stund ein Mann von

Holtz mit einem Graßstumpff an der seite, und eine Frau mit einem blauel; wann das Rad herumgedreht wurde, so lag der Mann unten, und die Frau oben, und gab dem Mann einen schlag mit dem blauel auf den hintern; es wurde ihnen alsdann vorgehalten wie dieser oder jener von seiner Frau sey geschlagen worden. Der Geckenfiscal klagte den Mann ordentlich an, und damit ihm nicht zuviel geschehe, wurden die Zeugen ordentlich verhöret, und da alles richtig gefunden, so schritten sie doch nicht gleich zur Execution sondern zogen ordentlich zum 1. und 2. mahl vor das Dorf, worin der von seinem weibe geschlagene Mann wohnete, und kundigten ihm an, er solle sich mit ihnen abfinden, und ihnen zum abstand (vier Ohm Wein) herausgeben, that er es nicht, so geschahe im dritten aufzug die Execution so daß sie ins Dorf einzogen an des Mannes hauß die Först einzuhauen; da sie dann die 3. oberste latten und die Ziegel herunter warfen, und solches in ihr protokoll einschrieben."[32]

Ein Hausherr, der seine Autorität im Haus nicht aufrechterhalten konnte, d.h. sich nicht durchzusetzen wußte, galt als Schande für die ganze Nachbarschaft. Auch wenn der Hausherr keinen Freibrief hatte für gewaltsame Auseinandersetzungen in seinem Hause, so mußte er doch – das verlangte seine Ehre – nach innen und außen sich als Herr des Hauses erweisen. Notfalls tolerierte man von seiner Seite Gewaltanwendung, während man dies Recht der Frau nicht zubilligte; zum Bild der ehrbaren Frau gehörte der angemessene Gehorsam.[33]

Es ist nicht leicht, die Grenzen hausherrschaftlicher Gewalt aufzuzeigen. Rechtsquellen geben nur bedingt darüber Auskunft; da die Sicherung der Nahrung einerseits und die Wahrung der Hausehre andererseits aber in jedem Falle das Hauptinteresse des Hausherrn sein mußte, lagen hier auch seine Grenzen, zu lascher und zu strenger Umgang mit Frau und Kindern waren dadurch ausgeschlossen. Erreichte der Hausvater, daß alle Haushaltsmitglieder ihre Aufgaben erfüllten, bedeutete dies einen beträchtlichen Prestigegewinn gegenüber der Nachbarschaft, der nicht nur von symbolischer Bedeutung war, sondern auch materielle Vorteile brachte. Denn der soziale Status bemaß sich nicht nur an der Größe von Besitz und Einkommen, sondern auch an der Hausehre.

4. Wohnen, Essen und Kleiden

Häusliches Leben heißt vor allem: Wohnen, Essen, Kleidung. Wer sich damit im einzelnen im Wandel der Zeit beschäftigt, gewinnt überraschende Einblicke auch in den Wandel zwischenmenschlicher Beziehungen.[1]

a) Das Haus als Wohnung

Betrachtet man das Wohnen in der frühen Neuzeit, so muß man bedenken, daß das Haus nicht allein als Wohnraum erfahren wurde.[2] Den Bereich des intimen, nach außen abgeschlossenen häuslich-familialen Lebens gibt es überhaupt erst seit dem 18. Jahrhundert. Im Unterschied zu heute, wo die Wohnansprüche in ihrem Grundbestand relativ gleich sind, gab es außerdem verschiedenste Formen und extreme Unterschiede des häuslichen Lebens. Hütte und Schloß waren miteinander ja gar nicht zu vergleichen. Die historischen Wohnformen waren aufs engste verknüpft mit ihrer Lage in der Stadt oder auf dem Lande, mit der Art der Arbeit und des Familienlebens. Denn für das ‚Wohnen' in der Vormoderne gab es keine Trennung von öffentlicher und privater Sphäre: die Ordnung des Hauses spiegelte die Lebenswelt eines Standes wider.

Wenn man das Wohnen der Menschen in der frühen Neuzeit insgesamt sowohl im Zusammenhang von Hausbau, Wohnverhältnissen und öffentlicher Wohnpolitik vom späten 15. bis zum späten 18. Jahrhundert betrachtet, so zeigt sich mindestens äußerlich ein bedeutender Wandel:

Einmal hat sich der Baustil vom 15. bis zum 18. Jahrhundert grundlegend geändert. Das betraf den Hausbau nicht nur in der äußeren Gestaltung, sondern auch im Inneren. Ein ‚gotisches' Haus unterscheidet sich beträchtlich von einem ‚barocken'. Diese Änderungen vollzogen sich vor allem in zwei großen Bauphasen, im späten 16. und zu Ende des 18. Jahrhunderts. Besonders deutlich wird dies bei den Häusern der Oberschicht, aber im Prinzip traf das ebenso auf Wohnhäuser ärmerer Leute zu. Daran änderte auch der 30jährige Krieg wenig, der für einige Zeit den sukzessiven Ausbau des ‚Wohnungswesens' unterbrach. Den krassesten Wandel gab es im Schloßbau. Aus Schutzburgen wurden Prunkschlösser.

In diesem Zeitraum wurde der ehemals vorherrschende Holzbau nach und nach ersetzt durch Steinbauten, zumindest wurde das Fundament und oft auch die Erdetage in Stein errichtet. Das dämmte die konstant drohende Brandgefahr ein. In den Städten des 18. Jahrhunderts gab es fast nur noch Steinbauten, die dörflichen Siedlungen schlossen sich dem bald an, freilich nur dort, wo in der Nähe Stein gebrochen werden konnte. Dies erzwang zwar oft eine andere Architektur, änderte aber das Wohnen selbst wahrscheinlich nur unwesentlich.

Weiterhin begann man nicht nur in den Städten in die Höhe zu bauen; auch auf dem Lande erhielten die meisten Bauernhäuser ein erstes Stockwerk, das prinzipiell bewohnt werden konnte, auch wenn es nicht immer dafür vorgesehen war. Dabei spielte der Wunsch nach stärkerer Vorratswirtschaft eine wichtige Rolle; aber auch Repräsentationsgründe standen dahinter. Durch das Aufstocken entstanden jedenfalls im Prinzip gesonderte Wohneinheiten, die durch eine Treppe getrennt, aber auch verbunden waren. Wenn das obere Geschoß bewohnt wurde, dann war es zumeist das Refugium des Dienstpersonals, oder der Hausherr quartierte hier Mieter ein. Das kann als Hinweis auf eine erste latente Trennung von Dienstpersonal und Kernfamilie gedeutet werden, ebenso jedoch auf ein Anwachsen unterer Schichten, die sich kein eigenes Haus leisten konnten, sondern zur Miete wohnen mußten.

Nicht zuletzt wurde das Vieh mehr und mehr von den Bewohnern getrennt. Für die Haustiere wurden eigene Stallungen gebaut, die vom eigentlichen Wohnhaus etwas abgetrennt waren. Unterschiedlichste Typen von Bauernhäusern sind bekannt, sowohl der Typ, der zwar noch Mensch und Tier unter einem Dach vereint, beide aber durch eine große Diele trennt, wie der Typ mit separaten Gebäuden für das Großvieh und für die Menschen. Dies bannte einerseits Krankheitsgefahren, andererseits war es ein Ausdruck der ‚Zivilisierung', zu den Tieren auf Distanz zu gehen.

Schließlich nahmen mit der sozialen Differenzierung der Gesellschaft die Unterschiede der Wohnhäuser in Größe und Prunk zu. Ähnelten sich im 15. Jahrhundert die Behausungen der verschiedensten Schichten und Stände noch, so war die Differenz im 18. Jahrhundert zwischen Bauern und Städtern, zwischen Landarmen und Bauern, zwischen Handwerkern und Patriziern bereits unübersehbar. Wohnen entsprach jetzt nicht nur einem Grundbedürfnis, sondern war selbst auf dem Lande ständischen Ansprüchen unterworfen. Die Größe des Hauses, die Fassadengestaltung und – etwa – die Üppigkeit der Treppe entsprachen nicht mehr den alltäglichen Erfordernissen; Wohnen wurde zum Statussymbol nicht nur für Adlige und Patrizier, sondern auch für Handwerker und Bauern.[3]

Die Qualität des Zusammenlebens war jedoch davon letztlich nur wenig berührt, die innere Struktur der Häuser entsprach noch weitgehend der Idee des ‚ganzen Hauses'. Die neue Wohnkultur, die sich im 18. Jahrhundert vom Erwerbsleben abzuheben begann, betraf nur eine kleine Schicht.

Das Wohnen war noch kein eindeutig von der Arbeit geschiedener Lebensbereich. Im bäuerlichen Haus gab es zwar Ansätze einer Trennung von Mensch und Tier und im handwerklichen Bereich kaum noch eine Raumidentität von Küche und Werkstatt. Aber die Welt des Wohnens und die der Arbeit waren insgesamt nicht trennbar, sondern noch unmittelbar aufeinander bezogen. Spuren der Arbeit waren überall im Wohnbereich zu finden. Sicherlich war die Trennung in den unteren Schichten am wenigsten vollzogen, aber sie fehlte im Prinzip überall, solange der Produktionsbereich nicht eindeutig außer Haus verlegt wurde.

Im frühneuzeitlichen Wohnhaus gab es auch noch keine strikte Trennung von Alter und Geschlecht, vor allem nicht von Kindern und Dienstpersonal. Dies galt sowohl für den eigentlichen Arbeitsprozeß, an dem alle Hausbewohner teilnehmen mußten, wie auch für die arbeitsfreie Zeit, für das Mittagessen, den Abend und die Feiertage. Hier waren weitgehend alle in einem Raum versammelt. Man aß zusammen, man feierte zusammen, ja nicht einmal separate Schlafzimmer kannte man. Selten war ein Bett nur für eine Person vorgesehen. Junge und Alte, Mädchen und Jungen lebten zusammen.

Alle Tätigkeiten vollzogen sich im Haus gleichsam vor aller Augen. Der gemeinsame Lebensraum war die Stube oder die Küche.[4] Jeder erfuhr, was der andere am Tag getan oder erlebt hatte. Privatheit in unserem Sinne gab es nicht. Jedes Alleinseinwollen war eher verdächtig. Außerdem boten die Kammern kaum die Möglichkeit, sich dort aufzuhalten, sie waren dunkel und ungeheizt. Bei aller Ungeschiedenheit und allem Durcheinander fehlte es aber nicht an Ordnung; trotz weitgehender Toleranz, die ja notwendig war zum Zusammenleben, war die gegenseitige Kontrolle beträchtlich.

Aber auch nach außen hin war das Wohnen nicht abgeschirmt; das Haus war zur Straße wie zur Nachbarschaft hin offen. Das verlangte nicht nur die fehlende Trennung von Haus und Betrieb, wodurch Viehställe und Handwerksstätten in unmittelbarer Nähe zum Wohnbereich lagen, sondern man bezog auch die Straße als Lebensbereich ein und war immer auf die Hilfe der Nachbarn angewiesen. Demzufolge schloß sich keine Hausgemeinschaft nach außen hin ab. Nachbarn und sogar Fremde konnten jederzeit das Haus betreten und an der Geselligkeit und der Arbeit teilnehmen. Das stärkte die Nachbarschaftsbeziehungen, ermöglichte aber auch den Einfluß von Fremden auf das Geschehen im Hause.

Allen früheren Häusern fehlte die moderne Behaglichkeit; dem Schloß übrigens ebenso wie der Hütte. Dies betraf einmal die Lichtverhältnisse; die Fenster waren zumeist sehr klein und Kerzen zu teuer, demzufolge war es entweder sehr dunkel in der Stube oder Kienspäne und Tranfunzeln verqualmten den Raum. Auch waren die Häuser in der Regel kalt und feucht. Zwar gab es Herde und Öfen, oft aber fehlte noch ein Schornstein, außerdem war meist nur die Küche bzw. die Stube geheizt. Holz war kein billiges Heizmaterial und die Feuerwartung zumeist ein aufwendiges Geschäft. Moderne hygienische Vorstellungen galten noch nicht, aber selbst die damaligen Reinlichkeitsvorstellungen konnten nur mit Mühe verwirklicht werden. Wasser mußte zumeist von weit her geholt werden, um Hausgeräte, Tische und Böden sauberzuhalten.[5]

Im Prinzip galten diese Unbequemlichkeiten für alle Wohnhäuser in der frühen Neuzeit. Daß es aber je nach Arbeit, Standesbewußtsein und auch Vermögen beträchtliche Unterschiede in der Qualität der Wohnung gab, zeigt ein knapper Vergleich des häuslichen Lebens bei den Armen auf dem Lande, den Bauern, Handwerkern, bei den Patriziern und Adligen.

Die meisten Menschen des 16. Jahrhunderts und auch später lebten in kleinen Häusern, die mehr Hütten als Wohnhäusern glichen; das galt sowohl für die kleinere Stadt wie für das Land. Die sozialen Gruppen, die von dürftiger Lohnarbeit, von einem mageren landwirtschaftlichen Betrieb oder

15. Bauernhof, um 1600. Gemälde v. Jan Siberechts.

einer kleinen Werkstatt leben mußten, hausten noch zusammen mit dem Vieh nicht nur unter einem Dach, sondern oft in einem Raum. Den Mittelpunkt bildete die Feuerstelle. Allzuoft zog der Qualm unmittelbar durch Tür oder Fenster hinaus.[6] Eigene Schlafkammern gab es kaum, man schlief zusammen dicht bei der Feuerstelle, oft auf dem Boden; wenn es Betten gab, wurden sie über Tag weggeräumt. In späterer Zeit nahm diese soziale Schicht der Bevölkerung zu und wohnte dann oft zur Miete.[7]

Besser stand es mit den eigentlichen Hofbesitzern und Bauern, der nächst großen Bevölkerungsgruppe.[8] Im bäuerlichen Haus lebten erstmals Vieh und Mensch getrennt, sosehr dies je nach Region schwanken konnte. Es gab zumeist eine Küche und eine Stube mit großem Herd und einem Schornstein, was die Feuergefahr minderte. Die Bauernhäuser waren oft recht groß, es fehlte nicht an mehreren Kammern, die Fenster hatten Glas, eine Treppe führte ins 1. Stockwerk, wo das Gesinde schlief oder wo Vorräte des Hauses gespeichert waren. Die Böden waren gestampft oder mit Stein oder Holz belegt. Hier war es lichter, wärmer und sauberer als in den Hütten. Man schlief nicht auf dem Boden, sondern in hohen Betten. Auch hier bildete die Stube den Mittelpunkt des Hauses, wo alle zum Essen zusammenkamen und allabendlich zusammensaßen.

„Die Stube selbst ... ist ... der kleinen abgestockten Fenster wegen finster, doch reinlich, mitten im Sommer heiß, vom Dampfe der Bratröhre und der Ofenhäfen für den Städter peinigend, und mit Tausenden von herumsummenden Mücken ... und von dem Gezirpe der Grillen angefüllt. Die Gesellschaft der Familie und der Gäste vermehren übrigens das Gesinde, junge Schweine, Ziegen, für die neben der Thüre in der Ecke durch ein breites quer angebrachtes Bret eine Stallung gemacht ist, Hühner usw. die alle auch ihre Stimme hören lassen. Die Auszierung der Stube hingegen sind außer den nöthigen kleinen Geräthschaften Bänke an der Wand und um den Ofen, neben und um denselben ein an der Decke befestigtes Geländer zum Aufhängen und Trocknen, über der Thüre ein Brett zum Aufbewahren der rauchigen aus dem Kalender, Gesangbuche, der Bibel und einigen unbedeutenden alten, mitunter abergläubigen Schriften bestehenden Bibliothek und neben derselben ein Schüsselbrett mit dem reinlichen hölzernen und irdenen Eß- und Kochgeschirr ... Die übrigen Meublen aber, auf die der Landmann durchaus nichts verwendet, sind ein großer hölzerner dauerhafter vom häufigen Abwischen mit Sand sehr reinlicher Tisch in der Ecke mit einer Schublade zu dem Brode ... nebst etlichen Lehnstühlen, auch einem mit Leder überzogenen Grosvaterstuhl, in dem der Hausvater ruht, wenn er nicht hinter dem Ofen, nach Landessprache in der Hölle, liegt. Auf den Ofenbänken ruhen einige ausgewaschene Milchtöpfe, unter den Bänken Stiefel und Schuhe, an der Thür nach der kleinen Kammer hängen die Kleider auch Peitsche."[9]

Dabei konnte ein großes Bauernhaus von außen sogar prunkvoll sein, die Fassade zeigte Schnitzwerk und Sprüche, ebenso die Diele. Besonders wertvoll waren Schränke und Truhen. Alles wies allerdings mehr auf Statusdenken als auf Bequemlichkeit und Wohnlichkeit, die trotz der repräsentativen Bauten kaum gegeben waren.

Ganz anders gestaltete sich das Wohnen in den Städten; durch die kleinen Bauflächen, engen Straßen und hohen Häuser stellten sich ganz andere Probleme als auf dem Land. Der Repräsentationswunsch war allerdings noch ausgeprägter und das Hygieneproblem noch schwerer zu lösen. Extremer Reichtum und extreme Armut lagen dicht nebeneinander. Drei Typen von Wohnungen sind bekannt: Mietwohnungen von Lohnarbeitern und kleinen Handwerkern, kleinbürgerliche Häuser und die stattlichen Patrizier-Paläste. Mit dem Anwachsen der Städte und der zunehmenden Arbeitsteilung entstanden zahlreiche Mietwohnungen, es handelte sich um kleine Wohneinheiten in einem größeren Häuserkomplex, wo Lohnabhängige oder kleine Handwerker mit ihren Familien wohnten.[10] Sie bestanden in der Regel aus Küche bzw. Stube und Kammer. Die Stube diente zugleich als Arbeitsraum. Wegen der kleinen Fenster waren die Räume recht dunkel, es gab zwar Öfen, da aber Feuerholz teuer war, wurde hier wie mit Licht gespart. Klöden hat solche Mietwohnungen in Berlin zu Ende des 18.

Jahrhunderts ausführlich beschrieben. Eine der Mietwohnungen seines Onkels „bestand aus einer Stube vorn heraus, in welcher gearbeitet wurde und welche zugleich Wohnzimmer der Familie war, und einer Stube nach dem Hofe, in der die Großmutter wohnte. Zwischen beiden lag die kleine Küche, welche ihr Licht mittelst eines Zwischenfensters aus dem Zimmer der Großmutter empfing, und daher sehr dunkel war... Dicht unter jenem Zwischenfenster stand der große Ambos und an der Seite die Ziehbank. Der Thür gegenüber lag der Feuerheerd... Da nun beinahe täglich Gold und Silber geschmolzen ... werden mußte, ... brannte meist auf dem Heerde Kohlenfeuer ... und neben dem Kohlenfeuer Holz und Torf zur Bereitung der Speisen. Bei dem Lichte dieser Feuer mußten die Arbeiten verrichtet werden, was in dem Rauche und der nie weichenden Dämmerung oft kaum möglich war."[11] In dieser Wohnung etwa hauste eine Familie mit 3 Kindern, der Großmutter und dem Lehrling. Arbeits- und Wohnbereich waren nicht zu trennen.

Besser stand es um die Handwerker, denen in einer Seitengasse ein ganzes Haus gehörte.[12] Hier vollzog sich letztlich zwar derselbe Arbeitsprozeß, aber die ganze Wohnfläche war größer, einbezogen wurde dann auch der Innenhof, falls es einen gab, oder die Straße. Entlastung bot schließlich auch der Garten außerhalb der Stadtmauer. Wenn es sich um ein mehrstöckiges Haus handelte, war das Parterre der Arbeit vorbehalten und die weiteren Stockwerke dem eigentlichen Wohnen. Insofern gab es immerhin eine gewisse Trennung. Der erste Stock enthielt üblicherweise eine Küche, eine Stube zur Straße hin und Kammern. Die Dienstboten wohnten zumeist im 2. Stock unmittelbar unter dem Dach. Es gab zwar oft eine Diele an der Treppe, aber eigentliche, die einzelnen Kammern trennende Flure fehlten. Alles wohnte eng beisammen, keiner konnte sich der Kontrolle durch die anderen entziehen, die Zimmer waren klein und hellhörig. Die Stuben waren beheizbar, der Ofen war oft ein besonderer Wertgegenstand. Zwar wurde allgemein im bürgerlichen Haushalt auf Ordnung und Sauberkeit Wert gelegt, aber dies bedeutete eine beträchtliche Belastung für die Hausfrau, denn das Wasser mußte mehr oder weniger weit vom Brunnen geholt werden. Selten gab es einen eigenen etwa im Hof, die Marktbrunnen gehörten der Allgemeinheit. Dafür waren in diesen städtischen Häusern erstmals seit dem 16. Jahrhundert vermehrt regelrechte Toiletten eingerichtet worden, sehr häufig aber dienten Höfe und Straßen noch als öffentliche Abtritte. Aber mit der zunehmend notwendigen Hygienisierung im 18. Jahrhundert drangen die Stadtverwaltungen nicht nur auf bessere Toilettenverhältnisse, sondern auch auf einen guten Abwasserabfluß. Bis es allerdings zu einer Kanalisierung kam, dauerte es noch bis weit ins 19. Jahrhundert. Der meiste Unrat wurde auf die Straße gekippt oder einfach in die Flüsse geworfen. Da ja auch noch jeder Handwerker in seinem Hof Kleinvieh hielt – Hühner, Enten oder sogar Schweine –, war der Dreck in

16. Puppenhaus der Nürnberger Patrizierfamilie Stromer, 1639.

der Öffentlichkeit beträchtlich. Im Vergleich zur Straße war das Innere der Wohnungen überaus sauber.[13]

Die prunkvollsten Häuser in der Stadt besaß das Patriziat, das sich zumeist aus dem Handelsstand entwickelt hatte. Allein das Patriziat verfügte über ausreichenden Platz, seine Häuser waren oft mehrstöckig, wobei die obersten Stockwerke in der Regel unbewohnt waren.[14] Als Lagerräume dienten die großen Keller, die entweder von der Straße oder vom Hof her zugänglich waren. Während auch hier das Erdgeschoß dem Geschäft vorbehalten war, lebte die Familie zumeist im 1. Stock, der über eine große repräsentative Treppe erreichbar war. Ihr Vermögen investierten die reichen Bürger allerdings nicht in die Wohnlichkeit der Wohnungen, sondern in die vielen Wertgegenstände wie Tische, Schränke, Kamine und Uhren. Wenn es auch viele Fenster mit Glas gab, so waren dennoch die einzelnen Zimmer dunkel, dafür brauchte man nicht an Kerzen zu sparen. Ebenso waren die sanitären Anlagen recht dürftig, die Küche hingegen war groß und geräumig. Zumeist hielt man sich auch hier in den großen Stuben auf, eigene Zimmer für Kinder oder Eltern gab es ebensowenig, obwohl das Haus über zahlreiche Zimmer verfügte. Zwar wurden auch im Patrizierhaus Arbeit und Wohnen nicht getrennt, da aber die entsprechenden Bereiche weit auseinander lagen und zudem repräsentative Verpflichtungen hinzukamen, wirkte hier am wenigsten die Arbeit ins Wohnen hinein. Grundsätzlich unterschied sich auch dieses Zusammenleben nicht vom Wohnen anderer Gruppen. Einen privaten Lebensraum konnten weder der Hausherr noch seine Kinder für sich beanspruchen. Die patrizische Wohnkultur war traditionell, sie entwickelte sich im 15. Jahrhundert und war lange Änderungen abgeneigt. Doch wenn irgendwo ein gewisser Wohnluxus zu finden war, dann in den Patrizierhäusern.

„Sie sind mehr auf das Praktische als auf Repräsentation angelegt, und wiewohl ihre Fassaden bemalt sind und darauf die Namen der Besitzer prangen, machen sie keinen protzigen und überheblichen Eindruck. Im Innern jedoch finden sich prächtige Zimmer und reichstes Mobiliar. Und weil der nahe Norden den Winter sehr lang und kalt macht, hat die Erfahrung auch ein Mittel gegen die Laune der Natur herausgefunden; in jedem Haus sind Räume zu warmen Stuben ausgestaltet. Man belegte den Fußboden mit starken Eichenbrettern, vertäfelte alles darüber und ringsherum mit auserlesenem Tannenholz, und damit die aufgespeicherte Wärme sich nicht verflüchtige, setzte man Fenster aus Glas ein. Dort essen sie, dort treibt mancher sein Gewerbe, dort schlafen auch die meisten. In diesen Stuben halten sie gern Singvögel, die wie im ewigen Frühling herrlich musizieren."[15]

Schließlich gab es noch das adelige Haus, das freilich sehr unterschiedlich groß und repräsentativ sein konnte. Mancher Adelssitz ähnelte mehr einem größeren Bauernhof, andere waren richtige Schlösser. Zwar war bei den

Schlössern die Trennung von Repräsentationsteil und Wirtschaftshöfen schon vollzogen, dafür prägte das Haus eine Öffentlichkeit, die nichts Privates erlaubte. Es gab in der Regel viele Zimmer, die durch Flure miteinander verbunden waren, wobei nur zwei Zimmer besonders hervortraten, das Schlafzimmer des Hausherrn und der Saal, in dem gegessen, repräsentiert und gefeiert wurde. Zwar gab es reichlichen Luxus an Möbeln, Bildern, Schränken etc., aber die Räume waren oft so üppig ausgestattet und so voller Menschen, daß ihnen für unsere Vorstellung jede Behaglichkeit fehlte, und es nicht wunder nimmt, wenn Fürsten zu Ende des 18. Jahrhunderts sich in Eremitagen zurückzogen. Im Schloß wohnte nicht nur die adelige Familie, sondern zumeist auch das ganze Personal sowie etliche Beamte. So glanzvoll alles schien, fehlte es doch – gemessen an modernen Standards – oft an elementarem Wohnkomfort, was nicht ausschloß, daß gerade der Adel sich in dem jeweils modernen Stil einrichtete. Zumeist war es außerhalb des Sommers recht kalt, denn die großen Fenster schlossen nicht gut, die Räume waren sehr groß und hoch und die Heizung nicht ausreichend. Hell war es freilich, aber da alles am Abend – also zur Hauptzeit der höfischen Gesellschaft – mit Kerzen hell erleuchtet wurde, entwickelten sich rasch ungute Luftverhältnisse. Und so aufwendig die Treppen gestaltet waren, fehlte es doch an ausreichenden Wasch- und Toilettenanlagen. Das Schloß hatte allerdings auch nicht primär die Funktion einer Wohnung für eine adelige Familie, im Schloß wurde repräsentiert und die Hofgesellschaft geformt. Obwohl ein Schloß sehr weitläufig war, gab es kaum Möglichkeiten, sich zurückzuziehen. Privatisierung hätte Verzicht auf Machtausübung bedeutet.[16]

Je nach Stand und Vermögen waren die Häuser auch im Innern unterschiedlich gut ausgestattet. Generell gilt, daß die einfachen Leute und die Armen nur das Notwendigste an Möbeln und Geschirr besaßen. Dazu gehörten einerseits ein Tisch, Bänke, vielleicht noch einige Schemel, eine Truhe für Kleider und eine Bettstatt, die womöglich zusammenlegbar war, andererseits einige Messer und Löffel, Holzschalen, Holzkannen und irdenes Geschirr sowie Eisentöpfe zum Kochen. Das gemeinsame Essen aus einem Topf verlangte keinen Luxus. Bei den Wohlhabenden war nicht nur die Qualität der einzelnen Gegenstände besser, ja diese waren nicht selten sogar verziert, sondern die Vielzahl von Möbeln und Bestecken in diesen Haushalten war geradezu auffallend. Es entsprach dem Repräsentationsbedürfnis, Qualitäten auch in großer Quantität vorzustellen. Bei den Möbeln traten an die Stelle der Bänke oft Stühle mit Lehnen und Kissen, anstelle der Truhen traten Schränke für Kleider und Wertgegenstände. Hinzu kam bei den Reichen eine sonderbare Vorliebe für Uhren – obwohl die Uhrzeit gesellschaftlich noch keine Rolle spielte – und für exotische Gegenstände sowie vor allem für Kunstgegenstände und Bilder, die die Wände reichlich zierten. Nicht minder stark unterschied sich das Geschirr der Reichen von dem der Armen; hier kam es ebenfalls nicht nur darauf an, durch Besitz den sozialen Status zu repräsentieren, sondern durch eine besondere Eßkultur sich vom einfachen Volk abzuheben. Einerseits geschah dies seit dem 16. Jahrhundert durch die Verwendung von Tischdecken und Servietten, andererseits durch die Einführung der Gabel, mit der man zierlicher essen konnte, sowie durch die Verwendung von kostbaren Gläsern und wertvollen Fayencen. Porzellan kam erst im 18. Jahrhundert auf. Auch in der Reinlichkeit des Hauses bzw. in den sanitären Anlagen gab es beträchtliche Unterschiede. Während die Reicheren ihre Häuser sehr sauber zu halten versuchten und dafür auch über das nötige Dienstpersonal verfügten, werden die Häuser der Armen zumeist als sehr schmutzig beschrieben. Dem entsprach auch die Körperpflege. Zwar gab es keine eigenen Waschkammern, dafür besaßen im 16. Jahrhundert aber viele Häuser eigene Badestuben, oder man ging in die öffentlichen Badehäuser. Die gab es aber bald nicht mehr und so wurde ganz allgemein die Körperpflege bis ins 18. Jahrhundert hinein auf ein Minimum beschränkt, und zwar in allen Schichten.[17]

Die Qualität der Wohnungen hing wesentlich ab von der Qualität der Fenster, der Heizung, der Beleuchtung und der Küche. Die schon lange existierenden Butzenscheiben konnten sich nur die Reichen leisten. Im 16. Jahrhundert wurde durchsichtiges Kristallglas eingeführt, und damit der Blick nach draußen möglich. Eine Scheu vor Nachbarn oder Passanten, die in die ebenerdigen Zimmer schauen konnten, kannte man nicht; gleichwohl war diese Neugierde verboten. Überhaupt sollte so gebaut werden, daß der Hausfriede gewahrt bleiben konnte, und niemand dem anderen den Blick nahm. Durchsichtige Gardinen sind erst eine Erfindung des 18. Jahrhunderts, als man sich gegen die Außenwelt abzuschirmen suchte, obgleich natürlich Vorhänge wegen der Kälte vor allem in Schlössern früh selbstverständlich wurden. Während viele Landhäuser noch offene Feuerstellen oder Kamine hatten, verbreiteten sich seit dem späten 16. Jahrhundert in städtischen Häusern immer mehr Kachelöfen, die dann bald auch zum Schmuck eines Hauses zählten.[18] Erst mit dem Aufkommen der Öfen minderte sich die Rauchentwicklung. Zumeist wurde Holz verbrannt, aber auch Torf und Kohle waren nicht unbekannt.

Die einfachste künstliche Beleuchtung war das offene Herdfeuer. Zumeist wurden Kienspäne verbrannt, als an die Stelle des offenen Feuers Öfen traten. Da Kienspäne, Talg etc. aber starken Rauch entwickelten, griffen viele zu Kerzen, die bis dahin zumeist dem Gebrauch in der Kirche vorbehalten gewesen waren. Sie waren allerdings recht kostspielig. Gute Beleuchtung war ein Luxus, den sich nur Reiche leisten konnten. Diese begnügten sich oft auch nicht mit einzelnen Kerzen, seit dem 16. Jahrhundert verbreiteten sich die mehrlichtigen Kerzenleuchter.

Die Ausstattung der Küche trug wesentlich zur Ausbildung einer neuen Wohnkultur bei. Anfangs gab es im Hause nur offene Feuerstellen und einen

17. Köchin. Kolorierte Federzeichnung aus den „Mendelschen Brüderbüchern" 1663.

Rauchfang. Wasser wurde in Holzbottichen aufgestellt. Das Geschirr stand auf dem Kamin. Mit der Abtrennung der Stube als zentralem Wohnraum des Hauses wurde die Küche zum reinen Nutzraum. Der Kamin oder Ofen war eine Kostbarkeit, die Böden wurden mit Steinen oder Ziegeln gepflastert und die Wände gefliest. Die holländische Küche wurde sprichwörtlich. Sie gab es nicht nur in der Oberschicht, sondern auch in den städtischen Haushaltungen. In den Bauernhäusern blieben die Küchen zumeist rechte Löcher – bei den einfachsten gab es überhaupt keine.

Das Mobiliar war im vormodernen Europa insgesamt recht spärlich, mit der Zunahme ständischer Repräsentationszwänge allerdings häufte sich die Zahl und auch die modische Vielfalt der Möbel. Schlichtheit wurde erst wieder gegen Ende des 18. Jahrhunderts Mode. Neben bzw. anstelle der altvertrauten Bänke traten seit dem 16. Jahrhundert Stühle mit Lehnen.[19] Sie waren ursprünglich nur für den Hausvater vorgesehen – zur Hervorhebung seiner patriarchalischen Stellung –, waren aber lange alles andere als bequem. Dem menschlichen Körper angepaßte Sitze gab es erst im 19. Jahrhundert. Jedes Haus besaß zumindest einen Tisch, zumeist war er schwer und nicht zu verrücken. Auch hier fügten sich Erwägungen der Nützlichkeit zu Luxusbedürfnissen, teures Holz und Einlegearbeiten waren begehrt. Ursprünglich schlief man auf dem Boden, im Alkoven oder in einer Bettstatt, die aus einem Kasten bestand und jederzeit abgeräumt werden konnte.[20] Bald aber wurden nicht nur in den Oberschichten Himmelbetten bevorzugt, d. h. Betten, die hoch standen und mit Vorhängen umschlossen sein konnten, um sie gegen Kälte, aber auch gegen Ungeziefer zu schützen. Denn man schlief noch lange nackt oder im Unterkleid, meistens mit einer Nachtmütze. Nachthemden und Schlafanzüge sind Erscheinungen des späten 18. und 19. Jahrhunderts. Das Himmelbett war oft das teuerste Möbelstück der Familie und nahm im Haus einen wichtigen Platz ein, es bildete geradezu den Gegenpol zur Herdstätte. Erst als das Wohnen intimer wurde, rückte dieses Bett in ein separates Schlafzimmer. Nur im Himmelbett gab es Kopfstützen, so daß man hier aufrecht sitzen konnte, was Fürsten den Empfang von ersten Gästen vom Bett aus erlaubte. Kleider und Wertgegenstände waren ursprünglich in Truhen untergebracht. Aus aufeinandergestellten Truhen entstand dann der Schrank, der ebenfalls bald zum Prunkstück wurde. Renaissance- und Barockschränke sind wahre Kunstwerke. Sosehr Stühle, Tische, Betten und Schränke reine Nutzgegenstände waren, unterlag ihre Gestaltung repräsentativen Zwecken; Nutzen und Luxus waren schwer voneinander zu trennen. Das galt nicht nur für die Oberschicht; sobald auch für die mittleren und sogar unteren Schichten die Möglichkeit bestand, aufwendiger zu wohnen, fügten auch sie sich denselben Repräsentationsvorstellungen. Gehörten doch neben den Kleidern die Möbel zu den wenigen Gegenständen, durch die man zeigen konnte, was man war; dabei spielte im Unterschied zu heute nicht der individuelle Geschmack eine Rolle, sondern traditionelle Vorgaben.[21]

Sobald sich ein eigentlicher Wohnbereich herausbildete, der sich abhob vom Arbeits- und Wirkungsbereich, wurden die Wände zumeist weiß gestrichen, auch wenn sie freilich durch die Rauchentwicklung der Lichter und Öfen rasch wieder dunkel und schmutzig wurden. Tapeten und Holzverkleidungen gab es nur in den Häusern der Reichen. Gern wurden Bilder aufgehängt. Gerade die holländische Malerei hatte sich früh auf diese Bedürfnisse eingestellt und kam in ihren Themen den bürgerlichen Auftraggebern entgegen. Aber auch bei Ärmeren fehlten Bilder nicht ganz, wohingegen christliche Symbole erst erstaunlich spät auftauchten. Das Kruzifix gibt es als Wandschmuck und Symbol erst im 18. Jahrhundert.

b) Essen

Das Essen gehört zu den zentralen Grundbedürfnissen der Menschen, doch seine Zubereitung ging bald über das Nötigste hinaus. Ebenso wie die Kleidung wurde das Essen zu einer Ausdrucksform des kultivierten Lebens.[22]

Ausreichend essen zu können, war in der frühen Neuzeit keine Selbstverständlichkeit. Um das ‚tägliche Brot' alltäglich zu bitten, war nicht bloß fromme Gewohnheit. Zwar gab es immer wieder Jahre der Fülle, aber oft fielen die Ernten so schlecht aus, daß nicht einmal ausreichend Saatgut vorhanden war. Wenngleich die Reichen ebenfalls davon betroffen wurden, litten doch die Armen und Besitzlosen am stärksten darunter. Wir können davon ausgehen, daß rund ¼ bis ⅕ der Bevölkerung von Land und Stadt zu den Armen zählte und in Zeiten der Ernteausfälle und Teuerung zu hungern hatte. Dies war ein strukturelles Problem der vormodernen Gesellschaft, das auch mit der Agrarpolitik des frühmodernen Staates nur beschränkt steuerbar war. Dabei kannte die frühe Neuzeit keine sprunghaft steigende Bevölkerungsentwicklung. Von der Reformation bis zur Zeit der Französischen

18. Bauer beim Mahl. 16. Jh. Holzschnitt v. Hans Weiditz.

Revolution gab es viele Hungerperioden, eine der letzten großen Hungerkatastrophen fiel noch in die Jahre 1770/72.[23]

Die Ernährung war je nach Stand und Vermögen sehr unterschiedlich, nicht nur was ihre Qualität betrifft, sondern vor allem auch ihre Quantität. Für die meisten Menschen bildete das Getreide die wesentliche Ernährungsgrundlage. Als Hauptgericht für das einfache Volk dominierte über Jahrhunderte der Brei, er wurde entweder aus Hirse oder Hafer, aber auch aus Buchweizen, Gerste oder Weizen hergestellt. Ist der Brei eine gekochte Nahrung, so handelte es sich beim Fladen um ein flach gebackenes oder geröstetes Getreidegericht, das in kaltem Zustand oft so hart wurde, daß man es kaum kauen konnte. Der Fladen war aber haltbar und konnte jederzeit mit Wasser aufgeweicht werden. Zwar gab es für die einfachen Leute auch Brot, aber es war kein Hauptnahrungsmittel. Es diente vor allem als Zuspeise bei den höheren Ständen. Seiner Verbreitung stand auch im Wege, daß das Brot aus feingemahlenem Mehl gebacken wurde und für seine Herstellung eigene Backöfen nötig waren, über die später nur Bäcker verfügten. Auf dem Lande gab es eigene gemeinschaftlich benutzte Backöfen. Erst im 18. Jahrhundert wurde Brot zur typischen Speise der Nebenmahlzeiten (Brotzeit), auch in den unteren Schichten. Fleisch war als Alltagskost auch bei einfachen Leuten zwar nicht unbekannt, aber sein Verzehr ging seit dem 16. Jahrhundert nach und nach zurück. An seine Stelle traten zunehmend verschiedene Getreidespeisen und Suppen (Sauermilch), sowie Gartenerzeugnisse, vor allem Kraut, Gemüse und Obst. Wichtigste Nahrung für die einfachen Leute wurde seit dem 18. Jahrhundert die aus Amerika eingeführte Kartoffel. Ihre Geschichte ist bekannt. Vor allem waren es die Hungerjahre 1770/72, die den Anbau der Kartoffel so vorantrieben, daß sie zur eigentlichen Volksspeise wurde. Als alltägliches Getränk diente den einfachen Leuten nicht Wasser oder Milch, sondern das Bier. Wein wurde nur in bestimmten Gegenden getrunken, während der Kaffee, als neues Getränk, ebenfalls erst im 18. Jahrhundert von den unteren Schichten angenommen wurde, nachdem er lange den Oberschichten vorbehalten blieb und für andere verboten war[24]. „Den Kaffee nur gewissen Ständen erlauben, heißt“, klagten Zeitgenossen, „ihn zum Objekt der Eitelkeit zu machen... Die Einschränkung selbst hat ihn erhoben und ihm einen neuen Wert beygelegt.“[25]

Speisezettel sind leider nicht von einzelnen kleinen Haushalten erhalten. Was hingegen eine Dienerschaft alltäglich zu essen bekam, berichtet ein Verzeichnis vom Gut Schleißheim bei München 1618:

„Verzeichnis der außgethailten Speiße.

Sonntag: Mittag Hirschprein (Hirsebrei) oder Grießmues, Spöckh Knödl, und Khraut.
Nachts Khraut, dickhe Schnicz, Sieße Mülch.

Montag: Morgens Waizen Mues, Saure Milch Suppen.
Mittags Khraut, Neue Gersten (Rollgerste), Khersch Röczl (Brei aus zerkochten Kirschen).
Nachts Khraut, Arbes, Milch.

Erchtag: Morgens mues und Wasser Suppen.
Mittag Khraut, prende Suppen (Brennsuppe), Dampf Nudl.
Nachts Khraut, Rueben, Milch.

Mittwoch: Morgens Weizen Mues, Saure Milch Suppen.
Mittags Khraut, digge Schnicz, Gsodthaabern (abgebrühte Weizen- und Roggenkörner gedörrt).
Nachts Khraut, Gersten, Milch.

Pfinztag: Morgens Waizenmues und Wasser Suppen.
Mittag Khraut, Arbes, Küechl und Striczl.
Nachts Khraut, Rueben, Milch.

Freytag: Morgens Waizen mues, saure Milch Suppen.
Mittags Khraut, dickhe Schnicze, Zelter Röczl (Obstbrei mit Gebackenem).
Nachts Khraut, Gersten, Milch.

Sambstag: Morgens Weizenmues und Wasser Suppen.
Mittags Khraut, Arbes, Rueben.
Nachts Khraut, aufgangene oder Dampfnudl."[26]

Das alltägliche Essen beim einfachen Volk war sehr eintönig, das schloß allerdings nicht aus, daß selbst einfache Leute zu besonderen Anlässen, an kirchlichen Feiertagen oder Taufen, Hochzeiten und zu Beerdigungen, üppig aßen und den oberen Ständen nicht nachstehen wollten. Obrigkeiten und Kirchen haben immer wieder das Volk davon abzuhalten versucht, ihr Vermögen für das Essen bei Festen auszugeben. Dabei tolerierten sie Mahlzeiten, die für unsere Vorstellung schon reichlich waren. In einer Reformationsordnung von 1526 heißt es:

„Alsdann sol man zwischen acht und neun uhren gewißlich malzeit halten, zimlich und messigliche speis nemen, nemlich ein suppen, dabei ein weiß fleisch, darnach ein gelbs oder schwarzes fleisch, darnach ein dör rindfleisch mit einem beigemuse von kraut, erbeisen oder dergleichen, zuletzt ein gepratens oder sonst ein gericht für das gepraten und daruber nichts, dazu nimlich bier und keinen wein, es sei denn jensit spisses. So aber einer her diesseit spisses wein geben wolt, der sol es jederzeit unsern amptleuten ansagen, die sollen ihme ein anzal erlauben, damit also maß in diesen und allen dingen gehalten werde. Und so die malzeit zu mittag geschehen ist, sol iderman wider in sein behausung ziehen und kein weiter essen und trinken gehalten werden, ausgescheiden derjhenen, so von der allernechsten freunden da sein, doch daß derf uber drei tische nit sein."[27]

Aber die Maßhalteappelle halfen nicht viel. So schmal die Kost alltäglich

19. Tafelszene im 16. Jh. Holzschnitt v. Hans Weiditz.

sein mochte, ja Hunger herrschte, zu besonderen Anlässen schlug die Dürftigkeit um in Üppigkeit. Dies galt für Landleute wie für Städter.

Weitaus reichhaltiger war natürlich die Küche der vermögenden und reichen Stände, des Adels, der Patrizier und reichen Bauern. Hier galt das üppige Essen als außerordentliches Zeichen der sozialen Stellung, die es zu demonstrieren galt. Das 16. Jahrhundert bildete geradezu einen Höhepunkt der Verschwendung.[28]

Diese Differenz zwischen Ärmeren und Reicheren begann erst abzunehmen, als Puritaner und Aufklärer um die Wende des 17. zum 18. Jahrhundert für eine maßvolle Lebensweise einerseits sprachen, andererseits auf natürlicher und qualifizierter Alltagskost bestanden. Für die Neuzeit war nicht nur die Diskrepanz zwischen dem Essen der Armen und dem der Reichen einerseits und zwischen Alltags- und Festtagsessen andererseits bezeichnend, sondern auch die langsame Ausbildung einer neuen Eßkultur, die zwar zunächst nur die Oberschicht, den Adel und das höhere Bürgertum erfaßte, dann aber im 18. Jahrhundert auch von den breiteren Bevölkerungsschichten rezipiert wurde. Sie steht im Zusammenhang sowohl mit der Differenzierung der Ständegesellschaft wie mit der Verhäuslichung des privaten Lebens.

Noch zu Anfang des 16. Jahrhunderts aß man bei Tisch mit der Hand, zumeist aus der gleichen Schale, als Besteck dienten nur das Messer und der Löffel, was auch für die Oberschicht galt. Vom Essen Karls V. wird 1547 berichtet: „Wenn die Speisen von jungen Fürsten und Grafen aufgetragen wurden, setzte man jedesmal vier Trachten, in einer jeden sechs Gerichte, vor ihm auf den Tisch und nahm die Oberschüsseln nacheinander ab; gegen die, welche er nicht begehrte, schüttelte er den Kopf, wenn er von etwas essen wollte, winkte er mit dem Kopf und zog die Schüssel vor sich hin ... er behielt ein Bratferkel, einen Kalbskopf und dgl., ließ sich nichts vorschneiden, brauchte auch das Messer nicht viel, sondern schnitt so viele Stücklein Brot, so groß, wie er sie zu jedem Bissen in den Mund stecken konnte. Das Gericht, von dem er essen wollte, löste er an der Ecke, wo es ihm am besten gefiel, mit dem Messer, sein Stück brach er mit den Fingern auseinander, zog die Schüssel unter das Kinn und aß so natürlich, jedoch reinlich und sauber, daß man seine Lust daran sah."[29]

Nach und nach tauchten in der Oberschicht Gabeln auf, dazu Teller, Tischdecken und Servietten.[30] Während früher und noch lange in der bäuerlichen Gesellschaft viele zum Festessen ihre Löffel und Messer mitbrachten, stellten nun der bürgerliche und selbstverständlich der adelige Hausherr das ganze Besteck zur Verfügung. Anstelle des Holzlöffels traten hier Silberbestecke. Wichtig wurde vor allem die Gabel, weil es durch sie erstmals möglich wurde, feste Nahrung ohne direkte Berührung mit den Fingern zum Munde zu führen. Gerade dadurch schuf die Oberschicht Distanz zu den Manieren des gemeinen Mannes.

„Eß- und Tischgabeln seynd diejenige, welche man beym Tische gebrauchet, um die Speisen damit zu embrochiren, damit mans mit dem Messer desto besser schneiden könne; weil es unhöfflich stehet, der fast häuffig eingerissenen Weise nach, solche mit den Fingern anzugreifen, daß das Fett darzwischen durchrinne, und denen Beysitzenden einen Eckel erwecke, sonderlich wann hernach solche alle fünf nach der Reihe abgelecket, und aufs neue die Speisen damit betastet werden. Zwar läßt man solches unter dem gemeinen Mann passiren... Bey vornehmen Tafeln aber ist diese Familiarität ausgebannet."[31]

Die neue verfeinerte Eßkultur schuf eine bedeutsame Distanz zum gemeinen Volk. Wer sich diese Sitten nicht leisten konnte, konnte nicht zur feinen Gesellschaft gezählt werden.

Das Essen, vor allem das gemeinsame Essen, besaß im häuslichen Leben immer schon einen besonderen Stellenwert. In dem Maße aber, wie der Umgang verfeinert wurde, Tischdecken und Besteck, Trinkgläser und Eßgeschirr luxuriöser wurden, verlagerte sich das gemeinsame Mahl aus der Küche bzw. der Stube in ein eigenes Speisezimmer. Das verlieh dem Essen einen besonders festlichen Charakter, alles Rauhe und Derbe sollte ihm genommen werden. Zwar konnte sich letztlich nur die Oberschicht diesen Luxus leisten, aber er war signifikant für den Wandel der Eßkultur.

Zwar gab es immer schon eine bestimmte Tischordnung, aber im Maße der Verfeinerung der Eßkultur im Zusammenhang der gleichzeitig zuneh-

20. Tischordnung. Titelkupfer aus „Trincirbuch" 1652.

menden Patriarchalisierung des Haushalts wurde die Sitzordnung festgelegt, der Platz des Hausherrn fixiert. Seit dem 16. Jahrhundert begann sich in der Tischordnung die Herrschaftsordnung mit einer deutlichen Rollenverteilung des Hauses widerzuspiegeln. Männer und Frauen saßen vielfach von der alltäglichen Mahlzeit bis hin zum Hochzeitsmahl getrennt.[32] In der Oberschicht kam es schließlich bereits seit dem 17. Jahrhundert zur Ausbildung eines richtigen Eßrituals, das besondere Kleidung und besonderes Benehmen verlangte. Verboten waren Schmatzen, Schlürfen und Räuspern, Rülpsen und Furzen, selbst für die Gespräche waren bestimmte Themen ausgeschlossen. Geradesitzen wurde zum Zeichen eines zivilisierten Stils. Die adelige Welt hat dieses Verhalten ausgebildet, doch beim entstehenden Bürgertum wurde es geradezu zur Etikette. Die Erziehung zum Bürger vollzog sich nicht unwesentlich im Zusammenhang der Aneignung ‚richtiger' Tischsitten. Umrahmt wurden jene durch das vom Vater oder von der Mutter vorgesprochene Tischgebet, das den Beginn und das Ende des Essens signalisierte und dem Mahl eine besondere Bedeutung verlieh.[33] Religiöse und patriarchalische Interessen flossen hier zusammen.

Noch ein Wesentliches kam hinzu: Essen nahm immer viel Zeit in Anspruch, die großen Feiertags- und Festtagsessen währten oft halbe Tage. Das galt gleichermaßen für die oberen wie die unteren Schichten. Bildete doch das Essen einen zentralen Bereich der familialen, häuslichen Geselligkeit. Es konnte durch Tanz und Musik begleitet oder unterbrochen werden. Während das Essen allerdings in den oberen Ständen immer von besonderer Bedeutung blieb – es gehörte zu deren Lebensstil –, wurde seine Dauer bei der arbeitenden Bevölkerung zusehends eingeschränkt. Aber auch wenn es dieser Schicht weitgehend nur um die Befriedigung eines elementaren Bedürfnisses ging, so nahm man sich doch immer noch reichlich Zeit, wenn es etwas zu essen und zu trinken gab. In der Regel arbeitete man nur so lange, wie es zum Lebensunterhalt nötig war. Seit dem 18. Jahrhundert allerdings begann die alltägliche, nunmehr stärker reglementierte Arbeit die Dauer des Essens drastisch zu verkürzen. Ausgiebiges Essen und Trinken wurde zu einem Luxus, den sich nur noch obere Schichten leisten durften und konnten, mittleren und unteren Ständen war es nur an besonderen Feiertagen erlaubt. Für die Reduzierung der Essenszeit und ihre Unterordnung unter das Arbeitsprogramm, also für die Umkehrung der alten Ordnung, traten zunehmend Bürger – vor allem Aufklärer – ein, die ja in der Arbeit nicht nur die Hauptaufgabe des Menschen sahen, sondern durch sie eine Verminderung der Laster erhofften, die gerade durch das üppige Essen und Trinken entstehen sollten.[34]

c) Kleiden

Den weitaus größten Aufwand trieb die frühneuzeitliche Gesellschaft mit der Kleidung; sie gehörte nicht allein zum häuslichen Leben, sondern war bereits Bestandteil der ständischen Kultur.[35] Zwar müssen wir die Festtagskleidung von der Alltagskleidung unterscheiden, aber dieselbe Kleidung, die die Männer und Frauen auf der Straße, auf dem Markt oder in der Kirche trugen, hatten sie auch weitgehend zu Hause an. Nur die eigentliche ‚Berufs'kleidung legten sie ab. Eine eigene Hauskleidung entwickelte sich erst mit dem Aufkommen von Freizeit zu Ende des 18. Jahrhunderts.

Die Kleidung konnte weit mehr noch als das Festessen und das Wohnen der individuellen bzw. ständischen Selbstentfaltung dienen. Adel und Bürgertum setzten sie geradezu als Symbol kultureller Distinktion und Hegemonie ein. Es wurden keine Extravaganzen gescheut, die Stoffe waren farbenprächtig und üppig, wenngleich im 16. Jahrhundert mehr als im 18. Jahrhundert, das bereits auf Schlichtheit Wert zu legen begann. Die Schnitte waren bei aller ständischen Normierung individuell, ausgefallen und körperbetont und unterlagen zunehmend rasch wechselnden Moden.[36] Das galt vor allem für die Hüte: „Jetzt ein Hut wie ein Ankenhafen, dann wie ein Zuckerhut, wie ein Kardinalshut, dann wie ein Schlapphut, daran die Stulpe ellenbreit, dann von Geißenhaar, dann von Kamelhaar, von Biberhaar, von Affenhaar, von Narrenhaar, dann ein Hut wie ein Schwarzwälderkäse, dann wie ein Holländerkäse, dann wie ein Münsterkäse."[37] Bequem mußte die

Kleidung nicht unbedingt sein, sie war oft geradezu unpraktisch; es ging ausschließlich um die öffentliche Wirkung, wobei sich die höheren Stände von den unteren abheben und ihre soziale Position dokumentieren wollten, während die unteren Stände, soweit sie sich den Luxus leisteten oder leisten konnten, damit den Drang bekundeten, zur besseren Gesellschaft zu gehören oder sogar ständische Schranken zu durchbrechen. Die Strafe, die darauf stand, zahlte man nicht unwillig.

Die Kleidung war sehr uneinheitlich, selbst innerhalb einer Klasse, sie differierte je nach Geschlecht, Religion und Stand, nicht nur nach dem sozialen, sondern auch nach dem Familienstand, außerdem wurde zu unterschiedlichen Anlässen, zu Feiertagen und bei Trauer verschiedene Kleidung getragen. Die Einführung neuer Gewebe, schmiegsamer wollener Tuche, feinbedruckter Baumwolle, Seide, dank intensiverer Handelstätigkeit, die verbesserten Herstellungstechniken sowie das Aufkommen großer Textilbetriebe bzw. die Ausweitung hausindustrieller Produktion begünstigten die Mode, wie natürlich auch umgekehrt der steigende Kleiderluxus nicht unbeträchtlich zur Förderung der Textilindustrie beitrug.

Nicht alle Menschen der frühen Neuzeit kleideten sich allerdings gleich üppig. Die breite arme Landbevölkerung und die städtischen Unterschichten unterschieden sich in ihren Ansprüchen und Möglichkeiten wesentlich von den Mitgliedern des Adels, des Bürgertums und auch von den wohlhabenden Bauern. Sie waren oft nur mit dem Notwendigsten bekleidet, besaßen nicht einmal Schuhe und stellten ihre schmucklose Bekleidung selbst her. Angesehene Männer trugen in der Regel Schuhe und Strümpfe, Hosen und einen Wams, darüber oft einen Rock oder einen Mantel. Wichtig waren Kopfbedeckungen und nicht selten als Symbol männlicher Autorität ein großes Messer, das in der Oberschicht bald durch einen Degen ersetzt wurde. Die Frauen trugen Schuhe, Unterwäsche und Röcke, dann ein Mieder, Kopftuch oder eine Haube (Hut). Die Haube galt als Zeichen der verheirateten Frau. Der Schleier war den adeligen Damen vorbehalten. Über die konkrete Kleidung erfahren wir manches aus Steckbriefen oder aus Gerichtsnotizen: So hieß es 1654 von einem gesuchten Mörder: „Jacob Friz, trag ein göllerlein, rote hosen und ein grauen mantel, habe lichte haar und ein braunen bart." – Ein Landstreicher trug – 1764 – „einen ausgestilpten hut, schwarz lederne hosen, schwarzes camisol, braunen brustfleck mit schwarzen futter, grau gewalkte strümpfe, ein paar spizige schuh mit weislicht metallenen schnallen und ein gelb seidenes halstuch".[38]

Während im 16. Jahrhundert allgemein die Kleidung der Männer farbiger und auffallender war als die der Frauen, trat seit dem 17. Jahrhundert die Damenmode entschieden in den Vordergrund. Trotz der puritanischen Strömungen seit der Reformation kannten die Menschen keine Scheu, durch Kleidung ihre Körperlichkeit zu betonen und sich mit allem Prunk herauszuputzen.

Die Moden bestimmte weitgehend der Adel. Nach der Reformation herrschte an den Höfen, vor allem in Südeuropa, auch im Süddeutschland des 16. Jahrhunderts, die spanische Kleidung vor. Doch im Zuge des politischen Aufstiegs der Niederlande und vor allem Frankreichs gaben diese Länder in West- und Nordeuropa den Ton an, ein Zeichen, wie stark die Mode schon damals mit der politischen und ökonomischen Hegemonie verbunden war.

Dem Zwang zum Kleiderluxus konnte sich kaum jemand entziehen, der zur adeligen, bürgerlichen und auch bäuerlichen Oberschicht gezählt werden wollte. Selbst untere Schichten orientierten sich daran. Die Konfessionen machten dabei keinen Unterschied. Allein in den bürgerlich-pietistischen Kreisen setzte sich eine bewußt bescheidenere Kleidung durch, die Ziemlichkeit und Wohlanständigkeit betonte. Doch auch hier sollte die Kleidung soziale Unterschiede akzentuieren: vom ‚Pöbel' hoben sie sich durch Sauberkeit, vom Adel durch Schlichtheit ab. Das Geschmacksmonopol ging um 1800 über auf das Bürgertum.

Das Ausufern des Kleiderluxus und die Prunksucht, die ja auch den Hausbau und die Wohnkultur umfaßte und eigentlich der Betonung der Standesunterschiede dienen sollte, wirkte letztlich im Gegenteil zunehmend ständenivellierend. Zahlreiche Kleider- und Luxusordnungen versuchten, diese Entwicklung zu steuern. Soziale, moralische und ökonomische Bedenken wurden gegen die Luxusentfaltung vorgebracht, ohne daß allerdings die in ihr zum Ausdruck kommenden ständischen Ordnungsvorstellung angegriffen wurden.[39] Der Kleiderluxus verwische, hieß es, die ständischen Unterschiede, fördere Eitelkeit und Hoffart und untergrabe die christliche Moral, die Demut, Bescheidenheit und Schlichtkeit verlange. Er ruiniere die Familie und fördere den Außenhandel auf Kosten der einheimischen Industrie.

Die „Köstlichkeit der Kleidung unter der Ritterschaft, Adel, Bürger und Bauermann (habe) dermassen und also überhand genommen, daß dadurch nicht allein sondere Personen, sondern auch gemeine Landschafften in Abrechnung und Ringerung ihrer Nahrung kommen seynd, als nemlich so wird durch die gülden Tücher, Sammet, Damast, Atlass, fremde Tücher, köstliche Birreten, Perlen und Untz-Gold, dero man sich jetzo zu Köstlichkeit der Kleidung gebraucht, ein überschwencklich Geld aus Teutscher Nation geführt, auch Neyd, Haß und Unwillen zu Abbruch Christlicher Liebe erweckt, und so solche Köstlichkeit der Kleidung durchaus also unmässiglich gebraucht, daß unter den Fürsten und Graffen, Graffen und Edelmann, Edelmann und Bürger, Bürger und Bauersmann kein Unterschied erkannt werden mag".[40]

Aber die vielen Mandate und Predigten gegen den Kleiderluxus nützten wenig. Die häufige Wiederholung der Luxusordnungen bis ins 18. Jahrhundert ist sogar ein Zeugnis dafür, daß die Kleidung trotz Strafandrohungen

21. Entwürfe von Kleidertrachten aus der Stadt Kirchberg, Zeichnung aus der ersten Hälfte des 18. Jh.

kaum oder nur wenig von herrschaftlichen oder kirchlichen Instanzen gelenkt werden konnte. Den Prunk überhaupt wollte allerdings mit Ausnahme der puritanischen Geistlichkeit niemand abschaffen, doch er sollte der Oberschicht vorbehalten bleiben, während das Volk mit den einheimischen Trachten vorlieb nehmen sollte. Auffallend an der frühneuzeitlichen Kleidung war allerdings nicht nur ihre Mannigfaltigkeit in Form und Material, sondern auch ihre Steifheit und Unnatürlichkeit. An der Kleidung sollte man erkennen, wer man war. Dafür wurde manche Unbequemlichkeit in Kauf genommen.

„Der Charakter der Menschen jener Zeit spiegelte sich in ihrer unnatürlichen und unbeholfenen Kleidung ab und sie war gewiß nicht ohne Wirkung auf die Steifheit des Charakters. Der Fuß war gepreßt in enge Schuhe mit großen Schnallen, die bey nicht ganz vorsichtigem Gehen die Knöchel blutig schlugen; die Strümpfe waren über den Knieen fest gebunden und die Beinkleider unter denselben fest geschnallt, sie reichten oben nicht über, sondern bis an die Hüften und konnten nur durch festes Knöpfen und Binden dort gehalten werden; der Rock lag wie angegossen an den Armen und wurde mit Mühe durch Häkchen über die Brust gezwängt; das Halstuch war fest gebunden, die Haare mit Fett beschmiert und mit Mehl bestreut und im Rücken der Haarzopf gewaltsam zusammengedreht, dann der dreieckige

Hut – eng wie alles Übrige – auf den Kopf gepreßt. – So stund die lebendige Menschenpuppe da, fast unfähig sich anders als in gravitätischem Schritt zu bewegen oder sich zur Erde zu bücken... Ich weiß kein besseres Bild für jene Zeit als die Kleidung, worein sich damals die Menschen hüllten."[41]

Auf häusliche Sauberkeit und Hygiene hat man in der frühen Neuzeit kein großes Gewicht gelegt, das galt von der bäuerlichen bis hin zur adeligen Welt. Am ehesten versuchte das Bürgertum sich und sein Haus sauberzuhalten. Einerseits fehlte das Bewußtsein für die Notwendigkeit der Hygiene, andererseits besaßen auch nur die reichsten Häuser eine unmittelbare Wasserzufuhr. Oft mußte das Wasser von weit her aus einem Brunnen geschöpft werden. Zwar wurde vor allem von seiten der Pädagogen und Ärzte seit dem 16. Jahrhundert auf die Notwendigkeit von Reinlichkeit und vom Waschen hingewiesen, aber ein eigentliches Sauberkeitsbewußtsein entwickelte sich nicht vor dem 18. Jahrhundert. Am ehesten war noch das Waschen von Kleidung, Wäsche und Geschirr verbreitet. Mit welchem Aufwand und mit wieviel Mühe dies in einem Waschhaus oder an einem Fluß geschah, illustrieren viele Bilder der Zeit. Offensichtlich stand diese Kleiderpflege in Verbindung mit dem ständischen Repräsentationszwang. Weit weniger spielte die Reinhaltung des Hauses eine Rolle. Sicherlich wurde es ausgekehrt und auch die Böden gewaschen – wie oft wissen wir nicht –, aber die für Holland sprichwörtliche häusliche Sauberkeit blieb wohl auf dieses Land beschränkt. Dasselbe gilt auch vom Waschen des eigenen Körpers. Ob man regelmäßig Hände und Gesicht wusch, wissen wir nicht, selbst unter der Rücksicht, daß das Fleisch zumeist mit den Händen gegessen wurde. Sie wurden oft mit Brot gesäubert. Denn Handtücher und Servietten waren nur in gehobenen Kreisen bekannt. Das allwöchentliche Baden allerdings war vor allem im 16. Jahrhundert eine weitverbreitete Sitte. Es gab viele Badehäuser und auch Bäder im eigenen Haus, doch dienten sie weniger zur Säuberung als zur Erfrischung und zur Abwehr von Krankheiten, also Gesundheitsgründen. Die öffentliche Badekultur scheint aber seit dem 17. Jahrhundert rückläufig zu sein.

Regelrecht unsauber war es sicherlich nicht in frühneuzeitlichen Haushalten, aber die dem Bürgertum des 18. und 19. Jahrhunderts entsprechenden Reinlichkeitsvorstellungen waren in der frühen Neuzeit unbekannt.[42]

II. Kindheit und Jugend

22. Kinderspiele. Kupferstich aus „Sinne Belden ende Leere der Seden" 1618.

1. Geburt und Kindersterblichkeit

Im Unterschied zu heute gab es in der frühen Neuzeit keinen einheitlichen Begriff und keine klare Vorstellung von Kindheit.[1] Der Begriff von dieser Lebensphase bildete sich erst im Laufe des 18. Jahrhunderts heraus. Wenn im 16. und 17. Jahrhundert von Kindern gesprochen wird, dann sind darunter vor allem Kinder bis etwa zum 10. Lebensjahr gemeint, eine genau nach Jahren festgelegte Lebensspanne der Kindheit war unbekannt. Entscheidend war, daß die ‚Kinder' noch nicht in einen Arbeitsprozeß einbezogen waren und als voll verantwortlich galten, in der Kirche beispielsweise oder vor Gericht. Zum anderen wurden alle Nachkommen eines Ehepaares, insofern sie im Hause lebten und der Gewalt des Hausvaters unterstanden, in ihrem Rechtsstatus als Kinder bezeichnet, egal wie alt sie waren, entscheidend war ihr Unverheiratetsein und ihre Unterstellung unter den Vater. Die Grenze zum Lebensabschnitt der Jugend war ebenfalls nicht klar gezogen.[2] Wir halten uns hier an die moderne Auffassung.

Das Aufziehen der Kinder unterlag außerdem ganz anderen Bedingungen als heute, es verlief dem jeweiligen Stand entsprechend nach unterschiedlichen Mustern. Das Leben eines Kleinkindes war so vielen Gefahren ausgesetzt, daß es oft reines Glück war, wenn ein Kind die Zeit nach der Geburt überstand und seine ersten Jahre überlebte. Berücksichtigt man dies, so ist die Frage nach der Mutterliebe im modernen Sinn nicht das Entscheidende – den Luxus einer intensiven Zuwendung konnten sich die wenigsten Frauen leisten; wir können allgemein davon ausgehen, daß es wohl eine bewußt liebevolle Zuwendung, aber auch ein liebloses Desinteresse an Kindern gab.[3] Dies hing oft weniger ab von der emotionalen Einstellung der Mutter als von den äußeren Umständen, unter denen ein Kind aufwuchs. In den meisten Fällen führten Frauen einen im Vergleich zu heute harten Überlebenskampf.[4] Schließlich nahmen Kinder überhaupt eine grundsätzlich andere Rolle ein im Leben der Menschen. Nicht die mangelnde Orientierung auf Kinder, wie allgemein unterstellt wird, ist auffallend, sondern im Gegenteil die große Rolle, die die Nachkommenschaft überhaupt spielte. Sicherlich gab es viele Kinder, die ungewollt waren und verwahrlosten. Kinder waren aber auch als Arbeitskräfte und für die Fürsorge im Alter willkommen; doch wenn nach einer Eheschließung bald die Geburt eines ersten Kindes erwartet wurde, entsprach dies weder einer Erfüllung der Ehepflichten im Sinne der Kirchen noch dem unmittelbaren Wunsch nach Arbeitskräften und Altersversorgung. Die Geburt eines Kindes bedeutete die Erfüllung der Eheschließung. Fruchtbar zu sein, d. h. Kinder zu haben, war geradezu notwendig, um auch alle Rechte als Mann wie als Frau ausschöpfen zu können, volles Ansehen zu genießen.[5] Kinderlosigkeit bedeutete in jedem Fall eine Strafe Gottes, möglicherweise für frühere Sünden. Kinder zu haben war also nicht nur selbstverständlich, sondern auch beabsichtigt. In diesem Sinn gab es Sorge, aber auch Stolz auf das Kind, zugleich die nicht seltene Härte im Umgang mit dem Kind sowie die Achtlosigkeit, in der Kinder aufwuchsen. Sosehr Kinder zu einem Haushalt zählten, im Mittelpunkt des Alltagsgeschehens standen sie damit nicht, dazu konnte es erst in der arbeitsentlasteten bürgerlichen Familie kommen.

Die Geburt eines Kindes war immer ein großes Ereignis für das Haus.[6] Sie bedeutete die Erfüllung einer fruchtbaren Ehe, brachte vielleicht den lang gewünschten Erben, dann war die Freude besonders hoch. Zugleich sah man ihr mit großer Sorge entgegen, denn erfahrungsgemäß bedeutete die Geburt eine Gefahr für Mutter und Kind, die zu überstehen zumeist als Geschenk Gottes begriffen wurde. Von daher erklären sich die vielen Vorsichtsmaßnahmen vor und während der Geburt, die, sowenig sie unseren heutigen Vorstellungen entsprechen, doch Ausdruck von Fürsorge, ja Liebe zum Kind waren. In Anbetracht der allgemein schwierigen Lebensumstände und der Gefährdung der Frauen ist es geradezu auffällig, daß eine Geburt, so alltäglich sie war, doch als einmalig aufgenommen und gefeiert wurde, wobei die überstandene Gefahr auch eine Rolle spielte. Sicherlich konnte eine vermögendere Familie unbesorgter sein als eine arme, weil sie die

23. Niederkunft im 16. Jh. Holzschnitt aus Augsburg.

Mutter voll entlasten konnte. Es gehörte zum Status einer angesehenen Familie, jede Geburt ernst zu nehmen und aufwendig zu begehen.[7]

Wegen drohender Gefahren ließ man der Schwangerschaft und der Geburt nicht einfach ihren natürlichen Lauf – zur Natur hatte man sowieso kein ‚natürliches' Verhältnis, immer witterte man in ihr Gefahr –, sondern unternahm alles, damit die Geburt erfolgreich verlief, und Kind wie Mutter gesund überlebten.[8] Medizinisches Wissen war dabei aufs engste verknüpft mit abergläubischen Praktiken, denen man lange zur Verhütung von Unheil mehr vertraute als medizinisch-ärztlicher Beratung. Über den eigentlichen Geburtsvorgang und die Wochenstube wissen wir aus schriftlichen Quellen wenig, dafür um so mehr aus Bilddarstellungen.

Die Geburt war in erster Linie eine Angelegenheit der Frauen.[9] Die Nachbarinnen halfen in jeder Weise, meist wurde eine Hebamme gerufen. Abgesehen von den höheren Ständen wurde es erst im 18. Jahrhundert häufiger üblich, einen Arzt heranzuziehen. Die Männer im Hause waren meist ausgeschlossen. Nur dort durfte der Ehemann anwesend sein, wo es Brauch war, seine Kraft in Anspruch zu nehmen, d.h. wenn die Frau auf seinem Schoß gebar.[10] Die Sitte, nach der „Männer bei den Weibern in Kindsnöten" dabeisein sollten, „damit sie dann hernach desto mehr Geduld mit den Weibern haben"[11], ist nur wenig belegt.

Als Hebammen wirkten oft ältere, zumeist aber kundige und ausgebildete Frauen, die ihr Wissen aus der Überlieferung und in langjähriger Erfahrung erworben hatten.[12] Dies Wissen reichte allerdings in der Regel nur für die normalen Fälle, den häufigen Komplikationen gegenüber waren auch die meisten Hebammen hilflos. Selbst wenn wir den vielen Klagen vor allem von Ärzten über die schlechten Hebammen wenig Glauben schenken, so gab es doch eindeutige Grenzen ihrer Fähigkeiten, was sich etwas besserte, als sie sich seit dem 18. Jahrhundert einer medizinischen Prüfung unterziehen mußten. Vor allem die Städte waren es, die ihr Hebammenwesen erstmals – bereits im 16. Jahrhundert – strenger kontrollierten, um dadurch die Säuglingssterblichkeit einzudämmen. Zwar gab es schon früh eine Reihe von brauchbaren Lehrbüchern, so die Werke von Eucharius Rößlin „Der Swangeren frawen und Hebammen rosegarten" (1513) und von Jakob Rueff „Ein schön lustig Trostbüchle von den empfengknussen und geburten der menschen und iren vielfältigen zufälen und verhindernussen" (1554).[13] Da aber die Hebammen selten lesen, die gelehrten Bücher ihnen mithin nur beschränkt weiterhelfen konnten, änderte sich in der Praxis wenig. U.a. war man der Überzeugung – das traf nicht nur für die Hebammen zu –, daß das Kind „in großer Unordnung" zur Welt käme. Deswegen müßte man den Kopf zurechtrücken, Arme und Beine strecken und das Zungenband mit dem Nagel des kleinen Fingers ablösen, damit das Kind sich normal entwickelte bzw. nicht stumm blieb. Gerade dadurch kam es zu Verblutungen bzw. Entzündungen.

An Hilfsmitteln stand der Hebamme nur eine Schere zum Abschneiden der Nabelschnur zur Verfügung. Die bekannten Geburtszangen kamen erst spät im 17. Jahrhundert auf, unabhängig davon, daß es dann noch lange dauerte, bis sie breitere Verwendung fanden. Die Mutter gebar zumeist auf einem Geburtsstuhl, den die Hebamme oft mitbrachte, oder auf dem Bett. Bei Rueff heißt es: „Wo dann die Zeit der Geburt vorhanden und das Flämlein innerhalb aufbrochen (Blasensprung erfolgt ist), welches auch die Hebamm mit den Nägeln zerreißen kan, soll die Gebärende den Atem hart an sich halten und auf den Gebärstuhl gesetzet werden."[14] Über die näheren Umstände bei der Geburt berichten kaum Quellen, nur von Kindstöterinnen wissen wir ausführlich, wie sie die Kinder auf die Welt brachten.[15] In der Regel konnte eine Hebamme, wie gesagt, nur in normalen Fällen helfen. Falls Operationen nötig gewesen wären, etwa wenn eine Frau ein zu schmales Becken hatte, gab es kaum Überlebenschancen.[16] Der Kaiserschnitt war zwar schon lange bekannt, aber man wandte ihn nur bei bereits verstorbenen Müttern an, um wenigstens das Kind zu retten, aber auch das gelang in den seltensten Fällen. Der Fall eines erfolgreichen Kaiserschnitts an einer Lebenden, bei dem Mutter und Kind am Leben blieben, ist erst aus dem 17. Jahrhundert überliefert. Bei der Rettung von Mutter oder Kind kam es oft zu gräßlichen Szenen. Ein exzeptioneller Fall ist in der Autobiographie des Barbiers Dietz aus dem Jahre 1696 überliefert:

„Indeß war meine Frau hohen Leibes und war kein Tag, da sie nicht Zank mit ihren Geschwistern hatte. Darum ich sie auch bat und warnete: sie sollte doch zu Hause bleiben und sich vor den Ihrigen hüten; weil sie nicht gerne wollten, daß ich Kinder unter ihr Erb bringen sollte.

Allein meine Frau folgete mir nicht und lief täglich hin. Da denn bei der höchsten Zeit, des Abends, sie sich abermals bei dem Vater gezanket, und sie gar aus dem Hause gestoßen hatten. Die Frau in Grimm und Finstern zu Hause läuft und in der Schmeerstraße, am ‚Güldenen Schloß', über die Gosse und eine Bohle stürzet, über und über. Davon sie mir aber nichts saget, sondern über Wehen klagete.

Ich lasse die Wehemutter gleich holen und da war alles gut. Die harte Geburt währete bis i'n dritten Tag. Da fragete ich die Weiber, die ich hatte lassen dazu holen, als die selige Frau Doktor Knauten und Rathsmeistern Zeisingen: warum es so lang würde, es stünde gewiß nicht recht? – Da sagten die Weiber: ‚Herr Dietz, wir können es ihm nicht verhalten, das Kind ist tot; und will er seine Frau beim Leben erhalten, so muß er Herrn Dorn, der die Frucht rausnimbt, lassen holen.'

Ich ward sehr erschrocken und wußte nicht, was zu thun? Doch resolvierte ich mich und sagte: ‚Wann es denn nicht anders sein soll und kann, was Dorn kann, kann ich auch.'

Die Weiber fielen mir umb'n Hals und baten sehr: ich sollte bald machen, es wäre fast umb die Frau geschehen. Ich legte die Hand an und versuchte, wie die Frucht stünde. So stund es mit der linken Achsel und Arm verkehret in. Und war wegen der Dunst, welche allezeit bei toten Kindern ist, weder zu wenden noch zu regen. Sie hatten ihm bereitest fast den Arm abgerissen. Ich fassete ein dazu geschicktes, spitziges Messerlein in meine rechte Hand, unter den Zeiger, so vorhero mit warmen Ölen und Bier glatt gemacht, zwang mich damit zwischen die Frucht ein und eröffnete dem Kinde Brust und Leib. Da gingen die Winde weg; und war die Frucht, zusammengefallen, leicht herauszubringen.

Da lag nun mein erster Sohn, im Mutterleib geopfert, und ich hatte meine Hände in seinem Blut gewaschen. – O, großer Gott, Du weißt es, wie mir zu Gemüth war!“[17]

War die Geburt glücklich verlaufen, wurde die Frau ins Wochenbett gelegt. Es war zumeist das beste Bett des Hauses. Die erhaltenen Illustrationen und Bilder zeigen allerdings vorwiegend die Wochenstube der gehobenen Stände. Die meisten Geburten fanden aber sicherlich in den vielen kleinen Hütten statt, die wohl ebenfalls von den helfenden Frauen reinlich eingerichtet bzw. zugerichtet waren. Das Kind wurde sofort nach der Geburt in einem mit bestimmten Essenzen versehenen Wasser gebadet und in ein warmes Tuch gelegt, während die Wöchnerin ihr erstes großes Mahl erhielt. Danach erfolgte die rituelle Übergabe und das Anlegen des Kindes an die Herzseite der Mutter, nicht, um es zu stillen, sondern damit die von bösen Geistern in das Kind hineingelegten künftigen Mißhelligkeiten und Erkrankungen ‚herausgezogen‘ würden. Zum ersten Stillen übergab man, wo immer es ging, das Kind einer Säugamme, denn man war der Meinung, daß die Vormilch der Wöchnerin für das Kind schädlich sei. Waren alle Gefahren gebannt, feierten die Frauen zusammen mit der Wöchnerin unter sich. Es soll dabei z. T. so munter zugegangen sein, daß öffentlich Klagen über das Trinken der Frauen bei dieser Gelegenheit laut wurden. Ebenso munter ging es zu, wenn Freunde und Nachbarn der Frau zu Besuch kamen und ihre Geschenke überreichten, das währte oft bis zur feierlichen Taufe.[18]

Die Geburt war jedenfalls nicht Privatangelegenheit der Frau – wenn sie allein gebar, war dies eher verdächtig –, auch nicht der Familie, sondern ein öffentliches Ereignis, an dem vor allem Frauen partizipierten. Wann das neugeborene Kind dem Ehemann gezeigt wurde, ist nicht überliefert. Offensichtlich scheint er relativ spät in Erscheinung zu treten, was nicht heißt, daß er als Vater und Hausherr kein Interesse an einer glücklichen Geburt gehabt hätte. Sicherlich spielte die Geburt eines Erben eine große Rolle und damit auch die Frage, ob das Neugeborene ein Junge war. Ganz allgemein sind zahlreiche Zeugnisse dafür vorhanden, daß Männer um eine glückliche Geburt besorgt waren. Es gibt kaum einen Verfasser einer Autobiographie in der frühen Neuzeit, der die Geburt seiner Kinder nicht erwähnt.[19] Erst im 19. Jahrhundert ist dies keine Selbtverständlichkeit mehr.

24. Wochenfest. Holzschnitt um 1500.

Sosehr bereits die Geburt selbst gefeiert wurde, war das eigentliche Ereignis doch die Taufe, die meistens drei Tage später folgte.[20] Sie galt gewissermaßen als die soziale Besiegelung der Geburt, denn erst durch die Taufe wurde aus dem kleinen Geschöpf ein soziales Wesen, ein Mensch mit einem Namen und einem Platz in der familiären und sozialen Kontinuität. Dementsprechend wurde auch weniger der Geburtstag festgehalten als der Tauftag, der seit dem späten 16. bzw. frühen 17. Jahrhundert in ein Geburtsregister eingetragen wurde. Aufgrund der Bedeutung, die der Taufe im Leben des einzelnen Menschen zugemessen wurde, ist wohl kaum anzunehmen, daß Eltern ihre Kinder nicht taufen ließen, wie unkirchlich sie auch sein mochten. Ohne Taufe zu leben, hätte den Ausschluß aus der Gesellschaft bedeutet. Wenn keine Nottaufe etwa durch die Hebamme erfolgt war, wurde das Taufzeremoniell für gewöhnlich durch einen Geistlichen in der Kirche vollzogen. Es gab auch Haustaufen, doch wohl nur bei den Reicheren. Die Taufe war ein kirchliches Sakrament, erst durch sie wurden die schweren Bedrohungen (Erbsünde), die mit der Geburt gegeben waren, gebannt. Sie beeinflußte das künftige Lebensschicksal des Kindes in der Gesellschaft, sie stellte ihm günstige Weichen und gewährte dem Kind die Chance christlichen Lebens. Deswegen war es für die Hebamme nicht weniger wichtig, eine Nottaufe durchführen zu können, als gründliche medizinische Kenntnisse zu besitzen. Man tat alles, um das Kind am Leben zu erhalten, aber noch mehr, um ihm die ewige Seligkeit zu sichern. Mit der Taufe waren zugleich die besten Voraussetzungen für ein gutes Leben gegeben: die mit ihr verbundenen Rituale sollten alle bösen Geister bannen und damit den Weg zu einem ‚erfolgreichen Leben' freigeben.

Von ganz besonderer Bedeutung war die Namengebung. Sie war zwar keineswegs einheitlich, entweder erhielt das Kind in der frühen Neuzeit den Namen der Eltern bzw. Paten, was eine Familienkontinuität ausdrückte, oder den Namen eines Heiligen, vorzugsweise des Tagesheiligen, unter dessen Schutz das Kind gestellt wurde. Die Kraft der Person, deren Namen es trug, sollte auf das Kind übergehen.[21] Die Namengebung unterlag in dieser Zeit bereits ‚modischen' Schwankungen, die stark von gesellschaftlichen Leitbildern geprägt waren. Eine Analyse der Namengebung bietet einen bedeutsamen Schlüssel zu der Kultur einer Gesellschaft. Die Protestanten gaben im 16. Jahrhundert besonders gern alttestamentliche Namen, im 17. Jahrhundert folgte dann die Vorliebe für Doppelnamen mit Johannes als erstem Namen. Die Katholiken bevorzugten z.B. im 17. Jahrhundert Heiligennamen, die eng in Verbindung stehen mit den neuen Heiligenkulten, die die Jesuiten begünstigten.[22] Nicht selten gaben Eltern mehreren Kindern denselben Namen, damit wenigstens eines die Tradition des Hauses aufrechterhielt.[23]

Aber nicht nur die Namengebung war Teil einer Strategie zum ewigen wie auch irdischen Heil des Kindes, sondern auch die Auswahl von Paten bzw. Patinnen, die die ‚geistliche' Vater- bzw. Mutterschaft übernahmen.[24] Sie waren im Namen der Kirche und der Eltern offiziell verpflichtet, vor allem für das geistliche Wohl des Kindes mitzusorgen, was um so wichtiger war, da Kinder oft früh verwaisten. Da Paten häufig aus einer sozial höheren Schicht stammten als die leiblichen Eltern, bedeutete das eine Chance für das Kind, später seine soziale Position aufzubessern. Patenschaften übernahm man gerne, weil sie das soziale Prestige dokumentierten und auch stärkten. Bei nicht wenigen bekannten Persönlichkeiten der frühen Neuzeit spielte der Pate eine größere Rolle als die eigenen Eltern. Wie kein wichtiges Ereignis im Leben ohne große Festlichkeit begangen wurde, so folgte der Taufe ein Festmahl, in das manche Familien so viel Geld investierten, daß bereits seit dem 16. Jahrhundert die Obrigkeit mäßigend eingreifen mußte. Auch die Kirchen waren nicht erfreut über das Maß an Prunk und Festfreude, das im Widerspruch zum Ernst der Taufzeremonie stand. Noch im 18. Jahrhundert wurde geklagt:

„Es ist unbeschreiblich, was nicht allein unter dem Pöbel, sondern auch unter denen, die den Pöbel an Stand und Verstand übertreffen, bey dem Hochheyligen Sacrament der Tauffe und in denen Wochenstuben an Bräuchen vorgeht. Zu beklagen ist, daß die Tauffe zu einer bloßen äußerlichen Handlung gemacht wird und das Himmlische dabey aus den Augen kommt. Ihrer viele lassen das Neugeborene lange liegen, bevor sie zur hl. Tauffe Anstalt machen, weil sie vornehme Gevattern von weiten Orten her einladen und weil sie die delicaten Dinge zum Tauffessen nicht so geschwinde

25. Nürnberger Taufzeremonie, um 1600. Nürnberger Kupferstich.

erlangen können. Sie bedencken nicht, daß sie diese muthwillige Aufschiebung der Tauffe, wenn das Kind inzwischen ohne Tauffe sterben sollte, bei Gott schwer zu verantworten haben... Man sieht mehrentheils nicht auf die Christliche Würdigkeit der Gevattern, sondern man leget eigennützige, öffters auch sündliche Absichten hierbey zugrunde... Insonderheit der gemeine Pöbel erwehlet diejenigen, von denen er ein starckes Eingebinde vermuthet... Je mehr Gevattern, je mehr Thaler, Ducaten oder Goldstücke... Die Heylige Handlung ist kaum vorbey, da wird unmäßig gefressen und gesoffen, und wenn mancher nicht bezecht nach Hause käme, würde er nicht dencken, daß Kind-Tauff gewesen."[25]

Der gelehrte Schreiber verkennt hier den volkstümlichen Charakter der Taufe als Sozialisationsritus, der nur durch ein großes Fest seinen Abschluß finden konnte. Außerdem verdrängt das Fest alle Schrecken, die viele Geburten mit sich brachten, die Lebensgefahren für Mutter und Kind.

Die Beziehung der Eltern zu ihren Kindern, speziell der Mutter zu ihrem Kind, war natürlich geprägt von der Arbeitslast, die eine Schonzeit für schwangere und gerade entbundene Mütter kaum zuließ, vor allem aber von der hohen Säuglings- und Kindersterblichkeit, die sich vom 16. bis 18. Jahrhundert nicht wesentlich geändert hat.[26] Sie traf reiche wie arme Eltern fast in gleichem Maße. Bei der Berechnung der Säuglingssterblichkeit müssen wir unterscheiden zwischen der Zahl derjenigen, die bei der Geburt bzw. unmittelbar nach der Geburt starben und derer, die nur ein Jahr lang lebten bzw. das 15. Lebensjahr nicht erreichten. Von den 6 bis 7 Kindern, die durchschnittlich in beiderseitigen Erst-Ehen etwa auf dem Lande in

Württemberg auf die Welt kamen, war in der Regel bis zum 15. Lebensjahr die Hälfte gestorben, d.h. nur die Hälfte aller Lebendgeborenen überlebte das 15. Lebensjahr. Das galt nicht nur für die berechnete Zeit zwischen 1650 und 1800, im 19. Jahrhundert stieg die Zahl sogar noch etwas an. Mehr als 3 bis 4 Kinder behielt im Durchschnitt kaum ein Ehepaar. Die höchste Sterblichkeit gab es im 1. Lebensjahr. Hier schwanken allerdings je nach Zeit und Ort die Durchschnittszahlen etwas mehr: Zwischen 25 bis 32 bzw. 20 bis 30% aller Geburten. Aufschlußreich ist eine Differenzierung unter besonderer Berücksichtigung verschiedener Berufsgruppen zwischen 1750 und 1799 bzw. 1800 und 1849.

Säuglings- und Kindersterblichkeit bei verschiedenen Berufsgruppen (14 Dörfer, Geburtsjahrgänge 1750–1799 und 1800–1849)[27]

Von 1000 Neugeborenen starben, bevor sie das Alter x erreichten

Geburtsjahrgänge	Alter (Jahre)	Handwerker, Wirte, Kaufleute, Lehrer usw.	Bauern	Landarbeiter, Tagelöhner usw.	Sonstige	alle Berufsgruppen
1750	1	199	210	226	224	213
bis	5	336	315	348	357	335
1799	10	377	346	382	390	370
	15	390	359	397	406	384
1800	1	231	213	210	195	216
bis	5	328	300	299	286	307
1849	10	352	324	327	301	331
	15	366	340	337	317	345

Die hohen Zahlen resultieren aus verschiedenen Ursachen. Einmal sind die Seuchen und Epidemien zu nennen, dann die vielen Infektionen, gegen die es kein Mittel gab. Erste Schutzimpfungen nahm man seit dem späten 18. Jahrhundert vor. Diese Ursachen sind allerdings oft vordergründig, zumeist spielten schon die Ernährungssituation und die hygienischen Zustände eine wesentliche Rolle. Schließlich kommt noch die fehlende Fürsorge für das Kind gerade in den ersten Monaten durch die Überlastung der Mütter hinzu. Alles zusammen schuf schlechte Voraussetzungen für ein Überleben der Kleinstkinder. Dennoch unternahm man in der Regel alles mögliche, um das Leben des Kindes zu erhalten und scheute keine Kosten für einen Arzt oder eine Wallfahrt; insofern kann man nicht sagen, daß ein emotionales Desinteresse Ursache für die hohe Kindersterblichkeit gewesen wäre, so sehr natürlich der häufige Tod eine fatalistische Haltung erzeugte. So kinderorientiert die Gesellschaft an sich war und sosehr eine hohe Kinderzahl erwünscht war, nicht nur weil man wußte, daß viele wieder starben, stieg doch mit der Zunahme der Kinderzahl auch das Bewußtsein der Belastung. Um 1800 heißt es aus Bayern: „Der Bauer freuet sich, wenn sein Weib ihm das erste Pfand der Liebe bringt, er freut sich auch noch beim zweiten und dritten, aber nicht auch so beim vierten. Da treten schon Sorgen an die Stelle der Freude. Er bedauert es, ein Vater vieler Kinder zu seyn, er hat für so viele keine gute Aussicht mehr, sein Vermögen ist zu klein. Er sieht alle nachkommenden Kinder für feindliche Geschöpfe an, die ihm und seiner vorhandenen Familie das Brod vor dem Mund wegnehmen. Sogar das zärtlichste Mutterherz wird schon für das fünfte Kind gleichgültig, und dem sechsten wünscht sie schon laut den Tod, daß das Kind himmeln sollte."[28]

Sicherlich war die Fürsorge für die jüngeren Kinder einer Ehe, wenn die anderen noch lebten, entschieden geringer als für die erstgeborenen. Mehr als dafür zu sorgen, daß sie getauft und notdürftig ernährt wurden, vermochten viele nicht.

Trotz allen individuellen Elends und oft großer Trauer um das verstorbene Kind wurde die hohe Kindersterblichkeit letztlich hingenommen. Immerhin hatte die Kirche zur Erleichterung viele Tröstungen anzubieten. Änderungen konnte es nur geben, wenn man bereit war, sich sowohl den Müttern wie den Kindern gegenüber anders zu verhalten, sprich überhaupt weniger Kinder in die Welt zu setzen, um dann für die vorhandenen mehr Zeit und Fürsorge aufwenden zu können.[29] Dafür hatte der Protestantismus günstigere Voraussetzungen geschaffen als der Katholizismus. An eine Empfängnisverhütung dachte man dabei kaum, da sie innerhalb der Ehe im vorderen Europa fast unbekannt war, höchstens durch die Ausdehnung der Stillzeit versuchte man, eine neue Schwangerschaft hinauszuzögern.

„Einen Beweiß von der Furcht vor der Gefahr bey der Geburt giebt das unter den Landleuten sehr gewöhnliche lange Säugen der Kinder. In der That halte ich es zur Stärke des Körpers sehr zuträglich, wenn Kinder nicht nur ein Jahr, sondern noch darüber des besten Nahrungsmittels, der Muttermilch, genießen können. Allein es muß auch hier die Mittelstraße beobachtet werden und es ist meiner Einsicht nach genug, wenn Kinder so weit gekommen, daß sie stärkere und härtere Nahrungsmittel ohne Gefahr der Gesundheit vertragen können. Wozu also die Milch der Mutter, wenn Kinder schon alle andere Speisen genießen? Unterdessen giebt es doch viele auf dem Lande, die es 2 ja 3 Jahre fortsetzen. Es haben mir Prediger vom Lande versichert, daß es bloß aus Furcht vor neuer Gefahr und vor vielen Kindern geschehe. Da nun die Erfahrung lehret, daß die Frauen nur selten, während der Säugung, wieder schwanger werden, so läßt sich solches wol begreifen, zugleich aber sieht man, daß das lange Säugen den Ursachen bey zu zehlen sey, durch welche die eheliche Fruchtbarkeit vermindert wird."[30]

Wie weit diese Praxis allgemein verbreitet war, wissen wir nicht genau, eine merkliche Reduzierung der Kinderzahl bzw. der Sterblichkeit gab es

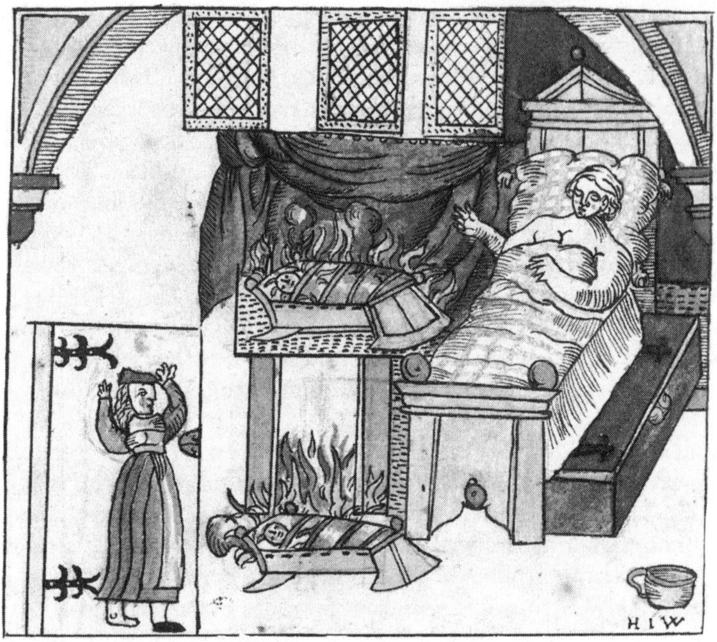

26. Wie zwei Kinder in Freiburg im Breisgau in ihren Wiegen verbrannten. Kolorierte Federzeichnung aus der „Wickiana" 1568.

nicht. Die hohe Mortalität blieb eine Erscheinung bis weit ins 19. Jahrhundert hinein, nicht nur in armen, sondern auch in reichen Familien, im Bauernhaushalt wie beim Adel.

Die vielen Familienbilder des 18. Jahrhunderts suggerieren immer wieder eine Idylle, die einer näheren Betrachtung nicht standhält: selten nur gab es wirkliche familiale Vertrautheit. Außerdem konnte das ‚Familienglück' jederzeit rasch durch den Tod vernichtet werden. Auf die Freude über die Geburt eines Kindes konnte allzu rasch das Leid über seinen Tod folgen. Für diese Trauer gibt es schon aus dem 16. und 17. Jahrhundert etliche Zeugnisse, aber die ausführlichsten und deprimierendsten stammen aus dem 18. Jahrhundert, als eine zunehmende Zahl von Menschen zumindest in der bürgerlichen Welt in der Lage war, ihr Leid auch schriftlich zu beklagen. Eindrucksvoll berichtet die Frau von Matthias Claudius aus Wandsbeck über die Freuden und Ängste bei der Geburt:

„13. November 1778: ... Hier ist seitdem allerhand vorgegangen, da Sie weg sind. Harmsen seine Frau ist im Wochenbett gestorben, sie hat schrecklich viel bei der Entbindung ausgehalten und den Tag darauf ist sie gestorben, sie zog aus Vorsicht nach Hamburg zu ihren Eltern und hat auch die beiden geschicksten Accuscheurs bei sich gehabt. Das Kind ist auch tot zur Welt gekommen, bei alledem soll sie außerordentlich geduldig gewesen sein.

Meine Nachbarin Abrahams ist auch von einem Sohn entbunden, der aber die Beschneidung auch nicht erlebt hat. Madame Wilm ist ziemlich wieder hergestellt. Ich bin es itzt auch, habe doch noch viel Rückenschmerzen mit, es kränkt mir recht, daß es mir so gegangen ist. Ich freute mich schon so sehr, daß ich meinem Claudius mit dem Frühling einen Jungen bringen sollte und nun ist die Freude auf einmal aus...

10. September 1779: Liebe Voß! Grade den Tag, als ich an Sie schreiben wollte, um Ihrer Schwiegermutter den Brief mitzugeben, kam mein kleines Mädgen an, flink und rasch. Gott gebe Ihnen eine solche Entbindung und Wochenbett, als ich bis itzo habe, das wünsche ich Ihnen von ganzer Seele. Die Nacht vom 1. auf'n 2. September hatte ich unbedeutende Schmerzen bis gegen Morgen, um 5 Uhr stand mein Mann auf, um mir Tee zu machen. Er glaubte es sei Erkältung. Ich stand auch auf, fing an zu kramen, gegen 10 zeigte es sich, daß es bald ernst werden würde, da wurde die alte Harten geholt und mit dem Schlag 12 wars Mädgen da. Eine gute halbe Stunde war ich nur auf dem Stuhl, die war freilich bitterlich sauer, aber Gott Lob daß sie so kurz war. Mein Mann mußte diesmal bei mir bleiben, weil noch niemand da war als meine Mutter... Haben Sie nur guten Mut, es geht mit Ihnen, wills Gott, eben so gut diesmal. Madame Wilm geht auch in den letzten 3 Wochen. Die arme Mumsen, daß die wieder ein totes Mädgen hat, das ist doch recht traurig. Sie ist auch ganz mißvergnügt und melancholisch itzo...

30. Januar 1787: Ich habe Ihnen schon lange schreiben wollen, liebste Ernestine, daß ich den 6ten Dezember von einem Knaben entbunden bin; es ging wieder etwas schwer, aber doch glücklich. Ich war auch die ersten Tage sehr wohl, kriegte aber den 10. Tag auf einmal ein dickes Bein, woran ich 4 Wochen still zu Bette liegen mußte. Ich gehe zwar seit 8 Tagen wieder im Hause herum, aber der Geschwulst hat sich noch nicht ganz verloren. Indessen versichern die Ärzte, daß es keine Gefahr mehr hat; wir sind schon recht bange gewesen für Wassersucht... Ich stille meinen Jungen wieder selbst und es geht mit mir bis itzo Gottlob recht gut... Er ist so groß und stark und so fromm und ruhig, daß es eine rechte Freude ist so einen Jungen zu haben. Ich denke, es kommt mit daher, daß er Matthias Heinrich heißt. Matthias der Große und die 7 Kleinen sind so ziemlich gesund, bis auf etwas Schnupfen und Husten. Die Trapp erwartet diese Woche ihr 11tes lebendiges Kind, ihre älteste Tochter ist diesen Herbst nach Hamburg an einen Gastwirt verheiratet, und sie wird beinahe Mutter und Großmutter zugleich...

Sie dürfen es auch wirklich nicht übelnehmen, denn der Brief hat alle Zeit her schon sollen geschrieben werden, aber 7 große und ein kleines Kind, ein dickes Bein und nur eine Magd dazu im Hause –".[31]

Bei aller großen Säuglings- bzw. Kindersterblichkeit blieb das Kind für die einzelne Familie immer eine Besonderheit. In der Regel wurden die Kinder von der Mutter lange gestillt, oft bis zu zwei Jahren und darüber hinaus, nicht nur, weil dies empfängnisverhütend wirkte, sondern Ersatznahrung kaum vorhanden war. Künstliche Ernährung mit der Kuhmilch wurde zwar immer wieder versucht, galt aber bis ins 19. Jahrhundert hinein als lebensgefährlich für Säuglinge. Das Selbststillen war an sich selbstverständlich, so oft in der gelehrten Literatur auch darüber geklagt wurde, daß Mütter ihre Kinder Ammen übergaben. Der Hebammenlehrmeister Rueff (1558) lehrte bereits: „Noch eins sollt ihr euch merken: daß dem Kind kein milch mehr sterck zufügt, denn die es von der Mutter seugt."[32] Nur in Ausnahmefällen griff das einfache Volk auf Ammen zurück. Anders verhielt sich die Oberschicht, selbstverständlich der Adel, aber auch zunehmend der stadtbürgerliche Mittelstand. Weil es als unfein galt, selbst zu stillen, Frauen aufgrund ihrer gesellschaftlichen Verpflichtungen sich kaum um ihre Kinder kümmern konnten oder der Mann dies ablehnte, wurden die Kinder Ammen übergeben, die entweder ins Haus geholt oder zu denen die Kinder gebracht wurden. Schon früh entstand in den Städten ein regelrechter Ammenmarkt, über den arme Frauen eine Möglichkeit zu beträchtlichen Nebenverdiensten fanden. Da man jedoch annahm, daß „viele muntere Neugeborene durch Verwahrlosung, böse Leidenschaften, öfters aber durch die ansteckende und gleichsam giftartig wirkende Milch der Amme auf die Zeit ihres Lebens zu Grunde gerichtet oder von dem Tode hingerissen" würden, propagierten die gelehrten Ärzte, Theologen, vor allem dann später die Aufklärer das Selbststillen.[33] Jetzt verband sich allerdings mit der Maßnahme gegenüber der Ammenmilch das Bild einer „natürlichen" Frau, zu deren Naturaufgabe das Selbststillen zählte sowie das Bild einer bürgerlichen Familie, die sich abzusetzen hatte von allem niederen Volk, aus dem ja auch die Ammen stammten. Wenn allerdings die Anstellung einer Amme unvermeidbar schien und keine ‚Faulheit und Dummheit' der Mutter vorlag, dann sollte man zumindest auf „alle Anzeichen eines guten Lebenswandels, auf Sitten, Leidenschaften oder Laster einer Amme"[34] achten. Mit Vorliebe wurden ländliche Ammen empfohlen: „Ihre Augen müssen hell und rein sein und den Ausdruck ländlicher Einfalt und Gutherzigkeit besitzen. Ihr Fleisch muß ein derbe und pralle Beschaffenheit zeigen."[35] Das sollte einem Säugling gut tun. Man glaubte, daß sich gute wie schlechte Eigenschaften der Amme durch die Milch auf das Kind übertragen würden.

Wieweit das Ammenwesen Mitschuld trug an der hohen Säuglingssterblichkeit, läßt sich schwer abschätzen. Die Säuglingssterblichkeit lag in der Stadt nicht höher als auf dem Land. Problematisch hingegen scheint das Fernammenwesen gewesen zu sein; es handelte sich um Ammen auf dem Lande, die meist mehrere Ziehkinder in Pflege hatten, sich allerdings kaum um diese kümmern konnten oder wollten. Doch dieses ‚Fernammenwesen'

27. *Bäuerliches Ammenmotiv aus dem 16. Jh. Kolorierte Federzeichnung aus dem „Trachtenbuch“ des Veit Konrad Schwarz.*

gab es in Deutschland kaum. Vorschnell hatte man aus dessen Existenz vor allem in Frankreich auf die fehlende Mutterliebe in der traditionellen Gesellschaft überhaupt geschlossen.[36] Zu Ende des 18. Jahrhunderts hatte sich das Ideal des Selbststillens im Mittelstand wieder so durchgesetzt, daß der Literat Bürger seine Frau öffentlich als eine schlechte Mutter anklagen konnte, weil sie ihr Kind nicht selbst stillte und dadurch seinen Tod verursacht habe.

„Selbst gute und billige Personen ... können dir doch das nicht verzeihen, daß du dein erstes und einziges Kind so deiner unerhörten Eitelkeit, so deinem übermäßigen Hange zu schwärmenden und lärmenden Vergnügungen aufzuopfern im Stande warest. Ein Kind, das bis jetzt ganz allein von der Milch einer gesunden und starken Mutter hätte genährt werden und dabei auf das Beste hätte gedeihen können, das sollte sich schon wenige Wochen nach seiner Geburt an Kleister gewöhnen, damit die üppige Mutter nur seiner bald los werden und desto ungehinderter sich auf dem Tummelplatz wilder Vergnügungen herumwälzen könnte. Daß dir die Milch darüber vor der Zeit vergehen mußte, das war wohl kein Wunder. Denn so wie die Milch desto häufiger sich einstellt, je mehr dem Kinde die Brust gebothen wird; so muß sie auch desto mehr vergehen, je seltener das Kind daran kommt."[37]

Wie lange ein Säugling gestillt wurde, war höchst unterschiedlich. Im 18. Jahrhundert entfachte sich auch darüber eine Diskussion. Nach dem Preußischen Landrecht (1794) hatte der Vater das Recht, die Dauer zu bestimmen. In der Regel dauerte das Stillen bis zum Zahnen, dann begann eine Entwöhnung, die uns recht roh erscheint. Empfohlen wurde der Mutter, die Milch zu verekeln, „durch allerley übelschmeckende Sachen", die sie auf ihre Brustwarzen schmieren sollte.[38]

Ebenso wie die Übergabe der Säuglinge an Ammen galt auch das enge Einwickeln des Kindes vorschnell als Ausdruck fehlender Mutterliebe. Gemacht wurde es folgendermaßen: „Erstlich wickeln sie ihre beiden Ärmchen ein und stecken die Enden der Ärmelwindel unter den Rücken des Kindes, dann wickeln sie das Kind in eine große Windel, und viele umwikkeln es auch noch mit einer großen Windelschnur, während das Kind und vorzüglich dessen Beinchen recht gepreßt werden, oder binden es in Federbettchen mit zwei oder drei Binden fest ein."[39] Diese Praxis, die die Aufklärer erstmals heftig kritisierten, war weit verbreitet.[40] Aber unabhängig davon, daß so die Hausfrau nebenher im Hause arbeiten bzw. das Kind auf dem Feld ruhig beiseite legen konnte, war man davon überzeugt, daß das Wickelzeug vor allem den Körper stützen würde, dessen Nachgiebigkeit im Vergleich zum Körper junger Tiere erschreckte. Man befürchtete, daß der Körper des Kindes ohne eine solche Stütze für immer haltlos bleiben oder sich verformen würde, meinte also das Beste für das Kind zu tun. Ob diese Praxis so gesundheitsgefährdend war, wie behauptet wird, sei dahingestellt:

28. Mutter reinigt Säugling, 2. Hälfte des 17. Jh. Kupferstich v. C. Stella.

vergessen darf man dabei nicht, daß das Einwickeln zumeist nur kurze Zeit erfolgte. Problematischer war schon die dadurch bedingte geringe Reinigungsmöglichkeit des Säuglings; denn das Aufschnüren war ein aufwendiges Geschäft, dem sich die Hausfrau oder Amme nicht allzuoft unterziehen wollte. Wie auch sonst nahm man es auch beim Säugling mit der Hygiene nicht so genau, nicht nur, weil hygienischer Umgang mit dem Körper in der frühen Neuzeit noch unbekannt war, so gerne man ins Bad ging, sondern auch, weil man die Überzeugung hegte, daß zumindest ein gewisses Quantum an Schmutz, bei Kindern wie bei Erwachsenen, notwendig sei.[41] Erst das ‚puritanische' 18. Jahrhundert verlangte hygienischere Maßnahmen, die über das allgemeine Gebot der Reinlichkeit hinausgingen, welches die traditionellen Moralinstanzen schon länger propagiert hatten.

Ein weiterer Punkt späterer Kritik war das konstante Wiegen des Kindes, wenn es weinte. Genügte diese Art von ‚Betäubung' nicht, war man allzu rasch bereit, mit verschiedenen Mitteln, vor allem mit Honig und Mohn oder mit Alkohol, die Kinder zum Schlafen zu bringen.[42]

Eine Hauptursache der hohen Säuglings- bzw. Kindersterblichkeit in der frühen Neuzeit wird in der fehlenden Mutterliebe gesehen. Gerade das Nicht-selber-Stillen, die Wickelmethoden und die hygienischen Verhältnisse werden als Indizien für die fehlende Liebe und Fürsorge im Umgang mit dem Säugling gewertet. Aber unser ‚bürgerlicher' Blick wird den früheren Verhältnissen nicht gerecht, unabhängig davon, daß die Säuglingssterblichkeit in gepflegten ‚bürgerlichen' Haushalten zu Ende des 18. Jahrhunderts kaum geringer war.[43] Sicherlich liegt in der Art des Umgangs mit dem Säugling eine Hauptursache für die hohe Säuglingssterblichkeit, doch generell den Müttern der frühneuzeitlichen Gesellschaft mangelnde, ja fehlende Liebe zu ihren Kindern vorzuwerfen, erscheint mehr als problematisch. Ohne Zweifel war die Säuglingsversorgung in der frühen Neuzeit in der Regel nicht optimal, aber die Mütter konnten nicht die Zeit für ihre Kinder aufwenden, die wir von einer modernen Mutter erwarten. Auch konnten sich gerade unter den Bedingungen hoher Sterblichkeit nur schwer sensible, emotionale Beziehungen entwickeln, jede Mutter mußte sich ja darauf einstellen, ihr Kind bei der Geburt oder bald danach zu verlieren. Ohne eine beträchtliche Portion von seelischer Robustheit hätten die Mütter selbst kaum überleben können. Schließlich – und das gilt wohl für die Mehrzahl der Familien – hätten die Arbeitskraft der Mutter und die finanziellen Möglichkeiten der meisten Familien kaum ausgereicht, alle geborenen Kinder zu ernähren und großzuziehen; insofern kam der Tod manches Säuglings dem Wunsch der Eltern nach einer Begrenzung der Kinderzahl entgegen, so schmerzhaft der Tod immer zugleich auch empfunden wurde. Eine bewußte Verwahrlosung wurde nie toleriert, auch wenn es sie – wie zu allen Zeiten – durchaus gab. Dann hatte eine Mutter dadurch ihre Ehre aufs Spiel gesetzt. Es gab sogar offizielle Strafandrohungen für offensichtliche Kindsvernachlässigung, nicht nur beim eindeutigen Kindsmord.[44] Aber all das hat unmittelbar mit einem Mangel an Mutterliebe nichts zu tun. Im Gegenteil: unter den Bedingungen der hygienischen und ökonomischen Bedingungen der frühen Neuzeit entwickelten Mütter, und nicht weniger auch Väter, eine erstaunliche Einsatzbereitschaft für das Wohl ihrer Kinder, so ‚unvernünftig' sie nach unseren Vorstellungen zum Teil auch sein mochte. Einmal konnte man sich kaum ein Paar ohne Kinder vorstellen, die Fruchtbarkeit der Ehe verlangten Glaube und Tradition. Dann wurde, wie gesagt, die traditionelle Säuglingspflege rigoros auf die Lebens- und Gesundheitssicherung eines Kindes abgestellt, der man vieles aufopferte. Man setzte mehr oder weniger alles ein, um das Leben eines Kindes zu erhalten; dies hätte man nicht getan, hätte man in dem Kind nur eine Altersversicherung oder auch eine künftige billige Arbeitskraft gesehen. Mit modernen emotionalen Vorstellungen müssen wir allerdings vorsichtig sein. Die vorgegebenen Umgangsformen mit Säuglingen und Kindern waren aber nicht nur der Ausdruck einer fürsorglichen und schützenden Einstellung. Wenn vor allem

29. Der Familienvater, 1648. Kupferstich v. A. van Ostade.

Prediger und später auch Aufklärer vor einer übertriebenen Liebe zum Kind warnen, sogar von Affenliebe sprechen, die es versäumt, Kinder zu verantwortlichen Menschen zu erziehen, dann ist dies ein Hinweis darauf, daß man Kinder durchaus auch verwöhnte.[45] Schließlich gibt es zwar nur einige Selbstzeugnisse von Frauen, die über ihr Verhältnis zu ihren Kindern etwas aussagen, aber wenn man die Äußerungen von Männern über das Verhältnis ihrer Mutter zu ihnen in ihrer Kindheit hinzunimmt, dann verdichtet sich doch ein Bild, das auf eine allgemeine starke Fürsorge der Mutter für ihre Kinder hinweist, wie auf den Schmerz über Leiden und Tod von Säuglingen und Kindern. Dies gilt nicht nur in der gepflegt-bürgerlichen Welt, die ihren Kummer auch in entsprechende Worte kleiden konnte. Ohne die Tröstungen der Kirche und der ‚Umwelt' wäre das Auf und Ab, der Wechsel von Freude und Leid kaum zu verarbeiten gewesen.

Die Säuglingspflege und das Aufziehen der Kleinkinder waren traditionellerweise zwar Aufgabe der Mutter. Aber auch der Vater stand nicht so abseits und dem Kleinkind so gleichgültig gegenüber, wie man lange angenommen hat. Daß er für sein Sozialprestige Kinder, vor allem einen Erben haben mußte, war dafür nicht der alleinige Grund. Man erwartete vom Vater bei den Nöten der Geburt tatkräftige Unterstützung, auch wenn er bei der Geburt weitgehend nicht dabeisein durfte. Sie gehörte zu seinen Hausvaterpflichten, die zu verletzen ihm einen schlechten Namen, gegebenenfalls sogar öffentliche Strafe einbringen konnte, ähnlich auch, wenn er bei Krankheit der Frau das Kleinkind unversorgt ließ und statt dessen mit Freunden zum Trinken ging. Es gibt nicht wenige Fälle, bei denen nicht nur Mißhandlungen, sondern auch Verwahrlosung von Kindern dem Vater angelastet wurden. Auch die vielen Klagen von Theologen und Literaten über Hausfrauen, die sich nicht ausreichend den Säuglingen und Kleinkindern widmen, sind Indizien dafür, daß die Hausväter diese in guter Obhut wissen wollten.[46] Ebenso bemerkenswert ist, daß manche Väter bei der Krankheit von Kindern keine Arztkosten scheuten oder auf Wallfahrt gingen, um Hilfe zu erbitten, Gelübde ablegten und beträchtliche Beträge stifteten.[47] Darüber hinaus gibt es zahlreiche schriftliche Zeugnisse, in denen Väter ihr direktes Interesse an den Kindern äußern und dies nicht nur aus dem Wunsch nach Sicherung eines Erben oder aus pädagogischen Ansprüchen. Männer erkundigen sich auf ihren Reisen brieflich nach dem Wohlergehen der Kinder oder schreiben anderen über ihre familiären Nöte. Über den Tod eines Kindes äußern sie sich oft sehr verstört. Als Luthers Tochter Elisabeth 1528 starb, schrieb der vielbeschäftigte und robuste Reformator: „Es ist wunderlich, ein wie bekümmertes, fast weibisches Herz sie mir zurückgelassen hat, so werde ich vom Jammer über sie bewegt. Das hätte ich nie zuvor gedacht, daß ein väterliches Herz so weich werden könnte wegen der Kinder."[48] Vor allem die Autobiographien der frühen Neuzeit sind reich an Äußerungen von Männern über ihr Verhältnis zu ihren Kindern. Manche notieren sogar das genaue Datum der Geburt ihrer Kinder und auch des Todes. Als dem Elsässer Augustin Güntzer 1629 ein Kind starb, schrieb er: „In diesem Jahr am 27. April in der Nacht hat Gott der Herr mein junges Söhnlein Augustin von dieser Welt auf- und abgefordert, seines Alters 1 Jahr und 3 Wochen, welches Kind etliche Wochen lang engbrüstig war und endlich an den Gichten gestorben, nachdem es vor seinem End mir noch dreimal gerufen. Nun dank ich Gott, daß Er diesem Kind seine langwierigen Schmerzen abgenommen und es von dieser argen Welt mit allen Sünden, Angst und Not zu sich gefordert hat in das ewige Leben. Zwar habe ich es mit großen Schmerzen von mir hinweggelassen, aber der Herr hat es mir gegeben und auch wiederum abgenommen und wolle ihm am Tag seines Gerichts eine fröhliche Auferstehung schenken. Amen."[49] Ausführliche Berichte über die eigene Kindheit bzw. über das Verhältnis zu den eigenen Kindern gibt es allerdings erst aus dem 18. Jahrhundert, als das Kind beginnt, in den Mittelpunkt pädagogisch-philosophischer Überlegungen zu rücken. Bemerkenswert, wenn auch nicht untypisch, sind beispielsweise die Äußerungen Ulrich Bräkers, des ‚Armen Mannes im Tockenburg', 1789, der in einer problematischen Ehe sieben Kinder von seiner Frau hatte.

„Ohne Kinder, weiß ich nicht, was aus mir geworden wäre; und ich hab' es meiner Frau vorhergesagt, daß, wenn wir das Unglück hätten, keine zu bekommen, ich meiner Noth kein End' wüßte. Aber mein Wunsch ward erfüllt. Ich bin mit sieben Kindern gesegnet worden. Die beyden ältesten, für welche ich die größte Zärtlichkeit hegte, wurden mir durch den Tod entrissen. Dieß setzte mich Anfangs zwar in grosse Betrübniß; aber bey ruhigerm Nachdenken war's noch eher ein Trost für mich, daß der gütige Vater aller Menschen diese meine Lieben gerade in den Tagen zu sich genommen, welche die traurigsten waren, die ich erlebt habe, und in denen ich nicht die geringsten Aussichten hatte, daß ich diese theuern Früchte wohl erziehen und versorgen könnte. Damals hätt' ich sogar auch die andern noch gern heim zu ihrem himmlischen Berather reisen gesehn, so weh' es mir gethan. Jene waren zwey Herzensschäfchen; und wollte Gott! daß sich ihre Gutherzigkeit auf die Zurückgebliebenen fortgeerbt hätte. Meine Frau gebahr von allen sieben keins hart, und kam bey allen glücklich davon. Aber desto strenger waren allemal die Anfänge der Schwangerschaft... Auch brachte sie mir lauter wohlgebildete Nachkommen zur Welt. Einige indessen mögen gewisse Gebrechen von ihr geerbt haben; ... Sie war eine sorgfältige, obgleich nicht eben zärtliche Mutter. Unsagliche Mühe, rastlose Tage und schlaflose Nächte kostete ihr die Plage der Kleinen und die Erziehung der Größern. Ich gieng ihr aber so viel möglich an die Hand, und vertrat mit Kochen und Waschen, Wasser- und Holztragen, ordentlich Kindermagdstelle; und zwar mit vielem Vergnügen. Manch' hundert Stunden hat' ich meine Jungen auf dem Arm getragen, geherzt, gewiegt u.s.f. und zumal die zwey Verstorbenen auf meinen Knieen mit inniger Wollust lesen und schreiben gelehrt."[50]

Über seine eigene Kindheit berichtet ausführlich der in Höchstadt an der Donau geborene spätere Schriftsteller Franz Xaver Bronner.[51] Weil seine Beschreibung bei aller Besonderheit von exemplarischer Bedeutung ist, sei etwas näher auf seine Kindheit eingegangen. Die Autobiographie schildert das soziale Umfeld eines Kindes armer Eltern um die Mitte des 18. Jahrhunderts. Sein Vater verdiente sein Geld als Köhler, Ziegler und Spielmann. Im Winter ergänzte er die Einnahmen durch Korbflechten und die Zucht von Kanarienvögeln, mit denen er einen lebhaften Handel trieb. Geldknappheit prägte von Anfang an das Familienleben und führte zu häufigem Zank zwischen den Eltern. Bereits bei der ersten Schwangerschaft fürchtete der Vater, bald an den Bettelstab zu geraten.[52] Das Ehepaar Bronner hatte 4 Kinder, von denen das jüngste bald wieder starb. Franz Xaver war das älteste. Weil seine Mutter während der Wehen um sein Leben bangte, verlobte sie sich dem Hl. Franziskus Xaverius, dem in Höchstadt damals gerade ein Altar errichtet wurde. Franz Xaver Bronner war ein schwaches, gebrechliches Kind. Beim Breifüttern hatte er sich einmal so verbrannt, daß man fürchtete, er würde lahm und hinkend werden, was dann doch nicht geschah. Besonders lang liebte er die „häßlichen" Saugzapfen. Seine Mutter füllte sie ihm oft mit Wermut, während der Vater darauf drängte, diese Gewohnheit einzustellen, bis er eines Tages den Saugzapfen mit Ruß beschmierte. Bei aller Strenge hatten die Eltern Freude daran, wie er laufen lernte, ein erstes Lied sang und erstmals Fische mit bloßen Fingern fing. Franz Xaver wuchs in einer kleinen Familie auf, in der auch die Großeltern lebten. Sie zogen aus, als es einmal zwischen ihnen und seinem Vater zum Krach kam. Zu seiner Welt zählte aber nicht nur das Elternhaus, sondern auch die Nachbarschaft.

Der Vater von Franz Xaver wird als launisch und aufbrausend geschildert, so daß sich der Knabe oft vor ihm fürchtete. Kleinste Anlässe führten zu Prügel. Einmal schlug er seinen Sohn so heftig, daß er des längeren schwer hören konnte. Zu seiner Heilung tat seine Mutter ein Gelübde und pilgerte alltäglich 3 bis 4 Wochen lang zu einer Kapelle, um dort für ihn zu beten. War sein Vater allerdings guter Laune, dann betrug er sich „herzlich, gut und freundlich gegen uns". Bis weit in die Nacht schnitzte er seinen Kindern Spielzeug. Als Franz Xaver größer war, nahm er ihn mit in die umliegenden Wälder. Früh half das Kind mit beim Erdbeerenpflücken und Haselnüsseauflesen, vor allem beim Holz- und Laubsammeln. Vor dem Schlafengehen erzählte der Vater Geschichten von wilden Tieren, Gaunern im Wald, der wilden Jagd. „Da waren wir ganz Ohr." Das Erzählen spielte überhaupt eine große Rolle, notfalls erfanden die Kinder eigene Geschichten.

Weit mehr als seinen Vater liebte Bronner seine Mutter, deren Liebling er war, auch wenn sie sehr streng sein konnte. Aber letztlich behandelte sie ihn „sehr liebreich und nachsichtig". Schönste Kindheitserinnerungen verbinden sich mit ihr. „Wenn sie im Sommer zur Bleiche fuhr, um das im Winter gesponnene grobe Werggarn zu laugen, nahm sie mich gewöhnlich auf dem Schubkarren mit sich. Dann setzte sie mich unter Bäumen ins hohe Gras, sah von Zeit zu Zeit sorgfältig nach mir um und lehrte mich aus Löwenzahnröhrchen Ketten machen, Äpfel und eßbare Schnecken in der Glut braten und an den seichten Wassergräben bunt gestreifte Schnecklein suchen. Ich bewunderte die Walk, die Kessel und andere Anstalten der Bleiche."[53] Manchmal traf er dort mit anderen Kindern zusammen. Sie unternahmen dann am Fluß „allerlei Spiele".

Damit er tagsüber beschäftigt war und die Familie entlastete, sollte Franz Xaver auf Wunsch seines Vaters bald zur Schule gehen. Als wichtige Voraussetzung dafür hatten ihm die Eltern bereits das Buchstabieren beigebracht. Er wurde zunächst zu den benachbarten Klosterfrauen geschickt, wo interessanterweise auch Mädchen unterrichtet wurden. Dann erhielt er Unterricht bei einem Kantor, damit er einmal Geistlicher werden konnte. Es war die einzige Möglichkeit, ohne finanzielle Opfer für die Eltern ausgebildet zu werden. Der Wechsel zur Schule bedeutete keinen Bruch mit dem Elternhaus und auch nicht mit der Spiel- und Kinderwelt, der Bronner noch länger verbunden blieb.

2. Erziehung

Sobald das Kind laufen konnte und sprechen lernte, genoß es zwar immer noch den besonderen Schutz der Eltern, doch wurde es nicht mehr so ‚behütet' wie vorher und mußte sich mehr und mehr der Hausordnung anpassen, was notfalls mit Gewalt erzwungen wurde. Ohne Prügel gab es keine Erziehung. Das Kind mußte sich am Tisch richtig verhalten und kleinere Arbeiten für den Haushalt verrichten. Zwar wurde es nach und nach in die Erwachsenenwelt einbezogen und partizipierte sowohl an der Arbeit wie der Geselligkeit der Eltern, behielt aber daneben einen kindlichen Freiraum, der wenig überwacht und im Hause wie draußen genutzt wurde. Kinder mußten sich nicht, wie behauptet wurde, wie kleine Erwachsene kleiden und verhalten, das Besondere im Vergleich zu heute ist nur, daß sie relativ ungeschieden von der Welt der Erwachsenen aufwuchsen und damit früh alle Probleme des Hauses und der Familie mitbekamen.[1] Bezugspersonen für die Kinder waren in der vorbürgerlichen Welt nicht unbedingt die Eltern, es konnte ebenso die Amme sein oder ein Knecht oder eine Magd des Hauses oder auch die Großeltern. Wie das Haus lange keine Alters- bzw. Geschlechtsgrenzen kannte – bis zum 6. Lebensjahr gab es kaum eine Trennung der Welten von Mädchen und Jungen sowohl in der Kleidung wie im Spiel –, gab es auch nach außen hin keine klaren Grenzen. Zum Lebens- und Erfahrungsraum des Kindes gehörte nicht nur das Haus, sondern ebenso die Straße und die Nachbarschaft.[2] Erst die aufkommende pietistisch-bürgerliche Welt zog harte Grenzen nach außen, um vom Kind schädliche Einflüsse fernzuhalten.

Das Spielen außerhalb des Hauses ermöglichte schon früh eine gewisse Lösung aus der starken Abhängigkeit vom Vater, der als Hausherr an sich die Gewalt über alle Hausbewohner besaß. Ihm war das Kind zu striktem Gehorsam verpflichtet. Die Ambivalenz von Freiraum und Unterordnung einerseits und der Erfahrung von Zärtlichkeit, Zorn und Strenge andererseits bestimmte die Lebensgeschichte der Kinder in der frühen Neuzeit.

Hier setzte dann auch später die Kritik der aufklärerischen Pädagogen ein.[3]

Eine mehr oder weniger gezielte Erziehung gab es im frühneuzeitlichen Haushalt kaum, am ehesten noch in der betont frommen Familie, da die Kirchen seit der Reformation zunehmend eine christliche Erziehung verlangten und das häusliche Leben unter christliche Prinzipien stellen wollten. Trotz vieler überlieferter wilder Streiche muß man davon ausgehen, daß der Lebenszusammenhang ein bestimmtes Verhalten erforderte, das auch den Kindern abverlangt wurde. Einmal erwartete man von ihnen den bekannten Gehorsam gegenüber den Eltern, vor allem dem Hausvater, der sich nicht scheute, auch mit Prügel und Strafen seinem Anspruch Geltung zu verschaffen. In einer Zeit, in der handgreifliche Auseinandersetzungen gang und gäbe waren, diese eine Form von Kommunikation darstellten, wurde das Schlagen von Kindern von kaum jemandem gerügt, sofern es nicht in Mißhandlung ausartete.[4] Ferner erwartete man vom Kind schon früh, bei der alltäglichen Hausarbeit mitzuwirken, was dadurch leicht gemacht wurde, daß ihm vieles auf spielerische Weise beigebracht wurde. Arbeitsamkeit war nicht erst eine Tugend der Aufklärung, wo sie als Mittel galt, um Lasterhaftigkeit vorzubeugen. Meist ging es allerdings ganz einfach darum, daß die Familie auf die Mithilfe der Kinder materiell angewiesen war.[5] Schließlich wurde das Kind auch angehalten, ‚christlich' zu leben, so allgemein und unklar die Vorstellung von christlichem Leben sein mochte: die Beachtung der kirchlichen Gebote dürfte vielen wichtiger erschienen sein als ein moralisches Leben. Kirchgang und das tägliche Gebet waren lange keine Selbstverständlichkeit für Kinder. Zwar war ein christliches Erziehungsmuster beim städtischen Handwerk stärker ausgebildet als beim Bauern, aber eine bewußte Erziehung setzte sich erst seit dem späten 17. Jahrhundert in weiten Kreisen durch. Puritanisch-strenge Haushalte übernahmen eine Pionierrolle; ihr Erziehungsziel war allerdings nicht die Heranbildung von selbständigen Persönlichkeiten, sondern ein sittlich reines und christliches Leben zu führen, dessen Maximen religiös begründet waren.[6] Ansonsten spielte eine Erziehung nur in Kreisen der Oberschicht seit je eine besondere Rolle.

Erst im Laufe des 18. Jahrhunderts wurde vor allem im Bürgertum der ehemals freie Lebensraum für Kinder eingeengt. Vermehrte Verhaltensregeln für Essen, Reinlichkeit, Kleidung und Lernen einerseits wie die Betonung der Erzieherrolle von Eltern, überhaupt von Erwachsenen und die damit verbundene Verantwortung andererseits verminderten den spontanen Umgang mit Kindern. Wie man Schläge nur in Maßen und mit Überlegung austeilen sollte, so durfte Kindern auch keine übermäßige Zärtlichkeit erwiesen werden.[7]

Sosehr die Erziehung das Kind auf das spätere Leben vorbereiten, ihm also helfen und dienen sollte, produzierte sie doch zugleich Probleme, die

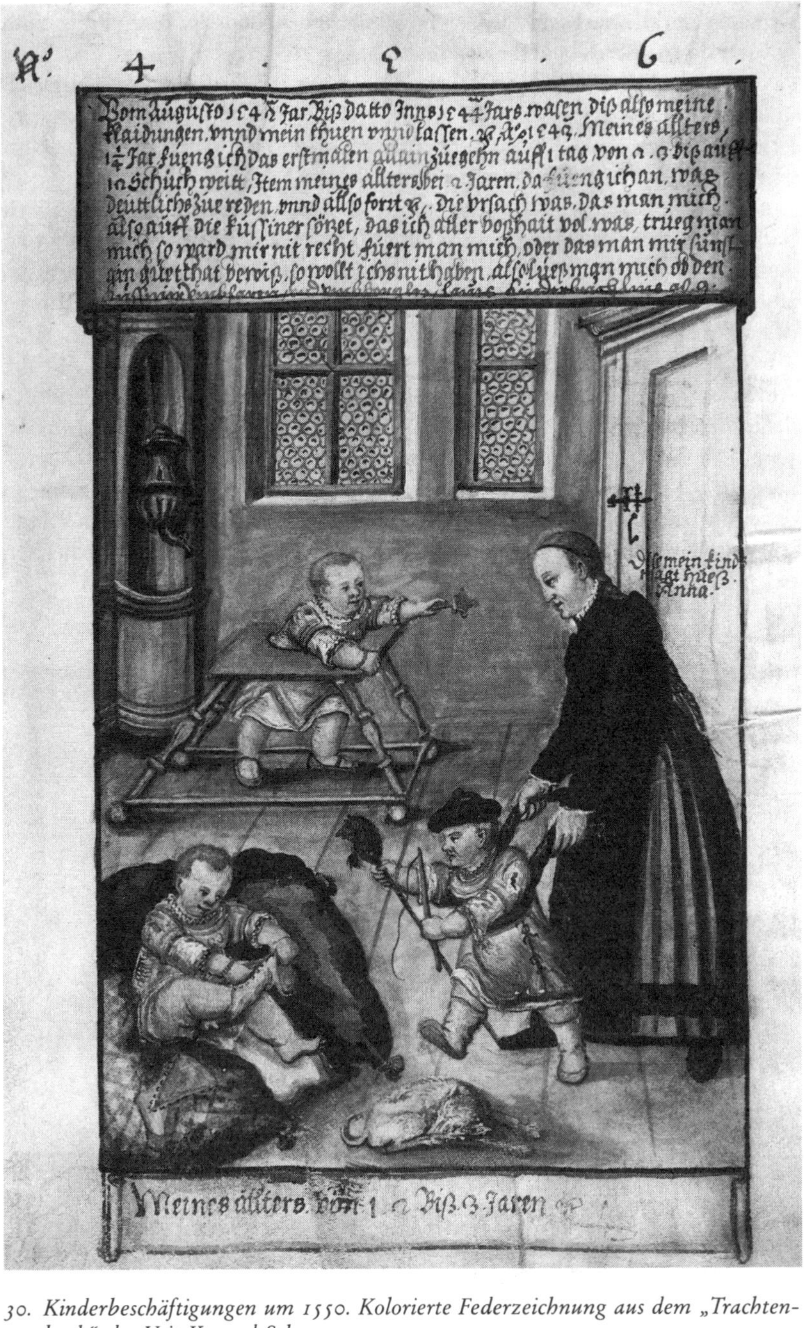

30. *Kinderbeschäftigungen um 1550. Kolorierte Federzeichnung aus dem „Trachtenbuch" des Veit Konrad Schwarz.*

mit dem aufklärerischen Ideal vom Kinderleben und der Erziehung zum selbständigen Menschen schwer in Einklang zu bringen waren. Das Kind sollte gegenüber Eltern und Obrigkeit gehorsam sein und doch zugleich mündiger Mensch und Bürger werden, fähig zu selbständigem Handeln. Leidenschaften und Unberechenbarkeiten sollte es zu unterdrücken, also vernunftgeleitet zu leben lernen und sich doch natürlich verhalten.

Es gibt viele Zeugnisse strenger und kontrollierter Kindheit, aus denen hervorgeht, daß das neue, entweder vom Pietismus oder von der Aufklärung geprägte Verhalten der Eltern bzw. der Erwachsenen zu den Kindern die jahrhundertealte Kindheitserfahrung grundlegend änderte. Viele Autoren des 18. Jahrhunderts erinnern sich später noch prägender Kindheitserlebnisse.[8] Ein zwar extremes, aber zugleich auch typisches Beispiel gibt die Autobiographie von Heinrich Jung-Stilling, der überhaupt erstmals in der deutschen Bewußtseinsgeschichte seine eigene Kindheit darstellt und aus ihr sein Leben entwickelt. Jung-Stilling wuchs unter – wie es uns heute scheint – besonders harten Lebensbedingungen auf. Die Armut seiner Eltern spielte dabei nur *eine* Rolle. Der verwitwete Vater, der den frühen Tod seiner Frau lange nicht überwand und sich über Jahre hin mit seinem Sohn einsiedlerisch

31. Freude an angenommenen Kindern, 18. Jh. Radierung v. D. Chodowiecki.

zurückzog, erzog ihn mit äußerster Strenge zu einem weltabgewandten und frommen Menschen, der sein Leben später als Ausfluß der Vorsehung Gottes auslegte. Die „ganze Beschäftigung dieses Mannes ging darauf, alle Neigungen seines Herzens, die nicht auf die Ewigkeit abzielten, zu dämpfen" und auch seinen Sohn „in eben den Grundsätzen zu erziehen, die er sich als wahr und festgegründet eingebildet hatte". Er stand morgens um 4 Uhr auf, um 7 Uhr weckte er seinen Sohn und erinnerte ihn als erstes „freundlich an die Gütigkeit des Herrn, der ihn die Nacht durch von seinen Engeln hat bewachen lassen". Dann kleidete er sich an. Nach dem Waschen mit kaltem Wasser schloß der Vater sich mit dem Sohn in die Kammer ein, um auf den Knien vor dem Bett zu beten, „wobei ihm die Thränen oft häufig zur Erde flossen". Erst jetzt bekam er das Frühstück, „welches er mit einem Anstand und Ordnung verzehren muste, als wenn er in Gegenwart eines Prinzen gespeiset hätte". Dann mußte er im Katechismus lesen und auswendig lernen. „Wilhelm (der Vater) erlaubte niemalen dem Knaben mit andern Kindern zu spielen; sondern er hielt ihn so eingezogen, daß er im siebenten Jahr seines Alters noch keine Nachbars Kinder, wohl aber eine ganze Reihe schöner Bücher kannte. Daher kam es denn, daß seine ganze Seele anfing, sich mit Idealen zu belustigen; seine Einbildungskraft ward erhöht, weil sie keine andere Gegenstände bekam, als idealische Personen und Handlungen."[9]

Über die Mutterliebe in der frühen Neuzeit zu schreiben, ist ebenso schwierig wie eine allgemeine Aussage über die Liebe der Eltern zu ihren Kindern wie umgekehrt der Kinder zu ihren Eltern zu machen, also über die Beziehungen zwischen Eltern und Kindern etwas Allgemeinverbindliches zu sagen. Hier klaffen nicht nur – wie sonst auch – Norm und Wirklichkeit auseinander; das Verhältnis wandelte sich vom 16. zum 18. Jahrhundert, und dies nicht nur bei der Oberschicht. Sicherlich hing die Form der persönlichen Beziehungen entscheidend ab vom sozialen Status der Familie, von der Art des Arbeitszusammenhangs, in dem eine Familie stand, und nicht zuletzt auch von der Kinderzahl. Je kleiner die Zahl der Kinder war, um so mehr konnten sich die Eltern dem einzelnen Kinde widmen; dies war allerdings nicht der Grund, warum Kinder so oft früh weggegeben wurden, sondern weil sie anders nicht versorgt werden konnten. Ob ein Kind im bäuerlichen Haushalt aufwuchs oder in einem Beamtenhaus, machte einen beträchtlichen Unterschied, ebenso ob die Familie ausreichend zu essen hatte oder immer ums Überleben kämpfen mußte. Zur näheren Bestimmung zwischenmenschlicher Beziehungen reichen jedoch die Hinweise auf ‚äußere' Umstände nicht aus. Kinder reicher wie armer Leute, aus großen wie kleinen Familien, haben eine unglückliche oder aber glückliche Kindheit erlebt, allerdings haben sie auch ihre strenge oder freizügige Erziehung unterschiedlich verarbeitet. Immer gab es Kinder, die in recht harmonischen Beziehungen zu ihren Eltern aufwuchsen und lebenslang einen guten Kontakt zu ihnen behielten. In der Regel kam es allerdings, nachdem die Kinder einmal aus dem Haus waren und in anderen Wirtschaften lebten, nur noch selten zu Kontakten. Dies änderte sich stark im 19. Jahrhundert. Seit dieser Zeit gibt es viele belegbare lebenslange Beziehungen zwischen Eltern und Kindern bzw. zwischen einem Elternteil und einem Kind, die nicht nur auf Gewohnheiten gründeten, sondern auf starke Bindungen schließen lassen. Es gibt aber auch viele Beispiele von Ablehnung und Haß von Kindern, die sich, nachdem sie der elterlichen Gewalt entwachsen waren, nie mehr um ihre Eltern kümmerten. Es gab sogar Mütter, die von ihren Kindern der Hexerei bezichtigt wurden und umgekehrt. Keineswegs jedoch kann man behaupten, Kinder seien in der frühen Neuzeit nur eine Belastung gewesen oder lediglich als Arbeitskräfte betrachtet worden.[10]

Zum Bild und zur Lebenswelt von Hausfrau und Hausvater gehört es nicht nur, Kinder zu haben, sondern auch für ihr Leben optimal zu sorgen; das war eine Selbstverständlichkeit der Hausökonomie, über deren Einhaltung sowohl Nachbarschaft, weltliche Obrigkeit und auch die Kirchen wachten. Wenn die normalen Elternpflichten vernachlässigt wurden, d. h. Kinder zu stark geprügelt wurden, verwahrlost auf der Straße lagen oder gar aus dem Haus vertrieben wurden, mußten die Eltern mit öffentlichen Strafen rechnen. Insofern schlossen die Hausherrnrechte auch viele Pflichten ein. Daß die Eltern besonders sanft und liebevoll mit ihren Kindern umgegangen seien, ist damit nicht unbedingt gesagt; immerhin wurde aber genauso wie vor zu viel Prügel allseits auch vor einem Verwöhnen der Kinder gewarnt, das es ebenfalls quer durch alle Schichten gab. Gegenüber diesen Extremen wurde immer wieder eine milde Strenge anempfohlen. Sicherlich müssen wir auch das Verhalten der Väter von dem der Mütter unterscheiden; Männer waren ja in der Regel mehr in außerhäuslichen Arbeitsbereichen tätig und bestanden auf Wahrung der Hausordnung, während Frauen in der Regel für das Aufziehen der Kinder verantwortlich waren und einen unmittelbaren Bezug zum Kinde hatten, wenngleich mit fortschreitendem Kindesalter der Einfluß des Vaters auf die Erziehung der Kinder größer wurde. Doch machen wir es uns zu einfach, Strenge und Härte bei den Vätern zu suchen und Verständnis und Milde bei den Müttern. Mütter schlugen ihre Kinder ebenso. Zwar kann man durchaus feststellen, daß bei zunehmender Trennung von Haus und Betrieb und bei zunehmender Konzentration der Mütter auf die Kinder im Sinne der Emotionalisierung familiärer Beziehungen das Kleinkind mehr mutter- als vaterorientiert war und vor der Strenge des Vaters in den Schutz der Mutter floh. Doch wenn man gleichzeitig feststellt, wie intensiv – trotz aller Umstände – Väter auf Kinder eingingen, mit ihnen spielten und lernten, so müssen wir Abschied nehmen von der Darstellung überstrenger Eltern bzw. Väter in der frühen Neuzeit; ohne Zweifel konnten sie dies sein, aber auch sehr liebevoll[11]; erst im 19. Jahrhundert meinte man, die Zuneigung zu den

32. Familienbild, 1541. Gemälde v. Georg Pencz.

Kindern nicht mehr zeigen zu dürfen. Das Siezen der Eltern als Ausdruck einer Distanz begann erst im 18. Jahrhundert allgemein zu werden.

Ähnlich differenziert müssen wir das Verhältnis der Kinder zu ihren Eltern in der frühen Neuzeit betrachten. Selbstverständlich erwarteten die Eltern nicht nur Gehorsam, sondern auch Liebe, vor allem Hilfe in Zeiten der Not und des Altwerdens. Auch dies ergab sich aus der Ökonomie des ganzen Hauses und wurde unterstützt von der Moral, welche Nachbarschaft, Kirche und auch Obrigkeit, wenn auch mit unterschiedlichen Akzentsetzungen, mittrugen. Eine Gehorsamsverweigerung wurde ebensowenig hingenommen wie das Vertreiben der alten Eltern aus dem Haus,

33. Kinder im Spiel, 18. Jh. Radierung v. J. F. Schuster (nach Chodowiecki).

nachdem sie dem Sohn das Haus übertragen hatten. Daß Kinder die Eltern zu lieben hatten, war nicht nur Gebot Gottes, sondern auch ein Gebot der Zeit, das als Norm nicht nur von der Kanzel gepredigt wurde, sondern in seinem nüchternen Grundzug auch verwirklicht wurde. Zwar gibt es viele Fälle, wo Kinder nach dem Weggang von zu Hause nie wieder zurückkehrten und jeden Kontakt zu den Eltern aufgaben. Dies ist nicht erstaunlich: zum einen waren die Eltern nicht die ausschließlichen Bezugspersonen, zum anderen waren die Entfernungen für Besuche zu groß als daß ein ‚normaler' Kontakt im heutigen Sinne stattfinden konnte, und Briefverkehr war, unabhängig vom verbreiteten Analphabetismus, unüblich. Dennoch wissen wir aus Autobiographien, daß viele ihr Leben lang der Eltern gedachten. Die Beziehungen der Kinder zu ihren Eltern – übrigens auch umgekehrt – deswegen schon als ‚emotional' zu bezeichnen, bleibt bedenklich, denn stark waren auch die gegenseitigen materiellen Abhängigkeiten und der Pflichtcharakter der Beziehungen.[12]

Schon von früh an wurden Kinder, Jungen wie Mädchen, zur Mithilfe bei der alltäglichen Arbeit angehalten. Diese Mitarbeit vertrug sich einerseits

34. Mädchen im Spiel mit ihren Puppen, 18. Jh. Radierung v. J. F. Schuster (nach Chodowiecki).

durchaus mit dem Spiel, andererseits konnte in keinem Haushalt der frühen Neuzeit darauf verzichtet werden, unabhängig davon, daß die Kinder auf diese Weise kontinuierlich in die Erwachsenenwelt hineinwuchsen. Insofern war die Kinderarbeit geradezu die Schule fürs Leben.

Kinderarbeit im engeren Sinne hat es nicht erst seit der Industrialisierung gegeben. Es gab sie, solange Kindheit als eigener Lebensabschnitt im Sinne einer arbeitsfreien Welt unbekannt war. Und dies gilt weitgehend noch für die frühe Neuzeit.[13] Daß Kinder regelrecht als billige Arbeitskräfte für Marktprodukte eingesetzt wurden, war allerdings außerhalb der Heimindustrie nicht üblich.

Die Kinderarbeit in der frühen Neuzeit war Teil der Arbeit im ganzen Haus, an der jeder nach Maßgabe seiner Kräfte und Fähigkeiten mitwirken mußte. Sie unterschied sich zwar je nach Stand, war aber überall Ausdruck einer frühen Partizipation an der Erwachsenenwelt. Die Arbeit der Kinder war stets eine wichtige Hilfe und Entlastung für die Eltern, so unbedeutend sie aussehen mochte; entweder halfen die Kinder beim eigentlichen Arbeitsprozeß mit oder zumindest im Haushalt, vor allem dann, wenn die Eltern nicht ausreichend andere Unterstützung, etwa durch Großeltern, Verwandte oder Dienstboten erhielten.

Im bäuerlichen Haushalt wie überhaupt im ländlichen Hausleben wurden Kinder von früh an nach und nach in alle wichtigen Arbeitsprozesse einbezogen mit Tätigkeiten, die aufgrund ihrer Einfachheit und Leichtigkeit von ihnen übernommen werden konnten. Dadurch leisteten sie einen eigenständigen Beitrag zur Produktivität des Hauses, zugleich wurde ihre Arbeit als eine gewisse Lehrzeit, als Einführung in die Arbeit des Hauses, begriffen. Pflichten waren etwa das Sammeln von Feuerholz, Hilfe bei der Essensvorbereitung und der Besorgung des Gartens, also zeitraubende, aber einfache Arbeiten. Allen voran stand die Versorgung des Kleinviehs: jeder Bauer oder Knecht, manchmal auch Mägde, begannen in frühen Jahren als Gänse- oder Schweinehirten. Die übrigen Arbeiten waren weitgehend auf den eigentlichen Hausbereich beschränkt, wo die Mutter, die entlastet werden sollte, in der Nähe war, so auch das Kinderhüten. Das Arbeitstempo war nicht vorgeschrieben, zumeist blieb ausreichend Zeit für ein Spiel zwischendurch, allein oder mit anderen, innerhalb oder außerhalb des Hauses.[14]

Eine verbreitete Gepflogenheit war es, das heranwachsende Kind eine gewisse Stufenfolge unterschiedlicher Aufgaben durchlaufen zu lassen. Besonders kraß handhabte dies der Vater des späteren Philosophen Joh. Baptist Schad (geb. 1758), der Ackerbau, eine Bäckerei und eine Schankwirtschaft betrieb:

„Mein Vater hatte im ganzen Hauswesen eine Classification von Geschäften und Arbeiten, die unter den Kindern vertheilt wurden, eingeführt. Mit jedem Jahr stieg jedes Kind zu einer höheren Classe. Das brachte eine vollkommene Ordnung in das Hauswesen. Jedes Kind wußte schon, sobald es frühe aufgestanden war, größtenteils, was es den Tag über zu thun hatte. Man gewöhnte sich so zu der bestimmten Arbeit, daß von Seiten der Aeltern kein Zwang, keine Drohung, kein Schelten nöthig war. Es bedurfte oft nur eines Winkes, um jedes Kind unverdrossen bei seiner Arbeit zu sehen. Es hatte auch noch die gute Folge, daß man die höhere Classe von Arbeiten als ehrenvolle Auszeichnung ansah, und sich auf das folgende Jahr, da man höher stieg, freuete. Ich wenigstens erinnere mich noch genau, wie sehr mich diese Art von Ehrgeiz belebte. Ich konnte oft die bestimmte Zeit nicht abwarten, da gewisse Arbeiten an mich kamen."[15]

Ein ganz anderes Bild dagegen zeichnet Ulrich Bräker (geb. 1735) von sich selbst, als er mit 8 Jahren Geißbube wurde, ein „leichtsinniger", wie er schrieb:

„Alle Tag dacht' ich dreymal ans Essen, und damit aus. Wenn mich der Vater nur mit langanhaltender oder strenger Arbeit verschonte, oder ich eine Weile davonlaufen konnte, so war mir alles recht. Im Sommer sprang ich in der Wiese und an den Bächen herum, riß Kräuter und Blumen ab, und machte Sträusse wie Besen; dann durch alles Gebüsch, den Vögeln nach,

35. Pflügende Kinder, um 1790. Kupferstich v. Johann M. Mettenleiter.

kletterte auf die Bäume, und suchte Nester. Oder ich las ganze Haufen Schneckenhäuslein oder hübsche Stein zusammen... Im Winter wälzt' ich mich im Schnee herum, und rutschte bald in einer Scherbe von einem zerbrochenen Napf, bald auf dem blossen Hintern, die Gähen hinunter. Das trieb ich dann alles so, wie's die Jahrszeit mitbrachte, bis mir der Vater durch den Finger pfiff."[16]

Mädchen und Jungen taten in jungen Jahren die gleiche Arbeit, die Mädchen wurden dann zunehmend zur eigentlichen Hausarbeit herangezogen. Im Unterschied zur Arbeit im bäuerlichen Haushalt, die recht vielfältig war, galt die Arbeit der Kinder der Landarmen als stumpfsinnig. Sie wurden vor allem zu den Nebenerwerbstätigkeiten wie etwa Textilarbeiten herangezogen.[17] Es handelte sich zwar auch um leichte Arbeiten, aber die Kinder mußten oft den ganzen Tag bei der Arbeit in einem dunklen Raum sitzen. War die vorgeschriebene Arbeit der Kinder auf dem Lande getan, so waren sie die übrige Zeit weitgehend sich selbst überlassen und konnten ihre eigenen Spiele treiben, was für die Sozialisation ebenso bedeutsam war. Denn hier, im gemeinsamen Spiel mit anderen, setzten sie sich selbst Regeln oder spielten ihre Umwelt nach. Zwar gab es hin und wieder auch auf dem Lande eine Schule, aber sie spielte für das Leben der Kinder letztlich keine Rolle, abgesehen von wenigen Jungen, die über eine ländliche Klosterschule oder den Pfarrer ihre besondere Begabung entdeckten. Da insgesamt zwischen der Erwachsenenwelt und der Kinderwelt sowie zwischen Spiel und Arbeit keine klare Grenze gezogen war, erfuhren die Kinder auf dem Lande schon früh das soziale Beziehungsnetz des Dorfes und wuchsen über ihre Arbeit und ihr Spiel in die Normen der Gesellschaft hinein.

Im handwerklich-städtischen Bereich wuchsen die Kinder unter anderen Bedingungen auf. Da es eine klare Trennung zwischen der eigentlichen Haushaltsführung und dem Produktionsbereich in der Werkstatt gab, von dem Kinder wie Frauen weitgehend ausgeschlossen waren, war die Erfahrungswelt der Kinder stärker vom Arbeitsbereich des Vaters getrennt. Dafür gab es ausdrückliche Lehrzeiten mit bestimmten Anforderungen. Die Mithilfe von Kindern konzentrierte sich also auf den häuslichen Dienst. Sie übernahmen Botengänge, die Betreuung jüngerer Geschwister, Garten- und Feldarbeiten und Handlangerdienste bei der Erwerbsarbeit der Eltern. Auch hierüber wuchsen sie unmittelbar in die häusliche Ordnung und Arbeit hinein. Auch hier hatten die Kinder nach erledigter Arbeit die Möglichkeit, außerhalb der engen Wohnungen auf der Straße die Zeit zu verbringen, mit Nachbarskindern zu spielen und damit außerhalb des Hauses eine eigene Welt zu erfahren. Daß dabei allerlei Unfug getrieben wurde, versteht sich. Mancherorts hatte das Treiben von Kindern in den Städten solche Dimensionen angenommen, daß sogar Obrigkeiten dagegen vorgingen. „So werden Eltern, Vormünder und alle diejenigen, welchen die Aufsicht über die bey sich habende Kinder oblieget, nochmals erinnert, ihre Kinder zu einem christlichen wohlanständigen Betragen auch ausser ihren Häusern anzuhalten, und denselben auf keine Weise zu verstatten, daß sie auf den Kirchhöfen, Strassen und anderen gedachten publiquen Örtern spielen, werfen oder anderen Muthwillen treiben.“[18]

Zu den häuslichen Arbeiten wurden Buben wie Mädchen angehalten, aber immer weit mehr die Mädchen, so daß die Straßen auch stärker eine Domäne der Jungen als der Mädchen waren, was nicht ausschloß, daß sich Mädchen am Spiel beteiligen konnten. Aber insgesamt kam es in der Stadt zu einer frühen Trennung der Lebenswelten von Jungen und Mädchen. In dem Maße vor allem, wie das Handwerk sich zünftisch abschloß, verloren die Mädchen den Einblick in die männliche Arbeit und fanden sich auf den Haushalt beschränkt.[19] Neben der häuslichen Arbeit und dem alltäglichen Straßenspiel trat in der Handwerkerwelt im Unterschied zum ländlichen Leben die Schule erstmals stärker in den Vordergrund. Allerdings gab es noch keine allgemeine Schulpflicht, die Kinder von Handwerkern gingen zumeist nur kurzfristig in die Schule, aber immerhin lernten bereits im 16. Jahrhundert viele Kinder hier lesen, schreiben und rechnen. Im Gedächtnis blieb oft vor allem die körperliche Dressur in der Schule, sie korrespondierte der häuslichen Zucht, über die vor allem Handwerker streng wachten. Ein Gegengewicht fand die häusliche Strenge im ausgelassenen Spiel auf der Straße. Beides prägte die Stadtkinder.[20]

36. Stickende Mutter mit arbeitenden Kindern, 18. Jh. Radierung v. D. Chodowiecki.

Völlig anders verlief die Erziehung adeliger Kinder. Zwar mußten sie keine körperliche Arbeit verrichten, hatten aber letztlich noch weniger als andere einen eigenen Lebensbereich, da einerseits herrschaftliche Repräsentation und häusliches Leben kaum getrennt waren, andererseits die Kinder von früh an auf ihre späteren herrschaftlichen Aufgaben hin erzogen wurden. Ihr Leben bestimmte einmal die große Distanz zu den Kindern niederer Stände, mit denen der unmittelbare Umgang verboten war, zum anderen die konstante Überwachung durch Erwachsene, die auf den „wahren guten Anstand" sahen. Außerdem unterstanden adelige Kinder weit mehr als andere der unmittelbaren Autorität des Vaters, ohne dessen Zustimmung nichts geschah, zugleich mußten sie sich schon früh als Erwachsene gebärden und Befehle erteilen lernen. Oft stand dem Kind bereits eigenes Dienstpersonal zur Verfügung:

„Der Sohn eines Mannes, der eine bedeutende Stelle in der Gesellschaft einnimmt, erhält früher eine andere Ansicht der Welt, als derjenige, der seine ersten Jahre in einer abhängigen und untergeordneten Lage zugebracht hat. Bei jenem entsteht aus dem Bewußtsein eines angebornen Vorzugs eine Unbefangenheit im Handeln und eine Zuversicht zu sich selbst, welche den

Erfolg aller Bemühungen sehr erleichtert. Dazu kommt noch die Wirkung angenehmer Formen des Benehmens, in denen ein unwiderstehlicher Zauber liegt. Durch sie wird oft bewirkt, was aller Verstand, Einsicht und selbst guter Wille nicht vermag. Die Ausbildung eines solchen wirklich vornehmen Tons setzt aber eine frühe Gewohnheit voraus, die Rolle des vornehmen Mannes zu spielen. Wer auch nur wenig mit der Welt bekannt ist, wird auf den ersten Blick den Edelmann, der seine frühesten Jahre mit einer allgemeinen Ausbildung aller körperlichen und geistigen Kräfte zugebracht hat, von dem unterscheiden, der sich irgend einem bestimmten Berufe hat widmen müssen, um einen Platz in der Gesellschaft einzunehmen."[21]

Dadurch, daß der gebildete Bürger seinen sozialen Status seit dem 18. Jahrhundert nicht mehr aus dem durch die Geburt vorgegebenen Stand bezog, sondern seinen eigenen Leistungen verdankte, und er darüber hinaus seinem Beruf erstmals weitgehend außerhalb des Hauses nachging, Beruf und Haus also streng getrennt waren, verschoben sich die Akzente bei der Kindererziehung im gebildeten und besitzenden Bürgertum beträchtlich. Anstelle der Mitarbeit im ganzen Haus als Erziehungsmaxime trat für Mädchen und Jungen hier eine bewußte häusliche oder schulische Erziehung, d.h. die Kinder mußten zwar zumindest bei der mütterlichen Hausarbeit mithelfen, aber vorrangig galt dies für die Mädchen, ganz den Erziehungsidealen des bürgerlichen Haushalts entsprechend, während die Jungen von der Mithilfe befreit wurden. Grave drückt dies zu Ende des 18. Jahrhunderts so aus: „Die Erziehung in einer Bürgerfamilie geht bey den Söhnen gemeiniglich nach einem andern Ziele, als bei den Töchtern; bey jenen auf Arbeitsamkeit und Geschäfte, bey diesen auf Häuslichkeit und Wirthschaft."[22]

Die Erziehung erfolgte unter strikter Trennung von Erwachsenen- und Kinderwelt und mit einer klaren Grenzziehung zwischen Haus und Straße. Der Umgang mit anderen Kindern wurde weitgehend bewußt von den Eltern gelenkt und kontrolliert. Hierdurch suchte man alle verderblichen Einflüsse vom Kind fernzuhalten. So entstand eine ausschließliche Kinderwelt, in der nicht in dem Nebeneinander von Arbeit und Spiel, sondern in der Verbindung von Lernen und Spiel die Vorbereitung auf das Erwachsenenleben gesehen wurde. Die Erziehung nahmen meist die Eltern selbst in die Hand, auch lesen und schreiben lernten die bürgerlichen Kinder anfangs von den Eltern, die dafür viel Geduld und Zeit investierten. Kinderarbeit konnte es unter diesen Perspektiven im Bürgertum nicht mehr geben, sie war schon deshalb unvorstellbar geworden, da sie die sittliche Erziehung hätte verhindern können. Die Vorbereitung auf das spätere Leben vollzog sich rein pädagogisch, mehr durch Unterrichtung – wobei das Lernen und Lesen eine zentrale Rolle spielten –, als durch Teilnahme und Helfen bei der elterlichen Arbeit. Damit gingen zwar reale Bezüge zur Umwelt verloren, gewonnen aber wurde die Fähigkeit, sich in ‚abstrakten' Lebensbereichen

37. Bauernschule, o. J. Federzeichnung v. Jan de Groot.

zurechtzufinden. Für den bürgerlichen Staat war dies eine besonders wichtige Voraussetzung.

Wie weit und wie intensiv die Schulausbildung eine Rolle für Kinder spielte, ist insgesamt schwer abzuschätzen. Zwar verbreitete sich seit der Reformationszeit das Schulwesen konstant vor allem in der Stadt, gefördert durch gemeindliche, kirchliche und staatliche Interessen, doch relevant wurde es je nach den sozialen Schichten höchst unterschiedlich.[23] Für die ländliche Bevölkerung gab es keinen Zwang zum Schulbesuch, die Kinder waren schwer abkömmlich, und die Notwendigkeit von Lesen und Schreiben war nicht einsichtig. Allerdings gab es immer wieder auch schon früh Bauern und Landarbeiter, die schreiben oder lesen konnten, doch größere Verbreitung fand diese Befähigung erst im 18. Jahrhundert.[24] Etliche soziale Aufsteiger hatten das erste elementare Wissen vom Vater gelernt, der sie dann auch bewußt zur Schule schickte. Stärker war das Interesse verbreitet bei den Handwerkern, die nicht nur selbst eine elementare Ausbildung im Lesen, Schreiben und Rechnen benötigten, sondern erstmals auch aus religiösen Gründen ihren Kindern einen Unterricht zuteil werden ließen, und dies nicht nur in pietistischen Kreisen. Wissen und Können dienten nicht dem sozialen Aufstieg, sondern waren Ausdruck von christlichem Handwerkertum. Wenngleich noch lange nicht alle Adeligen lesen und schreiben konnten, erhielten doch die meisten adeligen Kinder eine Ausbildung, allerdings normalerweise nicht in öffentlichen Anstalten, sondern zu Hause durch einen Hofmeister. Eine allgemeine Ausbildung der Kinder zumeist in Schulen kannte nur das höhere Bürgertum, doch auch hier war sie oft Bestandteil der häuslichen Erziehung, die entweder ein bestellter Hofmeister übernahm oder der Vater selbst. Manchmal waren es auch die Mütter, die den Kindern den ersten Unterricht gaben. Nicht unwesentlich war, daß es in diesen Haushalten bereits etliche Bücher gab, die auch profane Interessen weckten, und die Kinder zur Lektüre anregten, wohingegen es in handwerklichen Kreisen meistens nur religiöses Schrifttum gab. So etwa hatten Goethe und seine Schwester zwar eine gründliche Erziehung und Ausbildung erhalten, die weit über das normale Maß der Zeit hinausging, sie sind aber nie in eine Elementarschule gegangen. Goethe begann nach einer intensiven Ausbildung vorwiegend durch den Vater unmittelbar mit seinem Universitätsstudium. Nur diejenigen Familien, die sich keinen Hofmeister leisten konnten, und deren Väter nicht genügend Zeit hatten, schickten ihre Kinder in die Schule. Generell verbindlich wird die außerhäusliche Erziehung und Bildung erst zu Ende des 18. Jahrhunderts.

Ein einheitliches Schulsystem gab es bis zum 18. Jahrhundert nicht, zwar unterhielten und unterstützten Städte, Kirchen und Staat schulische Einrichtungen, aber zu einem geschlossenen System bildete sich das Schulwesen erst auf der Grundlage der Entwicklung der Pädagogik und des absolutistischen Interesses an ausgebildeten Untertanen aus.[25] Das betraf vor allem das sogenannte untere Schulwesen, Gymnasien und Universitäten hatte es schon lange gegeben. Es existierten weder klare Lehrpläne noch definierte Lehrstoffe oder ein bestimmter Aufbau. Das Klassensystem war zwar auch in der Elementarschule bekannt, meist wurde aber weder nach Alter noch nach Geschlecht gegliedert. Mädchen konnten überhaupt nur diese Schule besuchen, nicht aber das Gymnasium. Auch an eigens ausgebildeten Lehrkräften fehlte es: der Volksschullehrer entsteht als ‚Stand' erst zu Ende des 18. Jahrhunderts; eine Schule zu unterhalten, war oft eine Nebenbeschäftigung von Handwerkern oder Pfarrern oder ihren Frauen, in deren Räumen sie dann auch oft stattfand. Überhaupt war es vielfach der Pfarrer, sowohl der evangelische wie der katholische, der begabte Kinder ausfindig machte und die Eltern drängte, sie für den Schulunterricht der Gemeinden oder der Kirchen ausbilden zu lassen. Wie das Schulleben noch zu Ende des 18. Jahrhunderts vielerorts praktisch ablief – denn nach den Plänen bekommt man oft einen anderen Eindruck –, schildert Klöden aus Preußisch-Friedland sehr lebendig:

„Da ich noch nicht lesen konnte, wurde ich in die Vorschule gebracht, welche von einer mehr als siebzig Jahre alten Frau gehalten wurde. Sie bewohnte ein kleines schlechtes Häuschen am katholischen Kirchhofe, das nur eine Stube und den Hausflur umschloß. Das Zimmer war auf dem

Fußboden mit Ziegeln belegt, die kleinen Fenster befanden sich oben nahe der Decke und waren so blind, daß man nicht hinaussehen konnte. Ein großer Ziegelofen stand neben dem Kamine, und vor diesem saß die alte Frau und spann den ganzen Tag, neben sich auf einem Schemel eine hölzerne Kelle und eine Rute, die einzigen und mir schon sehr wohlbekannten Lehrmittel. Drei freistehende, rohe, doch glattgeriebene Bänke ohne Lehnen nahmen die Schuljugend, Knaben und Mädchen, auf, bis sie notdürftig lesen konnten. Die eine Bank trug die Abc-Schützen, die zweite buchstabierte, die dritte fing zu lesen an. Der Schulunterricht begann mit dem Gesange eines feststehenden Liederverses, den man wie seine Melodie durch den Gebrauch lernte, und einem feststehenden kurzen Gebet, welches einer im Singsang hersagte und hierauf ging einer nach dem andern zur spinnenden Frau und sagte aus der gewöhnlichen Fibel mit dem Hahne seine Buchstaben oder sein ‚a, b, ab' her. Die Alte sprach wenig; machte ein Kind Fehler, so schob sie ihr Spinnrad zur Seite, kippte mit einer Hand das Kind über den Schoß, hob mit der anderen den Rock in die Höhe, ergriff die Kelle oder Rute und bearbeitete nach Gutdünken das Sitzfleisch. Dann kam ein anderes Kind an die Reihe, bis man durch war. Etwas anderes wurde nicht vorgenommen, und lange Stunden saß man still und müßig, bis die bestimmte Zeit verflossen war. Die Schule wurde geschlossen, wie sie angefangen hatte."[26]

Sicherlich spiegelt dieser Bericht nicht die Verhältnisse aller Elementarschulen wider, denn, wie gesagt, eine einheitliche Norm gab es nicht, aber es fehlte auch fast jegliche obrigkeitliche bzw. kirchliche Kontrolle. Es gab primitive Dorfschulen und von Stiftungen oder dem Rat sehr gut dotierte städtische Schulen nebeneinander, zumeist hing ihre Qualität davon ab, was Obrigkeit und Kirche investierten. Denn vom Schulgeld allein konnte eine Schule nicht aufrechterhalten werden.

In den Elementarschulen lernten Jungen und Mädchen vor allem einmal lesen, schreiben und rechnen. Wir dürfen deshalb allerdings noch nicht davon ausgehen, daß diese Fähigkeiten nun auch von allen Schulbesuchern beherrscht wurden, das hing nicht unwesentlich davon ab, wie stark die Eltern den Schulbesuch unterstützten. Des weiteren konzentrierte sich der Unterricht vor allem auf das Erlernen des Katechismus. Insgesamt stand die Wissensvermittlung nicht unbedingt im Vordergrund: Ziel der Schule war einerseits die Disziplinierung der Schüler, andererseits ihre Erziehung zu christlichen Untertanen. In einer Schulordnung aus dem Jahre 1642 heißt es: »Gegenwärtiger Aufsatz und Bericht ist dahin angesehen, daß die Knaben und Mägdlein in diesem löblichen Fürstentum (Gotha) durchgängig vermittelst göttlicher Hilfe und angewandtem gebührenden Fleiß im Katechismo und dessen Verstande, auserlesenen biblischen Sprüchen, Psalmen und Gebetlein, wie auch im Lesen, Schreiben, Singen, Rechnen und, wo man mehr als einen Praeceptorem hat, in Wissenschaft etlicher nützlicher, teils natürlicher, teils weltlicher und anderer Dinge in guter Ordnung nach und nach unterrichtet und daneben zu christlicher Zucht und guter Sitten angeführt werden mögen."[27]

Und später in der Braunschweigischen Schulordnung heißt es 1753:

„Die Kinder kommen überhaupt unwissend auf die Welt, und wenn sie ohne Unterricht und Anweisung aufwachsen sollten, so würde zwischen ihnen und dem Vieh kein großer Unterschied sein. Wir sehen noch immer leider solche Menschen, die so unglücklich gewesen sind, daß sie in der Jugend entweder gar keinen oder doch wenigen und nicht zureichenden Unterricht erhalten haben; an ihnen zeigt sich, was ein Mensch ohne Unterricht und Unterweisung sei. Wie aber überhaupt Kinder unwissend auf die Welt kommen, so sind sie insonderheit in dem, was ihre wahre Wohlfahrt betrifft und in den Dingen, die ihnen zur Seligkeit zu wissen nötig sind, unwissend. Sie bedürfen also in aller Absicht Unterricht. Sie müssen unterrichtet werden, wenn sie in den Stand gesetzt werden sollen, ihre leibliche oder äußere und geistliche oder ewige Wohlfahrt zu befördern. Eltern sind verbunden, nicht nur solange ihre Kinder selbst dazu unfähig sind, für die gesamte Wohlfahrt derselben zu sorgen, sondern auch sie zur Besorgung ihrer eigenen Wohlfahrt aufs zukünftige fähig und geschickt zu machen. Und da sie dazu immer unfähig bleiben würden, wenn sie keinen Unterricht, keine Anweisung erhielten, so sind Eltern verpflichtet, ihnen solchen Unterricht entweder selbst zu erteilen oder wenigstens dafür zu sorgen, daß er ihnen erteilt werde."[28]

Sicherlich lernten die Kinder lesen, schreiben und rechnen, jedenfalls so weit, wie es ihre spätere Tätigkeit verlangte; doch für die Sozialisationsgeschichte wichtiger ist, daß die Schule zugleich eine Schule der ‚Zucht' war. Damit setzte sie gewisserweise fort, was die häusliche Erziehung hauptsächlich intendierte, meist aber durchzuführen nicht imstande war. Vor allem ging es in der Schule um Stillhalten, Pünktlichkeit, Sauberkeit und Ordentlichkeit, so bereits im 16. Jahrhundert, dann vor allem verstärkt im 18. Jahrhundert. Diese Forderungen standen oft in eklatantem Mißverhältnis zum elterlichen Zuhause der Kinder, wo vor allem Sauberkeit und Ordnung lange noch fremde Begriffe waren. In der späteren Erinnerung lag allerdings für die Kinder die größte Schwierigkeit im Stillsitzen und Zuhören. Sicherlich verlangten die Lehrer die Einhaltung der Haus- bzw. Schulordnung, doch von einer systematischen Durchführung konnte noch lange nicht die Rede sein. Auch sollten nach kirchlicher wie obrigkeitlicher Anordnung Ordnung und Disziplin nicht mit Gewalt eingeübt werden. Aber wie die Schulrealität zeigt, dienten Prügel stets als hauptsächliches Mittel zur Durchsetzung auch der neuen pädagogischen Maximen; Prügel kannten fast alle Kinder bereits von zu Hause, insofern erfuhren sie die Schule unter dieser Rücksicht nicht als eine neue Dimension des Lebens. Grundsätzliche Kritik am Prügeln entsprang aus zunehmender Beobachtung und Kenntnis

38. Kinder bei der Hausaufgabe, 18. Jh. Kupferstich v. Johann M. Mettenleiter.

der Psyche der Kinder erst zu Ende des 18. Jahrhunderts, womit es freilich nicht aus der Schule verbannt war. Raffiniertere Druckmittel wie Prüfungen und Zeugnisse wurden erst später eingesetzt.

„Es ist in der That eins von den wichtigsten Problemen in der Erziehungskunst, worüber Eltern und Lehrer nicht genug nachdenken können, welcher Strafen, und auf welche Art man sich derselben bei Kindern zu ihrer moralischen Besserung bedienen müsse. Es ist bei der so großen Verschiedenheit der Gemüther, bei der verschiedenen Empfindlichkeit junger Kinder, und bei der oft durchs ganze Leben hindurch würkenden Dauer früherer Eindrücke durchaus nicht gleichgültig, womit, und wie man jene bestraft, und ich bin überzeugt, daß durch eine falsch angewandte Art der Strafen viel mehr junge Leute von Grund aus verdorben sind, als durch jenes zärtliche Nachgeben, welches Eltern so oft gegen ihre Kinder an den Tag legen."[29]

In den Elementarschulen gab es weder ein Klassensystem, nach dem einzelne ihrer Leistung entsprechend aufsteigen konnten, noch Prüfungen, die etwa für die Aufnahme in das Handwerk oder in ein Gymnasium Voraussetzung gewesen wären. Leistungsnachweise sind erst ein Produkt erzieherischer Maßnahmen des frühen 19. Jahrhunderts. Für die Mehrzahl der Kinder spielte alles in allem in der frühen Neuzeit die Schule keine oder nur eine marginale Rolle.

Die Frage nach der religiösen Sozialisation zu beantworten, ist nicht leicht, auch wenn viele berichten, daß sie eine christliche Erziehung erhalten haben. Denn einmal war die religiöse Erziehung untrennbar verbunden mit der häuslichen und schulischen, die sich wesentlich auf Unterordnung, Arbeitsamkeit und Ordentlichkeit konzentrierten. Zum anderen waren mit unterschiedlichen Akzentsetzungen verschiedene Institutionen dafür zuständig, das Elternhaus ebenso wie die Kirche und die Schule. Wenn wir den zahlreichen Klagen Glauben schenken können, so vermißten viele Geistliche einen christlichen Geist sowohl im Elternhaus wie in der Schule, waren oft erschrocken, wie fern vom religiösen Glauben, besonders in welcher Unkenntnis seiner Lehre, viele Familien lebten.[30] Sicherlich können wir das religiöse Leben in der Familie nicht nach den Anforderungen der Kirche messen, das Interesse an einer spezifisch religiösen Erziehung war wahrscheinlich nicht stark entwickelt, doch darf nicht vergessen werden, daß jede Familie in das offizielle kirchliche Leben eingebettet war – das gilt sowohl bei Katholiken wie Protestanten – und daß die Verpflichtung zum sonntäglichen Kirchenbesuch seit der Reformation überall bestand. Wohl die meisten Einwohner eines Dorfes und einer Stadt gingen in die Kirche und nahmen aktiv am kirchlichen Leben mit seinen vielen Festen teil, nicht zuletzt, da diese Teil des normalen gesellschaftlichen Lebens waren. Das religiöse Wissen beschränkte sich wohl weitgehend auf den Katechismus. In besonders frommen Familien wurden zudem die Bibel bzw. religiöse Traktate gelesen. Aber wichtiger für die religiöse Sozialisation war ohnedies die Durchführung des alltäglichen Tischgebets. Seit wann Kinder auch zum Morgen- und Abendgebet angehalten wurden, wissen wir nicht. Eine beträchtliche Rolle spielten sicherlich die Anrufung von Heiligen und andere religiöse Gebräuche vor allem in Zeiten der Not, sowenig im einzelnen darüber berichtet wird. Doch eine ausgesprochen religiöse Erziehung gab es nur in wenigen Familien.

Auch hier gilt weitgehend, daß die Kinder zumeist durch Mitmachen und Nachahmen in die gesellschaftlichen und religiösen Normen hineinwuchsen, durch Mitarbeit im ‚ganzen Haus' und das Spiel mit Nachbarskindern erfuhren die Kinder früh das gesellschaftliche Zusammenspiel und paßten sich so an die soziale Wirklichkeit an.

3. Jugend

Die vormoderne Gesellschaft kannte keine unserem Begriff von Jugend vergleichbare Vorstellung.[1] Jugend als Phase der Reifung war dem Europa vor der Aufklärung unbekannt. Die Vorstellung von Jugend ist ein Produkt soziokultureller Prozesse. Das heißt allerdings nicht, daß die frühneuzeitliche Gesellschaft keine eigene Phase zwischen der Kindheit und dem Erwachsensein anerkannte, im Gegenteil, nur unterlag sie keinem bestimmten Zeitmaß, das von biologisch-anthropologischen Kategorien ableitbar wäre. Um das, was in der Vormoderne in Europa unter Jugend gemeint war und um dessen Dauer näher zu bestimmen, müssen wie zweierlei bedenken: einmal gab es im Unterschied zu anderen Gesellschaften keine zentrale Initiationsriten, die den Übergang von der Kindheit zur Jugend eindeutig signalisierten. Geschlechtsreife, politische und auch religiöse Reife fielen zumeist auseinander, nicht nur zeitlich, sondern auch in ihrem Bedeutungsgehalt. Selbst die Konfirmation war kein zentraler Übergangsritus, abgesehen davon, daß sie nur Protestanten betraf.[2] Politische oder soziale Rechte waren mit ihr nie verbunden. Zum anderen wurde die Dauer der Jugend in Westeuropa maßgeblich geprägt vom Muster der „späten Heirat", von der Tatsache, daß die meisten erst im 27./28. Lebensjahr – Frauen waren in der Regel 2–3 Jahre jünger – heiraten konnten, wenn die Möglichkeit einer Hof- oder Betriebsübernahme gegeben war. Erst mit der Heirat galt ein Mann bzw. eine Frau als erwachsen und als ‚volles' Mitglied einer Gesellschaft.

Dies bedeutet allgemein einmal eine lange Dauer der Jugendphase: unabhängig davon, wann genau man ihren Beginn ansetzt, umfaßte sie in der Regel über 10 bzw. 14 Lebensjahre. Da außerdem in Europa die Heirat eine Loslösung vom Elternhaus brachte, d. h. der einzelne mit der Verheiratung aus der väterlichen Gewalt heraustrat, bedeutete sie einen tiefen Einschnitt im Lebenslauf; der Übergang war recht abrupt. Da die meisten Jugendlichen im Gesindedienst standen bzw. als Gesellen arbeiteten und dieser Status mit einem häufigen Arbeitsplatzwechsel einherging, war schließlich das Jugendsein mit großer Mobilität verbunden. Diese Besonderheiten sind für die europäische Erfahrungsgeschichte von beträchtlicher Bedeutung.

Das Ende der Jugendzeit ist relativ eindeutig zu bestimmen: mit der Heirat trat man in die Welt der Erwachsenen ein, konnte einen eigenen Haushalt gründen und politische Rechte wahrnehmen. Bis zu der Heirat –

und die konnte für manche noch jenseits des 28. Lebensjahres liegen – lebte der einzelne als Knecht oder Geselle in einem Haushalt und unterstand damit der Gewalt des Hausvaters.

Schwieriger wird es, die Grenzen zwischen Kindheit und Jugend näher aufzuzeigen, denn einen mit der Heirat vergleichbaren ‚Wendepunkt' gab es, wie gesagt, nicht. Die religiöse Reife erlangten Mädchen wie Jungen im 14./15. Lebensjahr, mit diesem Lebensjahr etwa wurden sie auch vor Gericht erstmals wie Erwachsene behandelt. Andererseits begann aber die Ehemündigkeit bei Männern erst mit dem 18. Lebensjahr, bei Frauen gelegentlich früher. Dies gilt allgemein für alle sozialen Schichten. Der Übergang von der Kindheit zur Jugend war immer relativ gleitend, doch gibt es je nach Stand Abweichungen.[3] Die Grenze zwischen Kind- und Jugendsein war am schwächsten im bäuerlichen Haushalt ausgebildet. Denn weder die Integration in den häuslichen Arbeitsprozeß galt als Kriterium für den Übergang zur Jugend noch das Verlassen des elterlichen Haushalts. Schon 5- bis 6jährige Kinder konnten nämlich in den häuslichen Arbeitsprozeß integriert werden, und viele verließen bereits vor dem 14. Lebensjahr das Elternhaus. Ein gewichtigeres Kriterium bildete allein die Aufnahme in die ländlichen Burschenvereinigungen, die weitgehend alle ledigen Männer einer Dorfgemeinschaft umfaßten. Hier fand bereits ein 14–15jähriger Aufnahme; für Mädchen gab es allerdings nichts Vergleichbares. Greifbarer sind die Grenzen im handwerklich-bürgerlichen Lebensbereich, dem das unmerkliche Hineinwachsen der Kinder in den Produktionsprozeß unbekannt war. Erst ein 14jähriger Junge konnte – und das dann ausdrücklich – als Lehrling aufgenommen werden. Die Festlegung korrespondiert mit dem Eintrittsalter in die Gesellenverbände, deren Aufnahmerituale wie auch die der ländlichen Burschenschaften den Charakter von Initiationsriten haben. Am stärksten dem modernen Verständnis verwandt war die Grenze, die im gebildeten bzw. vermögenden Bürgertum zwischen den Lebensaltern gezogen wurde. Denn hier wurden erstmals pädagogische Vorstellungen relevant. Mit dem Ende der Elementarschulzeit bzw. dem Übergang in das Gymnasium oder an die Universität hörte man auf, als Kind angesprochen zu werden. Aber auch hier schwankte dieser Zeitpunkt zwischen dem 10. und 14. bzw. dem 14. und 16. Lebensjahr.

Also weder die Geschlechtsreife allein noch die Loslösung vom Elternhaus bzw. die Verselbständigung als Knecht oder Lehrling galten als ausreichend, um als ‚Jugendlicher' zu gelten. Die Grenzen zwischen Kindsein und Erwachsensein schwankten je nach regionaler und ständischer Kultur beträchtlich. Als Kriterium bleibt bei allen Mustern nur das Unverheiratetsein und die unmittelbare Abhängigkeit vom Hausherrn. Mit unserem modernen Verständnis, daß Jugend die Zeit umfaßt, in der der Mensch zur Persönlichkeit heranreift, hat dies nichts gemein.

Zentraler Lebensraum der Jugendlichen blieb während der ganzen frühen

Neuzeit die Familie, ein Leben außerhalb des Hauses der Eltern oder Dienstherrn war noch unvorstellbar. Ein Grund war, daß die Familie die dominante Arbeitsstätte war, ein anderer, daß ein ‚unverheirateter' Jugendlicher unter einer Hausherrngewalt zu stehen hatte und so nur eingeschränkte Rechte besaß.[4] Vor allem betraf dies den potentiellen Erben, aber je nach der Arbeitssituation im Haus auch weitere Kinder.

Die meisten Jugendlichen wechselten zeitweise das Haus, entweder verdingten sie sich auf einem anderen Bauernhof, weil der elterliche sie nicht mehr ernähren konnte, oder sie arbeiteten in einem anderen Handwerksbetrieb, wo sie dann allerdings rechtlich wieder denselben Status einnahmen wie zu Hause, nur für ihren Dienst nun einen Lohn empfingen. Während der Migrationsradius beim Gesinde nicht über die Region hinausging, wodurch Kontakte zum elterlichen Hause aufrechterhalten bleiben konnten, wanderten diejenigen, die ein Handwerk gelernt hatten, als Gesellen oft weit. Sie wechselten so lange den Meister, bis sie irgendwo selbst Meister wurden und dann heiraten konnten. Selbst Beamten- und Pfarrerskinder wechselten den Haushalt. Zwar gab es auch Gesinde und Gesellen, die, ohne selbst Bauer oder Meister zu werden, heirateten, aber dies waren Ausnahmen.[5]

Das Leben der jungen Leute war maßgeblich durch abhängige Arbeit geprägt, die sich allerdings kaum von der des Hofbesitzers bzw. des Handwerksmeisters unterschied. Während im bäuerlichen Bereich der Arbeitsrhythmus durch die Natur vorgegeben war, die Hauptarbeitszeit im Sommer lag, gab es im Handwerk quasi regelmäßige Arbeitszeiten, unabhängig von Jahreszeiten und Wetterzuständen. Herrschaftlich erlassene Gesinde- und Gesellenordnungen regelten die Arbeitsverhältnisse im einzelnen, Arbeitszeiten, Entlohnungen sowie nicht zuletzt die Unterordnung unter den Hofbesitzer bzw. Handwerksmeister, der nicht nur das Recht hatte, auf qualifizierter Arbeit und der Einhaltung der Hausordnung zu bestehen, sondern auch – und das nicht zuletzt – das sittlich-moralische Leben zu überwachen.

In der bäuerlichen Welt galt dies sowohl für die männlichen wie weiblichen Jugendlichen gleicherweise, gravierende Unterschiede gab es nicht, nur wechselten die Dienstmägde nicht so häufig, blieben in nachbarschaftlicher Nähe zum elterlichen Hof und unterstanden stärkerer sozialer Kontrolle. Anders war letztlich die Situation im Handwerkshaushalt; während hier die Gesellen als ausgebildete Handwerker auf Wanderschaft gingen, wurden die Mädchen als Dienstmädchen in andere Haushaltungen verdingt, wenn sie nicht zur Unterstützung der Mutter zu Hause blieben und dort auf einen Mann warteten. Noch stärker klaffte die Welt der männlichen und weiblichen Jugend in gehobenen Ständen auseinander; während die Jungen im Studium oder in der Berufsausbildung, z. T. sogar auf Reisen, reiche Erfahrungen sammeln und sich dabei zu weltgewandten Persönlichkeiten entwikkeln konnten, wurden die Mädchen ausschließlich auf ihre künftige Rolle als Hausfrau hin erzogen; anstelle oder neben häusliche ‚Arbeits'erfahrungen trat allerdings später die häusliche Bildung.

Für die meisten Jugendlichen bestimmte die körperliche Arbeit im Hausverband ihr Leben. Nur für eine kleine Schicht vor allem der oberen Stände trat an die Stelle der Arbeit der Schulbesuch, der zumeist mit einem Konviktleben verbunden war; aufgrund der Konzentration der Schulen in den Städten gab es zwar noch einen geringen Zuzug von Schülern aus handwerklichen Kreisen, aber Bauernkinder fehlten weitgehend, es sei denn, daß ein Kloster in der Nähe war oder ein Geistlicher sich ihrer besonders annahm. Im Unterschied zu den Elementarschulen kannten die Gymnasien, die meist in kirchlichen Händen waren, zumindest aber unter kirchlichem Einfluß standen, ein Klassensystem, in dem man durch Beherrschung eines bestimmten vorgegebenen Lehrstoffs aufstieg, womit ein neues Leistungsbewußtsein erzeugt wurde. Da der Klassenverband auch erstmals Gruppen in gleichem Alter zusammenführte, förderte dieses Schulsystem das Zusammengehörigkeitsgefühl einer Generation, das vor allem in der Aufklärungszeit bedeutsam wird und eine neue Zeit ankündigt. Bei aller Modernität verstand sich allerdings die Schule noch bis weit ins 18. Jahrhundert als Hausgemeinschaft, in der der Leiter bzw. der Lehrer wie ein Hausvater ‚regierte' und von seinen Schülern Gehorsam verlangte.[6]

Zweifellos war der Jugendliche stark eingebunden in eine Hausgemeinschaft, in der allgemein die Erwachsenen den Ton angaben und der Hausherr Unterordnung unter die Hausordnung verlangte. Aber dies war nur die eine Seite seines Lebens, denn niemand lebte ausschließlich in Arbeit und Gehorsam. Die andere Seite wurde geprägt von einer mehr oder weniger autonomen außerhäuslichen Kultur der Jugendlichen in ländlichen oder städtischen Jugendverbänden[7], die dem Bedürfnis nach eigener Geselligkeit und eigenen kulturellen Interessen entgegenkamen. Diese Welt bildete gewisserweise eine Gegenwelt zum Haus, zur Gesellschaft der Hausväter, ohne allerdings dadurch die traditionelle Struktur der Gesellschaft zu gefährden. Im Gegenteil, derartige Verbände wurden gerade als Wahrer der Tradition in Dorf und Stadt in ihrem Bestand selbst von den Erwachsenen toleriert, wenn nicht geschützt, sosehr immer wieder Kirchen wie Obrigkeiten zumindest ihre Kontrolle durch die Hausherren verlangten. Für die Sozialisation der Jugendlichen war dieser autonome Erfahrungsraum ebenso entscheidend wie das Leben in der Hausgemeinschaft und die alltägliche Arbeit. Die außerhäuslichen Erfahrungen, wie sie bereits die Kinder gemacht hatten, wurden hier verdichtet. Unter den Mädchen eines Dorfes oder einer Stadt gab es zwar sicherlich auch lockere Verbindungen, aber davon wissen wir wenig, eigentliche Verbände sind nirgendwo bekannt; ausreichende Informationen haben wir nur über die Organisationen junger Männer.

Auf dem Lande umfaßten die sogenannten Burschenschaften bzw. Knabenschaften alle ledigen jungen Männer eines Dorfes bzw. einer Kirchengemeinde in einem lockeren Bund; er hatte eine heterogene Gestalt, denn zu seinen ‚Mitgliedern' zählten Kinder reicher wie armer Bauern, junge, d.h. 14jährige wie ältere Jugendliche, die schon über 30 Jahre alt sein konnten. Eine förmliche Aufnahme besiegelte eine Mitgliedschaft, die so lang währte, bis der Jugendliche verheiratet war. In den meisten Fällen herrschte eine strenge Altershierarchie, wobei die Jugendlichen um die Zwanzig den dominanten Einfluß ausübten, so daß die Gruppen in ihrer Zusammensetzung ständig wechselten. Eigentliche wirtschaftlich-politische Funktionen hatten sie nicht, im Unterschied zu den städtischen Gesellenverbänden, die den Arbeitsmarkt mitbestimmen konnten, etwa indem sie der Ausbeutung Widerstand entgegensetzten.[8] Bedeutsam wurden die Burschenschaften in zwei wichtigen dörflichen Lebensbereichen, wodurch sie zur Stabilisierung dörflicher Gemeinschaft beitrugen. Einmal organisierten sie die alljährlichen Feste und Feiern und brachten in sie ihre vitalen Lebensinteressen ein. Geradezu als Feste der Jugendlichen galten die Sommerfeste (1. Mai, Pfingsten, Johannistag). Zum anderen übten sie eine strenge sittliche Kontrolle aus und waren mit am Heiratsmarkt beteiligt. Hausväterlichen Interessen bei der Verheiratung der Kinder wurden die Interessen der Burschenschaften entgegengesetzt, die auf gleichen Heiratschancen für alle Jugendlichen weiblichen und männlichen Geschlechts im Dorf bestanden. Als ‚Wächter' der Tugend überwachten sie allgemein die sittliche Moral, vor allem in sexueller Hinsicht. Sie ahndeten ehebrecherisches Verhalten, und besonders sittliche Verfehlungen der dörflichen Honoratioren, vor allem der Pfarrer. Insbesondere aber kümmerten sie sich um ordnungs- und traditionsgemäße Eheschließungen. Sie wandten sich sowohl gegen die ungleiche Heirat, wenn ein alter Witwer ein sehr junges Mädchen aus dem Dorf heiraten wollte oder umgekehrt eine ältere Witwe einen jungen Burschen, was die Interessen der Mädchen berührte, wie auch gegen Heiraten mit Fremden aus einem anderen Dorf oder aus der Ferne, was womöglich die Heiratschancen der Ledigen im eigenen Dorf minderte. Darüber hinaus kontrollierten sie überhaupt alle Eheanbahnungen, vom Sich-Kennenlernen bis zur Verlobung der Paare, um sie auf die Gegebenheiten der dörflichen Gemeinde abzustimmen. Ihre Moral war nicht weniger streng als die der Kirchen, auch wenn sie sich in ihren Zielsetzungen wesentlich voneinander unterschieden. Zwar erlaubten die Burschenschaften auch nächtliche gegenseitige Besuche, doch forderten sie sexuelle Enthaltsamkeit, solange der Partner noch nicht feststand oder noch keine Heiratsmöglichkeit bestand; wenn ein Bursche zu forsch vorging oder ein Mädchen zu nachgiebig war, griffen ihre Freunde ein. Bei Schwangerschaften bestanden dann auch die Burschen auf Einhaltung des Eheversprechens auf beiden Seiten. Durch dieses Sittenwächteramt stabilisierten die Burschenschaften ihrerseits das System der ‚späten Heirat'. Ihr schärfstes Protestmittel gegen Normverstöße war das sogenannte Charivari, die Katzenmusik, und das öffentliche Bloßstellen der betroffenen Person, das deren Ansehen sehr schädigen konnte.[9] Kam jedoch eine Heirat von jungen Leuten bzw. eine Heirat unter ihrer Mitwirkung zustande, so wurde dieser Anlaß groß gefeiert. Lärmende Musik begleitete das neue Ehepaar bis zum Hochzeitsbett, sie war zugleich ein Abschiedsritual, weil der Bräutigam durch seine Heirat aus dem Bund der Ledigen ausschied.

Allabendlicher Treffpunkt der Jugendlichen und Ledigen war oft die Spinnstube, in der vor allem Frauen ihrer Arbeit nachgingen und hier von der Dorfjugend besucht wurden.[10] Da meist auch getanzt und getrunken wurde, versuchten die Obrigkeiten und die Kirchen, die Spinnstuben als Lasterhöhlen zu verdächtigen und zu verbieten, sie zumindest von Erwachsenen, vor allem älteren Frauen, kontrollieren zu lassen. Dennoch hielt sich diese Institution bis ins 19. Jahrhundert hinein. Als Geselligkeitsort bildete sie ein gewisses Pendant zur Stube des Bauernhauses und des Gasthauses, in denen Erwachsene, ja Hausväter dominierten.

Strenger organisiert waren die Jugendverbände in der Stadt; zumeist gab es mehrere, wobei die ständische Orientierung vorherrschte. Am bekanntesten sind die Gesellenverbände.[11] Hier trat ein Jugendlicher nach seiner Lehrlingszeit nach einem Aufnahmeritual ein und blieb, bis er Meister wurde. Ursprünglich dauerte der Gesellenstatus nicht lange, aber bereits im 17. Jahrhundert gab es nur noch für wenige die Chance, Meister zu werden und früh zu heiraten. Im Unterschied zu den Burschenschaften verfolgten die Gesellenverbände weniger sittlich-moralische als sozial-praktische Ziele. Auch sie partizipierten an der Durchführung städtischer Feste, allerdings wohl in enger Verbindung mit den Zünften.[12] Ihre besondere Bedeutung erlangten sie aber als Gegengewicht zur Zunft bzw. zum Meisterbetrieb, als Schutz gegen eventuelle Ausbeutung der Gesellen durch die Handwerksmeister. Sie spielten bei der Arbeitsvermittlung der wandernden Gesellen eine wichtige Rolle, organisierten notfalls auch Streiks gegen Handwerksmeister, die ihre Gesellen ungerecht oder unwürdig behandelten. Die vielen Gesellenaufstände in der frühen Neuzeit sind zumeist von den Gesellenverbänden initiiert worden.[13] Die Gesellen verfügten über eigene Herbergen, in denen die wandernden Handwerksburschen Aufnahme fanden und sich über die Marktlage informieren konnten. Obwohl auch hier immer wieder die Obrigkeiten zugunsten der Zünfte aktiv wurden und das eigenständige Leben der Gesellen anprangerten, blieb die Macht der Gesellen bis zur Aufhebung der Zünfte erhalten. Weil zu Ende des 18. Jahrhunderts die Lage der Gesellen immer problematischer wurde – ihre Aufstiegschancen waren gleich null, nicht-zünftische und konkurrierende Gewerbezweige verminderten das Einkommen –, verteidigten gerade die Gesellenverbände die handwerklich-zünftischen Rechte noch entschiedener als andere traditionelle Kräfte. Obwohl sie der Macht der Zünfte gegenüber den Gesellen Grenzen setzten, waren sie mit den Zünften einig, Marktanteile wie Tradi-

Kurtzweilige Beschreibung der löblichen Spinn- vnd Rockenstuben/ vnd was darinnen gemeiniglich denckwürdiges practiciret vnd gehandelt wird/etc.

MEin lieber Leser/ steh hier still
Hör was ich kurtz erzehlen will.
Von einer feinen Compagny/
Wie du dann sihst vor Augen hie.
Wie es vor Zeiten vnd fort an/
Auff Spinnstuben pflegt zu zugahn.
Hät dir es auch viel Artlicher
Viel besser vnd viel stattlicher
Nicht können thun/ als ich wolan
Mit dieser Figur hab gethan.
Da thut es (wolst mich recht verstehn)
Vber vnd vber zu zugehn.
Dann etlich schlaffen/ etlich singen/
Etliche Tantzen oder Springen.
Etliche miteinander schertzen/
Küssen/ Liblen/ sich freundlich Hertzen:
Etliche schlagn vnd schmeissen drein/
Etlich verschütten Bier vnd Wein.
Hergegen etlich frölich Trincken/
Einander mit den Augen wincken.
A. Nachbar Cuntz Tantzt mit seiner Gretn/
Thut drüber bald sein Hosn verzetn.
B. Claß spring ins Feld mit seiner Basen
Tantzt/ sie will nicht vom Rocken lassn.
C. Deß Pfaffen Magd hats glücket nit/
Dann sie hat Rübn vnd Kraut verschütt.
D. Darzu ist Hänsigen wol auff/
Will sie noch stossen vbern Hauff.
E. Deß Schultzen Mart/ wie ich versteh/
Fält vnd kehrt die Bein in die Höh.
F. Das gfält jhem Buhl dem Fritzen nicht/
Drüber vergeht jhm sein Gesicht.
G. Der Schultz im Dorff sich nicht viel regt/
Beym Wasserkübel sitzt vnd schläfft.
H. Mit seiner Pfeiff Frantz Biedermann
Der thut nicht weit vom Ofen stahn.
I. Matz Kaltenbergern frieret sehr/
Drumb stelt er sich zum Ofen her.
K. Die Gvatter Grein jhrn Gvatter Koch
Nimbt in die Arm vnd küst jhn noch.
L. Curdt Seltenfroh will sich verkriechn/
Mit Elßgen hintern Ofen schliessn.
M. Veit Schnitzer der muthwillig Gsell
Macht Baß Claren ein Vngefell.
Daß jhr die Spindel thut entfallen:
N. Baß Margreth thut solchs nicht gefallen.
O. Fritz Trinckauß/ mit seim schönen Krantz/
Sitzt bey seim Schatz/ ist nicht beym Tantz.
P. Dann er trinckt es zu seiner Braut/
Drumb ist er auch ein gute Haut.
Q. Sein Schwieger sitzt auch bey dem Tisch/
Hät sies nur bald/ so tränck sie frisch.
R. Frantz Wochendölpel jhr Gvatter Mann/
Schläfft/ kan nicht auff den Füssen stahn.
S. Ditz Guckguck schawt zum Fenster hinein/
Wolt auch gern bey der Gsellschafft seyn.
T. Sebald Scheutzlich der gschickte Mann/
Der will das An- vnd Einsehn han.
V. Darzu sein liebe Bärbel gut
Mit einem Liecht jhm leuchten thut.
W. Vlrich Ziegeln gefält der Strauß/
X. Baß Appel lescht jhr Liecht bald auß.
Y. Deß Hirten Mutter Lisabeth/
Dieser Handel zu Hertzen geht.
Dann sie weiß noch wol Zeit vnd Tag/
Daß sie auch so zu Leben pflag.
Denckt/ auch noch wol der guten Zeit/
Darinn sie hät gar manche Frewd.
Z. Gangolffs Hans der vnruhig Tropff
Was kompt jhm nur in seinen Kopff.
Daß er Vrsul deß Schreiners Basn
Mit frieden nicht will Spinnen lassn.
Verschütt darzu den guten Wein/
Daß mag mir wol ein Dölpel seyn.
Es bemüht sich der arme Tropff/
Daß jhm der Hut auch fält vom Kopff.
Deß Schreiners Vrsel werth sich sehr/
Schlegt mit dem Rocken vngefehr
Entfält jhr Würtel vnd die Spindl:
Mich deucht/ es sey ein fein Gesindl?
Wie könt diß Gsindel feiner seyn/
Ist doch darbey die gantze Gmein
Im Dorff/ so wol oben als vntn?
Drumb sein sie lustig zu den Stundn
Den Abend so wol als den Morgn/
Lassn den Pfaffn sein Köchin versorgn.
Versorgn sich vntereinander auch/
Dann bey Spinnstubn ein solcher Brauch/
Wie ich jetzund gezeuget an/
Von Knechten/ Mägden/ Weib vnd Mann:
Ade/ ich hab das mein gethan.

Zufinden in Nürnberg bey Paulus Fürst Kunsthändlern/ rc.

39. Satire auf das unzüchtige Treiben in den Spinn- und Rockenstuben, 16. Jh. Flugblatt mit Kupferstich v. Hans Sebald Beham.

tion gegen neu aufkommende Kräfte abzusichern. Im Unterschied zu den späteren Jugendorganisationen der bürgerlichen Gesellschaft, die eher revolutionäre Ziele verfolgten, zählten die frühneuzeitlichen Jugendgruppen gerade zu den Kräften, die die Tradition aufrechterhielten, und übernahmen damit eine wichtige Rolle, um Konflikte der vormodernen Gesellschaft abzubauen und die Jugendlichen in die traditionelle Sozialordnung zu integrieren.

Dieses Ziel verfolgten schließlich auch die bekanntesten Jugendverbände, die studentischen Landsmannschaften.[14] Die Studenten organisierten sich nicht als Studentenschaft einer Universität, sondern zumeist nach ihrem Herkunftsort oder Herkunftsland; sie besaßen zwar keine soziale Machtposition an der Universität wie die Gesellen in der Zunft oder die Burschen auf dem Lande; sie vertraten weder spezifisch studentische Interessen noch trugen sie ökonomische Verantwortungen; ihre Bedeutung gründet vor allem in der Schaffung von studentischer Solidarität als Ausgleich zu der Übermacht der Professorenschaft, die gleich Hausvätern über die Studenten ‚herrschten'. Die studentischen Verbindungen waren in der Regel streng hierarchisch aufgebaut, wobei die Älteren dominierten und die Jungen gehorchen mußten. Auch hier gab es beträchtliche Altersdifferenzen. Die Aktivitäten konzentrierten sich wesentlich auf Geselligkeit, wobei Trinken und grobe Streiche im Mittelpunkt standen. Das schuf eine Gemeinsamkeit, die bei vielen nachhaltiger in Erinnerung blieb, als das, was sie gelernt hatten. Gerade der traditionelle Habitus all dieser Jugendorganisationen mitsamt ihren Ritualen, Sauffesten und Grobianismen war es, gegen den sich eine neue Jugendformation, wie sie sich in der Jugendbewegung der Aufklärungszeit artikulierte, wandte. Ihre Grundlage war mit einer neuen Definition von Jugendlichkeit und Jugend gegeben; man erkannte sie nicht länger als eine Lebensphase zwischen Kindheit und Erwachsensein, die durch die Verheiratung beendet wurde, sondern als eine Phase, in der ein Kind durch Bildung zur eigenständigen Persönlichkeit heranwächst.[15]

Über die Welt der männlichen Jugend können wir einige Vorstellungen gewinnen, wenig dagegen über die sehr anders strukturierte der weiblichen Jugend. Es fehlt vor allem an Selbstzeugnissen von Frauen, über ihre Kindheit und Jugend. Erst seit dem 18. Jahrhundert fließen die Quellen etwas reichlicher. Aber auch in diesem Jahrhundert kommt nicht die durchschnittliche Frau zu Wort, sondern es handelt sich stets nur um Personen, die dank ihrer außergewöhnlichen Herkunft oder Karriere schriftliche Spuren hinterlassen haben. Hier sollen eine Frau aus der Unterschicht und eine Frau aus bürgerlichem Haushalt zu Wort kommen.

Kindheit und Jugend der bekannten Dichterin Anna Luise Karsch (1722–1791) unterschieden sich nicht wesentlich von denen anderer Kinder aus der Unterschicht, ihr Vater war ein bäuerlicher Gastwirt in Schlesien.[16] Zeitlebens litt sie darunter, daß sie von ihrer Mutter so abgelehnt wurde, daß sie sich häufig wünschte, ein Bub zu sein. „Ich war niemals der Liebling ihres Herzens und ich glaube, diese wenige Achtsamkeit auf mich ist schuld, daß ich meine ersten Jahre durchlebte, ohne mir meines Daseins bewußt zu sein."[17] Als sie im 6. Lebensjahr zur Aushilfe zu ihrem kinderlosen Onkel nach Polen kam, erlebte sie erstmals eine glücklichere Zeit, denn der Onkel widmete sich ihr intensiv und gab ihr ersten Unterricht. „Ich fing an zu denken, was ich las, noch von unbeschreiblicher Begierde entflammt, lag ich unaufhörlich über dem ‚Buche'." Als sie den Onkel drängte, ihr auch das Schreiben beizubringen, widersetzte sich zunächst ihre Großmutter. Leider dauerte der Aufenthalt in Polen nicht lange. Nachdem ihr Vater gestorben war und ihre Mutter wieder geheiratet hatte, wurde die Tochter zunächst als Kindermädchen zurückgeholt. Alle Leseträume waren dahin, denn noch mehr als die Großmutter war ihre Mutter gegen jede weitere Ausbildung. „Ich brauche sie künftig zur Wiege und ich fürchte, sie wird verrückt im Kopf werden, wenn sie fortfährt, Tag und Nacht über den Büchern zu liegen. Sie kann lesen und schreiben, dies ist alles, was ein Mädchen wissen muß."[18] Bald sollte es noch schwerer werden, die Familie zog um und pachtete ein Vorwerk, auf dem die Karschin die Kühe hüten mußte. Doch Trost fand sie im Spiel mit anderen Hirtenkindern, von denen eines ihnen Geschichten vorlas. „Welch ein Glück für mich! Ich nahm in den folgenden Tagen einen Umweg, trieb meine Rinder durch den Fluß ... und fand meine lang entbehrte Wonne, die Bücher wieder. Da waren Robinson, Irrende Ritter, Gespräche im Reich der Toten; o, da waren neue Welten für mich." Als aber der Stiefvater diese neuen Interessen entdeckte, wurde sie einem Bürgermädchen übergeben, um das Nähen zu lernen. Als diese Lehrmeisterin später wegzog, wollte sie Anna Luise als Gesellschafterin mitnehmen. Diese war zunächst froh, von der Mutter loszukommen, doch als sie dann in dem neuen Haushalt als Magd eingestellt wurde – mittlerweile war sie 12 Jahre alt –, fing ihr altes Elend wieder an. „Wasser schöpfen, mit einem Schiebkarren Getreide zur Mühle hinauffahren war meine Tagesarbeit. Es gefiel meinem gütigen Schöpfer, mich früh in der Schule der Geduld zu üben, um künftig härteren Versuchen mich ohne Murren zu unterwerfen."[19] Nach Hause kam sie erst wieder, als ihre Mutter eine Erbschaft antrat und ein weiteres Kind gebar, das zu versorgen die Karschin zurückgeholt wurde. Es kam zu dauernden Streitereien, die auch nicht aufhörten, als der Stiefvater starb. Zudem mußte sie nun die Erziehung ihrer Halbgeschwister übernehmen. „Von den drei Kindern sollte ich die Erziehung übernehmen und bedurfte deren selbst. Der Ort, in dem wir wohnten, war schlecht und ernährte keine Menschen, deren Umgang mir ersetzen konnte, was meiner Erziehung fehlte. Unbesorgt um mein künftiges Schicksal wuchs ich gleich einer wilden unbeschnittenen Weinrebe herauf."[20]

Ständiger Streit mit ihrer Mutter und ununterbrochene Arbeit im Haushalt, zu Hause wie in der Fremde, prägten ihre Kindheit und Jugend, ohne daß allerdings ihre Lesewut und ihr Bildungsinteresse gebrochen wurden. Auch als sie auf Wunsch der Mutter heiratete, womit ihre Jugend endete, begann für die Karschin nur eine neue Leidenszeit.

Ganz anders, aber nicht weniger ‚frauenspezifisch' verliefen Kindheit und Jugend der Danziger Bürgerstochter Johanna Schopenhauer (1766–1838).[21] Auch sie war hochbegabt, lebte aber in harmonischen Familienverhältnissen und erhielt jede mögliche Ausbildung.

Sie wuchs wohlbehütet zu Hause auf. Bereits entgegen der städtischen Gewohnheit wurde Johanna Schopenhauer nicht zu einer Amme gegeben, wie überhaupt, trotz aller Lehrer, die im Hause angestellt waren, die Mutter immer die zentrale Figur blieb. Nach einem ersten Anfangsunterricht zu Hause wurde Johanna mit 3 Jahren auf die öffentliche Schule geschickt, auf der sie allerdings nur das Stillsitzen lernte, wie sie sich später erinnert. „Ich mußte den sauren Weg zur Schule gehen, und ging schon am zweiten Tag ihn gern, denn außer mir waren noch zwanzig Kinder aus der Nachbarschaft, Knaben und Mädchen, zu dem nämlichen Zweck dort versammelt, von dem ich aber nicht rühmen kann, daß er dadurch sonderlich gefördert worden wäre."[22] Im 6. Lebensjahr erhielt sie eigene Hauslehrer, sie lernte Englisch und Französisch, was für ein bürgerliches Mädchen dieser Zeit ungewöhnlich war. „Die Frage wurde täglich von Freunden und Verwandten wiederholt, denn die Sache war damals in Danzig etwas Unerhörtes. Ich fing am Ende an, mich meiner Kenntniß der englischen Sprache zu schämen, und schlug deshalb einige Jahre später es standhaft aus, auch Griechisch zu lernen, so sehr ich es innerlich wünschte... Der Widerwille gegen den Gedanken, für ein gelehrtes Frauenzimmer zu gelten, lag schon damals wie eben noch jetzt in meiner jungen Seele."[23] Es war kein strenger Unterricht, ihre Begabung ermöglichte es, weiterhin anderen Interessen nachzugehen und vor allem auch das geliebte Puppenspiel nicht aufzugeben. Sie erhielt eigenen Religionsunterricht und Einblick in die Naturkunde durch einen Erzieher. „An schönen Sommerabenden, wenn die Kinder zu Bette geschickt waren, mein Vater unter dem Kastanienbaum ... sein Abendpfeifchen rauchte, meine Mutter still freundlich neben ihm saß, dann zeigte Jameson, der nie versäumte, sich ebenfalls einzufinden, mir die Sterne, soweit der Horizont sie zu übersehen uns erlaubte."[24] Mit dem 9. Lebensjahr lernte sie tanzen, nebenher erhielt sie Unterricht im Wäschenähen und Stopfen, und kam dann in eine ‚Gesellschaft junger Damen', die unter Leitung einer gebildeten Dame weiblichen Anstand lernte, die Runde traf sich nachmittags in einer vornehmen Wohnung. Dort lernten die Mädchen damenhaftes Benehmen, französich sprechen und für die Eltern Geschenke machen, alles in der Absicht, „der Erziehung heranwachsender Mädchen aus den feiner gebildeten Ständen die letzte Vollendung" zu geben. Zunächst spottete das junge Mädchen über diese Art von konventionellem Anstand, zu späterer Zeit aber „kommt der ernsteren Hausfrau eine gewandte Sicherheit des Betragens in häuslichen wie im geselligen Verhältniß wohl zu statten". Nachdem Johanna Schopenhauer alles leicht gelernt hatte, wollte sie, was ungewöhnlich war, im Alter von 10 Jahren Malerin werden und bei David Chodowiecki in Berlin in die Lehre gehen. Angelika Kauffmann als Vorbild wirkte nach. So tolerant ihre Eltern im allgemeinen auf ihre Wünsche eingingen, so kam es diesmal zu einer Empörung von seiten des Vaters, der nicht begreifen konnte, „daß ein zu ihrer Familie gehörendes Kind auf den erniedrigenden Gedanken hatte verfallen können, gewissermaßen ein Handwerk treiben zu wollen".[25] Dafür wurde Johanna nun mit dem 13. Lebensjahr stärker in die Erwachsenenwelt einbezogen. Ein zweites Ereignis hinterließ ebenfalls tiefe Spuren. Ihr Hauslehrer hatte sich in sie verliebt, sie war aufgeschreckt aus ihren Kinderträumen: „Vom Schreck ganz verwildert war mir, als eile drohende Gefahr dicht hinter mir drein, als werde die Heirat gleich vor sich gehen, als müsse ich eine Frau Pastorin werden, ich Weltkind."[26] Doch renkte die Mutter bald wieder alles ein. Das ‚Kind' wurde früher, als es üblich war, konfirmiert, ebenfalls nicht wie das gewöhnliche Volk öffentlich, sondern zu Hause. Auch ihre Jugendzeit endete bald, als eine gebildete Dame mit allen Haushaltskenntnissen wurde die 18jährige mit dem 20 Jahre älteren Kaufmann Heinrich Floris Schopenhauer verheiratet.

Die traditionelle Vorstellung von der Jugend als dem Zustand des Ledigseins und als einer Vorstufe zum Erwachsenenleben war lange gültig, in der ländlichen Gesellschaft bis weit ins 19. Jahrhundert. Daneben entstand unter dem Einfluß der Aufklärung und ihrer Pädagogik im 18. Jahrhundert einerseits, unter dem Eindruck der Brüchigkeit der alten Welt und eines neuen emphatischen Lebensgefühls andererseits vor allem im Bürgertum ein neues Verständnis von Jugend, das mit dem alten nichts gemein hatte und Grundbestand unserer Vorstellung von Jugend und Jugendlichkeit wurde. Unter Jugend verstand man jetzt die heranwachsenden Jugendlichen, die durch Bildung zu eigenständigen Persönlichkeiten sich entwickeln sollten. Der Begriff Jugend wurde erstmals emphatisch betont – sie sollte nicht mehr Altes fortsetzen, sondern Neues schaffen, nicht Frieden schließen mit den Gegebenheiten, sondern in die Zukunft schauen –, ja, es entwickelte sich bereits im 18. Jahrhundert geradezu ein Jugendkult, der im Jugendlichsein nicht mehr eine Lebensphase sah, die so bald als möglich überwunden werden sollte, sondern ein Ideal, in dem sich die Hoffnung auf ein neues Zeitalter verwirklichen sollte.[27] Für das neue Verständnis der Jugend spielten Klopstock und der Hainbund, vor allem dann die ‚Jugendbewegung' des Sturm und Drang eine überaus große Rolle.[28] Obwohl die ‚neue' Jugend eine Erscheinung der bürgerlichen Oberschicht, besser, ein Phänomen des gebildeten Bürgertums war, wurden hier über die Pädagogik Leitbilder aufgestellt und ein Jugendbild hervorgebracht, das durch die Schulen langsam Allgemeingültigkeit erlangte. Die Jugendlichen des Hainbundes und des

Sturm und Drang unterschieden sich wesentlich von den Jugendlichen der dörflichen und der altständischen Gesellschaft, deren Rituale und Umgangsformen sie als Ausdruck unaufgeklärter Menschen entschieden ablehnten. Das neue Jugendbild war maßgeblich geprägt vom Ideal der Natürlichkeit und Reinheit. Suchten die ‚vormodernen' Gruppen ihre Identität durch traditionsstützende Aktionen, verwirklichten die neuen modernen Gruppen ihr neues Jugendbewußtsein im Kontext literarischer Tätigkeiten und als Ausbrechen aus der konventionellen Gesellschaft, wobei neben dem Wort auch der Habitus wichtig wurde. Ausdruck des neuen Bewußtseins wurden eine neue Haartracht, eine neue Kleidung.

Dieses neue Verständnis von Jugend wird in einem Zitat von F.H. Schwarz (1805) besonders deutlich:

„Die Kunst oder Wissenschaft soll ihm (dem Jüngling) etwas Vollkommneres werden als sie ist, er sucht darum das Neue, und freut sich seines Führers mit Hochachtung. Die Welt soll ihm etwas Schöneres werden, die Menschen besser, er selbst strebt mit Begeisterung nach dem Vortrefflichsten. Nun findet er sympathetisch ein gleiches Streben in irgend einem Jünglinge, den ihm das Schicksal zuführt, sie werden Freunde, sie idealisiren in sich selbst die Freundschaft, und in derselben geht ihnen eine höhere Welt hervor. Mit dem Freunde theilt er seine begeisterte Thätigkeit, aber er sucht nun mehrere Genossen, mit denen er kräftiger etwas Großes unternehmen will. Dabey liebt er das Geheime und will darin eingeweiht seyn; daher seine Neigung zu Verbrüderungen, um etwas Ungewöhnliches zu suchen und zu thun, welche ihn leicht zur Rohheit und Wildheit führen kann, wenn nicht die mildern Neigungen unterhalten werden. Besonders geschieht dieses durch das Ideal einer Geliebten, wozu ihn der Geschlechtstrieb in seiner edleren Richtung führt. Er will sich diese verdienen, er will ihr Schutz und Beystand leisten können, er strebt um so mehr nach öffentlicher Wirksamkeit und sucht den eigenen Herd."[29]

III. Heirat und Ehe

40. Brautzug ins Ulmer Münster, 1659. Gemälde v. Jonas Arnold.

1. Heirat: Verlobung und Trauung

Zweifellos strebte fast jeder Mann und jede Frau in der frühen Neuzeit eine Verheiratung an; aber die Verehelichung war kein privater, individueller Akt zweier sich liebender Menschen, sondern ein öffentlich-gesellschaftliches Ereignis.[1] Ihrer Bedeutung entspricht ein aufwendiges Ritual, das wichtig ist für die Absicherung menschlichen Zusammenlebens und das zunehmend von Staat und Kirche einer eigenen Ordnung unterworfen wurde: Während noch im 16. Jahrhundert der ehestiftende Akt in dem Verlöbnis des Paares unter Zeugen lag, begründete spätestens im 18. Jahrhundert allein noch die kirchliche Trauung die Rechtsgültigkeit der Ehe, wodurch zugleich die voreheliche Sexualität einem rigiden Verbot unterworfen wurde. Schließlich zeigt die Untersuchung von Heiratsritualen der frühen Neuzeit, wie Besitzdenken, eheliche Liebe und Liebesheirat unter dem Gebot der Ökonomie des ‚ganzen Hauses' standen.

Jeder Eheschließung ging in der frühen Neuzeit eine Werbung voraus, die einem Ritual unterlag, das genau eingehalten werden mußte, wenn der Bewerber Erfolg haben wollte.[2] Generell gilt zunächst, daß alle äußeren Initiativen zur Verehelichung vom männlichen Partner bzw. dessen Familie ausgingen. Diskutabel wurde die Heirat allerdings erst, wenn der Mann das notwendige Alter erreicht hatte und eine Hofstelle oder ein Betrieb frei wurde bzw. ein öffentliches Amt zur Verfügung stand, also die ökonomische Grundlage eines eigenen Hausstandes gegeben war. Deswegen schwankte de facto auch das Heiratsalter beträchtlich. Das Mindestalter war selten identisch mit dem faktischen Durchschnittsalter, das bei Männern 27/28 und bei Frauen 24/25 Lebensjahre betrug.[3]

1. Heiratsalter von Männern und Frauen in Mainz[4] und Gießen (1681–1730)[5]

	Männer		Frauen	
	Gießen	Mainz	Gießen	Mainz
1681–1690	26,5	27,0	25,0	21,2
1691–1700	28,3	27,7	25,2	21,3
1701–1710	25,7	28,4	23,6	23,4
1711–1720	26,1	28,1	23,5	23,1
1721–1730	27,8	28,2	25,7	23,1

2. Heiratsalter von Männern und Frauen in verschiedenen Städten[6]

Ort	Heiratsalter Männer	Heiratsalter Frauen
Luzern 1786–1795	29,3	27,2
Meulan 1765–1789	28,0	26,3
Bayeux 1781–1790	25,2	24,2
Genf (Oberschicht) 1750–1799	31,5	24,0
Silenen 1765–1785	26,5	24,0
Lyon (erste Hälfte 18. Jh.)	29,0	27,5
Durlach (18. Jh.)	27,5	25,6
Philippsburg 1720–1809	26,9	23,1
Oppenheim 1650–1794	26,9	23,6

Aufschlußreicher allerdings als die Durchschnittswerte sind die Schwankungen. Denn aufgrund der höchst unterschiedlichen Lebensdauer der Besitzer einer Hofstelle bzw. eines Handwerksbetriebes konnte es geschehen, daß der Nachfolger bereits mit 18 verheiratet war oder erst mit über 40 heiraten konnte. Etwas konstanter ist die Altersdifferenz zwischen Männern und Frauen im Durchschnitt, sie betrug 2–3 Jahre, was aber auch beträchtlichere Differenzen nicht ausschloß.

3. Altersunterschiede von Mann und Frau bei der Heirat in Mainz[7]

Zeitraum	Mann älter	Ø Jahre	gleichaltrig	Frau älter	Ø Jahre
1630–1660	4	4,25	–	1	1,00
1661–1680	8	5,60	3	2	4,50
1681–1690	10	6,30	1	–	–
1691–1700	13	8,00	–	2	4,00
1701–1710	20	6,40	4	1	3,00
1711–1720	22	6,80	–	4	5,25
1721–1730	19	8,50	4	5	4,00
1731–1740	31	6,10	2	7	2,10
1741–1750	31	6,60	1	5	3,00
1751–1760	32	5,90	–	6	4,80
1761–1770	25	7,70	1	4	3,00
1771–1790	12	8,50	–	–	–
1630–1790	227	6,80	16	37	3,60

Es gab nämlich nicht nur Erstehen von Männern über 40, die eine um weniges jüngere Frau heirateten, sondern auch krasse Unterschiede. Trotz kirchlicher Bedenken und burschenschaftlicher Proteste war es nicht ungewöhnlich, daß ein alter Mann eine ganz junge Frau heiratete wie umgekehrt ein junger Mann eine wesentlich ältere Frau.[8] Dies gilt es zum einen bei der Verehelichung hervorzuheben, zum anderen wäre aber auch zu berücksichtigen, daß viele Heiratende Halbwaise oder Waise waren.

Entsprechend der alten Praxis, nach der die Heirat eine Angelegenheit zwischen zwei Familien bzw. zwischen zwei Hausvätern war und letztlich gleich einem Geschäft abgewickelt wurde, herrschte im 16. und auch noch im 17. Jahrhundert die Gewohnheit vor, nach der die Eltern, insbesondere der Vater, auf Brautsuche für den Sohn ging. Entscheiden sollte das Kind allerdings selbst, denn gültig war ja bereits im 16. Jahrhundert nur eine Ehe, die in freier Entscheidung geschlossen wurde, was aber elterlichen Druck nicht ausschloß.[9] Wenn von kirchlicher und herrschaftlicher Seite immer wieder darauf hingewiesen wurde, den Kindern keine Partner aufzunötigen, um einerseits die elterliche Autorität nicht zu gefährden, andererseits unglückliche Ehen zu vermeiden, weist dies auf eine noch lange gängige Praxis hin. Immer wieder versuchten Eltern, die auf die Erhaltung von Besitz und Vermögen bedacht waren, ihre Kinder auch gegen deren Neigung zu verheiraten. Das galt vor allem für adelige Kreise. Aber auch in stadtbürgerlichen Familien war es gang und gäbe, daß die Eltern Braut oder Bräutigam für ihre Kinder selbst aussuchten.

Es konnte aber auch geschehen, daß ein eigens bestellter Heiratsvermittler aktiv wurde und einen passenden Partner suchte.[10] Heiratsvermittler wurden vor allem dann eingeschaltet, wenn in der unmittelbaren Nachbarschaft kein Partner zu finden war bzw. die Eltern ihre Interessen nicht offenlegen wollten oder wenn der Vater schon tot war und die Mutter den Mittler gegen Bezahlung anheuerte. Eine besondere Möglichkeit zeichnete sich im späten 18. Jahrhundert ab und wurde dann später stärker in Anspruch genommen, nämlich die Heiratsannonce.[11] Sie wurde von Eltern oder Freunden aufgegeben, zuweilen aber auch von den Heiratswilligen selbst. Schließlich gab es aber auch seit je die Möglichkeit – und dies nahm sicherlich in dem Maße zu, wie elterliche Ansprüche reduziert wurden bzw. der Besitz nicht mehr die zentrale Rolle spielte –, daß die Männer ihre Bräute selbst suchten. Die meisten Ehepartner kannten sich aus der engeren Nachbarschaft, aus dem Freundeskreis der Familie, von öffentlichen Festveranstaltungen oder der gemeinsamen Arbeit auf einem Hofe her.[12] Solange die Grenzen zwischen Haus und Dorf bzw. zwischen Haus und Stadt noch offen waren, gab es Möglichkeiten, ohne Vermittlung eine Frau kennenzulernen; schwieriger wurde dies im 18. Jahrhundert, als Töchter unter einer viel strengeren Kontrolle standen und eine stärkere Geschlechtertrennung einsetzte. Das Kennenlernen, etwa auf Festen, vollzog sich weitgehend außerhalb der elterlichen Kontrolle, doch damit nicht überhaupt außerhalb jeder Kontrolle; auf dem Lande übernahmen Burschenschaften und in der Stadt Gesellenverbände eine gewisse sittenpolizeiliche Beobachtung. Zwar bedurfte es zur Begründung einer Ehe rechtlich keines elterlichen oder freund-

41. Das ungleiche Paar, 16. Jh. Holzschnitt v. Hans Baldung Grien.

schaftlichen Zutuns, aber jedermann legte Wert darauf, daß bei einer Eheschließung das soziale ‚Gleichgewicht' nicht gefährdet wurde. Wollte jemand einen Status wahren, warb er bei den Eltern der Braut bzw. bei deren Freunden.

Bei der Wahl spielte die Schönheit einer Frau nur eine geringe Rolle. Ebensowenig kam es auf emotionale Gesichtspunkte im Sinne eines leidenschaftlichen Verliebtseins an, was aber Liebesheiraten nicht im Prinzip ausschloß.[13] Beispielhaft sind die Eheschließungen des schlesischen Junkers Schweinichen zu Ende des 16. Jahrhunderts und des evangelischen Pfarrers

Friedrich Lucä. Doch anderes war zumeist wichtiger als die Liebesbeziehungen zur künftigen Frau. So hatte auch Luther, dessen Ehe im Protestantismus Vorbildcharakter besaß, nicht aus Liebe geheiratet: „Denn ich liebe sie nicht aus Leidenschaft und Glut, sondern aus Hochachtung."[14] Galt dies im 16. Jahrhundert noch eher als Selbstverständlichkeit, so folgte auch noch das 18. Jahrhundert, das erstmals intensiv die Liebesheirat propagierte, in der Praxis meist nicht dem emotionalen Bedürfnis. Das zeigen die Beispiele von Jung-Stilling und Ulrich Bräker. Selbst die junge Johanna Schopenhauer, die zwar niemals durch ihre Eltern gedrängt worden war, gestand: „Glühende Liebe heuchelte ich ihm ebensowenig, als er Anspruch darauf machte, aber wir fühlten beide, wie er mit jedem Tage mir werter wurde."[15] Zwar stammen diese Zeugnisse von exponierten Persönlichkeiten, aber sie repräsentieren eine allgemeine Einstellung: ohne die Liebe als Gefühl in Frage zu stellen, war sie doch keine ausreichende Grundlage für eine Ehe. Die Skepsis gegenüber einer Liebesheirat überwog in der öffentlichen Meinung. Noch 1791 warnte eine Mutter ihre Tochter vor „der brennenden, heftigen Leidenschaft... Eine Liebe, die sich auf Vernunft und Tugend, und auf gegenseitige Hochachtung gründet", findet dagegen „immer neue Nahrung und brennt durch die Zeit heller und reiner".[16]

Gerade um eine Eheschließung in ‚richtige' Bahnen zu lenken, sollten die Eltern im Eheanbahnungsprozeß eingeschaltet werden. Denn wichtiger als die Zuneigung waren für die meisten bei der Brautsuche ganz andere Punkte, allen voran die Herkunft des Partners. Es ging darum, die Familienehre zu bewahren, wenn nicht zu vermehren, dasselbe galt vom Besitz, der von der Ehre schwer zu trennen war. Dementsprechend heirateten die meisten innerhalb ihrer Schicht und in Rücksicht auf die Mitgift der Frau an Geld, Waren oder Gütern. Nicht zuletzt spielte die Eignung der Braut zur künftigen Hausfrau eine wichtige Rolle. Denn eine kranke, arbeitsscheue oder gar übelbeleumdete Hausfrau bedeutete eine starke Belastung eines Hauses, sie schädigte den Ruf der ganzen Familie. Dies galt sowohl für den bäuerlichen Hof wie für den handwerklichen Betrieb. Vor allem im Handwerkerhaushalt legte man Wert auf Unbescholtenheit. Gravierend waren die Hürden, die die Bürgerschaft und die Zünfte in dieser Hinsicht aufrichteten.[17] Ein Stadtbürger mußte zumeist eine Frau mit ausreichendem Vermögen bzw. aus dem entsprechenden Stand heiraten, sonst konnte ihm das Bürgerrecht entzogen werden.[18] Vor allem die Zünfte achteten streng darauf, daß ihre Mitglieder ehrbare Beziehungen eingingen, so mußte etwa die Braut ehelicher Herkunft sein. Erst wenn dies alles wohlbedacht war, daneben aber auch in Erfahrung gebracht werden konnte, ob die Werbung bei der ‚Braut' bzw. bei deren Eltern überhaupt von Erfolg sein würde, kam es zu einem offiziellen Antrag.

Zwar mußten auch Männer, solange sie in der Hausgemeinschft des Vaters lebten, bei ihrer Verehelichung die Wünsche der Eltern berücksichtigen, aber Frauen konnten von sich aus generell keine Entscheidung treffen. Sie waren stärker abhängig vom Willen der Eltern. Bei Waisen und Witwen traten Vormünder und Verwandte an deren Stelle, was eine heimliche Vorabsprache allerdings nicht ausschloß. Hatten die Eltern nichts gegen die Werbung einzuwenden, dann konnte der Eheantrag unmittelbar an die Tochter gerichtet werden. Der Wille der Eltern ersetzte zwar nicht eine eigene Stellungnahme der Tochter, aber eine Tochter mußte sich eher fügen als ein Sohn. Waren die Eltern gegen eine Eheschließung, weil sie für die Tochter vielleicht eine bessere Partie im Auge hatten, dann war es für den heiratswilligen, werbenden Mann schwierig, mit der Werbung fortzufahren. Gab die Tochter trotz des Widerspruchs der Eltern ihr Eheversprechen, mußte sie mit elterlichen Repressionen rechnen. Eine Enterbung war allerdings trotz häufiger Androhung nur sehr schwer realisierbar, da das Erbe eingeklagt werden konnte. Besser war es jedoch, alle Freunde und kirchliche Vertreter zu mobilisieren, um die Eltern für den Eheplan zu gewinnen. Obwohl gerade weltliche Obrigkeiten immer wieder vor Eheversprechen gegen den Willen der Eltern warnten und sie verboten, gab es doch nur geringe Möglichkeiten, derartige Eheversprechen wieder aufzulösen.[19] Die vor allem im 16. Jahrhundert weitverbreitete Praxis der Winkelheirat, einer Heirat ohne elterliche Einwilligung, entsprach durchaus einer gängigen Vorstellung von Eheschließung vor allem bei Vermögenslosen, aber sie hatte sicherlich auch einen Hintergrund in der Absicht, das elterliche Mitspracherecht zu unterlaufen und das Recht auf Selbstbestimmung zu unterstreichen.[20] Unter dem Druck der Kirchen und der weltlichen Obrigkeit wurde diese Praxis seit dem 17. Jahrhundert zunehmend so diskriminiert, daß die ‚Institution' der Winkelheirat schließlich immer mehr verschwand.[21]

Die Werbung wurde zunächst geheimgehalten, nur die engsten Verwandten und Freunde wurden in die Pläne eingeweiht, publik wurde das Heiratsvorhaben erst mit dem offiziellen Eheversprechen. Sicherlich beschränkte sich die Werbung in den unteren Schichten auf wenige Rituale, aber je mehr symbolische und materielle Werte bei der geplanten Eheschließung im Spiel waren und je stärker einer in die ständische Gesellschaft eingebunden war, die von den Heiratsplänen tangiert wurde, um so strenger vollzog sich die Werbung in einem förmlich-rituellen Rahmen. Zu langandauernden und förmlichen Werbungsaktionen kam es etwa bei Hans von Schweinichen und Jung-Stilling. Aus der Vielzahl von ‚Red'- und ‚Werbungsbüchlein' seit dem 17. Jahrhundert erfahren wir, daß vor allem in ehrbar-bürgerlichen Kreisen ziemlich genau vorgeschriebene Werbungsreden stattfanden. Über die Gründe eines Kandidaten heißt es in einem Werbungsbüchlein von 1609:

„Demnach er umb mehrung freundschafft, auch anrichtung eines ehrbaren wandels, sich in den standt der heiligen Ehe zu begeben vorhabens, und er ohn zweiffel auß schickung Gottes des Allmechtigen bey ihme endtlich entschlossen: wa es zuvorderst sein deß Allmechtigen: Demnach auch ewer beeder und ewerer lieben Tochter N. will were: dieselbig ewer liebe Tochter Christlicher ordnung nach zu einem Ehegemahel zu haben." „In der forcht Gottes", beteuert er, sie „als sein eigenen Leib und Leben zu lieben, auch dieselbig in allen zufelligen sachen, es seye in frewd oder trübsal ... keineswegs zu verlassen: sondern hingegen alle eheliche trew, wie einem Christenlichen und getrewen Ehemann zuthun gezimpt, zu erzeigen".[22]

Nachdem vor der offiziellen Werbung alle nötigen Informationen über die künftige Braut zusammengetragen waren, erfolgten nach der Brautschau Erkundigungen des Vaters des Mädchens über die Familie des Bräutigams. Auch er wollte über Stand, Ehre und Vermögen ausreichende Kenntnis haben. Mancherorts wurde der gegenseitige Besitz zusammen besichtigt. Bei diesen Erkundigungen besuchten Vater und Braut erstmals auch die Eltern des künftigen Schwiegersohns. Kam man überein, endigte die Werbung einerseits mit einem Essen der beiden Familien, andererseits mit einem Geschenk an die Braut als Ehepfand. Oft folgte nach der offiziellen Werbung unmittelbar das Eheverlöbnis, das öffentliche Verlöbnis fand aber zumeist später in einem größeren Kreis statt.

Neben diesen Werbungsaktionen gab es vereinzelt noch ganz andere Eheeinleitungssitten. Zu nennen sind die Mädchenverlosung und Mädchenversteigerung.[23] An bestimmten Tagen im Jahr war es Brauch, daß ein Lediger öffentlich gegen eine symbolische Geldsumme ein Mädchen erlosen oder ersteigern durfte und sie darauf besuchen konnte. Fand das Paar aneinander Gefallen, konnte es heiraten, sonst löste sich das Band wieder. Die Mädchenverlosung bzw. -versteigerung war keineswegs ehrenrührig, sie war, im Gegenteil, oft ein volkstümlicher, vom ganzen Dorf getragener Brauch. Ihre Organisation lag zumeist in Händen der Knaben- bzw. Burschenschaft, deren Interesse es ja war, daß jeder junge Mann in einer Dorfgesellschaft seine Partnerin fand und umgekehrt. Die Burschenschaft trat oft korrigierend zu den Heiratsplänen der Eltern auf. Während die Heiratsstrategien der Hausväter letztlich auf Maximierung der Familienehre gerichtet waren, verfolgte die Burschenschaft unmittelbar dörfliche Interessen, vor allem wurde sie aktiv, wenn ein Eheversprechen von einem der Partner nicht ernst genommen wurde bzw. ein auswärtiger Konkurrent auftrat.

Wenn sich die Familien einig geworden waren bzw. das Paar sich versprochen hatte, mußten noch die vermögensrechtlichen Fragen geklärt werden. Es erfolgte entweder ein mündlicher Ehevertrag, bei dem dann allerdings Zeugen gegenwärtig sein mußten, oder eine schriftliche Abmachung. Der Heirats- oder Ehebrief war dann die rechtliche Grundlage einer Eheschließung und konnte bei Nichterfüllung einzelner Punkte öffentlich eingeklagt werden.[24] Wie so ein Vertrag ausgehandelt wurde, schildert uns der Schweizer Felix Platter Mitte des 16. Jahrhunderts.[25] In den oft schriftlich fixierten Ehekontrakten wurden die von einem jeden in die Ehe einzubringenden

Güter, Geld und andere materiellen Werte einzeln aufgeführt; es folgten z. T. auch Festlegungen im Hinblick auf die Morgengabe sowie eine Regelung für den Todesfall eines der Gatten. Der Umfang der Eheverträge schwankte je nach den Werten, die verhandelt wurden. Ein Händedruck und ein Trunk beendeten den Vertragsabschluß.

War der Ehevertrag besiegelt, konnte die Eheschließung öffentlich angekündigt und feierlich begangen werden. Der Ort war nicht festgelegt, das ‚Verlöbnis' konnte in einem Privathaus stattfinden, bei den Eltern der Braut etwa, aber genauso in einem öffentlichen Haus, einem Gasthaus oder sogar im Rathaus, manchmal auch in oder vor der Kirche, dies allerdings nur, um eine große Öffentlichkeit zu garantieren, nicht etwa, weil die Gültigkeit des Eheversprechens vom Segen der Kirche abgehangen hätte. Die kirchliche Trauung wurde erst seit dem 17. Jahrhundert ehestiftend, doch auch vorher konnte durchaus ein Pfarrer um den kirchlichen Segen gebeten werden. Die Ehe selbst wurde auch im Selbstverständnis der Eheschließenden nicht durch die Kirche begründet, sondern durch das gegenseitige Eheversprechen, das durch ein Pfand und die Gegenwart von Zeugen öffentlich gemacht war. Das zeigen die Eheschließungsbeispiele von Felix Platter und Friedrich Lucä zu Ende des 17. Jahrhunderts deutlich.[26] Diese Art der Verbindung galt auch weitgehend noch bis ins 18. Jahrhundert hinein. Ein verstärkter Einfluß der Kirche zeichnet sich erst gegen Ende des 18. Jahrhunderts beispielsweise bei den Heiraten von Jung-Stilling ab. Seine Trauung mit seiner zweiten Frau Selma erfolgte 1782 in Kreuznach. Zunächst wurde das Paar im Hause der Tante in Gegenwart einiger Freunde zusammengegeben. Zum Schluß der hier gehaltenen Traurede heißt es:

„Heil Ihnen, verehrungswerther Freund! der Sie heute das Glück genießen, mit einer solchen Gattin auf ewig vereinigt zu werden! Ich kenne Ihr edelmüthiges allen freundschaftlichen Gefühlen offenes warmes frommes Herz; ich habe nicht nöthig, Ihnen die Pflichten vor Augen zu stellen, die eine solche Verbindung Ihnen auflegt... Heil und Seegen Gottes über Sie, liebenswürdige Jungfer Braut! der Freund Ihres Herzens ist der Gatte Ihrer Wahl, Ihrer ganzen Hochachtung, Ihrer zärtlichsten Zuneigung würdig; getrost dürfen Sie sich in seine nach Ihnen ausgestreckte Arme werfen, ohne Besorgniß von ihm erwarten, was die vollkommenste Freundschaft, eheliche Liebe und unverbrüchliche Treue zu geben vermag... Gott, du erhörest unser Gebet, und seegnest sie, die deine Hand zusammengeführt hat, und seegnest sie mit allen Freuden einer reinen und dem Tod unzerstörbaren Liebe! Amen."

Erst daraufhin folgte die priesterliche Einsegnung. „Stillings und Selma's Herzen und Hände wurden unzertrennlich miteinander vereinigt, und der Allmächtige gab seinen gnädigen Seegen zu dieser Verbindung."[27]

In der Regel wurde das Eheversprechen durch ein Geschenk bestätigt, das der Bräutigam der Braut als Pfand, als Zeugnis des Versprechens, übergab.

Es galt als Symbol für den zustande gekommenen Vertrag wie auch als Beweismittel, wenn ein Bräutigam auf einmal nichts mehr von seinem Versprechen wissen wollte. Es heißt in einer Quelle des 18. Jahrhunderts:

„Solches scheint ein gar alte Ubung zu seyn ... und ist bald aller Orten annoch gebräuchlich, so daß kaum ihrer zwey zusammen kommen, wie gering sie auch sind, die nicht einanderen etwas auf die Ehe geben, welches nach Verschiedenheit der Orten auch verschieden gehalten wird ... worbey aber jederzeit auf die Intention und Vorhaben, so man bey Ubergab und Annehmung solcher Sachen gehabt, und auf die gebrauchte Wort am meisten zu sehen ist, zumahlen wo etwann sonst die eheliche Einwilligung ermanglet, kein Handlung wegen des Ehe-Versprechen vorgegangen, das angebottene nicht angenommen, oder nicht mit austrucklicher Meldung, daß es auf die Ehe geschehe, dargereicht wird etc., so wird solches eher für sonstiges Geschenk als für ein Ehe-Pfand angesehen.“[28]

Wenn häufig gemahnt wurde, nicht leichtfertig ein Eheversprechen abzugeben, vor allem nicht zu vorschnell etwas zu schenken, so hatte dies seine Gründe. Denn in der Tat gab es nicht wenige Fälle, wo aus einem kleinen Geschenk weitergehende Ansprüche abgeleitet wurden. Vor allem dann, wenn dem Versprechen der Beischlaf gefolgt und die Frau schwanger geworden war, konnte der Nachweis eines Geschenks sie davor schützen, als leichtfertig zu gelten.[29]

Wie noch im 18. Jahrhundert aus dem Geschenk eines Geldstücks ein Eheanspruch abgeleitet werden konnte, zeigen zwei Beispiele aus der Schweiz: In einer Weinstube zu Lenzburg saßen im Jahre 1759 drei junge Burschen mit zwei Mädchen zusammen und spielten um Geld. Als ein Mädchen aus dem gewonnenen Geld eines der Burschen ein Geldstück nahm und es ihrer Freundin mit den Worten gab: „Nimm das auf mehr hin“, antwortete der Spieler: „Ja, auf mehr hin“, denn er wollte sie unbedingt heiraten. Als sie später auch noch einen Ring von ihm annahm, ohne daß sie ihn deswegen zu ehelichen gedachte, versuchte dieser Jacob Hartmann, seinen Wunsch über das Chorgericht durchzusetzen. Die beiden von ihm erbrachten Zeugen wurden aber als „Spielbuben“ abgelehnt. Immerhin gab es zwei lange Verhandlungen, bis schließlich die Richter den Eheanspruch für nichtig erklärten. Im zweiten Fall wollte ein Schulmeister mit allen Mitteln eine gewisse Lisabeth Baumann ehelichen. Er lockte sie einmal nach dem Ostergottesdienst in ein Gasthaus und drückte ihr dort einen Berntaler, einen Zürichtaler und einen halben Genftaler zum Ehepfand in die Hand. Dann lief er rasch davon, ohne daß die Frau das Geld zurückgeben konnte, weil der Hausknecht des Gasthauses sie eine Weile festhielt. Als sie sich weigerte, dies als Eheversprechen anzuerkennen, klagte der Schulmeister ebenfalls vor Gericht. Auch diesmal erklärte das Gericht den Anspruch für nichtig, bestrafte aber beide als Sünder.[30] So extrem diese Beispiele sind, sie offenbaren doch die Bedeutung des Ehepfandes. Kirche und Obrigkeit wiesen deswegen immer darauf hin, mit Geschenken mit Bedacht umzugehen und Eheversprechen nur öffentlich zu geben.

Beim Ehepfand konnte es sich um ein Taschentuch handeln, aber auch andere Gegenstände wurden geschenkt: ein Handschuh, ein Geldstück oder Schmuck, am bekanntesten und verbreitetsten war der Ring; zwar gab es auch schon früh den Ringwechsel, aber so wie er bis heute bei der Trauung üblich ist, wurde er erst unter dem Einfluß der Kirche seit dem 16./17. Jahrhundert als Zeichen des gegenseitigen Treuegelöbnisses gebräuchlich.[31] In der frühen Neuzeit gab es noch die unterschiedlichsten Gewohnheiten.

Ein Verlöbnis wieder zu lösen, war ebenso schwierig wie später das Lösen einer Ehe. Weder einer der Verlobten konnte dies eigenmächtig tun, noch sogar beide zusammen, vor allem dann nicht, wenn ein Beischlaf erfolgt bzw. die Frau schwanger war. Das Eheversprechen, seine Besiegelung durch ein Geschenk und durch die copula carnalis bedeuteten die Unauflöslichkeit der Ehe. Für wie unlösbar ein Verlöbnis gehalten wurde, zeigen einerseits die Fälle, in denen ein Gericht sogar die kirchliche Trauung erzwang, obwohl das Paar nach Eheversprechen und Beischlaf nicht mehr zusammenleben wollte[32], andererseits auch Beispiele, bei denen im Todesfall eines Partners nach einem Eheversprechen, auch wenn es heimlich erfolgt war, der überlebende Teil als Witwe bzw. Witwer galt.[33] In Zweifelsfällen war das Ehegericht zuständig, wie es nach der Reformation in allen freien Reichsstädten und Territorien eingerichtet worden war. Nur in besonderen Krankheitsfällen, bei Ehebruch oder Konfessionswechsel konnte dem Trennungswunsch entsprochen werden.[34] Selbst noch im 18. Jahrhundert war es nicht leicht, ein Eheversprechen durch den Spruch eines Gerichts wiederaufzuheben, und das auch nur in protestantischen Ländern. Auch konnte dies nur geschehen, weil mittlerweile der eigentliche Ehestiftungsakt mit der kirchlichen Trauung verbunden war. Sosehr staatliche Institutionen das strenge Eheschließungsmuster aufbrechen wollten, galt doch gleicherweise für die Kirche wie für das Volk der Bruch eines Verlöbnisses als ein schweres Vergehen. Oft mußte sich ein Verlöbnisbrecher vor den eigenen Altersgenossen schützen; zumindest mußte er damit rechnen, daß an dem Tag, an dem die öffentliche Eheschließung hätte geschehen sollen, ihm eine ‚wilde Hochzeit' in Form eines Charivari dargeboten wurde.

Das Verhältnis von Verlobung und Trauung, besser von Eheversprechen und Eheschließung näher zu bestimmen, ist nicht leicht. Denn im Zeitraum vom 16. bis zum 18. Jahrhundert vollzog sich ein bedeutsamer Prozeß, den wir mit Verkirchlichung der Eheschließung am besten umschreiben können.[35] Sie war nicht Ziel der Reformation, aber eine ihrer Folgen. Während noch das 15. und 16. Jahrhundert die Eheschließung als eine rein weltliche Angelegenheit behandelt hatten, sosehr das Eherecht kirchlichen Instanzen unterstand, war im aufklärerischen 18. Jahrhundert, so paradox es klingen mag, die Trauung eine ausschließlich kirchliche Angelegenheit mit allgemeinem Rechtsanspruch geworden, deren Gültigkeit zudem der Staat garantierte. Noch im 16. Jahrhundert war, rechtlich gesehen, das gegenseitige Versprechen, heimlich oder öffentlich, der entscheidende Akt der Eheschließung, wohingegen die kirchliche Trauung zweitrangig blieb. In der Regel erfolgte zwar eine kirchliche Einsegnung, sie brachte aber nur die offizielle Sanktionierung eines Verhältnisses, das vorher bereits rechtsgültig war.

Zwar wurde immer an der grundlegenden Bedeutung des Eheversprechens für die Heirat festgehalten, auch wenn die Kirchen dies vor allem mit dem Verbot der Winkelheirat untergraben wollten. Nach und nach aber gewann die Kirche dadurch Einfluß auf die Eheschließung, daß zum einen der Priester zunehmend die Stelle des Mittlers einnahm und so die Hauptrolle spielte, dann die Trauung in die Kirche verlegt und mit der Eheeinsegnung verbunden wurde, und schließlich die Kirche den vorehelichen Verkehr rigoros verbot, den Beischlaf erst nach der kirchlichen Trauung erlaubte. Dieser Prozeß gründet im Anspruch der Kirchen, später auch der protestantischen, zwischenmenschliche Beziehungen rigoros dem Gebot Gottes zu unterstellen. Dies korrespondierte dann rasch mit dem Disziplinierungswunsch der weltlichen Obrigkeiten. Zwar unterschieden sich die Konfessionen in der Auffassung von der Ehe, die Verlagerung von dem Verlöbnis zur kirchlichen Trauung als dem entscheidenden Akt der Eheschließung aber vollzog sich in beiden Konfessionen gleicherweise. Beide Konfessionen anerkannten allein die kirchliche Trauung als das eigentlich ehestiftende Institut, womit die Bedeutung des Eheversprechens in der alten Form gemindert wurde. In diesem Sinne konnte auch das Preußische Allgemeine Landrecht von 1794 öffentlich-rechtlich erklären: „Eine vollgültige Ehe wird durch die priesterliche Trauung vollzogen.“[36]

Da nach allgemeiner Überzeugung Paare, die sich das Eheversprechen gegeben hatten, bereits ohne Trauung vor Gott und Gesellschaft als Eheleute galten, war der ‚voreheliche‘ Geschlechtsverkehr, d. h. der Beischlaf vor der öffentlichen Eheschließung bzw. der kirchlichen Trauung, seit alters üblich und nicht diskriminiert, im Gegenteil: durch den unmittelbar folgenden Beischlaf wurde das Eheversprechen eigentlich erst eingelöst und besiegelt.[37] Obwohl die weltliche Obrigkeit und die Kirche im Prinzip diese Praxis kannten, ihr sogar lange zugestimmt hatten, prangerten sie sie seit der Reformationszeit zunehmend an, so daß, wer nach einem Eheversprechen mit einer Frau bzw. mit einem Mann schlief, in den Ruf der Leichtfertigkeit, d. h. des unzüchtigen Verhaltens geriet und kirchlicher und sogar öffentlicher Strafe verfallen konnte.[38] Hierbei waren allerdings anfangs weniger moralische Gründe maßgebend als rechtlich-öffentliche, vor allem die Verhinderung heimlicher Heirat, die ja außerhalb der öffentlichen Kontrolle stattfand und gravierende Folgen für die Gesellschaft haben konnte, indem sie einerseits die Herrschaftsgewalt der Eltern untergrub, andererseits unstatthafte Ehebeziehungen (Ehe zwischen Minderjährigen, zu nahen Verwandten, Bigamie) ermöglichte. Zwar hatte die Kirche mit der Bekämpfung dieser ‚Unmoral' lange wenig Erfolg – sie kriminalisierte lediglich ein bestimmtes Verhalten –, langfristig aber setzte sie mit Hilfe weltlicher Obrigkeiten ihr neues Eheschließungsmodell durch. Ging es zunächst nur darum, allein die öffentliche Eheschließung anzuerkennen und damit jedes heimliche Eheverlöbnis zu diskriminieren, gelang es ihr schließlich im 18. Jahrhundert, die kirchliche Trauung als den die Ehe eigentlich begründenden Akt durchzusetzen. Was nun unehelich hieß, entschied sich je nach dem Standpunkt, entweder im öffentlichen Bekenntnis den eigentlichen Ehestiftungsakt zu sehen oder erst in der kirchlichen Trauung, der dann ja in der Regel der Eintrag ins Kirchenregister folgte. Dies hatte wohl weniger Relevanz in der ländlichen Gesellschaft als vor allem beim städtischen Zunftbürgertum, wo eheliche Geburt für den Mann wie für die Ehefrau Voraussetzung zur Ausübung eines Handwerks war. Wurde nachgewiesen, daß die Handwerkersfrau vor der Eheschließung (der öffentlichen oder kirchlichen) schwanger geworden war, konnte dies den Ruin der Familie bedeuten.

Spielten bereits bei der Eheanbahnung Geschenke eine Rolle, kam es während der Brautzeit zu einem so regen Austausch von Sachgütern, daß obrigkeitliche Mäßigungsgebote erlassen werden mußten. Sicherlich wurden auch am Tag der Hochzeit dem Brautpaar Geschenke gemacht, aber die eigentliche Geschenkaktion fand vorher statt, und zwar von seiten des Brautpaars bzw. der Braut oder des Bräutigams an Verwandte und Freunde wie von den Brautleuten untereinander, wobei die Braut ihrem Bräutigam oft Hochzeitsstrümpfe oder ein Brauthemd, er ihr zumeist das Hochzeitskleid und die Hochzeitsschuhe schenkte. Durch die Geschenke, die im Zusammenhang der Eheschließung hin und her gingen, wurden allgemein neue soziale Bindungen geschaffen, die das Netz der Verwandtschaft ausweiteten und festigten. Durch das Geschenk der Brautschuhe und des Hochzeitskleides vor allem wurde die Braut in die Familie des Bräutigams aufgenommen, wie umgekehrt der Bräutigam durch das Hemdgeschenk von der Familie der Braut adoptiert wurde. Bei den Heiratsanträgen, die an die Eltern gerichtet waren, bat der Werbende ja oft, ihn als Sohn aufzunehmen.

Unmittelbar vor der Trauung erfolgte das Aufgebot, die öffentliche Verkündigung, die zumeist in der Kirche stattfand und mit einem Brautexamen verknüpft wurde.[39] Das Brautexamen diente vor allem der religiösen Unterweisung, die in dem Maße für die Kirchen nötig wurde, wie sie die Christlichkeit der Ehe durchsetzen wollten, zumal sie bald hier eine entscheidende ‚Schaltstelle' erkannten, ihren religiös-normativen Einfluß geltend zu machen. Dies galt auch und vor allem für die evangelische Kirche, obgleich ihr die Ehe ja eine weltliche Angelegenheit war. 1746/48 heißt es in einer Prädikanten-Ordnung:

42. Darstellungen aus dem Leben einer Frau, 17. Jh. Kupferstich v. Wenzel Hollar.
Links Badestube mit Kinderbett und Brautbad.

„Weil der Ehestand eine Ordnung Gottes ist, nach welcher Gott will, daß das menschliche Geschlecht auf eine geziemende Weise fortgepflanzt werde: So befehlen wir allen Unseren Predigern, keine jungen Leuth Ehlich einzuseegnen, Sie seyen dann Zuvor in der Religion unterwiesen und deß Ehestands halben berichtet. Zu diesem Ende soll ihnen der Prediger vorstellen, wer den Ehestand eingesetzt, was er auf sich trage, wie sie sich wollen und sollen ernähren? Auch ihnen, auf ihr Angeloben, christlich und ehrbarlich zu leben, mit dienstlichen Worten den göttlichen Trost und Segen wünschen."[40]

Das bald für alle verbindliche Brautexamen beschränkte sich allerdings nicht nur auf religiös-kirchliche Unterweisung über Sinn und Aufgabe der Ehe, sondern der Pfarrer fragte auch nach eventuellen Ehehindernissen, vor allem nach der Jungfräulichkeit der Braut. Hier hatte die Kirche die Handhabe, ihr Gebot der vorehelichen Enthaltsamkeit einzufordern. Denn wenn diese nicht gegeben war, konnte das übliche Hochzeitszeremoniell unterbunden, ja sogar die eine oder andere Strafmaßnahme, soweit möglich, eingeleitet werden. Aus diesem Grunde suchten die Brautpaare ihren vorehelichen Verkehr sicherlich zu verschweigen, es sei denn, dessen Folgen waren bereits unübersehbar geworden.

Nach dem Brautexamen, das allerdings erst im Laufe des 17. Jahrhunderts eingeführt wurde – die genannte Quelle stammt sogar erst aus der Mitte des 18. Jahrhunderts –, kam es zu dem bekannten, meist dreimaligen Aufgebot. Die Brautleute waren dabei selten anwesend. Der Hauptzweck der Verkündigung war einmal die besagte öffentliche Bekanntmachung, zum anderen die Aufforderung an die Gemeinde, auf etwaige Hindernisse hinzuweisen. Es konnte dabei das Alter zur Sprache kommen, aber auch die Frage, ob die Brautleute sich selbst ernähren könnten, vor allem aber ging es darum, eine zu enge Verwandtschaft des Brautpaares auszuschließen, Bigamie zu vermeiden und Eheansprüche anderer auszuschalten. Während das kanonische Recht relativ streng war und Ehen unter Verwandten bis zum siebten Grad verbot, war die protestantische Gesetzgebung etwas toleranter und erlaubte Verbindungen bis zum vierten Grade. Durch diese Maßnahme wurde die Inzestgefahr gebannt, zugleich aber auch indirekt gegen eine Heiratspolitik vorgegangen, die über die Heirat nur Besitz akkumulieren bzw. in der Familie behalten wollte. Diese kirchlichen Anforderungen konnte man natürlich mit den verschiedensten Mitteln umgehen. Vor allem der Adel verstand es, durch Dispens seine eigenen Interessen zu wahren. Ausgeschlossen waren im allgemeinen Ehen zwischen Anverwandten (z. B. zwischen Schwagern), nicht zuletzt auch zwischen geistig Verwandten, d. h. Paten und Patinnen durften ihre Patenkinder nicht heiraten. Vor allem aber wollte man Bigamie verhindern, ein ‚Vergehen', das es im 16. Jahrhundert nicht selten gab.[41] Ein diesbezüglicher Verdacht traf vor allem Fremde, die in eine Familie einheiraten wollten. Hierher gehörten letztlich auch die Fälle, wo jemand schon früher einem anderen versprochen worden war. Gelegentlich kam es zu grotesken Situationen, wenn vor der Eheschließung eine Person auftauchte und aufgrund eines Versprechens, vielleicht auch unter Vorzeigung eines Pfandes, einen Heiratsanspruch anmeldete. Wir kennen solche Fälle aus der Biographie von Hermann von Weinsberg und Hans von Schweinichen.

Die Brautzeit endete noch im 16. Jahrhundert, einem alten Brauch entsprechend, oft mit einem Brautbad, das dann allerdings mit dem Ende der Badekultur im 17. Jahrhundert verschwand.[42] Vor der Hochzeit ging die Braut mit einigen Freundinnen, ebenso der Bräutigam mit seinen Freunden ins Bad. Da bei dieser Gelegenheit oft viele Leute zusammenkamen und das gesellige Beisammensein hohe Kosten verursachte, versuchte die Obrigkeit, auch hier mäßigend einzugreifen. Das Bad galt dem Ende der Junggesellen- bzw. Jungfrauenzeit. Den Austritt des Bräutigams bzw. der Braut aus der Gesellschaft der Ledigen signalisierten auch Abgaben, die die Hochzeiter mancherorts vor dem Hochzeitstag an die Ledigen ihres Dorfes leisten mußten. Wurden Geschenke verweigert, mußte das Paar als Strafe mit einem Charivari rechnen.

Der Eheschließungsakt konnte im 16. Jahrhundert noch überall vor einem Laien oder einem Geistlichen stattfinden. Als rein weltlicher Akt konnte er sehr unterschiedlich gestaltet werden. Mit der zunehmenden Einflußnahme durch die Kirche wurden diese Möglichkeiten eingeschränkt, zumindest normiert. Im 18. Jahrhundert jedenfalls sind mit einigen Ausnahmen nur noch Trauungen in der Kirche überliefert. Unter Verlobung, die nach wie vor als ein privater, weltlicher Akt begriffen wurde, verstand man allerdings nun nicht mehr das Eheverlöbnis selbst, sondern ein Versprechen künftiger Eheschließung.

Sobald der Termin für den öffentlichen Kirchgang bzw. die kirchliche Trauung und für die Hochzeit festgelegt war – zumeist drängte die Kirche auf baldigen Vollzug der Ehe –, wurde zur Hochzeit eingeladen. Die in Frage kommenden Termine ergaben sich aus agrarwirtschaftlichen Gesichtspunkten, aber auch die Zeiten des Kirchenjahres spielten hier eine Rolle. In der Advents- und Fastenzeit durfte in der Regel nicht geheiratet werden, ebensowenig war es üblich, sich auf dem Lande zur Haupterntezeit zu verehelichen. Es blieben die Wintermonate Januar und Februar sowie die Sommermonate Mai bis Juli und im Herbst vor allem der Oktober und November.

Aus diesen Rhythmen, die übrigens weitgehend auch für den späteren ehelichen Verkehr maßgebend blieben, resultierten die unterschiedlichen monatlichen Geburtenzahlen. Allgemein sollte nach Möglichkeit eine Verheiratung auch so erfolgen, daß die erste Geburt nicht in die Sommermonate fiel, einmal wegen der intensiven Arbeitsbelastung, zum anderen wegen der höheren Infektionsgefahr. Eine darauf abgestimmte Heiratszeit gewährte

Saisonale Verteilung der Heiraten in Oppenheim von 1700 bis 1797 nach Konfessionen[43]

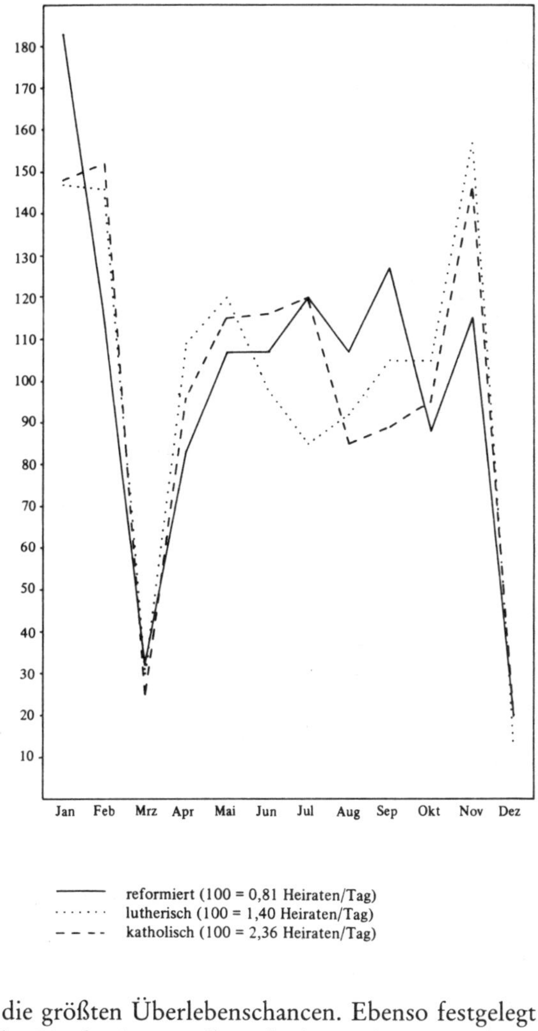

der Familie die größten Überlebenschancen. Ebenso festgelegt war weitgehend auch der Hochzeitstag selbst; da der Freitag aus religiösen Gründen ausfiel und eine Hochzeit in der Regel drei Tage lang gefeiert wurde, waren der Sonntag, der Montag oder Dienstag die bevorzugten Tage.

Verteilung der reformierten, lutherischen und katholischen Heiraten zwischen 1700 und 1798 nach Wochentagen (in Prozent aller Heiraten), ebenfalls in Oppenheim[44]*:*

	reformiert	lutherisch	katholisch
Sonntag	3,8	6,5	10,8
Montag	7,2	10,4	17,0
Dienstag	77,5	64,2	54,9
Mittwoch	3,5	6,6	6,2
Donnerstag	3,8	6,8	5,3
Freitag	2,7	2,4	3,0
Samstag	1,6	3,0	2,7
Fälle	373 (100)	738 (100)	994 (100)

Die Einladung zur Hochzeit erfolgte oft durch einen eigens bestellten Hochzeitslader. In den oberen Ständen kannte man auch die schriftliche Einladung. Im Schreiben des Hamburger Predigers Joh. Balth. Schupp (17. Jahrhundert) hieß es:

„Euwer Wohl Ehrwürden mag ich hiemit nicht verhalten, daß ich aus Gottes sonderbahre Schickung mich Ehelich versprochen hab, mit der Edlen Viel Ehr und Tugentreichen Jungfrauwen ... und bin entschlossen, solch Ehegelübd den 10. 9bris mit Christlichen Ceremonien und wohl-hergebrachten Solennien, durch Gottes Hülf zu vollnziehen... Also ist an dieselbe mein dienstl. Bitte, sie wollen nebens deroselben Herzliebsten und geliebten kindern, den Tag zuvor alhier in Hamburg in Meinem Haus erscheinen, dieses Ehrenfest, mit ihrer Präsenz zieren, und mit den tractamenten, die Gott gönnen wird, für Lieb nehmen.“[45]

Zur Hochzeit kamen in der Regel Verwandte und Freunde des Brautpaares, dann, je nach Stand, nahmen in der bäuerlichen Welt die Nachbarschaft und bei den Handwerkern die Zunftmitglieder daran teil. Eine Hochzeit war niemals das Fest zweier Familien allein, sondern eine öffentliche, repräsentative Festlichkeit. Immer gern gesehene Gäste waren daher höhere Standespersonen, in der Stadt etwa ein Ratsherr oder Patrizier, auf dem Lande der Grundherr. Felix Platter schrieb: „Man rüstete streng auf die Hochzeit ... mit Einkaufen und Metzgen, denn mein Vater ließ sich merken, weil ich sein einziger Sohn, so wolle er recht vollkommen seine Freunde laden, ob wir gleich von unserer Linie keine Blutsverwandten oder nahen Gefreundeten hatten, jedoch andere gute Gönner, und auch meinem Schwäher zu Gefallen, und also lud man am Samstag die Verwandten und Nachbarn, unsre guten Gönner, die Meister und Ratsherren von der Zunft zum Bären, einige von der hohen Schule, vom Adel, von den Räten, von der Schule und von meinen Gesellen samt ihren Weibern und Kindern, so sie hatten."[46] Dies Beispiel ist keine Ausnahme.

Der Hochzeitsmorgen begann meistens mit der Einladung zu einer Morgensuppe im Hochzeitshaus oder im Gasthaus. Weil zugleich ein Trunk verabreicht wurde, befürchteten die Obrigkeiten nicht ohne Grund Ausschreitungen, so daß sie diesen Brauch immer wieder zu unterbinden suchten. Denn nicht selten kamen Hochzeitsgäste angetrunken und lärmend in die Kirche, ja die Brautleute selbst waren manchmal nicht mehr nüchtern, für die Geistlichkeit ein skandalöser Fall.[47]

Zumeist zogen die Braut mit dem Brautführer nebst ihren Anverwandten und Freunden und der Bräutigam mit seinem Anhang je getrennt zur gewählten Trauungsstätte.[48] Wohnte die Braut außerhalb, wurde sie eigens abgeholt.[49] Dieser Hochzeitszug kam oft einem großen Umzug gleich. Die ständische Selbstdarstellung spielte dabei eine starke Rolle. Manchmal wurde der Zug von Spielleuten begleitet. Alle waren ungewöhnlich festlich gekleidet, die Quellen berichten von einem beträchtlichen Aufwand selbst beim einfachen Volk. Das weiße Brautkleid und der schwarze Anzug sind erst Erscheinungen des 19. Jahrhunderts.[50] Zumeist war die Kleidung sehr farbig, üppig und schmuckvoll; obwohl ständische Vorschriften galten, überbot sich jede Familie selbst. Die Braut trug eine Krone, gelegentlich auch der Bräutigam.

Der eigentliche Trauungsakt war recht kurz, hier wiederholte sich letztlich nur das offizielle Verlobungszeremoniell. Nachdem sich beide Ehe und Treue bzw. Gehorsam und Liebe versprochen und durch Handschlag besiegelt hatten, führte sie der sogenannte Zusammensprecher öffentlich ‚zusammen' und erklärte sie für ewig verbunden. Wenn mit der Trauung eine Segnung durch den Pfarrer vorgenommen wurde, dann erfolgte diese im Namen der Dreifaltigkeit. „Was Gott zu samen fügt, sol kein mensch scheiden."[51] Im Protestantismus wurde die Trauung später verbunden mit dem Abendmahl und einer Predigt, durch die das Ehepaar nochmals auf den Sinn der Ehe verwiesen wurde. Im Katholizismus wurde sie eingebunden in eine Brautmesse, die es als Institution zwar schon lange gab, die allerdings erst nach dem Tridentinum (1563) mehr oder weniger verpflichtend wurde. Mit dem öffentlichen Umzug und dem Kirchgang waren die Bedingungen einer standesgemäßen Verehelichung erfüllt. „Niemand soll sich, inn heusern, oder sonst, ohne erlaubnus, Einsegnen oder vermählen lassen, Sonder offenlich, zu Kirchen oder Strassen gehen."[52]

Nach der Trauung formierten sich die Gäste wie zu einer Prozession, die entweder zum Elternhaus der Braut bzw. des Bräutigams oder zu einem Wirtshaus führte. Angesehenen und vermögenden Leuten stand sogar das Rathaus zur Verfügung, um dort das Hochzeitsmahl auszurichten. Dabei kam es oft zu „ungestümen Zulaufen und Gedräng" von seiten der jungen Leute.[53] Aufschlußreich ist der Brauch, bei dem Umzug zur Kirche oder

43. Nach der Trauung in der Kirche, 16. Jh. Holzschnitt v. Hans Schäufflein.

zurück den Brautleuten mit einer Schnur, einer Stange oder Girlanden den Weg zu sperren und ihn nur gegen irgendeine Gabe freizugeben.[54] Diese Wegsperre und ihre Lösung durch eine Gabe steht als symbolische Geste in Verbindung einerseits mit dem Abschied der Jungvermählten aus der Gruppe der Ledigen, andererseits mit der Begründung einer neuen Hausgemeinschaft.

Der Gang durch die Straßen gehörte zum Zeremoniell der Eheschließung. Er unterstrich die Rechtmäßigkeit der Ehe und dokumentierte die Herkunft wie die Ehre der Familien. Insofern mußte das Brautpaar Wert auf eine repräsentative Selbstdarstellung legen. Aber auch das Dorf, die Kirche und die Obrigkeit erwarteten diese Öffentlichkeit, denn sie dokumentierte Verbindlichkeit und trug auch dazu bei, den vorehelichen Geschlechtsverkehr zu kontrollieren.[55] Wenn nämlich die Schwangerschaft einer Frau bekannt war, mußte sie oft die Brautkrone gegen einen Strohkranz tauschen; in manchen Gegenden trug ihr die Hebamme auf dem Kirchgang ein Kissen als Hinweis auf das zu erwartende Kind voran. Andernorts durfte überhaupt nicht mehr öffentlich geheiratet werden. Ob allerdings all die entehrenden Bestimmungen eingehalten wurden, ist zu bezweifeln, denn eine kirchliche Trauung erfolgte vor allem in der ländlichen Bevölkerung oft erst, wenn ein Kind erwartet wurde. Sosehr jedenfalls die öffentliche Heirat zur Ehre einer Familie gereichen konnte – eine Scheu, Reichtum zu zeigen, gab es nicht, im Gegenteil, wenn die Braut in das Haus ihres Bräutigams einzog, durfte jedermann ihre Aussteuer bewundern –, konnte die Öffentlichkeit zugleich auch einen moralischen Druck ausüben, der zur öffentlichen Diffamierung der Brautleute führte.

Das wichtigste Ereignis für alle Teilnehmer war die nach der Trauung folgende Hochzeitsfeier. Sie fiel je nach Stand und Vermögen unterschiedlich aus. Auf sie zu verzichten, bedeutete einen beträchtlichen Prestigeverlust, deswegen stürzten sich viele Eltern in ungewöhnliche Unkosten und machten Schulden, die oft über Jahre abgetragen werden mußten. Trotz aller Reglementierungsversuche konnten Kirchen und Obrigkeit nicht verhindern, daß sich manche Familien durch Hochzeitsfeiern ruinierten, was ihrem Ruf in Dorf oder Nachbarschaft aber nicht unbedingt schadete. Wirklich maßvoll verhielten sich nur Anhänger moralisch-rigoroser Glaubensrichtungen, ansonsten unterschieden sich evangelische oder katholische Hochzeitsfeierlichkeiten kaum. Sie waren Feste der Fülle und Verschwendung.[56] Ganz große Feste sind fast ausschließlich aus dem 16. Jahrhundert überliefert. Beherrscht wurden sie durch große Gelage mit üppigem Essen, viel Bier und Wein, immer wieder unterbrochen durch Tanz und allgemeine Belustigungen. Der Schaffhausener Bürger B. Peyer hatte 1620 66 Personen zu seiner Hochzeit eingeladen, am Hochzeitszug nahmen 78 Personen teil, zum Essen kamen noch viel mehr. Am ersten Tag saßen an 7 Tischen 86 Personen, am zweiten Tag 78 Personen an 6 Tischen, am dritten Tag an 7 Tischen 91 Personen, dann nahm die Zahl ab, insgesamt waren es 367 Gäste.[57] Bei der noch pompöseren Hochzeit von Lucas Geizkofler in Augsburg wurde von Gästen und Dienstleuten verzehrt: 355 Pfund Rindfleisch, 205 Pfund Kalbfleisch, 3 Pfund Karpfen, 345 Vögel, 7 Hasen, 20 Rebhühner und Haselhühner, 2 Fasane, 7 Pfauen, 5 Truthähne und Kuchen, Backwerk und Käse aller Art. Getrunken wurden 1 Faß Bier, 1 Faß Rotwein, 7 Faß gewöhnlichen Wein, 4 Läglein Rheinsal und 14 Maß Malvasier. Beim Festessen spielten die Stadtmusikanten. Gegen Abend zog dann die Gesellschaft in das Haus der Fugger zum Tanz.[58] Hochzeitsfeierlichkeiten erreichten eine Größen- und Kostendimension, die wir uns heute kaum vorstellen können. Der Ratsherr Brokes aus Lübeck hatte für seine Hochzeiten 1540 400 Gulden, 1577 734 Gulden und 1587 714 Taler ausgege-

44. Das Hochzeitsfest, 16. Jh. Holzschnitt v. Hans Burgkmair.

ben.[59] Fast unübertroffen waren die Kosten des nichtadeligen Emporkömmlings Geizkofler, der 1590 die Gesamtkosten seiner Heirat mit 6200 Gulden berechnete. Alle Beispiele bestätigen die allgemeine Tradition, bei den Hochzeitsfeierlichkeiten nicht zu sparen. Für die Kosten kam entweder der Vater des Bräutigams auf oder dieser selbst bzw. die Familie seiner Braut. Es gab allerdings auch den Brauch, daß Gäste einen Kostenbeitrag leisteten. Aus dem 18. Jahrhundert haben wir zwar keine ausführlichen Hochzeitsbeschreibungen und Kostenzusammenstellungen mehr, doch alle Indizien weisen darauf hin, daß vor allem das neue Bürgertum mit dieser Tradition nach und nach gebrochen hat, nicht nur, weil es nicht vermögend war, sondern weil Hochzeitsfeierlichkeiten nicht mehr die zentrale Bedeutung hatten wie noch im 16. Jahrhundert. Außerdem setzte man nicht mehr auf eine quantitative Repräsentanz, sondern auf Intimität und Feinheit.

Die Kosten für Hochzeiten waren einer der Hauptgründe für die Obrigkeiten, die Zahl der einzuladenden Gäste und die Anzahl bzw. Menge des Essens vorzuschreiben, um dadurch einem Ruin der Familien vorzubeugen.[60] Aber selten hielt man sich an die offiziellen Vorschriften. Es gab allerdings auch noch andere Gründe, warum Obrigkeiten gerade in die Hochzeitsfeierlichkeiten disziplinierend eingriffen: sie befürchteten vor allem durch den starken Alkoholkonsum öffentlichen Lärm und Unzucht.[61] Noch deutlicher klagten die Kirchen, selbst noch im 18. Jahrhundert, gegen die „grosse Verschwendung, Überfluß, Pracht, Unmäßigkeit. ... Nun ists zwar nichts unrechts, daß man zu solcher Zeit mit guten Freunden eine zugelassene Ergetzung suchet in Speise und Trank... Allein das könnte und solte fein auf eine Christen anständige Art geschehen. Man solte da den greulichen Pracht, der insgemein übern Stand ist, weglassen, so gar schrecklichen Überfluß in Speisen und Geträncke, vermeiden, und lieber auch den Armen darbey gedenken... Die Gäste pflegen da gemeiniglich wohl berauscht wegzugehen, oder weggeschleppt zu werden, sogar den Bräutigam beraubt man durch vieles zutrincken seiner Sinnen und Vernunft offtermals, daß also unsere Hochzeiten mehr denen Heydnischen, als Christlichen gleichen".[62]

Die Hochzeitsfeierlichkeiten bildeten zwar den gesellschaftlichen Höhepunkt der Verheiratungsvorgänge, beendeten sie aber nicht. Das eheliche Versprechen und die Trauung gelten erst als besiegelt durch das eheliche Beilager; es gehörte konstitutiv zur Eheschließung. Wie ursprünglich der ganze Eheanbahnungsprozeß und die Heiratsvorgänge öffentlich sein sollten und es auch waren, gehörte zum Vollzug der Eheschließung auch lange die symbolische öffentliche Zubettlegung. Erst mit dem zunehmenden kirchlichen Einfluß und der Intimisierung der ehelichen Beziehung wurde der Brauch seit dem 17. Jahrhundert aufgegeben.[63] Die öffentliche Zubettlegung war zumeist verbunden mit einer erneuten Verabschiedung des Brautpaares von der Gemeinschaft der Ledigen. Der Braut wurde der Kranz abgenommen, sie bekam durch verheiratete Frauen eine Haube.[64] Die Bräuche variieren allerdings beträchtlich je nach Region. Die Berichte von Felix Platter[65] und Hans von Schweinichen sind bekannt.[66] Die ausführlichste Beschreibung ist vom Hildesheimer Bürger H. Brandis überliefert.[67] Als er sich nach den Hochzeitsfeierlichkeiten auf dem Ehebett niederließ, setzte der Brautvater ihm die Braut dazu. Darauf nahm der Bräutigam die Braut in den Arm und über beide wurden Laken und Decken zusammengeschlagen. Abschließend tanzte der Vater des Bräutigams mit der jungen Ehefrau.[68] Wenngleich sicherlich die Vorbereitungen zum ehelichen Beilager nicht immer so ritualisiert waren, wurde dem Beilager an sich immer eine große Bedeutung zugemessen. Solange das öffentliche Verlöbnis der zentrale ehestiftende Akt war, folgte das Beilager unmittelbar danach. In dem Maße allerdings, wie die kirchliche Trauung die Bedeutung der ‚Verlobung' ablöste, durfte das Ehepaar sich erst nach dem Kirchgang zusammenlegen. Auch zu dem aufkommenden puritanisch-bürgerlichen Geist paßte das öffentliche Zubettlegen bald nicht mehr – Fälle öffentlicher Zubettlegung sind aus dem 18. Jahrhundert nicht mehr bekannt –, aber ein Stück Öffentlichkeit erkennen wir doch noch in dem lange gepflegten, wenn auch immer wieder von der Obrigkeit untersagten Brauch, die Brautnacht mit Lärm und Musik zu begleiten.[69] Die ledige Jugend zeigte sich dabei sehr erfindungsreich. Mit der Intimisierung des ehelichen Verkehrs wie überhaupt der Sexualität wurde

45. Das Ende der Dorfhochzeit, 16. Jh. Kupferstich v. Hans Sebald Beham.

auch die Sitte der Segnung des Brautbettes unterdrückt; lange war es bei standesgemäßen Hochzeiten üblich, daß der Pfarrer am Morgen des Trauungstages in das Hochzeitshaus kam und das Brautbett segnete. Der Segen sollte alle bösen Geister, Hexen und Dämonen bannen und damit das Eheglück sichern.[70] Erst nach der Hochzeitsnacht jedenfalls betrachtete die Festgemeinde das Paar als Ehepaar. Dies wurde von seiten des Mannes ursprünglich durch die sogenannte Morgengabe besiegelt. Als großzügiges Geschenk nach vollzogenem Beilager diente sie in älterer Zeit vor allem der wirtschaftlichen Absicherung der jungen Frau für den Fall vorzeitiger Witwenschaft. Die Morgengabe blieb der Gewalt des Mannes entzogen und begründete ursprünglich eine relative Selbständigkeit der Frau, die allerdings lange durchaus im Interesse auch des Ehemanns lag.[71]

Mit dem Vollzug der Eheschließung endeten noch nicht die Hochzeitsfeierlichkeiten. Sie währten oft noch ein oder zwei Tage, bis dann die Braut offiziell heimgeführt wurde in das Haus des Bräutigams, dessen Hausfrau sie damit wurde. Jedermann konnte bei der Heimführung Einblick nehmen in den neuen Hausstand.

Kaum ein Ereignis spielte im Leben der Menschen der Vormoderne eine so große Rolle wie die Hochzeit eines Paares. Dem entsprach eine verschwenderische und ritualisierte Festgestaltung, die es außerdem nur noch bei Geburt und Tod gab. Sie variierte allerdings je nach Stand, Zeit und

Region. Die Bedeutung der Eheschließung gründete einmal darin, daß durch sie ein Mann und eine Frau aus dem elterlichen Haus heraustraten und eine eigenverantwortliche Hausgemeinschaft begründeten; erst als Verheiratete genossen sie alle gesellschaftlichen Rechte und Pflichten. Ferner wurden durch die Heirat sexuelle Beziehungen zwischen Mann und Frau erlaubt und ihre Kinder rechtlich anerkannt, das Paar bekam durch die Eheschließung offiziell das Recht zur Zeugung von Nachkommen. Schließlich sicherte die Verheiratung eine neue unteilbare Besitzgemeinschaft von Mann und Frau ab und legitimierte damit Besitzverschiebungen in der Gemeinde. Da diese Bereiche nicht nur das Paar selbst betrafen, sondern die Interessen der Familie, der Nachbarschaft und der Gemeinde berührten, unterlagen die Eheanbahnung und Eheschließung einer öffentlichen Kontrolle, sowohl von seiten der Ledigen und der Familien wie von seiten der Kirchen und staatlicher Amtsträger.

2. Ehe als gesellschaftliche Institution

Die Ehe gab es als Institution, soweit die historische Zeit zurückreicht, sie ist keine Erfindung der europäischen Geschichte, und die alte Theorie vom Wandel von der Promiskuität in früher Zeit zur monogamen Ehe in der Neuzeit ist überholt.[1] Aber sosehr die Ehe in ihrer Struktur konstant blieb und im Vergesellschaftungsprozeß der Menschen stets einen entscheidenden Faktor darstellte, unterlag sie doch in ihrem Bedeutungsinhalt und in ihrer sozialen Funktion einem beträchtlichen Wandel, und zwar nicht nur im Selbstverständnis der jeweiligen Zeit, über das wir relativ gut unterrichtet sind, sondern auch in der gesellschaftlichen Realität. Die Ehe unterliegt beispielsweise in einem feudalen Haushalt ganz anderen Bedingungen und erfüllt ganz andere Aufgaben als in einer aufklärerischen Beamtenfamilie. Über die Ehe ist viel geschrieben worden, vor allem darüber, was sie sein soll und was ihr Sinn sei, aber über ihre ‚konkrete' Geschichte im europäischen Zivilisationsprozeß wissen wir wenig.

Eine einheitliche Definition von Ehe gibt es nicht. Verschiedene Verständnisse und Vorstellungen konkurrierten in der frühen Neuzeit miteinander. Der Hauptdiskurs über Ehe ist geführt worden von Theologen, katholischen wie protestantischen, von Juristen und Philosophen, vor allem von den aufklärerischen Literaten. Wesentlich ging es darum, ob die Ehe ein Sakrament, ob sie zu regeln eine kirchliche oder staatliche Angelegenheit sei und inwiefern sie ein Medium irdischer Glücksgewinnung darstelle. Unabhängig davon, daß es unterschiedliche Positionen je nach Interessenlage gab, stammen alle Äußerungen über die Ehe von einer elitären Oberschicht. Was die Ehe für die einzelnen Menschen bedeutete, für die ländliche Bevölkerung, für die Handwerker und die patrizisch-adlige Schicht, darüber wissen wir wenig, vor allem wissen wir nichts über ihre unterschiedlichen Erfahrungen. Die Sprichwörter beispielsweise deuten latent eine andere Interpretation der Ehe an als die Aussagen der Gelehrten.

Die Ehe war in der frühen Neuzeit – unabhängig davon, ob sie mit oder ohne kirchlichen Segen geschlossen wurde –, die einzig legitime, allseits, auch vom einfachen Volk, anerkannte, von den Obrigkeiten garantierte und von der Kirche abgesegnete, zunehmend auch kontrollierte Form der Lebensgemeinschaft der Geschlechter.[2] Vier Merkmale bestimmen wesentlich ihren Inhalt. Sie sind nicht abgeleitet von christlich-kirchlichen Normen oder weltlich-obrigkeitlichen Ansprüchen, sosehr diese langfristig das allgemeine Eheverständnis überformten, sondern resultieren aus soziokulturellen Dispositionen wie sozioökonomischen Vorgegebenheiten feudaler Gesellschaften. Die Eheauffassung ist aufs engste verknüpft mit der Herrschaftsform und frühneuzeitlichen Arbeitsorganisation.

Ehe bildete den alleinigen Ort legitimer Sexualität. Alle anderen Formen außerehelicher Sexualität galten bei durchaus unterschiedlicher Tolerierung als unehrenhaft, wenn nicht als Unzucht, wie auch das nichteheliche Zusammenleben als Konkubinat klar von ehelichen Formen unterschieden wurde. Dabei besaß Sexualität weitgehend keinen eigenständigen Wert, noch wurde sie notwendig verbunden mit Zuneigung und Liebe. Sie erhielt ihren Wert ausschließlich durch die Zeugung von Nachkommenschaft.

Eng verbunden mit dieser Wesensbestimmung ist eine zweite. Allein die Ehe legitimierte zur Zeugung von Kindern; dies ergab sich u.a. aus den politisch-sozialen Interessen, die zur Eheschließung führten. Kinder aus außerehelichen Beziehungen waren benachteiligt, sie waren von der Erbfolge ausgeschlossen und galten im öffentlichen Leben als minderwertig. Dieser Orientierung an legitimen Kindern korrespondiert die selbstverständliche Erwartung, daß jeder Eheschließung die Zeugung von Kindern folge. Kinderlosigkeit galt als sozialer Defekt.

Die Ehe begründete eine Lebensgemeinschaft; da sie an Besitz gebunden war und einen Arbeitszusammenhang herstellte, setzte sie nicht (unbedingt) ‚Liebe', emotionale Zuneigung voraus. Wichtiger war die Verpflichtung zu gegenseitigem Vertrauen und gegenseitiger Hilfe in allen Situationen des Lebens. Daß dabei den Frauen bei gleicher Partizipation am Besitz nicht die gleichen Rechte zukamen wie den Männern, das gründete in der Eingebundenheit von Ehe und Familie in die feudale Verfassung der Gesellschaft.

Schließlich galt die Ehe als ‚unauflöslich', als eine Vereinbarung für das ganze Leben, die erst durch den Tod eines Partners beendet wurde. Weder der Mann noch die Frau konnten einseitig den Ehevertrag aufkündigen, auch nicht beide in gegenseitigem Einverständnis, selbst wenn die Ehe gegen den Willen der Eltern geschlossen worden war. Dies änderte sich erst im Zuge der Emotionalisierung der ehelichen Beziehungen sowie der Aufwertung des Ehelebens durch Staat und Kirche.

46. Der Ehestand ist von Gott gestifft, 1661, Symbolischer Kupferstich v. M. Küsell.

Die Ehe war damit eine Institution, in der individuelle Vorstellungen und Wünsche nur soweit berücksichtigt werden konnten, als sie die Lebensgemeinschaft, den Arbeitsprozeß, den Besitz und die Familienstrategie nicht gefährdeten. Dabei galt die Eheschließung nicht nur als subjektives Ziel jedes Menschen, sondern als notwendige Voraussetzung, um überhaupt eine Rolle in der ständischen Gesellschaft zu spielen. Ehrenvoll war das Ledigendasein nur, wenn es mit dem Eintritt in ein Kloster oder mit der Übernahme eines geistlichen Amtes verbunden war.

Obwohl nun jeder Eheschließung in der frühen Neuzeit dieses Bewußtsein von Ehe zugrunde lag, gab es vom Spätmittelalter bis hin zum frühen 19. Jahrhundert einen grundlegenden Wandel des Eheverständnisses mit zum Teil erheblichen Unterschieden in der Bewertung der Ehe. Dies ergab sich nicht nur allgemein aus der Änderung der Arbeitsverfassung, der Wirtschaftsweise und der sozialpolitischen Struktur der Gesellschaft, sondern auch aus der Änderung der Lebensweise, der Moralvorstellungen und der Lebensansprüche, die einerseits in Verbindung steht zur Reformation, andererseits eine Wirkung der Aufklärung ist.

Die Ehe war im Mittelalter lange ausschließlich Angelegenheit der einzelnen Familien.[3] Weder weltliche Herrschaften noch kirchliche Institutionen interessierten sich für die konkrete Gestaltung des Ehelebens, wenngleich die Ehe als Sakrament galt, das die Eheleute sich selbst spendeten. Während die weltlichen Obrigkeiten sich erst im 16. Jahrhundert, nicht zuletzt unter dem Druck der Kirchen, um eine Regelung des Ehe- und Familienlebens bemühten, wobei zunächst Besitz- und Erbschaftsprobleme im Vordergrund standen, begann die Kirche bereits im Spätmittelalter verstärkt über die Ehe und das eheliche Leben zu reflektieren und Eheleuten erstmals Verhaltensvorschriften zu geben. Schließlich suchte sie sogar Einfluß auf die Eheschließung und die Gestaltung des Ehelebens zu nehmen, dies allerdings vor allem im Zusammenhang einer Regulierung bzw. der vom Christentum bestimmten Sitten überhaupt. Dabei stand sie vor einem besonderen Problem. Einmal hatte sich die Kirche von Anfang an eindeutig für die Höherwertigkeit eines Lebens in Jungfräulichkeit bzw. im Zölibat entschieden, und zwar auf dem Hintergrund einer entschiedenen Ablehnung von Weltlichkeit, Sinnenhaftigkeit und Sexualität als Hindernissen auf dem Weg zur Gotteserkenntnis und zum ewigen Heil. Um wahrer Christ zu werden, sollte und mußte der Mensch die Welt überwinden. Insofern war das monastische Leben die höchstmögliche Verwirklichung der christlichen Ideale. Andererseits galt aber der Ehestand als von Gott eingesetzt, diente zur Zeugung von Kindern und zur Verwirklichung eines christlichen Lebens auf der Basis gegenseitiger Treue und Hilfe. Die Kirche löste die Ehe aus dem Einflußbereich der Familien, indem sie sie abhängig machte von der Konsenserklärung beider Eheleute und sie zum Sakrament erhob. Damit war die Eheschließung zwar noch nicht zur kirchlichen Angelegenheit geworden, aber durch das kanonische Recht und die Einrichtung eines Ehegerichts als normativer Instanz wurde die Klärung und Lösung von anstehenden Problemen zur Sache der Kirche. Nicht der weltliche Staat, sondern die Kirche bestimmte, wann eine Ehe gültig war oder nicht, wie sie geschlossen werden mußte etc. Indem sie die Eheschließung durch den Vergleich mit Christus und seiner Kirche religiös überhöhte, festigte sie die Institution der Ehe über ihren vertraglichen Charakter hinaus als einen von Gott abgesegneten Bund.[4]

Die Reformation brachte zwar ein neues Eheverständnis; aber der Bruch mit der Tradition war nur zeitweilig.[5] Mit der Ablehnung des geistlichen Standes, damit auch der Abschaffung des Zölibats kam es zunächst einmal zu einer beträchtlichen Aufwertung des Ehestandes. Er galt nicht nur als gottgewollt, sondern sogar als die einzige Möglichkeit für den Christen, ein evangelisches Leben zu führen. Wie ernst beispielsweise Luther dies verstand, bezeugte er mit seiner eigenen Eheschließung. Zum anderen leugnete die Reformation den sakramentalen Charakter der Ehe[6]; sie bezeichnete sie als ein rein weltliches Ding, in das die Kirche bis auf ihren Segen sich nicht einzumischen hätte; für ihre Belange sollten die weltlichen Obrigkeiten zuständig sein. Diese Säkularisierung der Ehe bedeutete aber keinesfalls, daß ihre Gestaltung den Eheleuten selbst überlassen wurde, im Gegenteil. Damit in der Ehe vorbildlich – vor allem moralisch – das verwirklicht würde, was christliches Leben bedeutete, setzte die evangelische Kirche klar und eindeutig für alle verbindliche Normen, die denen der katholischen Kirche in nichts nachstanden.[7] Dabei kam es zu einem letztlich wieder zwiespältigen Verhalten: einerseits wurden mit der Ehe zwar erstmals die Frau wie auch die Sexualität aufgewertet, alle monastischen Wertvorstellungen verworfen, andererseits aber wurde ein traditionales Verhalten festgeschrieben, das das in der Reformation Gewonnene in doppelter Hinsicht fast wieder aufhob. Denn zum einen wurde die Frau dem Mann streng untergeordnet, geschlechtliche Beziehungen waren nur zur Kinderzeugung erlaubt. Zum anderen erfolgte eine fast ‚gesetzliche' Regelung des Verhaltens der Eheleute zueinander und zu den Kindern, das richterlichen Entscheidungen unterstand.[8] So paradox es klingen mag, mit der öffentlichen und religiösen Festigung des Ehestandes zur Realisierung eines christlichen Lebens erfolgte eine Unterdrückung von Sinnlichkeit und Erotik, die das Mittelalter an sich nicht gekannt hatte. Der puritanisch-asketische Zug war – bei Luther selbst vielleicht am wenigsten – von Anfang an festgelegt. Die Formierung der öffentlichen Kontrolle des sittlichen Lebens und die Moralisierung des Familienlebens wären allerdings nicht so erfolgreich gewesen, wenn sie nicht zugleich von den Ordnungsinteressen des frühmodernen Staates getragen worden wären. Obwohl die Reformatoren in der Ehe ein weltliches Geschäft sahen, hatte sich im Laufe eines Jahrhunderts in der evangelischen Kirche wieder dasselbe Muster gefunden wie in der katholischen; die Eheschließung wurde immer ausschließlicher eine kirchliche Angelegenheit, nun aber auch im Interesse des Staates.[9]

Der nachtridentinische Katholizismus stand in Reaktion auf die Reformation zwar weiter in der Tradition der spätmittelalterlichen Lehre und Praxis, perfektionierte bzw. dogmatisierte sie aber aufgrund der veränderten Verhältnisse.[10] Die Eheauffassung des Tridentinums im 16. Jahrhundert blieb im Katholizismus offiziell gültig bis ins 20. Jahrhundert.[11] Die Ehe wird nun eindeutig als Sakrament definiert, das die Eheleute zwar sich selbst spenden, das aber nur in kirchlichem Rahmen voll wirksam gemacht werden konnte. Dementsprechend anerkannte die katholische Kirche zwar die Gültigkeit und Unauflöslichkeit nichtkatholischer Trauungen aufgrund des Konsenses, die Christlichkeit aber sprach sie ihnen ab. Was die Ehe als Institution nicht minder betraf, ist ein Zweites: Während es im Protestantismus noch lange schwankend blieb, wann eine Ehe als gültig galt und welcher Ritus vorgeschrieben wurde, legte die katholische Kirche erstmals für alle ihre Gläubigen ein verbindliches Eheschließungsmuster fest: für gültig galt eine Ehe erst, wenn sie öffentlich, d. h. in der Kirche vor mindestens zwei Zeugen, vollzogen wurde; damit war nicht nur eine öffentliche Kontrolle bzw. Überprüfung eventueller Ehehindernisse gegeben, sondern zugleich eine optimale Beeinflussung bzw. Unterstellung des Ehelebens unter kirchliche Normen. Wenngleich bei beiden Hauptkonfessionen, dem Katholizismus und dem Protestantismus, die Voraussetzungen zum neuen Eheverständnis unterschiedlich waren – hier sakramentaler Charakter, dort Ehe als weltliches Geschäft –, gab es doch andererseits nur geringe Unterschiede in der Einschätzung des Zwecks der Ehe; denn beide Kirchen sahen den eigentlichen Inhalt der Ehe in der Zeugung von Kindern – insofern wurden sexuelle Beziehungen nicht nur toleriert, sondern als konstitutiv für die Ehe betrachtet – sowie in dem Versprechen, sich in der Ehe gegenseitig in guten und schlechten Zeiten zu helfen, wobei der Mann als Herr der Familie und die Frau als seine Untergebene das Verhältnis von Christus und Kirche nachbildeten. Nicht ‚emotionale' Liebe stand dabei im Vordergrund, auch nicht die Idee von Glück, sondern die Erfüllung der von Gott gegebenen ehelichen Aufgaben. In diesem Sinn sprachen Protestanten wie Katholiken von der Ehe als einem Amt. Wenn dabei der Katholizismus keine Scheidung erlaubte, während der Protestantismus sie in Einzelfällen möglich machte, so wurde dies ausgeglichen durch eine weniger rigide Moral in der katholischen Ehe. Der moralische Druck, der im Protestantismus auf den Eheleuten lastete, fehlte im Katholizismus, weswegen in Deutschland auch Probleme des Ehelebens, besonders die Idee der Liebesheirat, erstmals im Protestantismus artikuliert wurden.

Das im 16. Jahrhundert entwickelte protestantische und katholische Eheverständnis und Eherecht blieben nicht zuletzt dadurch – zumindest äußerlich – für die Mehrzahl der Bevölkerung bis ins 19. Jahrhundert hinein verpflichtend, weil sie zugleich integrierte Teile der weltlich-staatlichen Moralpolitik wurden. Einen besonderen Hinweis verdient eine Sonderentwicklung am Rande des Protestantismus, die seit dem Ende des 16. Jahrhunderts bzw. seit Mitte des 17. Jahrhunderts Verbreitung fand, weil sie Probleme aufgriff, die sich aus dem Spannungsverhältnis von Ehe und Sexualität ergaben. Vor allem in Spiritualistenkreisen gab es nicht wenige radikal christliche Stimmen, die wie im monastischen Katholizismus in der Überwindung von Sinnlichkeit und Sexualität das wahre Christsein wiederentdeckten und aus Weltverachtung die Ehe als christliche Institution für sich ablehnten.[12] Sexuelle Kontakte auch in der Ehe wurden für sündig gehalten. Sie propagierten die Ehelosigkeit. „Was für Hurery und Excessus im Ehestande und Ehe-Bette vorgehen, ist mit blutigen Thränen nicht genug zu beschreyen, wie mir getrauete Ehe-Männer mit Schmertzen geklagt. Kein unvernünftiges wildes Thier lebet so abscheulich", so schrieb entsetzt der Böhme-Schüler Gichtel.[13] Es gab zwar auch Gegenströmungen mit geradezu libertinistischen Tendenzen, aber die asketische Richtung – damit ist nicht die spiritualistische gemeint – blieb stärker und durchwirkte wesentlich den Pietismus.[14] In keiner der Hauptrichtungen wurde allerdings die Ehe als Institution abgelehnt, man kann sogar im Gegenteil – die meisten Pietisten waren echte Lutheraner – beobachten, daß in dem Maße, wie zunehmend Frauen eine aktive Rolle in der Verbreitung des Pietismus spielten, die Frau und auch die Sexualität überhaupt erstmals an moralischem Wert in der Ehe gewannen. Der Herrnhutsche Pietismus wurde gerade dadurch bekannt, daß er Frauen große Rechte einräumte und sich positiv zu geschlechtlichen Beziehungen bekannte, wenngleich dabei jedes eigenständige fleischliche Lustgefühl zu unterbinden war. Es gab vor der Ehe geradezu eine sexuelle Aufklärung, aber die Ehepaare, die zumeist von der Herrnhuter Leitung zusammengetan wurden, sollten keine sexuelle Befriedigung anstreben, sondern als mehr oder weniger gleichberechtigte Partner in der Brudergemeinde und ihrer Arbeit aufgehen.[15]

Der Pietismus propagierte zwar nach wie vor eine patriarchalische Ehe mit Unterordnung der Frau unter den Mann; daß aber die Frau Mitarbeiterin wurde, dies bewirkte eine beträchtliche Aufwertung der Frau als Ehepartnerin und der Ehe insgesamt als einer Gesinnungsgemeinschaft.[16] Entschieden weiter ging dann erst die Aufklärung, die zwar anfangs nur von einer kleinen Schicht getragen wurde, deren Ehemodell man aber bald allenthalben diskutierte. Die Konsequenz waren nicht unbedingt die zu Ende des 18. Jahrhunderts erstmals eingeführte Zivilehe und die ‚romantische Liebe', aber für das moderne Eheverständnis legte die Aufklärung den Grund.

Neu war einmal die Aufwertung der Frau bzw. der hausfraulichen Tätigkeit, die als Vorbedingung zur Verwirklichung einer bürgerlichen Gesellschaft betrachtet wurde. Damit war noch lange keine Gleichstellung der Frau mit dem Mann erreicht, aber ihre Bedeutung vor allem für die Familie hervorgehoben. Außerdem verlangten die Aufklärer „eine Übereinstimmung der Gemütsart, eine gewisse Gleichheit in unseren Meinungen und Neigungen, ein innerlicher Trieb, dem anderen zu gefallen, sein ganzes Herz, seine ganze Hochachtung zu besitzen".[17] Erst dann könne man von ‚ehelicher Liebe' sprechen (Gellert). Dieser Anspruch konnte allerdings aufgrund anderer sozialer Verhältnisse weder im bäuerlichen Leben noch in der Adelswelt verwirklicht werden, von der sich ja auch die Aufklärer besonders absetzten; ihr Modell galt nur für die neue aufsteigende Bürgerschicht. Schließlich erkannte man in der Ehe eine Bildungsanstalt des Menschen, in der jeder sich vervollkommnen könne, was freilich den freien Entschluß ebenso wie die materielle Sicherheit voraussetzte, die aber wiederum nur für das gebildete Bürgertum gegeben waren:

„Die Ehe", heißt es bei Goethe, „ist der Anfang und der Gipfel aller Kultur. Sie macht den Rohen mild, und der Gebildetste hat keine bessere Gelegenheit, seine Milde zu beweisen. Unauflöslich muß sie sein; denn sie bringt so vieles Glück, daß alles einzelne Unglück dagegen gar nicht zu rechnen ist. Und was will man von Unglück reden? Ungeduld ist es, die den Menschen von Zeit zu Zeit anfällt, und dann beliebt er, sich unglücklich zu finden. Lasse man den Augenblick vorübergehen, und man wird sich glücklich preisen, daß ein so lange Bestandenes noch besteht. Sich zu trennen, gibt's gar keinen hinlänglichen Grund. Der menschliche Zustand ist so hoch in Leiden und Freuden gesetzt, daß gar nicht berechnet werden kann, was ein Paar Gatten einander schuldig werden. Es ist eine unendliche Schuld, die nur durch die Einigkeit abgetragen werden kann."[18]

Mit dieser Stilisierung der Ehe leitet Goethe über zu dem Eheideal der Romantiker, für die die Ehe nicht mehr auf Vernunftgründen ruht, sondern ausschließlich auf Liebe, und die ein neues Verständnis von Geschlechterbeziehungen propagierten, das erstmals die Ehe als gesellschaftliche Institution sogar in Frage stellte.[19] Doch für die nüchternen Aufklärer galt um die Mitte des 18. Jahrhunderts die Ehe noch weitgehend als „ein natürlicher Stand, in welchen zwey Personen von unterschiedenem Geschlechte miteinander treten, und sich verbinden, ihre Liebe zu Vermehrung des menschlichen Geschlechts einander alleine zu wiedmen, damit sie die aus solcher Verbindung zu hoffenden Kinder, gewiß vor die ihren mögen erkennen, und sie so dann zum nutzen der menschlichen Gesellschafft wohl erziehen können".[20]

Die Umgangsformen und Liebesbeziehungen in der frühneuzeitlichen Ehe lassen sich nur schwer beschreiben und rekonstruieren. Denn einmal gibt es nur beschränkt literarische bzw. schriftliche Zeugnisse, in denen Paare etwas über sich aussagen, und diese stammen zudem zumeist aus den oberen, auf jeden Fall gebildeten Gesellschaftsschichten. Zum anderen sprechen Menschen überhaupt erst seit der Aufklärung ausführlich über ihre Gefühle, und wieweit diese Aussagen auf das konkrete Verhalten schließen lassen, steht auch noch dahin. Inwieweit Zärtlichkeit, Sinnlichkeit, Erotik und Leidenschaft eine Rolle spielten, können wir deswegen nur mühsam erschließen. Zwar sind die Bildüberlieferungen und die literarischen Texte reich an Darstellungen auch von emotionalem Gebaren, das ansonsten von der Öffentlichkeit, d.h. vor allem von den kirchlichen Instanzen diskriminiert war; Leidenschaft und Sinnlichkeit, Geschlechtlichkeit und Erotik sind in der christlich geprägten frühneuzeitlichen Gesellschaft so negativ bewertet, daß sich kaum einer positiv dazu bekennen mochte. Insofern sagen die ikonographische Überlieferung und die Liebesgedichte zum Beispiel nur bedingt etwas über die konkreten Beziehungen aus.

Wir wissen, daß die Eheverhältnisse durch ökonomische Interessen entscheidend geprägt sind, daß die Möglichkeiten, sich außerhalb der Arbeit aufeinander einzulassen, sich miteinander zu verständigen, sehr gering waren, unabhängig davon, daß darin die Paare nicht ihre Aufgabe sahen und daß die christliche Ehe keine emotionale Übereinstimmung verlangte, sondern eine Solidargemeinschaft begründete, in der jeder seiner vorgeschriebenen Rolle entsprechen mußte. Wenn wir dies bedenken, dann waren eigentliche Liebesbeziehungen sicherlich selten. Aber der häufige Hinweis, daß jemand nicht aus Neigung oder Liebe geheiratet habe, beweist die Existenz auch des Gegenteils, wie viele kleine Zeugnisse gegenseitiger Hilfen, Rücksichtnahmen und Schutzmaßnahmen, die wir durchaus als Zeichen der Achtung und sogar Liebe deuten können.

Eine der wenigen Möglichkeiten, Liebesverhältnisse in der frühen Neuzeit näher zu beschreiben, bietet die Untersuchung erhaltener Briefwechsel von Männern und Frauen. Daß es sich dabei allerdings weitgehend um Angehörige mittlerer und oberer Schichten, die ihre Wünsche schriftlich ausdrücken konnten, und nicht um die Masse der einfachen Leute handelt, müssen wir in Kauf nehmen. Bei einer sorgfältigen Interpretation können wir aber sicherlich Muster erkennen, die nicht nur für die oberen Stände gültig waren.

Vier Beispiele von paradigmatischer Bedeutung seien hervorgehoben: Zunächst zu Luthers Ehe. Luther hatte spät, im Alter von 42 Jahren, geheiratet, und zwar die ehemalige Nonne Katharina von Bora. Es war keineswegs eine Liebesheirat – für Luther ruhte die Ehe ja nicht auf Gefühlen, sondern auf Zuverlässigkeit, Nüchternheit und Achtung vor dem Partner –, aber bald entwickelte sich eine eng vertraute Liebesbeziehung, die nicht nur darin gründete, daß Luthers Frau den großen Haushalt vorzüglich und selbständig führte, sondern auch darin, daß sie das Reformationswerk mittrug. Dabei war Luther eine recht schwierige Persönlichkeit. In vielen der erhaltenen Briefe an seine Frau wird seine Wertschätzung offenkundig. Einen adressierte Luther: „Meiner herzlichen Hausfrau Katharin Lutherin", einen anderen „Meiner herzliebsten Käthe, Doktorin Lutherin und Frauen auf den neuen Saumarkt zu Handen", er unterzeichnete seine Briefe mit „Dein Herzliebchen", später „Dein altes Liebchen", „Dein lieber Herr", „Euer Heiligkeit williger Diener". Wie offen, direkt, aber auch herzlich Luther schrieb, zeigt ein Brief:

„Meinem freundlichen, lieben Herrn, Frau Katherin von Bora, Doktorin Lutherin zu Wittenberg:

Gnad und Fried in Christo! Lieber Herr Käthe! Ich weiß Dir nichts zu schreiben, weil Magister Philipps samt den andern selbst heimkommen. Ich muß länger hie bleiben um des frommen Fursten willen. Du magst denken, wie lange ich hie bleiben werde, oder wie Du mich los machest. Ich halt, M. Franciscus wird mich wieder los machen, wie ich ihn los gemacht habe, Doch nicht so balde.

Gestern hatte ich einen bosen Trunk gefasset, da mußt ich singen: Trink ich nicht wohl, das ist mir leid, und tät's so rechte gerne. Und gedacht, wie gut Wein und Bier hat ich daheime, dazu eine schone Frauen oder (sollt ich sagen) Herren. Und Du tätest wohl, daß Du mir heruber schickest den ganzen Keller voll meins Weins und eine Pfloschen Deines Biers, so (bald) Du kannst, sonst komme ich vor dem neuen Bier nicht wieder. Hiemit Gott befohlen samt unser Jungeren und allem Gesinde, Amen.

Mittwochens nach Jacobi 1534. Dein Liebchen Mart. Luther, D."[21]

Aber nicht nur Luther hing an seiner Frau, wie schwer 1546 sein Tod sie traf, dokumentiert ihr Brief an ihre Schwägerin:

„Freundliche Liebe Schwester!

Daß Ihr ein herzliches Mitleiden mit mir und meinen armen Kindern tragt, gläub' ich leichtlich. Denn wer wollt' nicht billig betrübt und bekümmert sein um einen solchen teuern Mann, als mein lieber Herr gewesen ist, der nicht zugleich einer Stadt oder einem einigen Land, sondern der ganzen Welt viel gedienet hat. Derhalben ich wahrlich so sehr betrübt bin, daß ich mein großes Herzeleid keinem Menschen sagen kann, und weiß nicht, wie mir zu Sinn und zu Mut ist. Ich kann weder essen noch trinken, auch dazu nicht schlafen. Und wenn ich hätt' ein Fürstentum und Kaisertum gehabt, solt mir so leid nimmer geschehen sein, so ich's verloren hätt', als nun unser lieber Herrgott mir, und nicht allein mir, sondern der ganzen Welt, diesen lieben und teuern Mann genommen hat. Wenn ich daran gedenk', so kann ich vor Leid und Weinen – das Gott wohl weiß – weder reden noch schreiben.

Katharina, des Herrn Doktor Martinus Luther erlassene Witfrau."[22]

Die Beziehung zwischen Luther und seiner Frau war primär durch ihre große Haushaltsführung und seine umfassende Tätigkeit als Gutachter, Prediger und Professor geprägt, und auf diesen Arbeiten ruhte ihre gegenseitige Achtung. Sie lebten letztlich zwar in getrennten Welten, aber wie ihr sein Werk gegenwärtig war, wußte er ihre Eigenständigkeit und Leistung als ‚Herr' des Hauses zu schätzen. Darauf gründete ihre gegenseitige Zuneigung und Liebe.[23]

Als ein weiteres Beispiel sei die Ehe des Nürnberger Kaufmanns Balthasar Paumgartner genannt, der nicht durch besondere Aktivitäten bekannt wurde, sondern durch seinen Briefwechsel mit seiner Verlobten und späteren Frau.[24] Es ist dies eine der wenigen Privatkorrespondenzen des 16. Jahrhunderts[25], die einen deutlichen Einblick geben in die privaten Beziehungen eines Ehepaares. In dieser Korrespondenz sind auch die Briefe der Frau enthalten. Es werden keine großen Gedanken ausgetauscht, keine besonderen Vorkommnisse berichtet, sondern im Mittelpunkt stehen die alltäglichen kleinen Sorgen und Aufgaben. Paumgartner hatte 1583 Magadalena Behaim geheiratet. Beide stammten aus dem Nürnberger Patriziat. Er handelte mit Wein und Tuchen und reiste oft nach Frankfurt und Lucca in Italien. Unüberhörbar ist der persönliche Ton zweier Menschen, die sich lieben. Die Ehefrau ist während der Abwesenheit des Mannes nicht untätig, sie kümmert sich um die Geschäfte und treibt sogar selbst einen kleinen Handel. Bald nach der Hochzeit schreibt sie:

„Freindlicher und herzalerliebster Paumgartner. Dein Schreiben hab ich den 10. und 11 September mit freuden und verlangen wol empfangen, darin vernumen dein wohlhinabkunft, welgs mig hoch erfreud. Und wiss mig, Got dem hern sey lob, sampft dem ganzen hausgesind noch in gutter gesundheit: der almechtige Got verlei lenger. Amen. Wis, lieber Paumgartner, daß ich die wein den 9 September ein tag vor deim Schreiben empfangen hab an (ohne) schaden ... Der Kezel hat mir das beste fas heraus gekiest; das hab ich in keler gelegt ... Freindlicher, herzlieber Paumgartner, bit welst des zuckers nit vergesen bei dem Heltt. Und welst dir darneben aug, herzliebster schaz, nit gar zu vil mie und erbet auflegen, den andern aug etwas mitteiln." ... „Sunst, freundlicher, herzliebster Schatz, schick ich mich zimlich mit dem aufreimen und ausseibern in gemechern. Die stuben ist nunmer gefierneist ... Die pflasterer sind die wogen noch nit da gewesen ... Nun auf dis mal genuch bey der nacht in eul, dan ich bei dem tach so vil weil noch het nitt gehabit, dir zu schreiben. Wolst der leinwand nit vergesen, wan du vir ein andern kaufst, dir aug ein wolfeils stuck herausklauben. Und damit sey du, herzalerliebster schaz, von mir so vil 100 1000 mal fleisig und freindlich gegriest und dem lieben Got befoln. Der weile dich mit lieb und freuden widerum heraufbegleiden und uns mit leb und freuden wider zusammenpringen. Amen."[26]

Als der Sohn Balthasar 1592 starb, hoffte sie ihren Mann bald zu treffen, „da mich so herzlich nach dir verlangt in meinem Kreuz", tröstete sich aber bald wieder: „... Muß mirs aus dem Kopf schlagen, so viel mir nur möglich. Desgleichen sollest du auch tun, herzliebster Schatz, und dirs aus dem Sinn schlagen und geduldig sein. Vielleicht sich Gott unser wieder erbarmet und ergötzt uns wieder, nachdem er uns heimgesucht hat. Es deucht mich nun, daß ich all mein Leid desto eher vergessen kann, wenn Du hier bist ..." Im Briefwechsel des Ehepaars Paumgartner begegnet uns eine schlichte Welt des Gottvertrauens; beide sind geschäftlich tätig, ergänzen sich und teilen die alltäglichen Freuden und Leiden; gleiche Vernunft, gleiche Beschäftigung bzw. die gegenseitige Transparenz ihrer Tätigkeit und ein nüchterner naiver Glaube verbinden beide zu dem, was die Zeit als sowohl ein glückliches wie christliches Ehepaar bezeichnete.

In der Ehe Franckes, des großen Pietisten und Gründers des Hallischen Waisenhauses, kommen erstmals neue Töne zum Tragen.[27] Francke war bereits wohlbestallter Pfarrer und dezidierter Anhänger Speners mit einem starken Sendungsbewußtsein, als er die junge Anna Magdalena von Wurm kennenlernte, eine sehr fromme, eigenständige und aufgeweckte Persönlichkeit. Eine gleich starke Liebe zu ihrem Herrn und Heiland Jesus Christus verband beide bald zu einer ‚Seelengemeinschaft'. In ihrem Briefwechsel – leider sind nur die Briefe der Freundin und dann Verlobten erhalten – geht es nicht mehr um alltägliche Dinge; das religiöse Gespräch steht im Vordergrund, wobei Francke allerdings der Dominierende ist, dem sie als Dienerin und Freundin, dann als Schwester beistehen will. Zunächst unterschrieb sie ihre Briefe mit „Meines ausgewählten Freundes ergebenste Dienerin A.M.W.", dann vor der Verlobung „übrigens ergebe Dich, geliebtester Bruder, der holdseligen Vaterliebe, die gewiß in der Wahrheit erfahren hat

Deine getreue Schwester AMW".[28] Als Francke nach rund zweijähriger Bekanntschaft in ihr die „Gehilfin" erkannte, die mit ihm die Last und den Segen seines Amtes teilen könne, und ihr einen Heiratsantrag machte, war sie mehr als bereit: Sie schrieb am 10. Mai 1694:

„Quedlinburg, den 10. Mai 1694.

Der liebreiche süße Heiland, der unsere Herzen durch die Liebe also vereiniget, daß wir ein einig Herz sind, lasse dieses Band der Liebe ewiglich verknüpfet bleiben.

Mein allerliebstes Herz! Hat das erste theure Schreiben von Deiner inniglichen und brünstigen Liebe gegen mir gezeuget, so hat es gewiß dieses letztere noch weit mehr gethan. So sei demnach mein Herzenskind versichert, wie Du es denn bist, daß ich Dir von Herzen ergeben bin, davon auch mein abgelassenes Schreiben bereits wird gezeuget haben. Weiter aber wird dieses christliche und heilige Vorhaben nicht zu bringen sein, bevor wir einander mündlich gesprochen. Ach, mein Kind, ich kann vor Liebe nicht mehr schreiben, so denn auch aus Mangel der Zeit; auch dieses wenige wird genug sein, Dich zu stärken in dem, dessen Du schon versichert bist. Ich ergebe Dich hiermit der unaussprechlichen Treue unsers lieben Vaters und beharre durch desselben Gnade

Allerliebstes Herz

Deine von Herzen ergebenste treueste Dienerin A.M. Wurmin."[29]

Das Ehepaar Francke ging eine Liebesehe ein. Nicht primär die Gründung eines Hausstandes war ihr Interesse, sondern die gleiche religiöse Gesinnung verband sie. Obwohl die Frau ausschließlich auf ihren Mann orientiert war – darin unterschied sich die Frau Franckes von derjenigen Luthers –, wirkte sie als gleichberechtigte Gesprächspartnerin; nicht nur dies, sie ging in ihren religiösen Ansichten sogar eigene Wege. Vorübergehend wurde sie Anhängerin eines radikalen Separatismus, der die Ehe überhaupt als Teufelswerk ablehnte[30]; aber das letztlich gute Einverständnis mit ihrem Mann gründete im gleichen religiösen Bewußtsein, in dem ihre Liebe ein Fundament fand. Alle emotionalen Regungen waren stets religiös überhöht. Die modernen Züge sind aber schon sichtbar.[31]

Eine ‚moderne' Ehe schloß der Dichter Friedrich Gottlieb Klopstock mit Meta Moller, der Tochter eines Kaufmanns.[32] Es war seine Dichtung, die sie in Hamburg zusammengeführt hatte, ohne Vermittlung der Eltern, die die Eheschließung allerdings von einer festen Anstellung seinerseits abhängig machten; Meta wurde nicht verheiratet, noch suchte Klopstock eine gute Mitgift oder eine Hausfrau. Gleiche Interessen begründeten eine Ehe, in der Aufgeschlossenheit, gegenseitige Zuneigung und Sensibilität vorherrschten. Sie währte allerdings nur kurz, denn die Frau Klopstocks starb nach vier Jahren im Kindsbett. Kurz vor ihrem Tod schrieb sie voller Sehnsucht:

„Du hast recht, die Briefe sind beynahe eine Umarmung. Ach, ich schmachte immer darnach, wie ein Bräutigam nach der Hochzeit! Aber was werden sie gleichwohl gegen unsre erste Umarmung seyn! Auch du Einziger, stelle dir das Einmal vor, wenn wir uns nun wieder haben! Ach, wenn dieser Brief der letzte wäre!

Du lieber, süsser, häßlicher Hals! laß meinen Klopstock doch reisen, ich will dich auch so viel küssen! – Ich hoffe und zittre noch zu deinem heutigen Briefe. Ach nimm mir meine Hofnung nicht! Verreise doch Morgen! Wir haben seit gestern das schönste Wetter und den besten Nordostwind. Du kömmst gerade mit dem Vollmonde. Ach, verreise ja! Nimm mir meine Hofnung nicht! Betrübe mich so nicht! Da ist der letzte Briefkuß! Ach komm!"[33]

Umgehend schrieb Klopstock zurück:

„Meine einzige, süsse Frau! Dein heutiger Brief hat mich sehr gerührt. Aber ehe ich mehr davon sage, muß ich von meiner Reise reden.

Dein Brief hat mich so sehr gerührt, daß ich heute nicht darauf antworten kann. Er hat mich nicht traurig, aber er hat mich wehmütig gemacht. Unser, unser Gott wird es mit uns machen, wie es seinem allerbesten Willen gemäß ist. Er ist der Allweise und der Allgnädige! ... Ach wie lieb habe ich dich, meine Einzige. Das verspreche ich Dir, daß ich keinen Augenblick, ohne die äusserste Nothwendigkeit, von dir kommen will. – Und dann, wenn uns Gott unser Kind gegeben hat, und, du kleine Mutter, um mich und das Kind herum bist – mich schwindelt, wenn ich mirs recht vorstellen will. – Ich muß schliessen. Mein ganzes Herz ist so ganz, so unaussprechlich dein!"[34]

Sicherlich spielten religiöse Bindungen noch eine wichtige Rolle, aber die emotionale Zuneigung vor allem band beide in der Ehe, ohne daß es allerdings bereits zu einer Absolutsetzung der Gefühle im Sinne der ‚romantischen' Liebe kam.

Bei diesen vier Beispielen ehelicher Liebe handelt es sich letztlich um Ausnahmefälle sozial hochstehender Leute mit einer entwickelten Begabung, sich zu artikulieren, doch zwei allgemeine Trends lassen sich an ihnen verdeutlichen: Einmal ist eine zunehmende Sensibilisierung der Gefühle festzustellen, die dann dazu führt, die Liebesbeziehung selbst zu thematisieren. Der Pietismus und die deutsche Bildungsbewegung ebneten dazu verschiedene Wege. Während Luther und Paumgartner mit ihren Ehegattinnen kaum über ihr Verhältnis sprachen – ihre ‚Gefühle' werden allein in Anreden und in der Art der Mitteilung alltäglicher Dinge deutlich –, beschreiben Francke und Klopstock bzw. ihre Frauen auch die Gefühle, die sie für den anderen hegen. Beide Paare hatten außerhalb der Konventionen zueinander gefunden. Zum anderen erfolgte eine allmähliche Säkularisierung des Liebesverhältnisses. Am offenkundigsten war dies bei Klopstock vollzogen. Keine Pflicht, kein christlicher Auftrag band beide, sondern das gemeinsame Gefühl, das Glücksempfinden, während Luther, Paumgartner, aber auch Francke ihre Ehen bzw. ihre Beziehungen in einen religiös-christlichen Zusammenhang stellten.

Daß alle vier Paare ein ‚erfülltes Eheleben' führten, lag sicherlich auch in der ökonomischen Abgesichertheit ihres Lebens, sosehr diese auf eigener Arbeit ruhte; nicht unwesentlich dafür war allerdings die ungewöhnliche Selbständigkeit der Frauen, die, obwohl sie politisch-sozial gesehen rechtlos und nur Ehe- und Hausfrauen waren, ihre Befähigung, Interessen und Leidenschaft voll ins Spiel brachten.[35]

Die Liebe spielte wohl immer eine große Rolle im Leben der Menschen; aber als ein besonderes Thema wurde sie außerhalb des kirchlich-religiösen Diskurses über den christlichen Ehestand vor der Romantik eigentlich kaum angesprochen. Ihre Wertung ist aufs engste verknüpft einerseits mit der Einschätzung der Sexualität, andererseits mit der der Frau.

Die frühneuzeitliche Gesellschaft, die Kirche wie aber auch die Aufklärer erheben allein die keusche, letztlich lustfreie Liebe zum Lebensideal für alle Menschen; obwohl sie durchaus unterschiedliche Liebesvorstellungen kannten: neben der ehelichen Liebe die leidenschaftliche und freundschaftliche sowie die ‚romantische' Liebe. Sie spiegelten allerdings nur bedingt die Wirklichkeit der Liebesverhältnisse wider.

Die eheliche Liebe gewann ihre Bedeutung durch die Lebens- und Arbeitsverhältnisse der Vormoderne. Deswegen wurde sie nicht nur von kirchlichen Vertretern, herrschaftlichen Ordnungskräften und aufklärerischen Philosophen als die vernünftige bzw. christliche Form der Geschlechterbeziehung propagiert, sondern auch von Volk und Ständen als die letztlich einzig akzeptable Form betrachtet. Die eheliche Liebe hatte an sich mit der modernen Liebe im Sinne einer erotisch-empfindsamen Intimbeziehung nichts gemein; sie war letztlich ein Verhaltensgebot aufgrund der Eheschließung und bildete nicht die Fortsetzung einer innigen Zuneigung, auf deren Basis eine Ehe geschlossen wurde. Die seelische Liebe gründete primär auf Solidarität und gegenseitiger Unterstützung der Partner zur Erhaltung des Besitzes, zur Ernährung und Fortpflanzung der Familie. Sie hatte weder etwas zu tun mit seelischer Hingabe noch mit Lustgewinn. Nicht nur die Kirche und die Obrigkeit warnten vor emotionaler Zuneigung und dem Wunsch nach sexueller Befriedigung in der Ehe, sondern auch die Aufklärer. Beispielsweise ließ Thomasius als Ehe nur „die menschliche vernünfftige Neigung, zwey Hertzen auff das festeste und stetswehrend miteinander zu verknüpfen, und durch eine keusche Vereinigung Kinder miteinander zu erzeugen" gelten, jedoch auf keinen Fall die „gaile Neigung zur Leibesvermischung".[36] Nicht nur dann, wenn sie unverheiratet waren, sondern auch in der Ehe sollten die Menschen ‚keusch' bleiben, d.h. alles auf subjektiven Lustgewinn gerichtete Verhalten unterbinden. Entsprechend spielte die Attraktivität des Partners ebensowenig eine Rolle wie Erotik und Sinnlichkeit. Nicht die individuellen Eigenschaften des Partners wurden geschätzt, sondern seine Fähigkeiten und moralischen Tugenden: Gottesfürchtigkeit, Sparsamkeit, Ordnungsliebe etc. Allein die eheliche

47. Freuden des Ehestandes, 18. Jh. Radierung v. D. Chodowiecki.

Liebe war die gesellschaftlich sanktionierte und damit auch legitime Form der Liebe.

Das krasse Gegenstück zur ehelichen Liebe stellte die ‚leidenschaftliche' Liebe dar. Sie bildete zwar auch für die Menschen der frühen Neuzeit einen ‚Wunschtraum', sonst wäre nicht so sehr vor ihr gewarnt worden. Durch eine derartige Leidenschaft konnten Standesgrenzen durchbrochen bzw. der Besitzstand gefährdet, vor allem aber ein christliches Leben verhindert werden. Paare, die sich leidenschaftlich liebten, wurden entweder für krank gehalten (Liebe macht blind) oder gar der Hurerei verdächtigt, weil sie anstelle der Vernunft die Wollust setzten. Im Zentrum der leidenschaftlichen Liebe standen nicht eine dauerhafte Hausgründung und das Aufziehen von Kindern, sondern Lustgewinn und individuelle Glückserfüllung. Deswegen konnte die leidenschaftliche Liebe zwar noch außerhalb der Ehe toleriert werden, aber aus der Ehe sollte sie auf jeden Fall verbannt sein. Eine Hausfrau sollte nicht sinnlich geliebt werden. Denn es war allgemeine Überzeugung, daß Leidenschaft vernünftiges Handeln ausschließe und damit die Sozialordnung gefährde. Dies legitimierte auch, mit allen Mitteln gegen die leidenschaftliche Liebe als eine niedere Form von Liebe vorzugehen.

In dem Maße, wie seit dem 16. Jahrhundert Sinnlichkeit und Körperlichkeit vor allem von seiten der Kirchen verteufelt wurden und dadurch auch die leidenschaftliche Liebe diskriminiert wurde, gewann als Pendant zu ihr die ‚freundschaftliche'/brüderliche/schwesterliche Liebe an idealem Wert. Freundschaft galt in elitär-intellektuellen Kreisen immer mehr als Liebe, deswegen stand die freundschaftliche Liebe weit über der leidenschaftlichen, aber auch über der ehelichen Liebe. Es handelt sich bei ihr um eine von inniger Zuneigung getragene, quasi vergeistigte Liebe, die nicht auf äußere Werte wie Attraktivität, sondern auf innere Tugendwerte orientiert war. Sie folgte zwar nicht unbedingt der ökonomischen Vernunft – darüber fühlte sie sich erhaben –, aber sie schloß vor allem alle Leidenschaften, sinnlichen Bedürfnisse etc. aus. Das bindende Moment war die ‚Seelenfreundschaft'. Ihre Aufwertung erfolgte vor allem durch Bewegungen, die den Kampf gegen die Leidenschaften in besonderem Maße als ihr Ziel definiert hatten: durch den Pietismus und die (deutsche) Aufklärung. „Es ist ganz gewiß, daß in der Freundschaft mehr Zärtlichkeit ist als in der angenehmen Raserei, die man eigentlich Liebe heißt; und das ist darum ganz natürlich, weil jene mehr eine Liebe der Seele und diese mehr eine Liebe des Leibes ist."[37] Da diese Liebe ein neues Verständnis der Frau voraussetzte, die ja der Freundschaft fähig sein mußte – Freundschaft war in der alteuropäischen Gesellschaft aber immer nur eine Männerangelegenheit gewesen –, fand die freundschaftliche Liebe Anhänger letztlich nur in elitär-intellektuellen Kreisen mit ihrem neuen Frauenbild, die sich dadurch sowohl von der derben Welt des einfachen Volkes wie der verdorbenen höfischen Welt absetzen wollten.

Die eigentliche Herausforderung für die alteuropäische Ordnung, jedenfalls auf lange Sicht, war nicht die ‚leidenschaftliche' bzw. ‚freundschaftliche' Liebe, sondern die sogenannte ‚romantische' Liebe; sie stellte das alte Muster der ehelichen Liebe erstmals völlig in Frage, die ja der emotional-intimen Zuneigung keine große Bedeutung beimaß und letztlich nur die Liebe akzeptierte, die die Hausgemeinschaft abzusichern half. Die ‚romantische' Liebe ist dadurch definiert, daß sie erstmals Intimität, Erotik, Sexualität und Liebe nicht mehr trennte. Ihre Verfechter wollten nicht länger von einer ehelichen Beziehung sprechen, wenn die Liebe als ihre Voraussetzung nicht mehr gegeben war, und damit gaben sie der Ehe als Institution eine ganz neue Definition. Ansätze einer ‚romantischen' Liebe, die vor allem nicht mehr den Gegensatz von Sinnlichkeit und Freundschaft, Leidenschaft und Vernunft, Leib und Seele akzeptierte, gab es bereits in der literarischen Bewegung der Aufklärung. Sie war ein Affront gegen die ganze christliche Tradition. Aber zu einem neuen Verhaltensmuster wurde sie erst in den Kreisen der sogenannten Romantik, aber auch nur hier.[38]

Die ‚Normalität' des frühneuzeitlichen Ehelebens ist nicht leicht zu fassen. Das gilt sowohl für die eigentlichen ‚Liebes'-Beziehungen wie auch

48. *Die Erziehung zum braven Ehemann. Satirisches Flugblatt von 1550.*

für die Ehekonflikte, die alltäglich zu bewältigen waren. Aktenkundig wurden ‚kleinere' Streitigkeiten nur in Fällen, die das jeweilige Maß der ‚Normalität' überschritten, wobei je nach Erfahrung und Perspektive die Normalität anders bewertet werden konnte. Ein Bauer beurteilte alltägliche Ehestreitigkeiten sicherlich anders als ein pietistischer Pfarrer. In der Regel wissen wir erst von solchen Fällen, wenn ein Ehepartner Klage erhob – und das brauchte nicht immer der Mann zu sein, sondern gleiches Recht stand auch den Frauen zu –, oder Nachbarn skandalöse Zustände vor das geistliche bzw. weltliche Gericht brachten, da sie die Ordnungsvorstellungen eines Dorfes oder einer Kirchengemeinde berührten. Vor allem aber waren es kirchliche Instanzen, die seit der Reformation zunehmend ein Auge auf das Eheleben warfen und Abweichungen von der einträchtigen christlichen Ehe als sündhaftes Verhalten anprangerten. Am weitesten gingen dabei reformierte Konsistorien, die mit ihren Hausvisitationen eine regelrechte Kontrolle ausüben konnten, aber auch Einblick gewannen in andere Lebensverhältnisse und deswegen keineswegs immer so rigoros urteilten, wie man zumeist annimmt.[39] Wenn wir die Ehekonflikte, soweit sie heute quellenmäßig faßbar sind, untersuchen, müssen wir bei ihrer Beurteilung bedenken, daß sie in den alteuropäischen Wertstrukturen von anderer Bedeutung waren als heute, so sehr es womöglich formal um dasselbe Problem ging. In einer ‚Knappheitsgesellschaft' werden Probleme anders thematisiert und verarbeitet als in einer ‚Überflußgesellschaft'.

Die Dauer einer Ehe war aufgrund der allgemein hohen Sterblichkeit im Vergleich zu heute durchschnittlich recht kurz.[40] Unter diesen Rücksichten gab es auch geringere Reibungsflächen in der Ehe. Dennoch kam es zu Belastungen, die sich gerade aus der Unkenntnis des anderen Partners ergaben. Gewalttätigkeiten waren nicht selten. Da ja nicht die individuellen Eigenschaften eines Partners die Partnerwahl bestimmten, kamen unterschiedlichste Charaktere und Mentalitäten zusammen, die häufig Mühe hatten, miteinander auszukommen. Schließlich spielte der oft beträchtliche Altersunterschied eine Rolle. Alle diese Faktoren müssen wir in einem Zusammenhang sehen, voreilige Vergleiche mit heute sind bedenklich. Konflikte, die sich vor allem aus der Diskrepanz von öffentlicher Arbeit (Beruf) und privatem Ehe-(Familien-)leben ergeben, sind der vormodernen Welt unbekannt, sie entstehen erst zu Ende des 18. Jahrhunderts mit dem Bürgertum.

Aber Streitigkeiten und Konflikte aufgrund der fehlenden emotionalen Zuwendung in der patriarchalischen Familienordnung gab es kaum; jedenfalls werden sie in den Quellen nicht thematisiert. Das bestehende Familiensystem mit seinem Rollenverständnis und seinen Ausgrenzungsstrategien wurde prinzipiell nicht in Frage gestellt, jedenfalls nicht vor dem Ende des 18. Jahrhunderts und dies auch nur in bürgerlichen Kreisen. Klassische, immer wieder genannte Konfliktfälle, die das Zusammenleben belasteten, ja

49. Der unterjochte Ehemann („Aristoteles und Phyllis"), 16. Jh. Holzschnitt v. Hans Burgkmair.

eine Ehe auseinanderbrechen ließen, waren vor allem Gewaltanwendung, Vergeudung bzw. Verschwendung von Vermögen und Eifersucht bzw. Ehebruch von seiten eines Partners.[41] Eine häufige Klage von seiten der Frau war die Gewalttätigkeit des Hausvaters bei kleinsten Auseinandersetzungen. Zwar war ‚Gewalt' eine fast normale Angelegenheit zwischen den Menschen; auch stand dem Hausherrn im Prinzip ein gewisses Züchtigungsrecht zu, nicht nur gegenüber Kindern und Gesinde, sondern auch gegenüber seiner Frau. Doch durfte vor allem das Schlagen nicht ein bestimmtes Maß überschreiten, denn das bedrohte den Hausfrieden und verletzte die Ehre des Hauses. Einer Anzeige wegen Gewaltanwendung in der Ehe ging das Ehegericht, aber auch das Strafgericht zumeist nach. Es gibt nicht wenige

Fälle, bei denen ein Hausvater erhebliche Strafe zahlen mußte. Eine Frau war nicht so der Gewalt des Hausherrn ausgeliefert, wie die Literatur es annimmt. Die Frau durfte allerdings nicht zurückschlagen, was im 16. Jahrhundert trotzdem gar nicht so selten geschah. Im 18. Jahrhundert gehen solche Fälle allerdings zurück, denn ein Sich-Wehren galt nicht nur als Verletzung des Hausherrnrechts, sondern widersprach überhaupt der christlich-aufklärerischen Moralvorstellung, nach der eine Frau zwar nicht rechtlos war, aber ihr Recht nicht selbständig durchsetzen durfte.

Häufig gab es Streitigkeiten bzw. Schwierigkeiten wegen Vergeudung bzw. Verschwendung von Vermögen und Geld. Diese Klage ging gleicherweise vom Hausherrn wie von der Hausfrau aus, oft in Verbindung mit einer Klage über schlechte Haushaltsführung, obwohl zumeist der Hausherr allein das Recht zur Veräußerung des Vermögens hatte. Auch hier müssen wir einerseits bedenken, daß der vormoderne Haushalt nicht nach dem modernen Gesetz der Sparsamkeit arbeitete – das Ideal der sparsamen Hausfrau entsteht erst im 16., dann verstärkt im 18. Jahrhundert –, man lebte zumeist mehr oder weniger von der Hand in den Mund und war jederzeit bereit, zu bestimmten Anlässen, etwa bei Festen, alles auszugeben, was man hatte. Verschuldetsein war im vormodernen Haushalt offensichtlich etwas Normales. Andererseits handelt es sich bei der Hausökonomie um eine Knappheitswirtschaft, kleinste Luxusausgaben konnten einen Haushalt so anspannen, daß darunter die Ernährung der Hausgemeinschaft empfindlich litt, selbst in der bäuerlichen Welt. Die nichthaushälterische Frau wie der durch Spiel oder Trunksucht verschwenderische Mann geben häufig Anlaß für Klagen, die das Gericht zumeist ernst nimmt. Schließlich gab es oft Konflikte wegen Eifersucht bzw. Ehebruch. Anlaß gaben sowohl Männer wie Frauen, wobei allerdings bei Männern mehr Nachsicht geübt wurde als gegenüber Frauen; diese berührten durch einen Ehebruch die Hausherrschaft insofern, als einerseits die Hausehre verletzt, andererseits die mangelnde Hausgewalt des Herrn dokumentiert wurde. Die Unehrenhaftigkeit der Frau fiel auf den Mann zurück. Die relative Häufigkeit des Ehebruchs in der frühneuzeitlichen Gesellschaft, vielleicht am stärksten im 16. Jahrhundert, erklärt sich zum einen aus der Tatsache, daß selten aus Liebe und Zuneigung geheiratet wurde, zum anderen Männer und Frauen einen im Vergleich z. B. zum 19. Jahrhundert weit freieren Umgang miteinander hatten, und schließlich Ehebruch für die Breite der Bevölkerung nicht die moralische Katastrophe war wie für die Kirchen. Diese wollten ja gerade durch die Bekämpfung von Ehebruch – ebenso von Gewalt und Verschwendung – ihre neuen Ordnungsvorstellungen durchsetzen.

Dabei war ein Ehebruch weitgehend kriminalisiert, und das nicht erst seit dem 16. Jahrhundert.[42] Allerdings hing dies von der jeweiligen sozialen Stellung ab. Außerdem spielte es eine Rolle, wie häufig er geschah und mit welchem Partner jemand ein Verhältnis einging; sträflicher galt es jedenfalls,

50. Der belauschte Ehebruch, Ulmer Holzschnitt um 1500.

mit einer ebenfalls verheirateten Person Ehebruch zu begehen, als mit einer unverheirateten. Die meisten Fälle drangen wohl kaum an die ‚Öffentlichkeit', vor allem wenn es zu einer innerehelichen Regelung bzw. Schlichtung kam. Anders war es, wenn ein Ehepartner den anderen vor Gericht anklagte. In einfachen Fällen erfolgte eine Kirchenbuße bzw. -strafe, in schweren eine öffentliche Bestrafung am Pranger, die oft mit einem Landesverweis verbunden war. Für eine Frau bedeutete dies zumeist den Tod. Eine Heirat ehebrecherischer Partner wurde nicht erlaubt, auch wenn eine Scheidung erfolgt war. In manchen Ländern (Sachsen) war bei Ehebruch sogar die Todesstafe angedroht. Ein extremer Fall sei besonders hervorgehoben. Ein Ratsherr und Viehdoktor im Amt Zug (Schweiz) wurde 1767 wegen wiederholten Ehebruchs zum Tode verurteilt, aber nach Fürsprache vieler Freunde begnadigt. Als Strafe bestand der Rat allerdings darauf, daß der Schuldige lebenslang einen Bauernrock mit einem abgewetzten Hut tragen und immer ehr- und wehrlos bleiben sollte, er ferner nach Einsiedeln wallfahren, einen Beichtzettel mitbringen und ein Jahr lang alle Monate beichten und dies auch durch weitere Beichtzettel bezeugen lassen sowie vier Sonntage nacheinander mit Rute und Kerze vor der Kirchentür stehen sollte. Schließlich sollte er lebenslang Wirtshäuser meiden, ein ganzes Jahr alle Gottesdienste und Predigten auf seinem Stuhl frequentieren und die Nächte nur aus Berufsgründen außer Haus verbringen. Der Ratsherr war nicht bereit, diese Ersatzstrafe anzunehmen, sondern floh aus der Eidgenossenschaft.[43]

Im Fall eines Ehekonfliktes war es üblich, bei der Verwandtschaft oder Nachbarschaft um Hilfe zu bitten, da diese auch selbst Interesse daran hatte, den Hausfrieden bald wiederhergestellt zu wissen, denn Ehestreitigkeiten konnten auch die Ehre der Verwandtschaft oder der Nachbarschaft beflekken. Falls dies nichts nützte, wurde in schweren Fällen die Obrigkeit angerufen. Denn Ehekonflikte waren in der vormodernen Gesellschaft keine rein private Angelegenheit eines Ehepaares. Zwar gab es in protestantischen Ländern seit der Reformation Scheidungsmöglichkeiten, aber Kirche und Obrigkeit zögerten sehr, eine Scheidung auszusprechen. In der Brandenburgischen Polizeiordnung von 1688 heißt es:

„Ob wohl an sich selbst Christlich und Gottes Befehl gemäß ist, daß die Eheleute in erbaulicher Einigkeit mit einander leben sollen; So träget sich doch öfters zu, daß eines gegen das andere, oder sie beyde gegen einander, großen Unwillen, Neid, Haß und Zorn fassen, und sich dessen in der That vermercken lassen, wordurch beyde Eheleute einander am Gebete hindern und wehe thun, die Hertzen abfressen, sich in ihrer Nahrung schaden und allerhand Ungelegenheiten zuziehen. Dieweil wir aber dergleichen zu gestatten durchaus nicht gemeinet; So befehlen wir ... vornehmlich unserer Regierung und Consistorio ... daß sie allen möglichen Fleiß anwenden sollen, solche in Streit und Verbitterung lebende Eheleute, auch, wo nöthig, durch Beysteckung oder andere zureichende Straffen, in eheliche gute Freundschafft zubringen, auff daß das Band der heiligen Ehe nicht zertrennet werde ... Würde aber die Versöhnung, wie fleißig und öffters auch dieselbe versuchet worden dennoch nicht verfangen, auch die Straffen nicht geachtet werden. So sollen auff solchen Fall, unsere Regierung und Consistorium hiermit befehliget seyn, solche unversöhnliche Ehegatten, vom Tische und Bette, auff gewisse Zeit zu scheiden, ob sie sich immittelst eines bessern besinnen, und einander Christlich und friedlich, wie rechtschaffenen Ehegatten gebühret, hiernechst mit gebührender Bescheidenheit und guter Vernunfft beywohnen wolten.“[44]

Während die katholische Kirche überhaupt keine Scheidung erlaubte, höchstens eine Trennung, aber keine Wiederverheiratung gestattete, machte der Protestantismus erstmals eine Scheidung möglich.[45] Damit wollte er

51. Das Ehepaar vor dem Richter. Holzschnitt von 1553.

keineswegs die Eheschließung abwerten, im Gegenteil, gerade die protestantische Kirche erhöhte den moralischen Wert der Ehe. Auch gab es nur eine begrenzte Zahl von Gründen, eine Ehe wieder zu scheiden bzw. eine Wiederheirat zu erlauben. Es waren dies vor allem das böswillige Verlassen, unheilbare Krankheiten, Impotenz und insbesondere der Ehebruch.[46] Da aber der Ehebruch eine einfache Möglichkeit bot, einen unliebsamen Partner überhaupt loszuwerden, erfolgte gerade bei dieser Klage eine langwierige Untersuchung. Wie schwer in früher Zeit eine Scheidung zu erreichen war, zeigt der Fall Dietz. Hier gab allerdings nicht ein Ehebruch Anlaß zur Klage, sondern ein ununterbrochener Streit, der schon Stadtgespräch war. Zwar gibt es keine nähere Untersuchung über dieses Problem, aber alle Indizien weisen darauf hin, daß insgesamt die Zahl der Ehescheidungen in der frühen Neuzeit relativ gering war. Einmal zögerte die Obrigkeit natürlich, den Wünschen von Scheidungswilligen zu entsprechen und wies sie oft zurück mit der Mahnung, künftig sich besser zu vertragen, zum anderen

Tabelle 1: Scheidungsverfahren vor dem Hofgericht Zweibrücken (1558–1589)[47]

Scheidungsgründe	Fälle	Klage des Ehemannes	Klage der Ehefrau	Klage anderer	Scheidung	keine Scheidung	Entscheidung offen
Abwesenheit eines Ehepartners	61	24	23	12	35	6	20
Ehebruch	10	7	2		5	3	2
Verschwiegene Schwangerschaft der Frau durch außerehelichen Geschlechtsverkehr	6	6			3	3	
Impotenz	4		3		2	1	1
Landesverweis	2		1	1	1		1
Krankheit	2	2				2	
ohne Angaben	2	1		1			2
Uneinigkeit	1	1				1	
Erzwungene Ehe	1				1		
Scheidung von Ehen ohne Kirchgang (Verlobungen)	12	3	5	1	5	3	4
	101	44	34	15	52	19	30

bedeutete eine Ehescheidung für den Schuldigen, wenn keine Wiederverheiratung anstand, einen bedeutenden Ehrverlust, wenn nicht ohnehin unmittelbar eine Strafe folgte. Eine Auswertung der Scheidungsanträge, die dem Hofgericht in Zweibrücken in den Jahren 1558–89 und dem Hofgericht in Karlsruhe 1760–71 vorlagen, gibt interessante Aufschlüsse. Die meisten Anträge wurden wegen langjähriger Abwesenheit eines Ehepartners gestellt, dann erst folgt als Scheidungsgrund der Ehebruch. Zumeist wurden die Anträge genau geprüft, aber nur zum Teil wurde eine Scheidung akzeptiert. Nicht minder aufschlußreich ist, daß sowohl Ehemänner wie Ehefrauen gleicherweise Anträge gestellt hatten; während in Zweibrücken allerdings die Zahl der klagenden Männer größer war als die der Frauen, verhielt es sich später in Karlsruhe umgekehrt.

Erst mit der Säkularisierung des Eherechts im 18. Jahrhundert änderte sich diese Praxis zögernder Scheidungssprüche; wenn die Zahl der Scheidungen vor allem im Bürgertum dann anstieg, war dies in erster Linie eine Reaktion auf das traditionelle Heiratsmuster: aus Versorgungsgründen statt aus Liebe zu heiraten bzw. nicht den eigenen Wünschen zu folgen, sondern

Tabelle 2: Scheidungsverfahren vor dem Hofgericht Karlsruhe (1760–66/1769–71)[48]

Insgesamt 176 Fälle, davon 77 Scheidungen

Scheidungsgründe	Fälle	Klage des Ehemannes	Klage der Ehefrau	Scheidung	keine Scheidung	Versöhnung	Trennung von Tisch und Bett	Entscheidung offen
Ehestreit	74	17	32	7	26		30	11
Abwesenheit eines Ehepartners	48	11	36	36		2		10
Ehebruch	33	17	16	24	2	5		2
Landesverweis/ Zuchthaus	5	1	4	3	2			
Verschwiegene Schwangerschaft der Frau durch außerehelichen Geschlechtsverkehr	5	4		1	2	2		
Krankheit	3	2	1	2	1			
Impotenz	3		3	1	1		1	
Zuchthaus-strafe befristet	2		2				2 (nach Entl.)	
ohne Angaben	3		1	3				
	176	52	96	77	34	9	33	23

den Eltern zu gehorchen, das war mit dem geänderten Bewußtsein immer schwerer zu vereinigen.[49]

Aus der Vielzahl von Ehescheidungsfällen des späten 18. Jahrhunderts sei der bekannteste Fall erwähnt, weil er zugleich die Problematik und Tragödie eines bürgerlichen Eheverhaltens aufzeigt, das zwar auf dem neuen Fundament einer sinnlichen Liebe gründete, aber durch die Aufrechterhaltung traditioneller Rollenmuster (Mann-Frau) in Widersprüche geriet: Es geht um die Ehegeschichte des Dichters und Professors Gottfried August Bürger in Göttingen.[50] Bevor er 1790 Elise Hahn kennenlernte und heiratete, war er bereits zweimal verheiratet gewesen. Die erste Ehe war er mit Dorette Leonhart eingegangen, zugleich hatte er sich aber in deren jüngere Schwester Molly verliebt. Jahrelang lebten sie in einer Dreierbeziehung, die seinen skandalösen Ruf begründete, zumal er aus seiner Lebensweise in Liebes- und Klageliedern keinen Hehl machte. Nachdem seine erste Frau nach einer Geburt gestorben war, heiratete er seine Schwägerin Molly, aber auch sie starb schon ein halbes Jahr später ebenfalls nach einer Geburt (1786). Der

52. Ehescheidung im 16. Jh. Holzschnitt v. Hans Weiditz.

damals 39jährige hatte daraufhin einige anrüchige Liebschaften, die er alle in seinem Tagebuch vermerkte, bis er auf eine recht merkwürdig-romantische Weise seine dritte Frau Elise Hahn kennenlernte. Elise Hahn war viel jünger als er, 20jährig, als sie als Verehrerin von Bürger ein anonymes Gedicht an ihn veröffentlichte und darin ihre Liebe zu ihm bekannte. Elise hatte sich in ihre Vorstellung des ‚lyrischen Ichs' in Bürgers Gedichten verliebt, die sie mit Bürger selbst gleichsetzte. Bürger entflammte dies Bekenntnis so sehr, daß er ihren Namen auskundschaftete und dann um ihre Hand anhielt. Zwar hatte er in einem umfänglichen Brief seinen Charakter, seine Stärken und Schwächen dargestellt und nichts aus seinem früheren Leben verheimlicht, aber um sich persönlich kennenzulernen, nahmen sie sich beide keine Zeit. Auf die Eheschließung folgten berauschende Tage und Nächte, über die Bürger unverblümt berichtet, bis er in Göttingen bereits nach einem Jahr Ehe entdecken mußte, – was bereits Stadtgespräch war – daß seine Frau nicht nur mit jungen Leuten ein ‚frivoles' Leben führte, sondern auch mehrere Liebschaften hatte. Verletzt in seinem männlichen Stolz und in Sorge um seinen Ruf im kleinbürgerlichen Göttingen, zog er sie zur Rechenschaft und klagte sie an, die Pflichten als Gattin, Hausfrau und Mutter nicht ernst zu nehmen. Über die ‚unglückliche Liebe' sind wir ausführlich unterrichtet durch ein Schreiben Bürgers an seine Schwiegermutter vom 3. Februar 1792, in dem es gleich zu Anfang heißt: „Schmerzlich, gute Mutter, schmerzlich ist es mir, daß ich Ihre Tochter so schwer anklagen – daß ich mich von ihr scheiden muß. Sie ist ein verschwenderisches, üppiges, heuchlerisches, verbuhltes und ehebrecherisches Weib."[51] Elise Hahn galt als hübsch, artig, witzig und gesprächig, kleidete sich kostbar und geschmackvoll; sie hatte mehr ein „theatralisches wie häussliches Ansehen". Schauspielerische Befähigungen zeigten sich bereits in jungen Jahren. Vor allem aber war sie eine selbstbewußte Frau mit einem ebenso stark ausgebildeten künstlerischen Bewußtsein wie Bürger, so daß sie sich in die letztlich traditionellen Erwartungen Bürgers an eine Ehefrau nicht fügen wollte und konnte. Es ging ihr nicht um ein ruhiges geborgenes Leben der Pflichterfüllung, sondern um Erfüllung eines Glücksanspruchs. Ihre alltägliche Gewohnheit, sich mit jungen Leuten zu vergnügen, wurde zu einem Stadtskandal. Obwohl Bürger und mit ihm seine ganze Bekanntschaft Elise die ganze Schuld für die unglückliche Ehe aufluden, wäre es doch zu einfach, die Frau allein zu verurteilen, denn ihr Verhalten war eine Reaktion auf eine Enttäuschung. Mitschuldig war ebenso Bürger, denn zwischen dem, was er laut propagierte und seinem konkreten Verhalten, gab es eine beträchtliche Diskrepanz. Er machte ihr zum einen Vorhaltungen darüber, daß sie dem Haushalt nicht gut vorstehe und verschwenderisch mit seinem Geld umgehe. „Einer guten Hausfrau gebührt es durch die ganze Welt, auf Küche, Keller, Vorrathskammer, kurz, auf alles zu achten, was sie im Hause hat, damit sowohl die Consumtibilien gehörig zu Rath gehalten, als auch andere Sachen so lange erhalten werden, wie möglich. Es liegt der Hausfrau nicht sowohl an, Geld zu erwerben, als vielmehr, das vom Manne erworbenen Geldes in allen, auch noch so geringfügigen Stücken möglichst zu schonen."[52] Dann warf er ihr fehlende Mütterlichkeit vor. „Selbst gute und billige Personen, die dir alle deine übrigen Thorheiten zu übersehen geneigt sind, können dir doch das nicht verzeihen, daß du dein erstes und einziges Kind so deiner unerhörten Eitelkeit, so deinem übermäßigen Hange zu schwärmenden und lärmenden Vergnügungen aufzuopfern im Stande warest."[53] Schließlich vermißte er in ihr eine gute Gattin: „Was für Erleichterung meines mühseligen Lebens habe ich von dir? ... Worinn zeigst du dich sonst für meine Bedürfnisse aufmerksam? Ein Handtuch muß ich zehen Mahl fodern, anstatt daß es ungefodert gereicht werden sollte... Gibt es einen dünkelhafteren, superklügeren, eigenliebigern, prätensionsvolleren Haberecht als dich?"[54] Vor allem waren es die hundert Frivolitäten und Kindereien mit jungen Leuten, die ihn in seiner Reputation kränkten und schließlich so mißtrauisch machten, daß er alle ihre Treffen kontrollierte und sogar ein Loch durch die Tür bohrte, um ausreichende Scheidungsgründe zu finden.

Elise Hahn, die Frau Bürgers, leugnete ihre Fehlerhaftigkeit nicht. Ihre Antwort auf die Vorwürfe ihres Mannes ist aber nicht minder aufschlußreich und wirft Licht auf ihre schwierige Situation, sich mit ihrem Liebesanspruch zurechtzufinden. Denn unmittelbar nach der Eheschließung entdeckte sie, wie unterschiedlich ihre Charaktere waren und wie groß die Diskrepanz zwischen ihren eigenen hohen Begriffen von Liebe und dem Benehmen Bürgers ihr gegenüber war. Unnachgiebig bestand er immer auf seinem Recht. Statt sich dem Schicksal einer unbefriedigenden Ehe zu fügen, wollte sie ihr eigenes Leben leben. „An meinem Hause fand ich kein Vergnügen; das heißt, bey dem, der das Haupt desselben ausmachte; also suchte ich's in andern Dingen. Dabey ist es, dünkt mich, sehr natürlich, daß ein junges Weib von 21 bis 22 Jahren nicht immer allein zu Haus sitzen kann, besonders, wenn nichts ist, was sie an das Haus fesselt, – aus Liebe fesselt."[55] Auch die Geburt eines Sohnes half über die Situation nicht hinweg, im Gegenteil. Als Bürger ihr dankte für den Sohn, „den du mir gebarest", fühlte sie sich in ihrer Existenz überflüssig: „Freude über den Sohn war wohl da, egoistische Freude; aber kein Wort für's arme Weib." Zwar versuchte sie es später noch einige Male, sich „in deine Liebe" zu drängen, „die Versuche waren fruchtlos. Jetzt mach' ich keine mehr; – Liebe habe ich nicht mehr für dich".[56] Elise Hahn hatte klar ihre Situation erkannt. Als sie sich in den Grafen von Hardenberg verliebte, mit ihm korrespondierte, ihn heimlich traf und duzte, was Bürger als geradezu „buhlerisch" bezeichnete – in der Regel duzten sich Paare erst nach der Verlobung –, stimmte sie in die von Bürger beantragte Scheidung ein. Nur eine Bitte hatte sie, ihrer Mutter nicht vom Vorgefallenen zu berichten, aber das tat Bürger doch. Sein Brief an die Schwiegermutter, in dem er alles über seine Ehe berichtete, wurde wenig später sogar publiziert.

Elise Hahn zog aus dem Hause aus; ohne jemals wieder sich zu verheiraten, schlug sie sich recht und schlecht als Schauspielerin durch. Für eine schuldig geschiedene Frau gab es um 1800 noch kaum eine Chance zum Überleben, es sei denn, sie kehrte etwa zu ihrer Mutter zurück. Diese grundsätzlichen Schwierigkeiten besserten sich erst, als es mehr Berufsmöglichkeiten für Frauen gab.

3. Sexualität

Unmittelbar verknüpft mit der Institution der Ehe und den Geschlechterbeziehungen in der frühen Neuzeit ist das Problem der Sexualität.[1] Diesen Zusammenhang aber ausreichend zu analysieren, stößt auf Schwierigkeiten, die eingangs benannt werden müssen.

Unabhängig davon, daß es den Begriff der Sexualität erst seit dem 18. Jahrhundert gibt, d.h. daß es in den frühneuzeitlichen Quellen eine einheitliche Bezeichnung nicht geben kann, müssen wir uns davor hüten, Sexualität allein als eine biologische bzw. natürliche Äußerung zu beurteilen. ‚Sexualität' tritt immer, so weit wir auch zurückgehen, als eine von Menschen geformte Sexualität, als ein kulturelles Phänomen auf, das ebenso wie andere Handlungen einem Wandel unterliegt. Sie kann ausreichend nur untersucht werden im Zusammenhang der Einstellung zum Körper einerseits, zum Komplex von Liebe und Erotik, Sinnlichkeit und Intimität andererseits, sosehr gerade die frühe Neuzeit Liebe und Sexualität trennte.

Außerdem vollzog sich ohne Zweifel vom 16. zum 18. Jahrhundert ein grundlegender Wandel im Verhältnis zur Sexualität, der wesentlich verursacht wurde durch die sozialdisziplinierende Moralpolitik des frühmodernen Staates und der Kirchen.[2] Dabei treffen zwei komplexe Prozesse aufeinander. Einmal erfolgte eine umfassende Tabuisierung des Sexuellen: während im 16. Jahrhundert noch relativ frei und offen über sexuelle Themen gesprochen wurde, spielten sie im 18. Jahrhundert nur noch unterschwellig eine Rolle. Dies korrespondiert mit einer zunehmenden Verachtung und Verhüllung des Körpers.[3] Während im 16. Jahrhundert noch öffentlich und nackt oder leichtbekleidet gebadet wurde, wäre dies im 18. Jahrhundert kaum mehr vorstellbar gewesen. Zum anderen erfolgte in diesem Zeitraum eine Unterdrückung aller sinnlich-erotischen Wünsche und Ausdrucksformen. Sexualität wurde offiziell nur toleriert im Rahmen der kirchlich abgesegneten Ehe. Während im 16. Jahrhundert voreheliche Sexualität, natürlich unter der Perspektive späterer Verehelichung, vor allem in der bäuerlichen Welt zur Normalität zählte, war sie im 18. Jahrhundert weitgehend diskriminiert.

Trotz einiger offenliegender Tendenzen ist die Entwicklung vom 16. zum 18. Jahrhundert nicht ohne Widersprüche. Denn im 16. Jahrhundert gab es noch einen sehr freizügigen Umgang miteinander. Es fehlte jede Prüderie, sexueller Verkehr war außerhalb der Ehe nicht ungewöhnlich, das Baden war ein geselliges Ereignis, Freudenhäuser eine öffentliche Einrichtung und die Sprache war oft derb und erotisch[4], Männer und Frauen lebten auf engstem Raum zusammen. Zugleich aber wurde jede sexuelle Normübertretung rigide unterbunden. Das sittliche Verhalten unterlag strenger Kontrolle von seiten der Familien, der Burschenschaften, der Zünfte und der Kirche, wenn auch mit unterschiedlichen Moralvorstellungen. Außer Prostitution wurden außereheliche Sexualität, Ehebruch, Sodomie etc. streng bestraft, interessanterweise im 16. oft schärfer als im 18. Jahrhundert.[5] Für ein insgesamt strenges, wenn auch nicht unbedingt kirchlich moralisches Verhalten spricht auch die geringe Zahl von unehelichen Kindern in der frühen Neuzeit, obwohl zugleich die Gelegenheit für außereheliche Beziehungen in dieser kleinräumigen Gesellschaft entschieden größer waren als im 19. Jahrhundert. Dieser Widerspruch ist nur zu lösen, wenn wir zum einen eine beträchtliche Diskrepanz zwischen kirchlich-staatlichem Moralanspruch und realer Wirklichkeit annehmen, zugleich von unterschiedlichen Normen in der ländlichen Gesellschaft, im Bürgertum und im Hofleben ausgehen. Zum anderen müssen wir die voreheliche von der außerehelichen Sexualität unterscheiden, die beide im Zusammenhang der Durchsetzung kirchlicher Eheschließung und der Unterdrückung jeglicher nicht-ehelicher Sexualität von seiten des Staates wie der Kirchen gleicherweise diskriminiert wurden. Nur so löst sich auch annähernd das im folgenden erläuterte Phänomen der sogenannten Illegitimität.

Über die voreheliche Sexualität ist bisher am besten geforscht worden.[6] Während lange die Anzahl illegitimer Geburten in der Vormoderne erstaunlich gering blieb, kam es seit der zweiten Hälfte des 18. Jahrhunderts zu einem raschen Anstieg, der dann im 19. Jahrhundert einen bis dahin nicht gekannten Höhepunkt erreichte. Vor allem in den Alpenregionen machten uneheliche Geburten bis zu 40–45 % aller Geburten aus. Daraus eine steigende Unsittlichkeit vor allem auf dem Lande abzulesen, wie die Kirchen dieses Phänomen zu erklären suchten, oder von diesem Verhalten bereits auf eine sexuelle Revolution in den Unterschichten zu schließen – wir kennen diese Diskussion aus der Forschung –, ist höchst problematisch.[7] Die steigende Zahl von unehelichen Geburten seit dem späten 18. Jahrhundert hat weder mit einer sexuellen Emanzipation von Frauen zu tun noch mit einem besonderen Sittenverfall durch einen Zusammenbruch des kirchlichen Normensystems, sondern mit der Tradition vorehelicher Sexualität, die nun anders bewertet wurde. Was lange vor allem in der ländlichen Gesellschaft als ‚normal' und ‚ehrenhaft' galt, wurde von der Kirche zu illegitimem Verhalten umdefiniert. Illegitimität und Legitimität sind Begriffe der Kirche und der Obrigkeit, die z.T. konträr zum Wertesystem der ländlichen Gesellschaft standen; nicht daß die vormoderne Gesellschaft nicht auch strenge Maßstäbe kannte, aber ihre Moral unterschied sich beträchtlich von derjenigen der Kirchen.[8]

Die traditionelle ländliche Gesellschaft orientierte sich am Eheversprechen bei dem sogenannten Verlöbnis als dem eigentlichen Akt, nach dem sexuelle Beziehungen statthaft waren.[9] Wurden diese Beziehungen fruchtbar, galt das Kind zwar offiziell als unehelich, für die ländliche Gesellschaft selbst hatte dies aber an sich nichts Unehrenhaftes an sich, wenn dabei die Versorgung der ‚Familie' gesichert war. Meistens auch folgte einer Schwangerschaft die kirchliche Einsegnung bzw. Trauung; sie diente zur Legitimierung durch die Kirche, auf die auch die bäuerliche Gesellschaft seit dem 17. Jahrhundert zunehmend Wert legte. Sie folgte deshalb aber noch lange nicht dem Gebot der vorehelichen Enthaltsamkeit, im Gegenteil, wenn wir uns die hohe Zahl der unmittelbar auf eine Trauung folgenden Geburten vergegenwärtigen, dann überrascht, wie wenig die kirchlichen Gebote eingehalten wurden, obwohl später für unsittliches Verhalten dieser Art Geldbußen bezahlt werden mußten. Aber nicht nur die Gewohnheit vorehelicher Sexualität in der ländlichen Gesellschaft selbst ist hervorzuheben, sondern auch, daß Sexualität vor der Ehe nicht gleichzusetzen ist mit sexueller Freizügigkeit unter den Ledigen eines Dorfes. Es gab zwar ausreichend Möglichkeiten, sich kennenzulernen, auch unter vier Augen – was in der späteren bürgerlichen Welt unter allen Umständen verhindert wurde –, selbst nächtliche Besuche von Männern bei ledigen Frauen im sogenannten Nachtfreien waren bekannt und toleriert; aber geschlechtlich durften ledige Frauen sich mit einem ledigen Mann erst einlassen, wenn sie sich einander versprochen hatten. Dies war auch zeitlich nicht beliebig, alle Hinweise deuten darauf, daß die Ledigen dem Muster der ‚späten Heirat' sich anpaßten, d. h. sexuelle Beziehungen sowieso erst aufnahmen, wenn eine Verheiratung geplant war.[10] Zwar wurde Sexualität vor der Ehe von seiten der Kirche und der weltlichen Obrigkeit als unsittlich kriminalisiert, aber für die ländliche Gesellschaft war die Praxis des Nachtfreiens – in manchen Regionen gab es sogar Probenächte und Probeehen – ein mit ihrer Moralvorstellung vereinbares, einwandfreies Verhalten. Sexuell verkehren durfte bei den nächtlichen Besuchen eine Frau nur mit dem Mann, für den sie sich entschieden hatte und mit dem sie sich bei einer anfälligen Schwangerschaft zum nächstmöglichen Termin auch verehelichen wollte. Aus vielen erhaltenen Leichtfertigkeitsakten können wir entnehmen, daß oft Männer sich im Fall einer Schwangerschaft der Heirat entziehen wollten. Aber wenn vor Gericht ein Heiratsversprechen bzw. die Übergabe eines Ehepfandes nachgewiesen wurde, konnte der Mann mehr oder weniger gezwungen werden, die von ihm schwangere Frau zu heiraten.[11] Diese Klage mußte eine Frau zur Erhaltung ihrer Ehre führen, auch wenn sie sich durch die Bekanntgabe ihrer ‚Leichtfertigkeit' vor Gericht bloßstellte und für ihre ‚Untat' öffentlich vor allem mit Geldbußen oder kirchlichen Strafen belegt wurde, denn eine andere Möglichkeit hatte sie nicht, zu ihrem Recht zu kommen.[12] Aber auch der Mann kam nicht ungeschoren davon, wenn er nicht ohnehin geflohen war, was aber nicht so leicht möglich war, wenn er eine feste Arbeitsstelle innehatte. Er mußte eine Entschädigung bzw. eine Strafe zahlen, und wenn es offenkundig war, daß er mit der klagenden Frau eine Beziehung hatte, drängte nicht nur das Gericht, sondern ebenso die Gruppe der ledigen Männer auf Heirat.[13] Genauso, wie es für eine Frau ehrenrührig war, sich mit einem Mann eingelassen zu haben, der sich den dörflichen Normen nicht fügte, galt es auch für den Mann als unehrenhaft, eine schwangere Frau sitzenzulassen. Das konnte seine spätere Heirat sehr gefährden. Jedenfalls war die in der ländlichen Gesellschaft praktizierte voreheliche Sexualität alles andere als Ausdruck einer sexuellen Freizügigkeit, wie sie vor allem die Oberschichten beschrieben. Aus diesem Grund blieb auch die Zahl der eigentlich unehelichen Kinder in der frühneuzeitlichen Gesellschaft sehr gering. Wenn eine Frau tatsächlich ein uneheliches Kind gebar, dessen Vater sich nicht an ein Eheversprechen gebunden fühlte, bedeutete auch dies nicht in jedem Fall eine soziale Diskriminierung. Eine ledige Mutter und ein uneheliches Kind waren zwar auch in der bäuerlichen Welt sozial gefährdet; aber die Fälle sind zahlreich, in denen ledige Mütter durchaus heiraten konnten und uneheliche Kinder in die bäuerliche Hauswirtschaft integriert wurden.

Völlig anders wurde voreheliche Sexualität, geschweige Unehelichkeit, in der Welt des Handwerks, in der städtischen Gesellschaft bewertet.[14] Denn zum Begriff des ehrlichen Handwerks gehörte als Voraussetzung die eheliche Geburt, d.h. eine Geburt von Eltern, die öffentlich geheiratet und ihr Kind frühestens 9 Monate nach der Heirat bekommen hatten. Hier galt jeder voreheliche Geschlechtsverkehr nicht nur als unsittlich, sondern als nicht wiedergutzumachende Schuld, die zum Ausschluß aus der Zunft führte. Daß eheliche Geburt Voraussetzung war, um ein zünftisches Handwerk auszuüben, ist bekannt, ebenso, daß Ehebruch offizielle Schließung des Handwerksbetriebs nach sich zog. Aber die sozialen Kontrollen und Sanktionen der Zünfte gingen noch weiter. Gesetzt den Fall, daß bei der Zulassung zu einem Handwerk festgestellt wurde, daß der Vater eines Handwerkers seinen Sohn bereits vor der Ehe gezeugt hatte, mußte dieser damit rechnen, daß ihm seine Lizenz – auch nach Jahren – genommen wurde; dasselbe galt von seiner Frau, sie mußte ehelicher Geburt sein und durfte kein uneheliches Kind haben. In Breslau sollte 1593 ein Leinewebergeselle nicht zum Meisterrecht zugelassen werden, weil er in der elften Woche nach der Heirat seiner Eltern geboren wurde. Es kam zu einem Prozeß, wobei die Prager Appellationskammer entschied, ihm einen ehrlichen Geburtsbrief auszustellen.[15] 1641 sollte die Ehefrau eines Meisters von den zünftischen Zusammenkünften ausgeschlossen werden, weil sie schon sieben Wochen nach der Hochzeit ihrer Eltern zur Welt gekommen war.[16] Zu einem langwierigen Prozeß kam es 1746/47, als das Handwerk in Kiel einem auswärtigen Meister die Aufnahme in die Zunft verweigern wollte, weil er einen unehelichen Jungen als Lehrling angenommen hatte, obwohl dieser von der Universität für ehelich geboren erklärt worden war. Aus diesem Grunde mußten Handwerker bei der Einstellung Zeugnisse ihrer ehelichen Abstammung vorzeigen, daß sie „aus einem rechten, unbefleckten Ehebette fromm, recht und ehrlich, rechter freier Deutscher Art und niemand mit Leibeigenschaft verbunden und verpflichtet, erzeuget und gebohren“ seien.[17] Wenngleich bereits seit dem 17. Jahrhundert weltliche Obrigkeiten immer wieder versuchten, den Zugang vorehelich Gezeugter bzw. unehelich Geborener zum Handwerk zu erzwingen, wehrten sich die Zünfte bis weit ins 18. Jahrhundert hinein, nicht selten sogar erfolgreich, gegen eine nachgiebigere Moralpolitik. In der Stadt war nicht nur eheliche Geburt Voraussetzung zur Ausübung eines Handwerks, sondern jede Form vorehelicher Sexualität wurde diskriminiert, ja stärker kriminalisiert, als es sogar den Kirchen lieb war; viele Männer wurden wegen ihrer Herkunft oder der Herkunft ihrer Frauen aus dem zünftischen Handwerk ausgeschlossen oder mußten langwierige Prozesse auf sich nehmen. Die Kontrolle führte dabei nicht nur zu umfänglichen Recherchen in kirchlichen Matrikeln oder zu Zeugenbefragungen, sondern sogar zur handgreiflichen öffentlichen Überprüfung der Jungfräulichkeit von Frauen vor der Eheschließung; überliefert sind derartige Fälle noch aus dem 17. Jahrhundert.[18] Obgleich solche entschiedenen Kontrollen bereits aus dem 15. Jahrhundert bekannt sind, setzten doch die Zünfte ihre Moralvorstellungen allgemein erst im 17. Jahrhundert in eine rigorose Praxis und Ausschließungsstrategie um. Die Konkurrenz im Handwerk spielte dabei eine nicht unerhebliche Rolle.

Die unterschiedliche Einstellung der bäuerlichen und handwerklichen Gesellschaft zur vorehelichen Sexualität, aber auch zur Unehelichkeit, ist kein Ergebnis einer anderen Rezeption kirchlich-christlicher Moralvorstellungen, die ja jede sexuelle Betätigung vor der öffentlichen, d. h. kirchlichen Eheschließung verboten. Das Handwerk berief sich in seiner Betonung der ehelichen Geburt nicht nur auf christliche Traditionen, wenngleich die Übereinstimmung in der Sexualmoral bald entdeckt wurde. Jedenfalls hat die Kirche bzw. haben die Kirchen im Handwerk stets mehr ein Muster christlichen Sexualverhaltens erkannt als in der ländlichen Gesellschaft. Als zudem gerade das Handwerk im 17. Jahrhundert begann, sich dem Pietismus zu öffnen, fand es eine religiöse Ideologie, die ihm in ihrer puritanischen Vorstellung ganz entsprach. Gerade durch den Pietismus haben sich kleinbürgerlich-handwerkliche Moralvorstellungen über die engere Herkunft hinaus in weiten Teilen der Bevölkerung des 18. Jahrhunderts verbreitet. Viele Züge der Moral des aufsteigenden Bürgertums sind sowohl der kleinbürgerlichen Welt wie dem Pietismus verhaftet. In Abgrenzung vom lasterhaften Leben auf dem Lande wie am Hofe propagierten aufgeklärte Bürger dann eine ausschließlich eheorientierte Sexualität.

Über die voreheliche Sexualität ist weit mehr bekannt als über die eheliche.[19] Über sie zu berichten, gab es ja auch kaum offiziellen Anlaß. Die Ehe galt als der Ort legitimer Sexualität, und wie sie praktiziert wurde, unterstand letztlich keiner Kontrolle. Aus christlichen Moral- und Beichtbüchern sind nur allgemeine Normen zu entnehmen. Die Verheirateten sollten sich wie christliche Eheleute benehmen, d. h. sich lieben – was immer darunter zu verstehen war – und treu sein. Jeder hatte körperlichen Anspruch auf den anderen unter Einhaltung bestimmter Abstinenzzeiten während des Fastens und des Advents sowie während der Schwangerschaft der Frau.

Zur Einschätzung ehelicher Sexualität müssen wir zunächst die Bedingungen beachten, unter denen das eheliche Leben sich vollzog. Einmal spielten ja weder besondere emotionale Zuneigung noch körperliche Attraktivität eine ausschlaggebende Rolle bei der Eheschließung; auch eine z. T. beachtliche Altersdifferenz bildete kein Hindernis, eine christliche Ehe zu führen; Bedenken gegen solche Verbindungen entsprangen meist nur der Sorge um die Erbschaft. Erst seit dem 18. Jahrhundert werden moralische Stimmen laut, die im allzu großen Altersunterschied Probleme für das Familienleben erkannten. Zum anderen war das Leben beider Eheleute eingebunden in einen strengen Arbeitsrhythmus. Eindeutig umrissene Aufgabengebiete, freie Zeit füreinander gab es kaum, und gefeiert wurde nicht zu zweit, sondern stets in einer größeren Gesellschaft; fremde, nicht verwandte Personen waren immer gegenwärtig, selbst das Schlafzimmer war kein abgeschirmter privater bzw. intimer Bereich. Außerdem waren die Frauen häufig schwanger und das Haus belebte bald eine steigende Kinderzahl, die dem Paar Freude, aber auch Strapazen und Leiden bereitete. Jedenfalls gab es nicht die heutigen Bedingungen für einen intimen und zärtlichen Umgang, das sexuelle Leben war Teil eines größeren, wechselnden Lebensrhythmus.

Des weiteren müssen wir bedenken, daß das Ehepaar von Anfang an unter dem Zwang stand, Kinder zu bekommen; es galt nicht nur, einen Erben sicherzustellen, Arbeitskräfte zu haben und langfristig für eine Altersversorgung zu sorgen – diese Gründe sollte man nicht zu hoch einschätzen –, entscheidend war zunächst, daß ein Mann erst dann überzeugend als Hausvater auftreten konnte, wenn ein Kind aus seiner Ehe hervorgegangen war. Das Kind machte ihn zum Hausherrn; noch stärker betraf dies die Frau, ihre Kinderlosigkeit galt als Strafe Gottes, und kein Mittel wurde gescheut, ihre Fruchtbarkeit zu fördern. Diese Notwendigkeit, ein Kind zu zeugen bzw. zu gebären, schloß ‚vergnügten' Umgang, wie es in den Quellen heißt, nicht aus. Anläßlich der Hochzeit seines Freundes Georg Spalatin 1525 schrieb Luther ihm: „Grüße Deine Frau auf das Lieblichste, aber tue es dann, wenn Du Deine Katharina im Bett mit den lieblichsten Umarmungen und Küssen hältst und dieses denkst: Siehe, diesen Menschen, dieses liebste Geschöpflein meines Gottes, hat mir mein Christus geschenkt, ihm sei Lob und Ehre. Auch ich werde, da ich den Tag, an dem Du diesen Brief erhalten wirst, erraten kann, in dieser Nacht die Meine mit gleichem Werke lieben im Gedenken an Dich und Dir Gleiches mit Gleichem vergelten. Es grüßt Dich und Deine Rippe meine Rippe in Christus."[20] Aber die legitime Fortpflanzung galt als die Hauptaufgabe ehelichen Zusammenlebens. Aus diesen Gründen spielte dann auch die Taufe eine so große Rolle, durch sie wurde allgemein bekanntgemacht und gefeiert, daß die Ehe fruchtbar war.

Die Möglichkeiten für eine Geburtenplanung waren sehr gering. Eine bewußte Geburtenbeschränkung war bis weit ins 18. Jahrhundert hinein weitgehend unbekannt, zumindest in der Ehe wurden Verhütungsmittel und antikonzeptionelle Methoden nicht bzw. kaum angewandt.[21] Sie waren zwar immer bekannt, wurden auch wohl in außerehelichen Beziehungen benutzt, aber innerhalb der Ehe war das lange Stillen meist die einzige Maßnahme zur Geburtenbeschränkung. Da dies auf dem Lande verbreiteter war als in der Stadt, sind auch die Kinderzahlen in bäuerlichen Haushalten oft geringer als in der Stadt.

Soweit Protokolle und Notizen aus Ehegerichtsakten ausgewertet sind, kommen keine Klagen über Beischlafsverweigerung aus Angst vor einer neuen Schwangerschaft vor. Erst in dem Augenblick, als dem Ehepaar bzw. der Ehefrau die bewußte Erziehung ihrer Kinder nahegelegt wurde, wurde überhaupt das Problem der Folgen eines beliebigen sexuellen Verkehrs thematisiert und eine bewußte Geburtenbeschränkung möglich. Soweit es bekannt ist, geschah dies erstmals in calvinistischen Familien, deren Kirche sich in ihren ‚Sittengerichten' auch erstmals um die zwischenmenschlichen Beziehungen der Ehepartner kümmerte.[22]

Was die Qualität der ehelichen Sexualität betrifft, so sind wir mehr oder weniger auf Spekulationen angewiesen. Einmal kann man davon ausgehen, daß der Umgang der Eheleute miteinander aufgrund der Lebensumstände relativ derb war, Erotik und Zärtlichkeit spielten keine große Rolle, Wünsche wurden direkt ausgesprochen, und dies nicht nur einseitig. Änderungen scheinen sich erst im 18. Jahrhundert angebahnt zu haben, hier allerdings weniger im pietistischen Lager, in dem Körperlichkeit und Sexualität völlig tabuisiert wurden, als in gebildeten Kreisen des Bürgertums, in denen schließlich ja auch die Frau allmählich als eigenständiges Wesen anerkannt wurde.[23] Tagebücher und Briefwechsel berichten zu diesem Thema wenig, da war das 16. Jahrhundert entschieden offener, wie überhaupt Freuden und Konflikte leichter nach außen getragen wurden. Die Sensibilisierung der Gefühle im 18. Jahrhundert, zumindest in den oberen und mittleren Schichten, verdrängte mit der Tabuisierung des privaten Ehelebens allerdings auch jede Form derben Umgangs.

Aufgrund der frühen Kriminalisierung aller sexuellen Beziehungen außerhalb der Ehe im Zuge der Durchsetzung einer christlichen Moral sind wir über die außereheliche Sexualität recht gut im Bilde[24] (s. Tabelle auf Seite 192).

Die außereheliche, also die nicht auf eine Eheschließung bezogene Sexualität, stellt gerade in der frühneuzeitlichen Gesellschaft ein besonderes Problem dar.[25] Der Wunsch nach Beziehungen außerhalb der Ehe konnte leicht entstehen: wegen der späten Heirat waren ‚legale' Beziehungen lange nicht möglich; andererseits lebten die Geschlechter nicht getrennt, im Gegenteil, oft teilten Kinder mit Mägden und Knechten und auch mit Gästen ein Bett, schließlich schlossen auch die Bedingungen, unter denen die Ehen geschlossen wurden, oft eine emotional-sexuelle Erfüllung aus. Gleichzeitig müssen wir aber auch bedenken, daß die gegenseitige Kontrolle gerade durch das enge Zusammenleben so groß war, daß Beziehungen schwer geheimzuhalten waren und daß bei außerehelicher Sexualität für unsere heutigen Vorstellungen ungewöhnlich harte Strafen drohten. Dies verlangte offensichtlich die Ökonomie des ‚ganzen Hauses', aber auch die Kirchen und Obrigkeiten bestanden darauf, wobei man auf dem Lande allerdings wohl toleranter war als in der Stadt. Auf einfache ‚Unzucht' zwischen Ledigen konnte neben Geldstrafen auch Dorf- bzw. Stadtverwei-

	Nürnberg 1600–1692						*Frankfurt 1562–1696*					
	Sch	Str	R	F	E	P/LV	Sch	Str	R	F	E	P/LV
Blutschande	5	1					7				1	
Blutsch./Diebstahl (+ Blutsch./Ehebr.)	10		3									
Bigamie	1											
Hurerei/Unzucht	2					10	2					135
Sodomie					2					2		
Ehebruch							1					73
Ehebruch/Zauberei					1							
Ehebr./Diebstahl (+ Ehebr./Raub)	3	1										
[zum Vergleich] Mord/Totschlag	69		5			3	77	1	12		5	8
Diebstahl (Raub)	53	57				19	17	192			2	437
Hexerei	5	1								1		2

	Memmingen 1551–1689						*Ulm 1594–1636*					
	Sch	Str	R	F	E	P/LV	Sch	Str	R	F	E	P/LV
Blutschande (+ Bl./Ehebr./Betr.)	2											2
Blutsch./Diebstahl	1						3					2
Bigamie							2					
Bigamie/Diebstahl	3	1			2	2						
Hurerei/Unzucht	2					4						8
Sodomie	4	2		1	1		6					
Ehebruch	2					1	2					
Ehebr./Zauberei	1						1			1		
Ehebr./Diebstahl	3					7	1					
[zum Vergleich] Mord/Totschlag	7	6	7		4	1	22					
Diebstahl (Raub)	23	29			3	56	3	39				21
Hexerei	5			1			1					

	Danzig 1558–1731[26]					
	Sch	Str	R	F	E	P/LV
Blutschande (+ Blutsch./Unz./Ehebr.)	10	1	2			5
Blutsch./Diebstahl	6	1	1			1
Bigamie	12	1				29
Hurerei/Unzucht	5					58
Sodomie	10	1				1
Ehebruch	36					96
Ehebr./Zauberei						
Ehebr./Diebstahl	6	5				
[zum Vergleich] Mord/Totschlag	240	2	34	4		94
Diebstahl		134				420
Raub/Betr. etc.	42	165	3			138
Hexerei	5			7		

Sch = Schwert
Str = Strang
R = Rad
F = Feuer
E = Ertränken
P = Pranger
LV = Landesverweis

sung stehen, der Ehebruch wurde noch entschieden strenger geahndet, in besonderen Fällen sogar mit der Todesstrafe.[27] Daß aber trotz dieser Kontrolle und Strafandrohung die außerehelichen Sexualbeziehungen kein Randproblem darstellten, im Gegenteil die Quellen von allen möglichen Fällen berichten, weist darauf hin, daß die kirchlich-obrigkeitlichen Moralvorstellungen sich nur z. T. haben durchsetzen lassen. Nur so ist die relative Toleranz gegenüber unkontrollierten sexuellen Beziehungen zwischen Ledigen wie auch gegenüber der Existenz von Freudenhäusern zu verstehen. Freudenhäuser gab es im 15. und 16. Jahrhundert fast in allen Städten, sie waren obrigkeitlich zugelassen und kontrolliert und wurden von allen sozialen Schichten reichlich besucht. Öffentliche Prostitution außerhalb der Freudenhäuser blieb immer verboten, was allerdings nicht ausschloß, daß es sie dennoch gab.[28] Die Freudenhäuser bildeten zum Teil gesellschaftliche Treffpunkte wie übrigens auch die Badehäuser. Sie wurden u. a. auch deshalb toleriert, weil man der Meinung war, dadurch die Zahl der Ehebrüche zu mindern, d. h. die Ehefrauen besser zu schützen. Nur Kleriker kritisierten diese Institution gelegentlich von der Kanzel herab. Erst im Zuge der Durchsetzung der neuen Moral wurden seit dem 17. Jahrhundert die Freudenhäuser sukzessive verboten. Hierbei spielte aber nicht nur die Moral eine Rolle, sondern auch Ansteckungsgefahren; vor allem der Ausbreitung von Geschlechtskrankheiten wollte man vorbeugen. Wie wenig diskriminierend der Besuch eines Freudenhauses im 16. Jahrhundert noch war, zeigen Tagebucheintragungen selbst von ehrbaren Patriziern. Im 18. Jahrhundert wäre dies von kaum einem ehrbaren Bürger eingestanden worden. Dieses von der Kirche und der Obrigkeit als Unzucht bzw. Hurerei denunzierte Tun wurde von allen Ständen weitgehend toleriert, wenn es auch selbstverständlich nicht als ehrenhaft galt.

Anders war es in Fällen außerehelicher Beziehungen mit Verheirateten, die als Ehebruch eingeklagt werden konnten. Trotz der genannten Lebensumstände, die alle unerlaubten Kontakte erschwerten, gab es in der frühen Neuzeit zahlreiche Ehebrüche, aller Wahrscheinlichkeit nach besonders viele im 16. Jahrhundert. Die Aktivitäten gingen dabei keineswegs dominant von Männern aus, Ehegerichtsprotokolle weisen darauf hin, daß die Zahl der ehebrecherischen Frauen in der frühen Neuzeit mindestens ebenso hoch war; zum 18. Jahrhundert hin änderte sich das Verhältnis aus verschiedenen Gründen, hier überwiegt die Zahl der Männer. Ein Hauptgrund dieser Änderung war sicherlich die ‚Verinnerlichung' des neuen Frauenbildes im 18. Jahrhundert, zumindest bei den gebildeten Schichten. Sicher schrieb man auch in derselben Zeit der Frau eine im Vergleich zum Mann schwächere Sexualität zu.[29] Daß die Kirche und auch die Obrigkeit den Ehebruch verurteilten, ja sogar manchmal hart bestraften, war selbstverständlich, das erklärte sich nicht nur aus der offiziellen Moral, sondern auch aus dem Vertragscharakter der Ehe, den Staat und Kirche zur Aufrechterhaltung

53. Treiben in einem Frauenhaus, 16. Jh. Gemälde v. Jan van Hemessen.

öffentlicher Ordnungen schützten. Vom 16. zum 18. Jahrhundert vollzog sich ein deutlicher Einstellungswandel. Er war von der zunehmenden Moralisierung familiärer Beziehungen geprägt, die mittlerweile eine breite Basis in der Bevölkerung, vor allem im Mittelstand, gefunden hatte. Dies steht nur scheinbar im Widerspruch zur strafrechtlichen Verfolgung von Ehebruch, denn während das 16. Jahrhundert noch die Todesstrafe androhte und sogar verhängte, wurde das Strafmaß im 18. Jahrhundert entschieden geringer. Aber die Stilisierung des häuslichen Lebens im 18. Jahrhundert vertrug sich im Unterschied zum 16. Jahrhundert einerseits nicht mehr mit außerehelichen Beziehungen, drängte andererseits zugleich auf sensiblere Kontaktaufnahme zwischen den Partnern; auch wenn emotionale Grundlagen in der Ehe nicht gegeben waren. Obwohl theoretisch bei Ehebruch in protestantischen Gebieten immer eine Ehescheidung erfolgen konnte, in katholischen stets nur eine Trennung von Tisch und Bett, wurde eine Scheidung im 16. Jahrhundert nur selten ausgesprochen, die Ehepaare arrangierten sich immer wieder. Dies änderte sich mit der Sensibilisierung im 18. Jahrhundert. Auch scheinen im 18. Jahrhundert außereheliche Kontakte anders motiviert gewesen zu sein; alle Indizien weisen darauf hin, daß außereheliche Beziehungen im 16. Jahrhundert nur kurzfristig und nicht unmittelbar emotional begründet waren, wohingegen im 18. Jahrhundert erste große Liebesdramen bekannt werden. Liebeserfüllung war ja in der traditionellen Ehe nicht gesucht worden. Am deutlichsten wurde die Diskrepanz von traditionellem Heiratsmuster und modernen Glücksansprüchen freilich in der adeligen Welt, aber das Problem wurde auch in nichtständischen Familien empfunden. Dieser Zwiespalt führte dann ja auch zu einer neuen Konzeption der Ehe in der ‚Romantik', in der der Vertragscharakter zurücktrat und die Ehe und Liebe als Einheit betrachtet wurden, getragen von Emotionalität und freier Entscheidung.[30]

Zwei sexuelle Verhaltensweisen seien noch genannt, die in der frühen Neuzeit zumindest in der Diskussion von einiger Relevanz waren, ohne daß wir bis heute darüber klare Erkenntnisse besitzen. Es handelt sich einmal um das Problem der Sodomie, das aus der Strafrechtsgeschichte wegen der hohen Strafen bekannt ist, zum anderen um das Phänomen der Masturbation, das in der aufklärerischen Pädagogik zu Ende des 18. Jahrhunderts intensiv diskutiert wurde.

Unter Sodomie wird nach der Moraltheologie und dem Strafrecht der frühen Neuzeit jede widernatürliche sexuelle Tätigkeit verstanden, vor allem die Homosexualität und Bestialität.[31] Homosexualität war an sich kein unbekanntes Phänomen; theoretisch wird es ausführlich behandelt, aber praktisch tritt es zumindest in deutschen Gerichtsakten nur als Randphänomen auf. Bekanntlich wurde Homosexualität streng bestraft, im 15./16. Jahrhundert sogar mit dem Tod, betroffen waren vor allem Klöster und Internate, so wenig überprüfbar die vielen Vorwürfe im einzelnen sind, die wir aus der Reformations- und Aufklärungszeit kennen. Ob die Verfolgung der Homosexualität in Zusammenhang steht mit der Kriminalisierung außerehelicher Sexualität bzw. ihre Zunahme mit der Moralisierung der Öffentlichkeit im 18. Jahrhundert zusammenhängt, oder ob sie ein besonderes Problem der Ledigen, bedingt durch das System der späten Heirat, darstellt, entzieht sich bisher unserer Kenntnis. Ebensowenig dürfte es erwiesen sein, daß die modernen Jugendbünde des 18. Jahrhunderts homosexuellen Charakter hatten; zweifellos sind homoerotische Äußerungen – Gedichte und Briefe – reichlich überliefert[32], aber eine bemerkenswerte Homosexualität hat es in der frühen Neuzeit in Deutschland wohl kaum gegeben. Dies trifft auch für die Homosexualität von Frauen zu, unabhängig davon, daß diese als Phänomen weitgehend unbekannt war.[33] Zusammenlebende Männer in Klöstern, Internaten, Kasernen, Gefängnissen gerieten immer schneller in den Verdacht homosexueller Betätigung als das bei zusammenlebenden Frauen der Fall war.

Unter Sodomie wurde aber nicht nur die Homosexualität verstanden, sondern vor allem die Bestialität, die sogenannte widernatürliche Unzucht mit Tieren.[34] Auch dieses Phänomen abzuschätzen bereitet beträchtliche Schwierigkeiten. Es gibt kaum allgemeine Klagen über eine besondere Verbreitung dieses Tuns. Auf Sodomie stand die Todesstrafe durch Verbrennen.[35] Daß dies keine leere Drohung war, belegen die zahlreichen Fälle, in denen die Todesstrafe vollstreckt wurde.[36] Insgesamt kann man davon ausgehen, daß Sodomie in der ländlichen Gesellschaft verbreitet – bei den angeklagten Fällen handelte es sich oft um Hirten –, aber hier doch weitgehend toleriert war, wenn sie überhaupt bekannt wurde.[37] Entsetzen zeigten an sich nur die gebildeten Richter und Theologen, die deswegen auch harte Urteile fällten, um den Zorn Gottes abzuwenden; auch dies geschah allerdings nicht zu jeder Zeit gleichbleibend, in der Zeit der starken Moralisierung des Rechts im späten 16. und 17. Jahrhundert gibt es die meisten abgestraften Fälle.

Ein Problem besonderer Art stellt die Masturbation dar, die früher als Selbstbefleckung und später als Onanie bezeichnet wurde.[38] Zwar hat es dieses Phänomen immer gegeben, nicht nur entwicklungsgeschichtlich bedingt, auch gab es hin und wieder Fälle, die öffentlich abgestraft wurden. Aber zu einem gesellschaftlichen Problem wurde die Masturbation erst durch die aufklärerische Diskussion von Pädagogen, Ärzten und Theologen im 18. Jahrhundert. Die Entdeckung dieser Praktik als Massenphänomen stand dabei in enger Verbindung mit ihrer Bekämpfung. Ob nun tatsächlich die Masturbation im 18. Jahrhundert verstärkt auftrat, können wir nicht entscheiden, wir wissen aber, daß jede Selbstberührung allenthalben bei Jugendlichen, bei Jungen wie bei Mädchen, ängstlich geahndet wurde und die Pädagogen aus Angst, die Jugend würde sich durch die Masturbation selbst zerstören, eine Therapie verordneten, die allerdings mehr über die Psyche der Pädagogen etwas aussagt, als über das Phänomen selbst. Neue asketische Ideale wurden für die Jugendlichen propagiert, die für die entstehende bürgerliche Gesellschaft insgesamt wichtig wurden: kein Alkohol und kein zu weiches Bett[39], ständige Überwachung und Beschäftigung. Das Antimasturbationssyndrom des aufklärerischen 18. Jahrhunderts war Ausdruck einer Angst vor ungeregelter Sexualität, die das Christentum lange zur ‚Zivilisierung' der Menschen geschürt hatte, und die in dem Augenblick groteske Züge erhielt, als die entstehende bürgerliche Gesellschaft sich zum ‚reinen' Menschen bekannte.[40]

Alle Formen vor- und außerehelicher Sexualität wurden, zusammenfassend gesagt, unter dem Einfluß der nicht zuletzt durch die Reformation bedingten Moralpolitik der öffentlichen Gewalt diskriminiert bzw. sogar kriminalisiert, sexuelle Tätigkeiten ganz allgemein als Ausdruck zwischenmenschlicher Beziehungen vom 16. bis zum 18. Jahrhundert in der Weise tabuisiert, daß das Schreiben, Reden und Sprechen darüber aus der

Öffentlichkeit verschwand. Sexualität wird ein anstößiger Begriff für eine anstößige Sache.

Sexuelle Betätigung ist allein legitimiert durch den Wunsch nach Kindern, d.h. in der Ehe, ohne daß damit Sexualität in der Ehe an selbständigem moralischem Wert gewönne. Wie für die Eheschließung Liebe nicht konstitutiv ist, sind auch Sexualität und Liebe nicht unbedingt gleichbedeutend. Das Ideal einer Einheit von Liebe, Sexualität und Ehe entsteht erst mit der Emanzipation sowohl der Männer wie der Frauen aus dem traditionellen Hausverband.

IV. Alter und Tod

54. Die Lebensalter der Frau, 1650. Kupferstich v. G. Altzenbach.

1. Alter und Altersversorgung

So wie der Übergang von der Kindheit zur Jugend gleitend war und die Lebenswelt der Heranwachsenden nicht scharf getrennt war von der der Erwachsenen, waren auch die Übergänge zum Alter fließend.[1] Weder gab es eine offiziell anerkannte Altersgrenze noch läßt sich deutlich festmachen, ab wann ein Mann oder eine Frau als alt galt. Die heutige Altersgrenze hängt nicht von den individuellen Bedingungen der Arbeitsfähigkeit ab, sondern von der Festsetzung eines bestimmten Lebensjahres, wobei dann die Freistellung von beruflicher Arbeit für die ganze Altersklasse gilt. Dies war in der frühen Neuzeit völlig anders. Alt ist der, der sich so fühlt und typische äußere Merkmale aufweist wie graues Haar, gebückte Haltung, körperlicher Verfall, und der deswegen nicht mehr arbeiten kann.[2]

Man sollte annehmen, daß in traditionellen Gesellschaften das Alter hochgeschätzt wurde, ihm Gelassenheit, Reife oder Weisheit zugewiesen wurden. Anfang des 18. Jahrhunderts notierte der bayerische Prediger Christoph Selhamer: „Insgemein halt man eben das, was alt ist, für das Best: Also wird vil 100.mal das alte herfürgestrichen, das Neue verworffen. Alter Glaub ist der beste Glaub. Alte Bücher halt man für die besten Bücher. Alte Leut seynd recht gescheite Leut. Alt Gelt ist das beste Gelt. Alter Wein ist der beste Wein."[3] Aber in Wirklichkeit dachte und verhielt man sich ganz anders. Das Bild, das die frühneuzeitliche Gesellschaft bis weit ins 17. Jahrhundert hinein vom Alter zeichnete, war geprägt von Verfall und Nutzlosigkeit, ja von Verspottung und sogar Verachtung. Soweit Leute überhaupt alt wurden, kam ihnen kein eigenständiger Platz zu.[4] Mit dem Alter verband man ausschließlich Schwachheit und Gebrechlichkeit. Es gibt auch kaum eine öffentliche Stimme, die Achtung oder Ehrfurcht der Jüngeren gegenüber dem Alter verlangte. Hans Glaser aus Nürnberg hat einen Holzschnitt hinterlassen, auf dem dargestellt ist, wie ein alter Mann wieder zum Kind wird und erneute Gehversuche im Laufstall unternimmt. Der Alte beklagt „Groß Kopffweh/ und ein schwindlet Hirn/ Ein kal haupt, ein geruntzelt Stirn/ Dunckel augen, sausende Orn/ Sinn und gedechtnuß halb verlorn/ Ein bleichen mund, voller zanlucken/ Rinnend augen, ein bogen rucken/ Beyd triffende augen und nasen/ husten und reuspern uberd massen/ zittern, unlust, reuden und krätz/ Alter, schaw an, das sind dein schätz/."[5] Das Interesse und Augenmerk der Gesellschaft richtete sich auf die Jugend, das Kräftige und Vitale, dem die Welt offenstand; selbst die Kirche interessierte sich kaum für das Alter. Die Thematisierung des Alters diente nur als Hinweis auf die Vergänglichkeit der Welt.[6] Die im vierten Gebot festgelegte Gehorsamsverpflichtung gegenüber den Eltern erstreckte sich nur auf die Zeit der Unmündigkeit der Kinder, unabhängig davon, daß hier auch nicht der Status des Alters eine Rolle spielte, sondern der der Eltern. Das Alter wurde letztlich wenig geachtet. Dies änderte sich erst nach dem Dreißigjährigen Krieg einerseits mit der moralischen und öffentlichen Stärkung der patriarchalischen Ordnung in Haus und Land, derzufolge man Ehrfurcht vor dem Alter verlangte, und andererseits mit der Erhöhung der allgemeinen Lebenserwartung, als die Zahl der Alten stieg und ihre Versorgung zu einem Problem für die Gesellschaft wurde.[7] Hatte das Christentum, beide Kirchen, im Alter mehr oder weniger nur von der Hinfälligkeit des Menschen gesprochen und keine Scheu gezeigt, alle Gräßlichkeiten aufzuzeigen, begann mit der zunehmenden ‚Versittlichung' der Gesellschaft und der Diesseitsorientierung vor allem in der Frühaufklärung eine Aufwertung des Alters; man betonte seine Autorität und Vernunft im Vergleich zur Unreife der Jugend. Deutlich wurde dieser Wertewandel bei Felix Weiße, der 1763 in der „Bibliothek für Jünglinge" schrieb:

„Unter allen ungereimten Wünschen, die zuweilen gethan werden, kann es keinen geben, der eines Mannes von guter Erziehung unwürdiger wäre, als diesen, wenn man sich jünger zu seyn wünscht... Der Zustand eines alten Mannes, der mit sich selbst bloß seines Alters wegen unzufrieden ist, entfernt sich am weitesten von der Vernunft und dem gesunden Verstande unter allen Wesen, die wir nur kennen...Das Alter ist ein Zeitpunct, dahin wir alle zu gelangen wünschen; und wenn wir ihn nun erreicht haben, sind wir eben so bereit, uns darüber zu beklagen, und machen dadurch die alte Anmerkung wahr, daß Ehestand und Alter Dinge sind, welche man wünscht, und dann wieder bereut."[8]

Das Bekenntnis zum Alter und die Aufforderung, das Alter zu ehren, waren selbst im 18. Jahrhundert noch lange nur eine Forderung, hinter der die Wirklichkeit zurückblieb. Denn auch das 18. Jahrhundert kannte kaum einen Platz für arbeitsunfähige Alte, und wo alte Leute sich an ihren Besitz festklammerten, kam es nach wie vor zu unlösbaren Kinder-Eltern- bzw. Jugend-Alter-Konflikten. Jedenfalls solange keine ‚regelrechte' Altersversorgung ohne Belastung der jüngeren Generation realisiert war und die Arbeits- und Verdienstmöglichkeiten knapp blieben, konnte der soziale Status des Alters keine gesellschaftliche Anerkennung finden.

Grundsätzlich arbeiteten ein Mann oder eine Frau solange ihre Kräfte reichten. Sie waren in den Arbeitsprozeß des Hauses einbezogen und partizipierten an der ‚Nahrung'. In dem Maße allerdings, wie die Kräfte nachließen und die Arbeitsbefähigung sich minderte, wurden die alten Leute durch andere Hilfe entlastet bzw. Jüngere traten an ihre Stelle, während sie nun leichtere Arbeiten übernahmen. Ohne das ‚ganze Haus' zu idyllisieren, hatten die Alten in der Regel einen festen Platz und konnten nicht ohne weiteres aus dem Hause vertrieben werden, auch wenn sie längerfristig krank wurden oder nicht mehr arbeiten konnten. Verständnisvoll bzw. ehrfurchtsvoll war deshalb der Umgang mit den Alten allerdings nicht.

55. Altes Pärchen, Mitte des 17. Jh. Gemälde v. Harmen Hals.

Sowenig kleine Kinder besondere Zuwendung erhielten, sowenig hatten die Alten einen besonderen Status. Mögen die Alten hier und da noch Einfluß behalten und eine wichtige soziale Rolle gespielt haben, insgesamt bedeuteten bei den engen Wohnverhältnissen und den knappen Ressourcen die Alten meist eine Last.

Vom Arbeitsprozeß her gab es an sich keinen besonderen Einschnitt im Leben der alten Leute. Anders war es, wenn im Alter die Rollen innerhalb des Hauses gewechselt wurden, d.h. ein Hof einem anderen, jüngeren Hausmitglied übergeben wurde und damit eventuell ein Ausscheiden aus der Hausgemeinschaft verbunden war. Besonders hart war oft das Schicksal der Witwen.[9]

Falls der alternde Bauer eine viel jüngere und noch kräftigere Frau hatte, konnte sie ihn entlasten oder sogar den Hof bis ins hohe Alter hinein leiten, was das Recht allerdings nur in Ausnahmefällen erlaubte. Dennoch gab es viele Fälle, in denen Frauen, selbst wenn sie erwachsene Söhne hatten, den Hof übernahmen und nach dem Tod des Hofbesitzers sogar wieder heirateten. Daß es dadurch zu erheblichen Spannungen zwischen Kindern und der Mutter kommen konnte, wundert nicht. Weitaus häufiger jedoch übergab das alternde Bauernpaar den Hof noch zu Lebzeiten einem Sohn und zog aufs sogenannte ‚Altenteil'.[10] In der Regel wurde ein bis ins einzelne gehender Vertrag aufgesetzt, der die lebenslängliche Versorgung des Paares oder auch des einzelnen, des Bauern oder der Bäuerin, absicherte. Zwar blieb damit der alte Bauer mit seiner Frau Mitglied der Hausgemeinschaft, oft übernahm er noch bestimmte Tätigkeiten für den Hof, insgesamt aber lebte er abgetrennt von der engeren Hausgemeinschaft. Diese Einrichtung des Altenteils bot den Vorteil, daß ein Hof auf diese Weise immer eine starke Leitung hatte, was zur Sicherung der Nahrung nötig war; deswegen hatten auch die Grundherren diese Art der Altersversorgung begünstigt. Ferner bot diese Institution dem Erben die Möglichkeit, noch vor dem Tod des Vaters Nachfolger zu werden und zu heiraten; und schließlich war auch die Versorgung des alten Bauernpaares gesichert.

Die Nachteile waren aber nicht minder groß. Zum einen konnten die Eltern Versorgungsbedingungen verlangen, die der Hof letztlich nicht tragen konnte; daß die Kinder dennoch darauf eingingen, versteht sich aus ihrer Lage. Es konnte ja zu konstantem Mißtrauen und Haß im Hause kommen. Wenn der Hof das für die Altersversorgung Nötige nur schwer abwarf, was die Regel war, so mußte – wenigstens latent – der Wunsch nach dem baldigen Tod der Eltern aufkommen. Eine vertragliche Absicherung der Eltern sogar bis ins Kleinste war allerdings notwendig, weil die nötige Versorgung sonst oft nicht geleistet worden wäre. Denn es gibt nicht nur zahlreiche Klagen von Jungen über die Eltern, sondern auch umgekehrt von Eltern gegenüber ihren Kindern, die sie verhungern ließen. Um dem vorzubeugen, wurde beispielsweise ein Leibgedingevertrag 1761 folgendermaßen begründet: „Da vor Sie die Eltern nicht rathsam, daß sie sich so bloß stellen, und ihrer Kinder freyem Willen überlaßen sollten, was und wie viel selbige, zu ihrer jährl. Unterhaltung gerne beytragen und abraichen möchten, mithin selbigen zu Gnaden zu leben, so seynd die Kinder schuldig und verbunden, ihren Eltern, so lange denselben Gott das Leben fristen wird ...“[11] Nahrung und Unterkunft zu gewähren. Lebten die Eltern nicht lange, so gab es das Problem der Versorgung ja nicht mehr; hatten aber Eltern ihren Hof schon mit jungen Jahren übertragen, oft wird vom 50. Lebensjahr gesprochen, konnte die Belastung jahrelang dauern. Das von der Romantik verklärte Institut des Altenteils, der Altersversorgung des ‚ganzen Hauses‘, war also alles andere als eine uneigennützige Einrichtung; doch insgesamt wird sie nicht so weit verbreitet gewesen sein, wie angenommen wurde. Denn einmal war die Lebensdauer des alternden Menschen nicht allzu groß; nach den uns überlieferten Informationen über die Lebenserwartungen erreichte kaum ein Bauer sein 50. Lebensjahr. Zum anderen bedeutete die Institution des Altenteils insgesamt eine so starke Belastung, daß ihr nur große Höfe entsprechen konnten. Nur hier konnten die Alten auch räumlich getrennt wohnen.

Während es immerhin zu einer geregelten Altersversorgung der Bauern kommen konnte, blieb das Problem bei der ländlichen Unterschicht ungelöst. Dies betrifft weniger das Gesinde, das ja zumeist diesen Status nur eine bestimmte Zeit einnahm. Entweder wurden die Knechte oder Mägde Bauern bzw. Bäuerinnen oder wechselten über in den Inwohnerstatus. Sie lebten von kleinem Gewerbe oder verdingten sich als Taglöhner, was eine Versorgungswirtschaft überhaupt ausschloß. Sie wurden in der Regel dann gnadenhalber in einem Bauernhaus aufgenommen oder sogar für bestimmte Zeiten von Hof zu Hof geschickt.

Ganz anders war die Lage der alten Leute im städtischen Handwerk wie überhaupt in der Stadt.[12] Eine dem bäuerlichen Ausgedinge ähnliche Institution gab es hier nicht, aber letztlich fehlte auch der Zwang, für jüngere kräftige Söhne Platz zu machen, denn die Arbeit war im Vergleich zur ländlichen weniger vom Kräfteeinsatz als vielmehr von der Geschicklichkeit bestimmt. Außerdem hätte es wegen der beengten Wohnverhältnisse kaum eine Möglichkeit gegeben, eigene Räumlichkeiten für den alten Handwerksmeister und seine Frau bereitzustellen. In der Regel blieb der Handwerker bis an sein Lebensende in seinem Handwerk tätig; wenn seine Kräfte nachließen, traten ihm Gesellen zur Seite, die sich gelegentlich auch Hoffnungen machten, die Witwe zu heiraten, um so eine Meisterstelle zu erlangen. Die typische Witwenversorgung im Handwerk war die Wiederverheiratung. Wenn diese nicht stattfand, war die Handwerksfrau im Unterschied zur Bäuerin durch das ersparte Vermögen des Mannes versorgt, im Notfall konnte sie überwechseln in eines der vielen Bürgerspitäler, die es seit dem Spätmittelalter gab.[13] Diese beherbergten allerdings nicht nur Alte, sondern ebenso Kranke und Invaliden. Im Alter konnte ein Handwerker wie auch eine Frau mit Zuschüssen von seiten seiner Zunft rechnen oder Frauen durch Nebentätigkeiten wie Nähen, Spinnen, Waschen zusätzlich etwas erwerben. Aber die Zunft als solche bot keine eigentliche Altersversorgung, sie half nur, wenn Gebrechlichkeit, Armut oder Arbeitsunfähigkeit vorlagen. Schließlich konnte das alternde Handwerkerpaar oder die Handwerkerswitwe ihren Betrieb unter den Bedingungen einer ausreichenden Versorgung an die Kinder übergeben. In einem Übergabevertrag von 1750 versichern die Kinder ihrer Mutter,

„sie werden diese von Ihrer freywillig geschehenen Tradition und Übergab mit schuldigstem Dank erkennen und annehmen; in ihrer kindlichen Liebe, Treue und Gehorsam gegen Ihrer nicht nachlaßen oder müde werden, sondern vielmehr noch ferner damit anhalten, und sie biß an Ihr Ende alß eine getreue Mutter förchten, lieben und verehren, in welcher Zuversicht Sie dann auf Sie samtlich ihren Mütterlichen Seegen geleget und gegeben haben wolle".[14]

Anders als auf dem Bauernhof übernahm im Handwerk selten der älteste Sohn den Betrieb – nach langer Wanderschaft verblieb er oft in einer Werkstatt, in der sich eine Heiratsmöglichkeit bot –, und so blieben hier die entsprechenden Generationskonflikte aus, was ein besseres Verhältnis zu den Alten erlaubte. Schwieriger war es mit den alten Gesellen, die keine Chancen mehr hatten, einmal Meister zu werden. Sie mußten entweder im Hause ihres Meisters bleiben oder, was wohl verbreiteter war, sich als Lohnarbeiter verdingen, bis sie auf Almosen angewiesen waren. Obwohl es in der frühen Neuzeit viele Lohnarbeiter gegeben hat, wissen wir über das Schicksal der alten wenig. Hier ist etwa auch an die Bauarbeiter in den fürstlichen Residenzstädten zu denken, an Lohnarbeiter in den Transportgewerben und an die städtischen Bediensteten, die als Gerichtsdiener, Torwächter, Nachtwächter sich ihren Unterhalt verdient hatten. Im Alter waren sie weitgehend auf öffentliche Wohltätigkeit angewiesen. Doch meist wurden sie ohnedies nicht alt.

Nur in einem Zweig der vorindustriellen Lohnarbeit gab es eine halbwegs geregelte Altersversorgung: im Bergwerkswesen, in dem sich schon im Mittelalter Großbetriebe entwickelt hatten. Da die Unfallgefahr sehr hoch war und dadurch die Familien stets gefährdet waren, richteten die genossenschaftlichen Vereinigungen der Bergleute, die Bruderschaften, eine Knappschaftskasse ein, in die jeder einzelne regelmäßig einzahlte. Es war dies eine erste Art von Sozialversicherung, die allerdings weniger zur eigentlichen Altersversorgung des Bergmanns diente als zur Versorgung der Witwen und Kinder.

Altersaufbau der Bevölkerung von Ansbach nach Geschlecht und Familienstand 1713[15]

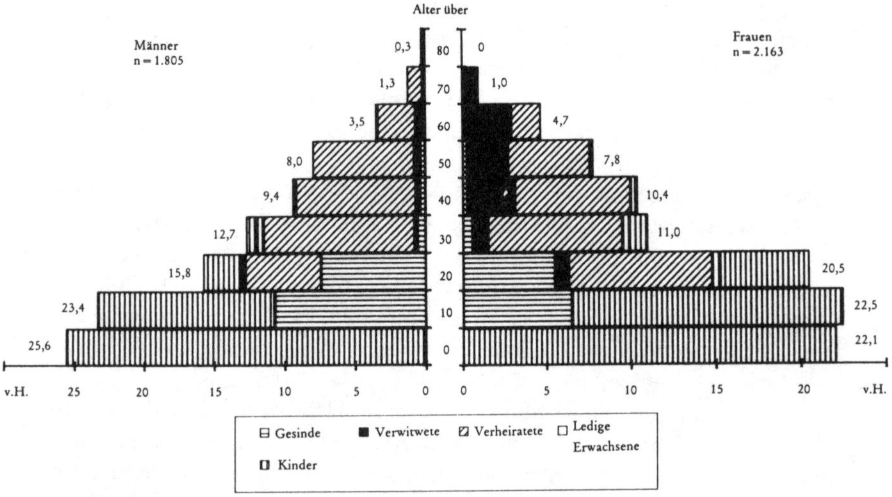

Erste Ansätze einer Witwenversorgung bildeten sich allein im Beamtentum und der Pfarrerschaft aus, die immer wieder darauf drängten, den hinterbliebenen Witwen ein standesgemäßes Leben zu sichern.[16] Pensionen gab es ja nicht vor Ende des 18. Jahrhunderts. Da verwitwete Frauen aus dieser sozialen Gruppe über keinen Grund und Boden verfügten bzw. über einen Betrieb als Eigentum der Familie, wurde ihr Schicksal als besonders hart angesehen. Wenn eine Wiederverheiratung nicht möglich war und ihre Männer kein Vermögen hinterlassen hatten, konnten sie sich nirgendwo ‚einkaufen', weder bei ihren Kindern noch bei Verwandten, und deshalb waren sie oft auf die Fürsorge der Gemeinden angewiesen. Aus diesem Grunde wurden Kassen gegründet, aus denen Witwen ein Versorgungsgeld erhalten konnten.[17]

Bis zum Ende des 18. Jahrhunderts oblag die Versorgung von Witwen und alten Leuten vorrangig den einzelnen Familien, Kommunen und kirchlichen Gemeinden, die allerdings nur beschränkt ‚helfen' konnten. Solange die Sterblichkeit der alten Leute besonders hoch war, stellte sich die Altersversorgung nicht als ein gravierendes soziales Problem dar, obwohl große Teile dieser Gesellschaft um das nackte Überleben zu kämpfen hatten. Aber in dem Augenblick, als die Lebenserwartungen stiegen und gleichzeitig mit dem Erstarken bürgerlicher Kräfte im absolutistischen Staat der Zwang nach sozialer Lösung aller gesellschaftlichen Probleme wuchs, wurde die Frage der Versorgung der Witwen und Alten erstmals im letzten Drittel des 18. Jahrhunderts gesamtgesellschaftlich diskutiert. Eine Lösung sah man in der Reform der alten Spitäler bzw. der Stiftung von Arbeitshäusern, in denen sich neben Armen und Waisen auch die Alten noch nützlich machen sollten – eine andere zukunftsträchtigere sah man in der Gründung von Witwen- und Waisenkassen. So kam es in der 2. Hälfte des 18. Jahrhunderts allenthalben zu Ansätzen eines Versorgungswesens. Vorbildlich waren die Aktivitäten der Hamburger Patriotischen Gesellschaft von 1765. Sie gründete 1778 eine erste „Allgemeine Versorgungsanstalt", die sowohl eine Lebens- und Rentenversicherung wie eine Witwen-, Waisen-, Aussteuer- und Brautkasse umfaßte.[18] Ihr Ziel war es, „geringen fleissigen Personen beyderlei Geschlechts" zunutzen zu sein, „um ihnen Gelegenheit zu geben, auch bey Kleinigkeiten etwas zurückzulegen, und ihren sauer erworbenen Noth- oder Braut-Pfennig sicher zu einigen Zinsen belegen zu können".[19] Diese Kassen standen allerdings zunächst nur dem Bürgertum offen.

Eine von Erwerbsarbeit entlastete Altersphase gab es außer potentiell in der vermögenden bäuerlichen Welt nirgendwo. Für den weitaus größten Teil der Bevölkerung stellte sich das Problem des Alters nicht so wie für uns heute. Die meisten arbeiteten, solange sie konnten; falls sie durch Krankheit, Gebrechlichkeit und Alter so geschwächt waren, daß sie keiner Tätigkeit mehr nachgehen konnten, dauerte es meist nicht lange, bis sie starben. Ein langes Siechtum war in der frühen Neuzeit weitgehend unbekannt.

2. Lebenserwartung und Todesursachen

Eine hohe Lebenserwartung wird heute uneingeschränkt als positiv gewertet. Unter dieser Rücksicht erging es den Menschen bis weit ins 19. Jahrhundert ziemlich schlecht, denn ihre Lebenserwartung war nicht hoch. Aber auch in diesem Bereich müssen wir mit den ermittelten Durchschnittswerten des Lebensalters vorsichtig umgehen. Durchschnittswerte haben damals und heute unterschiedliche Bedeutung. Die heute durchschnittliche Lebenserwartung von über 70 Lebensjahren gilt für die meisten Menschen, was nicht ausschließt, daß auch junge Menschen sterben, wohingegen die 27/28 Jahre durchschnittliche Lebensdauer noch im 18. Jahrhundert überhaupt nur rund 30 bis 40% der Menschen erreichten. Ein für unsere Vorstellung hohes Lebensalter bildete eine Ausnahme. Das muß man einerseits ganz allgemein festhalten.[1] Sicherlich waren andererseits die Lebenserwartungen bei näherem Hinsehen je nach Region und Zeit unterschiedlich, auch gab es durchaus eine soziale Ungleichheit vor dem Tod – Beamte hatten eine entschieden höhere Lebensdauer als Tagelöhner, die Lebenserwartung von Männern war etwas höher als die der Frauen –, aber die höheren Lebenserwartungen galten allgemein nur für diejenigen, die überhaupt das 20.

Alter der Verstorbenen – Trier – St. Laurentius 1787/92:[3]

Alter	Männer	%	Frauen	%	Total	%
0	52		50		102	25
1	18		16		34	8
2– 4	20		23		43	11
0– 4	90		89		179	44
5– 9	13		9		22	6
0– 9	103	57	98	44	201	50
10–19	9	5	7	3	16	4
20–29	10	6	9	4	19	5
30–39	10	6	16	7	26	6
40–49	8	4	18	8	26	6
50–59	9	5	19	9	28	7
60–69	18	10	16	7	34	8
70–79	8	4	29	13	37	9
80–89	6	3	9	4	15	4
90–	0	0	1	1	1	1
Total	181	100	222	100	403	100

Verteilung der Todesfälle auf Altersklassen in Oppenheim:[4]

Altersklassen	Anteil (in %)	Alter in Jahren	Überlebende (von 1 000)
0 bis 4	30,1	0	1 000
5 bis 9	9,6	5	699
10 bis 14	3,8	10	603
15 bis 19	2,8	15	565
20 bis 24	4,0	20	537
25 bis 29	4,1	25	497
30 bis 34	4,9	30	456
35 bis 39	4,9	35	407
40 bis 44	4,9	40	358
45 bis 49	4,9	45	309
50 bis 54	5,6	50	260
55 bis 59	5,5	55	204
60 bis 64	4,8	60	148
65 bis 69	3,8	65	102
70 bis 74	3,3	70	64
75 bis 79	1,9	75	31
80 bis 84	0,6	80	12
85 bis 89	0,4	85	6
über 90	0,2	90	2

Lebensjahr erreicht hatten. Ein Leben in wohlversorgter Umwelt mit ausreichendem Essen und in hygienischer Wohnung garantierte noch kein hohes Alter, es hatte höchstens Einfluß auf die sonst hohe Kindersterblichkeit.[2] Insofern sind neuere Thesen zu modifizieren.

Konkretisieren wir diese Aussagen an den Beispielen aus Oppenheim und Trier (s. nebenstehende Tabellen).

Die durchschnittliche Lebensdauer von rund 27–28 Jahren berechnet sich vor allem aus der schon erwähnten hohen Kinder- und Säuglingssterblichkeit. 40–50% aller Menschen starben bereits vor dem 10. Lebensjahr. Wer die Kindheit überlebte, der hatte z. B. in Trier eine ungefähre Lebenserwartung von insgesamt 40 Jahren. In Oppenheim erreichte rund ein Viertel der Bevölkerung das 50. Lebensjahr. Einige wenige erreichten sogar das heutige hohe Alter. In Trier waren zu Ende des 18. Jahrhunderts 4% Männer und Frauen zwischen 80 und 89 Jahren, und in Oppenheim erreichten noch 0,2% der Bevölkerung das 90. Lebensjahr.

Nicht minder aufschlußreich ist es, wenn die Lebenserwartung nach den verschiedenen Berufsgruppen spezifiert wird.

Mittleres Sterbealter der Angehörigen verschiedener Berufsgruppen in Oppenheim:[5]

Geistliche	54,9 (30)
Beamte	54,5 (150)
Ärzte, Chirurgen und Apotheker	52,8 (37)
Kaufleute und Wirte	52,0 (36)
Bauern	50,0 (50)
Handwerker ohne Werkstatt	49,0 (141)
Tagelöhner	48,9 (77)
Handwerker mit Werkstatt	46,6 (358)
Soldaten	40,3 (49)
Bedienstete	34,5 (67)

Eine relativ hohe Lebenserwartung hatten Geistliche, Beamte, Kaufleute und Wirte. Hier spiegeln sich die günstigen Lebensbedingungen wider, die nicht immer mit der Vermögenslage identisch waren. Die geringe Lebenserwartung von Handwerkern, vor allem der Handwerker in einer Werkstatt, resultiert insbesondere aus der ungesunden Lebensweise in geschlossenen, ungelüfteten Räumen. Einen noch krasseren Unterschied zwischen Handwerkern, die in Werkstätten und solchen, die im Freien arbeiten, finden wir in Mainz.[6] Aber diese Differenzierung fällt wenig ins Gewicht, wenn man gleichzeitig bedenkt, daß nur knapp die Hälfte eines Geburtsjahrgangs überhaupt das Erwachsenenalter erreichte. Eigentlich ‚alt' zu werden, dazu hatte nur ⅕ aller Menschen eine reelle Chance.

In der Regel galten bereits 45- bis 50jährige Männer und Frauen als alt,

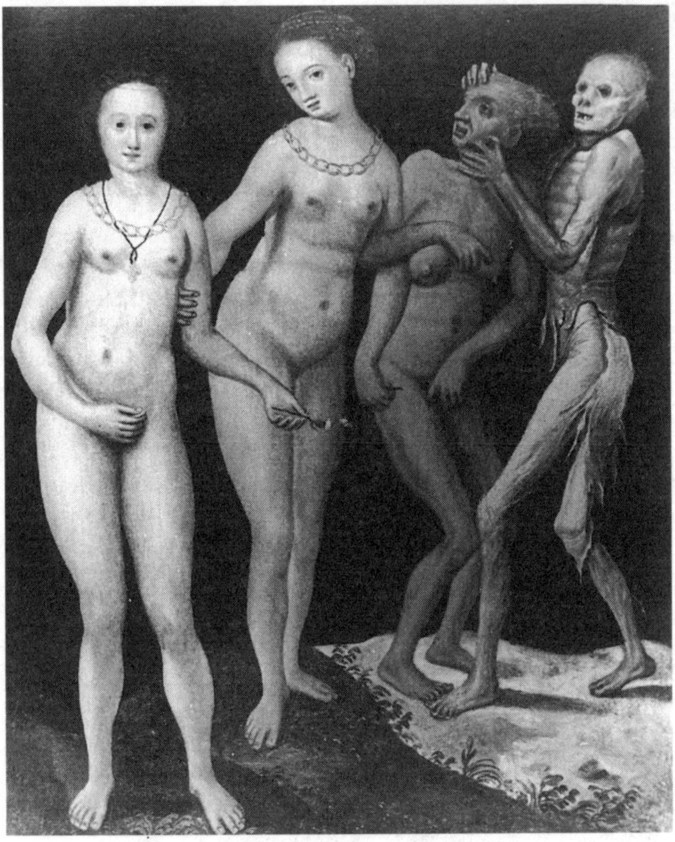

56. Die drei Frauenalter mit dem Tod, zweite Hälfte des 16. Jh. Gemälde v. Hans Baldung Grien-Nachfolger.

gebrechlich und verbraucht. Deswegen finden wir 50jährige nur noch selten in öffentlichen Ämtern. Die eigentliche aktive Lebenszeit erstreckte sich auf die Phase vom 18. bis zum 35. Lebensjahr. Daß es auch noch sehr alte Personen in wichtigen Ämtern und Positionen gab, widerspricht dieser Tatsache nicht. Aber noch ein Gesichtspunkt ist hervorzuheben. Jeder, der überhaupt bewußt lebte, mußte sich auf ein Leben einstellen, das sehr plötzlich enden konnte. Dies machte eine langfristige Lebensplanung unmöglich. Weil man jeden Augenblick mit dem Tod rechnen mußte, galt es, die Zeit zu nützen, sich ins Spiel zu bringen und sich zu behaupten. Wenn man außerdem bedenkt, daß selbst für die meist kurze Lebensspanne ein hartes Ringen notwendig war, um zu überleben, ausreichende Nahrung zu erwerben und die alltäglichen Sorgen zu bewältigen, wundert die Härte der

Reaktionen und des Umgangs mit Mitmenschen nicht. Nicht zuletzt galt es auch, mit den vielen leichten und schweren Krankheiten fertig zu werden, ohne daß dadurch die Arbeit zum Erliegen kommen durfte. Christian Weiße berichtete:

„Nur häufige Krankheiten, welche ihn selbst und die Seinigen mit einer seltnen Hartnäckigkeit betrafen, machten mehrmals sein Haus zu einem Schauplatz des Kummers und der Sorgen. Es gab Zeiten, wo fast zu gleicher Zeit, Er, seine Gattin, seine Kinder, seine Dienstboten krank darnieder lagen. Vielleicht sind während seines Ehestandes kaum zwey Monate verflossen, wo alle im Hause einer guten Gesundheit genossen hätten."[7]

Sentimentalitäten und manche humanen emotionalen Rücksichten konnte sich die Gesellschaft nicht leisten. Aber auch die Wurzelung in magischen Vorstellungen und die bekannte Religiosität und Kirchlichkeit gründen in diesen alltäglich erlebbaren Umständen eines kurzen und harten Lebens.

Genauere Todesursachen in der frühen Neuzeit anzugeben, ist äußerst schwierig, denn die erhaltenen Kirchenbücher vermerken zwar oft eine Ursache des Todes, doch der Schreiber war in der Regel kein Arzt, sondern Pfarrer. Dementsprechend spiegeln sich in den Matrikeln mehr die volkstümlichen Vorstellungen des medizinischen Laien wider als exakte medizinische Beschreibungen, die es erlauben würden, Vergleiche mit den heutigen Todesursachen zu ziehen. Trotz allem aber vermitteln die erhaltenen Akten einige grobe Anhaltspunkte.

In dem gut untersuchten Gießen werden unter den zehn häufigsten Todesursachen genannt: Auszehrung, Pocken, Fluß, Hitzige Krankheit, Wassersucht, Schlagfluß, Kindbett und Ertrinken.

Häufigste Todesursachen im Gießener Untersuchungsraum:[8]

Todesursache	Gießen		Landgemeinden		Total	
	abs.	in % von total 12 198 Todesfällen	abs.	in % von total 12 802 Todesfällen	abs.	in % von total 25 000 Todesfällen
Auszehrung	533	4,3	114	0,9	647	2,6
Pocken	312	2,6	148	1,2	460	1,8
Brustkankheit	153	1,3	108	0,8	261	1,0
Fluß	150	1,2	–	–	150	0,6
Hitzige Krankheit	93	0,8	124	1,0	217	0,9
Kindbett	27	0,2	42	0,3	69	0,3
Ruhr	–	–	34	0,3	34	0,1
Schlagfluß	77	0,6	106	0,8	183	0,7
Wassersucht	82	0,7	43	0,3	125	0,5
Ertrunken	17	0,1	34	0,3	51	0,2
Total	1444	11,8	753	7,5	2197	8,8

In Mainz ließen sich zwischen 1601 und 1798 von 58371 Begräbnissen in 1309 Fällen die Todesursachen genauer ermitteln. Die häufigsten Ursachen sind mit 1062 Fällen Krankheiten; dann folgen mit 162 Unglücksfälle, wobei das Ertrinken im Rhein ganz oben steht. 43 Todesfälle gehen auf Mord bzw. Hinrichtung zurück, und 42 werden unter sonstigen Todesursachen aufgeführt, darunter 5 Selbstmordfälle. Die meisten Menschen starben in Mainz an Krankheiten, davon an Schlagfluß (Schlaganfall) 250, Fieber 139, Pest 119, im Kindsbett 84, an Wassersucht 58, an Pocken 50 und an Schwindsucht 43.[9]

In Butjadingen wurden im 18. Jahrhundert von 25268 Sterbefällen 2217 genauer aufgeschlüsselt. Fast die Hälfte starb durch Ertrinken während einer „Sturmflut". Es folgen an Pocken (Blattern) 356, am hitzigen Fieber (Wech-

Saisonale Schwankungen der Mortalität:[10]

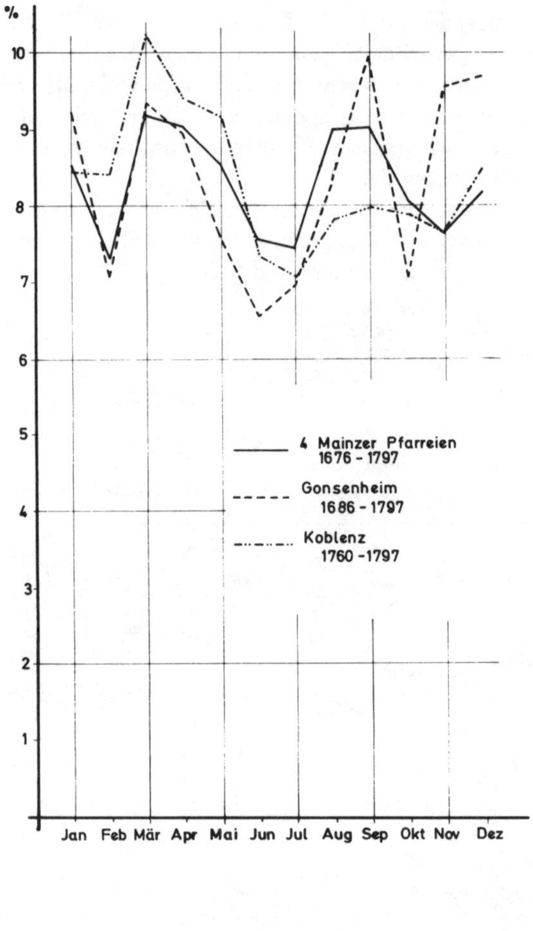

selfieber) 250, an Masern 167, Keuchhusten 144, durch Unfall 72, an Schwindsucht 59, Schlaganfall 44, Wassersucht 36 und Scharlach 30.[11]

Diese Angaben von Todesursachen erstrecken sich auf alle Lebensalter. Als spezifische Todesursachen alter Menschen gelten, soweit dies sicher ermittelbar ist: Auszehrung, hitzige Krankheit, Wassersucht und Schlaganfall. Es ist kaum herauszufinden, wie die Betroffenen zu ihrer Krankheit, die zum Tod führte, standen und wie die Familie und die Umwelt auf sie reagierten. Krankheit und Tod wurden für die Menschen der frühen Neuzeit bis weit ins 18. Jahrhundert als eine stark von der Natur bzw. von Gott bestimmte Gegebenheit gesehen, die der Mensch selbst mit medizinischer Hilfe kaum beeinflussen konnte. Diese Überzeugung unterstützten auch, das sei abschließend gesagt, die monatlichen bzw. saisonalen Schwankungen der Sterblichkeit.

Wenn man einmal von den saisonunabhängigen Epidemien wie der Pest oder Ruhr absieht, ebenso von Folgen von Hungernöten, weist die monatsspezifische Sterblichkeit zwei Spitzen unterschiedlicher Höhe im Frühjahr bzw. im Spätsommer auf. Während Säuglinge und Kinder eher in den Sommermonaten starben, gelten die Monate im Frühling als die gefährlichsten für ältere Menschen. Ein langes Siechtum gab es selten.[12] Eine Infektion oder auch nur eine Erkältung konnte rasch zum Tode führen. Wenn alle Anzeichen auf ein baldiges Ende deuteten, dann rief man meist auch eher den Geistlichen als einen Heilkundigen oder Arzt, falls es einen solchen in der Gemeinde überhaupt gab.

Sosehr die Menschen in der frühen Neuzeit ebenso am Leben hingen wie zu allen anderen Zeiten, scheinen sie sich im Fall einer todbringenden Krankheit rasch in ihr Schicksal bzw. den Willen Gottes ergeben zu haben. So gut als möglich suchten sie sich dann auf den Tod vorzubereiten. Wenn jemand überraschend wieder gesund wurde, den man für todkrank gehalten hatte, so galt die Wiedergenesung häufig als Wunder oder zumindest als eine besondere Gnade Gottes.

Leider besitzen wir kaum Zeugnisse vom Sterben einfacher Leute, dafür aber einige ausführliche Schilderungen aus der Welt gebildeter Schichten. Diese sind sicherlich nicht repräsentativ, spiegeln aber doch etwas vom Grundmuster des Sterbens und des Begräbnisses in der frühneuzeitlichen Gesellschaft wider.

Bevor Heinrich Schertlin von Burtenbach, der Vater des Verfassers einer Autobiographie, Sebastian Schertlin von Burtenbach, nach einer Krankheit 1577 im 82. Lebensjahr starb, hatte er zunächst einen Geistlichen rufen lassen, um sich dann von seiner ganzen anwesenden Familie und Dienerschaft zu verabschieden.[13] „Und als es grad 8 Uhr in derselbigen Nacht geschlagen, ist er gar christlich sanft und still und ganz gottselig in Christo Jesu unserm Seligmacher entschlafen und hat also den Kampf dieses Jammertals ritterlich und christlich ausgestanden."[14] Als er zwei Tage später in

57. Tod und Vanitas, um 1540. Gemälde v. Barthel Beham.

einer Augsburger Kirche aufgebahrt war und eine „herrliche" Leichenpredigt gehalten wurde, hatte sich die ganze Honoratiorenschicht der Stadt eingestellt. „Es haben mich auch bei 100 Herren, auch Stadtpfleger Marx Fugger und Herr Christof Rehlinger im Haus geklagt und sind selbst erschienen, dabei etliche Herren Bürgermeister und viele viele des Rats gewest sind."[15] Nach der öffentlichen Predigt wurde der Tote wieder ins Haus zurückgebracht und aufgebahrt und mit einem schwarzen schönen Tuch zugedeckt, auf welches das Familienwappen gestickt war. Zwei Tage später folgte die Überführung nach Burtenbach, wo er in der Familiengruft beigesetzt wurde. Mit einer zweiten Leichenpredigt schloß das Beerdigungsritual, in Anwesenheit aller Kinder, aller Untertanen und aller Diener, die mit langen schwarzen Klagemänteln bekleidet waren.

Die Frau des evangelischen Predigers Friedrich Lucä starb nach einem längeren Leiden, die Ärzte konnten ihr nicht mehr helfen. Obwohl sie grausame Schmerzen hatte, ertrug sie sie mit Geduld. „Wie sie lebenslang beharrlich und von einem resoluten Gemüthe war, so blieb sie es auch bis an das Ende, bereitete sich andächtig und bußfertig zum seligen Abschied vor, und setzte alles Irdische bei Seite."[16] Nachdem sie sich von ihren Kindern und ihrem Mann verabschiedet hatte, „übergab sie ihre, durch Christi Blut theuer erlöste Seele in die Hände ihres Schöpfers und entschlief unter meinem Seufzen und Gebet sanft und selig." Zum Begräbnis waren nur die engsten Verwandten eingeladen. Den Text der Leichenpredigt hatte der Ehemann selbst ausgewählt. „Also ward ich durch den Verlust meines Eheschatzes, den ich mit schweren Seufzern und tausendfachen Thränen betrauerte, in betrübten Wittwerstand gesetzt."[17]

Jung-Stilling hatte 1796 seinen alten Vater zu sich genommen. 1802 nahmen dessen geistige und körperliche Kräfte ab. „In Ansehung seiner Seelenkräfte war er nun so ganz Kind geworden, daß er gar keinen Verstand und Urtheilskraft mehr hatte."[18] Zur Last der Familie wurde er, als zudem sein Rücken wund wurde und er entsetzlich lamentierte, ohne daß ein Arzt helfen konnte. Am 6. September 1802 „gieng er zu den seeligen Wohnungen seiner Vorfahren über".[19] Jung-Stilling ließ ihn mit allen Feierlichkeiten beerdigen, die in Marburg bei Honoratioren üblich waren.

3. Sterben und Begräbnis

Der Umgang der frühneuzeitlichen Gesellschaft mit dem Sterben und dem Tod unterscheidet sich wesentlich von dem unserer Gegenwart.[1] Dies gründet einmal in der Tatsache, daß Sterben und Tod den meisten Menschen in der frühen Neuzeit eine unmittelbare Alltagserfahrung war. Gleichzeitig aber war der Tod für die Menschen der frühen Neuzeit allgemein eingebettet in die Religiosität, in den Glauben an Erlösung und ein ewiges Leben bzw.

an Hölle und ewige Strafen. Schließlich sah man im Tod den Übergang in ein Jenseits, da er aber keine endgültige Trennung von den Hinterbliebenen brachte, bedeutete er auch kein absolutes Ende.[2]

Entsprechend der Bedeutung, die dem Sterben und dem Tod als einem nicht nur privaten, individuellen Problem beigemessen wurde, waren Tod und Begräbnis in der frühen Neuzeit ‚große' gesellschaftlich-öffentliche Ereignisse, von gleicher Wichtigkeit wie Geburt oder Hochzeit. Weil der Tod das ganze soziale Beziehungsnetz berührte, mußte die Nachfolge geregelt, der Besitz übertragen und die Versorgung der Nachkommen gesichert werden. Das Sterben vollzog sich zumeist öffentlich nicht nur in Anwesenheit der engeren Familie, sondern auch der Hausgemeinschaft. Am Begräbnis nahm sogar die ganze Nachbarschaft teil. Darüber hinaus waren das Sterben und das Begräbnis in der frühen Neuzeit aufs engste verknüpft mit religiös-magischen Ritualen. Obwohl das Begräbnis ausschließlich eine Angelegenheit der Kirche war, war das Sterben wie das Begräbnis noch lange begleitet von ‚abergläubischen' Praktiken, die je nach Region variierten. Derartige Rituale hatten dabei eine doppelte Funktion zu erfüllen, sie sollten den Schrecken des Todes bannen wie über alle Lebensbereiche hinweg Kontinuitäten herstellen, ebenso den Weg des Sterbenden in das Jenseits erleichtern und ihm einen ‚christlichen Tod' ermöglichen, der allein über das Lebensende hinaus wirksam die Ehre eines Menschen sicherte. Ebenso wie die Heiratsrituale sind die Sterbe- und Begräbnisrituale aufschlußreich für das Verständnis einer Gesellschaft.[3]

Sofern ein Mann oder eine Frau nicht plötzlich starb, wurden, wenn die Sterbestunde herannahte, alle Angehörigen, dazu auch das Gesinde, sogar Nachbarn und auswärtige Verwandte, gerufen, um sich vom Sterbenden zu verabschieden. Es gehörte zum Ideal eines christlichen Sterbens, sich auf den Tod vorzubereiten, Frieden zu schließen mit seiner Umwelt und seine Nachlassenschaft so zu regeln, daß allen Parteien Recht geschah. Diese Vorstellung galt für alle Menschen, de facto aber gab es das christliche Sterben nur im ‚ganzen Haus'. Arme und Unbehauste hatten kaum eine Möglichkeit, in dieser Weise christlich zu sterben.[4]

Zumeist war das Sterbezimmer besonders hergerichtet worden, die Anwesenden beteten unaufhörlich allein oder mit einem herbeigerufenen Geistlichen, Weihwasser wurde gesprengt und eine Sterbekerze angezündet. Weihwasser und Kerze – Wasser und Feuer – dienten im katholischen Raum dazu, böse Kräfte, die den Sterbenden bedrohten, zu bannen, zugleich dem Sterbenden den Tod zu erleichtern. Nach dem Eintritt des Todes, der zumeist nur von den Anwesenden festgestellt wurde – ein Arzt wurde selten herangezogen –, läutete die Sterbeglocke der nächsten Pfarrkirche, um den Tod eines Menschen allgemein zu verkünden. Oft wurden die Fenster des Sterbezimmers geöffnet, damit die Seele leicht entweichen konnte. Das Kerzenlicht wurde gelöscht und ein dauerndes Öllicht angezündet, wobei die Anwesenden ein letztes ‚Vater unser' oder auch das Glaubensbekenntnis sprachen, weil nun der Verstorbene vor den Richterstuhl Gottes trat. Doch glaubte man allgemein nicht, daß mit dem Erlöschen des letzten Atems der Tote schon vollkommen von der Welt geschieden und seine Rückkehr ausgeschlossen sei; noch lange war es Volksglauben, daß jede Seele nach dem Tode noch einige Zeit in einem Zwischenreich sich aufhalte, das nicht identisch war mit dem Fegefeuer.

Nachdem dem Toten die Augen zugedrückt waren, begannen die Vorbereitungen sowohl zum Aufbahren der Leiche wie zum Begräbnis. Das Waschen und Ankleiden des Toten besorgten entweder die Angehörigen oder eine Leichenfrau. Ursprünglich wurde der Tote ohne Schuhe in ein weißes Tuch eingeschlagen, seit dem 19. Jahrhundert bevorzugten viele die Einkleidung in Festtagskleidung. Auch gab es schon lange Särge, aber noch im 16. Jahrhundert und später wurden Bretter bevorzugt, auf die die Leiche gebahrt wurde. Weil man fürchtete, daß ein Toter vielleicht nur scheintot sei, ließ man ihn in der Regel drei Tage im Hause liegen, bevor er auf einem Friedhof beerdigt wurde. Vor allem die Kirchen drängten darauf, so lange zu warten: „Das mit den verstorbenen, wu es nit in fehrlichen lauften als zu sterbenszeiten, nit so balde zum begrebnis geeilet werde, sondern aufs wenigst ein stund fünfzehen, sechzehen im haus gehalten werden; den oft erfahren, das leut in ainer onmecht gelegen, das man gemeinet, sie weren gestorben, und sich darnach dennoch widerumb ermanet haben – etlich, in dem sie zum grab getragen worden."[5] Ausnahmen machte man nur bei Personen, die an einer Seuche gestorben waren. Während der Aufbahrung im Hause wurde der Tote von Nachbarn und Bekannten besucht.

Eine Totenwache, die von Freunden und Nachbarn des Verstorbenen an den Abenden bzw. Nächten vor dem Begräbnis gehalten wurde, zeigt einerseits an, daß der Tote immer noch zum Kreis der Familie gezählt wurde, andererseits versuchte die Wache, das Haus vor dem Bedrohlichen, das von dem Verstorbenen ausgehen konnte, zu beschützen. Die Zahl der Teilnehmer entsprach dem Ansehen des Verstorbenen und der Angehörigen. Meistens waren es Männer, nur bei Kindern und jungen Ledigen übernahmen Frauen und junge Mädchen die Wache, wie überhaupt bei Ledigenbegräbnissen Frauen eine größere Mithilfe leisteten als die Männer. Diese Totenwache war allerdings alles andere als eine ernste Trauerrunde, die im ununterbrochenen Gebet verharrt hätte. Während der Totenwache wurde geredet und gespielt, bei reichlichem Genuß von Bier oder Branntwein, ja es wird von Eßgelagen und wüsten Tänzen berichtet. Der Brauch der ‚Tanzleiche' wird berichtet: „Die Person stellt sich in die Mitte des Saales, die anderen tanzten paarweise jubelnd und jauchzend um sie herum. Plötzlich verstummte alles. Die Person in der Mitte fiel um und stellte sich tot, worauf die tanzende Gesellschaft einen aufweckenden Totengesang anhob. War der Tote ein Mann, dann gingen alle Frauen nacheinander zu ihm und küßten ihn. Er durfte sich dabei nicht rühren. Bei einer Frau mußten die Männer sie küssen. Wenn alle den Kuß gegeben hatten, fiel die Musik in fröhlicher Weise ein, die anderen führten einen Ringtanz um den Toten aus, der sich darauf erhob. Gewöhnlich wurde der Tanz mit einer Tanzleiche anderen Geschlechts wiederholt."[6] Obwohl die weltliche Obrigkeit und die Kirchen derartiges Brauchtum als ärgerliches Unwesen und schändliches Treiben verboten, hielt in manchen Gegenden das Volk noch lange an dieser Sitte fest. Sie drückt deutlich den Zusammenhalt der Menschen in einem Hause aus, zu denen der Tote noch zählte. Erst im Laufe des 18. und 19. Jahrhunderts traten an die Stelle der Lustbarkeiten kirchliche Gebetsübungen, diese wurden schließlich auch aufgegeben, als aus hygienischen Gründen der Verstorbene sogleich nach dem Tod ins Leichenhaus überführt wurde.

Unmittelbar nachdem der Tod eingetreten war, wurde dieser öffentlich bekanntgegeben, allgemein im Haus und in der Nachbarschaft, falls diese beim Sterben nicht bereits anwesend war, dann in der Verwandtschaft und je nach Position des Toten im ganzen Dorf oder der Stadt. Der Tod eines Hausherrn wurde in der bäuerlichen Gesellschaft interessanterweise nicht nur den Menschen angesagt, sondern auch den Tieren.[7] Der Sohn des Toten, die Hausfrau oder ein naher Verwandter ging in den Stall und meldete dem Vieh den Tod des Herrn. Dies verdeutlicht, daß nicht nur das Gesinde zum Haus zählte, sondern auch das Vieh, das wesentlich zum Wohl des Hauses beitrug. Menschen und Tiere mußten mit der Todesmeldung aus dem Verbund mit dem Verstorbenen entlassen werden. In manchen Gegenden gab es sogar den Brauch, Bäume heftig zu schütteln und alles Getreide, Mehl, Brot und Obst vom Platz zu bewegen, damit es nicht mit dem Toten zugrunde ginge. Hier und da wurden auch Hausgeräte verrückt und die Kleider gereinigt aus Furcht vor dem Tod eines weiteren Familienmitgliedes. Schließlich wurde auch, solange der Tote im Hause lag, kein Tier angespannt und keine Feldarbeit verrichtet.

Das Amt des Leichenansagers übernahm entweder ein männliches Familienmitglied oder ein eigens bestellter Leichenbitter, der zumeist aus der unteren sozialen Schicht stammte, dafür bezahlt wurde, aber nicht an der Totenfeier teilnehmen durfte. Denn die professionelle Übermittlung einer Todesnachricht galt als unehrbare Tätigkeit. Ursprünglich wurde der Tod ausschließlich mündlich angesagt, später folgten schriftliche bzw. briefliche Ankündigungen, die zumeist mit der Einladung zum Begräbnis verbunden waren. Wie förmlich dies vor sich ging, zeigt ein Begräbnisbrief von 1775:

„Dem Herrn über Leben und Tod hat es also gefallen, meinen im Leben liebgewesenen ehe Mann durch eine schwere Brust Krankheit am vor wichenen Donnerstags des Morgens um 6 Uhr aus dieser Welt abgefordert und der Seelen nach in seyn ewiges Freuden-Reich zu versetzen. Ob nun dieser Todes Fall mir nicht wenig schmerzet, so muß ich mich doch dem

Willen Gottes ergeben und nur drauf bedacht seyn, daß die entseelten Gebeine dem Schooße der Erde anvertrauet werden; als wozu der erst Kommende Diengstag, als den 5. Dezember ist vestgesetzet. Es ergehet demnach an mein Hochgeehrten Herrn Ohm selbst dessen Frau Eheliebste und Kinder meine wehmütige bitte, Sie belieben am vorgenannten Tage im Sterb Hause zu erscheinen und meinem Seel. Ehemann die letzte Ehre zu geben, nachhero aber bei mir einkehren und ein klein Trauer Mahl vorlieb zu nehmen."[8]

Erst unmittelbar vor der Beerdigung wird der Tote auf Bretter oder in den Sarg gelegt. Die Qualität des Sarges unterschied sich je nach Stand und war bei der den oberen Ständen sehr prunkvoll. Ständische Repräsentationswünsche und -zwänge spielten überhaupt bei jeder Beerdigung eine große Rolle. Ging es ja auch darum, die Ehre eines Hauses nach außen zu dokumentieren. Der Prunk zeigte sich nicht nur in der Qualität des Sarges mit den teuren Beschlägen, sondern auch am üppigen Bahrtuch, das das Familienwappen trug. Aber nur die wenigsten konnten sich teure Särge leisten, die meisten wurden auf Bahren getragen bzw. in Särgen, die wiederholt Verwendung fanden.

Beim Heraustragen aus dem Haus wurde der Sarg mit den Füßen voran aus dem Sterbezimmer getragen, und bevor es auf die Straße ging, oft dreimal auf der Haustürschwelle abgesetzt. Der Tote verabschiedete sich damit von seinem Haus.[9] In manchen Gegenden wurden die Feuer gelöscht, Türen und Fenster geschlossen und dem Sarg Wasser nachgeschüttet. Die endgültige Trennung des Todes vom Leben sollte dadurch symbolisiert und eine Rückkehr unmöglich gemacht werden. Die Ängste vor einer Rückkehr des Toten begleiteten das ganze Begräbnisritual.[10]

Nachdem die Familienmitglieder, der Erbe, dann auch der Pfarrer mit den auswärtigen Gästen eine Totenzehrung im Hause des Toten zu sich genommen hatten, formierte sich der Leichenzug zum Friedhof. Der Zug konnte je nach Bekanntheit des Toten groß sein.[11] Die Beteiligung an ihm gestaltete sich sehr verschieden. In manchen Gegenden gingen nur die Verwandten mit, anderswo nur männliche Personen, während die Frauen zu Hause blieben. Es gab unterschiedliche Begründungen. Den Ausschluß der Frauen begründete eine Hamburger Ordnung von 1618 folgendermaßen:

„Nachdem auch der Frauen Nachfolge bei Bestattungen der Leichen viele Inconvenientien mit sich bringet, indem nicht allein die Frauen damit fast einen ganzen Nachmittag oder Morgen zubringen, und sich also in ihrer Haushaltung merklich versäumen, sondern auch ihre Kleider im Regen und Ungewitter übel zurichten, ja ihnen den Frauens selbsten, bei Winterszeiten insonderheit sehr beschwehr- und gefährlich, und dann hingegen gleichwohl, mit angeregter nachfolge der Leiche, zumahl die Frauen allererst eine gute Weil hernachkommen, also daß mancher nicht weiß, zu was Leiche dieselbe gehörig seyn, wenig gedienet und derentwegen E. F. Rath mit der

Bürgerschaft vereinbaret, daß solche nachfolge der Frauen bey den Leichen gänzlich aufgehoben und eingestellt werden solle."[12]

Da die Beerdigung keine Privatangelegenheit der Familie, familiales Handeln vielmehr immer ein Stück Dorf- bzw. Zunftwirklichkeit war, wurde zur Sitte, daß aus jedem Haus eines Dorfes oder Stadtviertels ein Bewohner mitging, wenn nicht sogar die Zunft selbst die Beerdigung eines Mitglieds als ihre Sache begriff. Garantierte doch die Zunft jedem Zunftmitglied ein ehrliches Begräbnis. Auch beim Leichenzug gab es strenge Gewohnheiten, die nicht beliebig verändert werden konnten. Die Träger rekrutierten sich vor allem aus den ‚Freunden' und Nachbarn bzw. den Zunftangehörigen. Frauen waren ausgeschlossen. Unterschieden wurde dabei nicht nur nach dem Stand des Verstorbenen, sondern auch nach Geschlecht und Altersklasse, zwischen Ledigen bzw. Kindern und Erwachsenen. Auch mit dem Leichenzug verbanden sich verschiedene, Unheil abwehrende abergläubische Praktiken und Vorstellungen. Der Sarg durfte auf dem Weg zum Friedhof nicht abgestellt werden, es sei denn an besonders vorgesehenen Stellen; auch mußte der Zug schnell vorwärtsgehen, die Reihen mußten wie beim Hochzeitszug geschlossen sein und keiner durfte sich umsehen. Die Träger erhielten einen Lorbeerzweig, Rosmarin- oder Wermutsträuße angesteckt bzw. eine Zitrone, die sie später entweder ins Grab warfen oder als Andenken aufbewahrten.[13]

Der Leichenzug ging entweder vom Sterbehaus zur Kirche und dann zum Friedhof oder unmittelbar vom Sterbehaus zum Friedhof. Ein Requiem oder eine kirchliche Totenfeier war nicht die Regel; jedenfalls waren sie keine notwendigen Bestandteile der Beerdigungsfeierlichkeiten. Bei den herrschenden, überhaupt den höheren Ständen war der Trauergottesdienst allerdings eine Selbstverständlichkeit, denn durch die öffentliche Feier mit einer Predigt konnte eine besondere Erhöhung des Verstorbenen stattfinden. Aber Vertreter mittlerer und vor allem unterer Schichten mußten nicht zuletzt aus finanziellen Gründen darauf verzichten, denn eine Beerdigung war ohnedies immer eine kostspielige Angelegenheit. Anläßlich einer kirchlichen Totenfeier wurde der Sarg in der Mitte der Kirche auf ein Castrum Doloris gestellt, so daß er von allen Seiten gesehen werden konnte. Dazu wurde die Kirche mit dunklen Tüchern verhängt, wie sich schwarz für die Kleidung beim Leichenzug durchsetzte, so vor allem auch für die Totenfeier. Die schwarze Kleidung war in Deutschland nicht immer Vorschrift gewesen, sie bürgerte sich seit dem 16. Jahrhundert unter dem Einfluß des spanischen Hofzeremoniells ein. Aber es mögen auch Einflüsse aus dem italienisch-mittelmeerischen Raum eine Rolle gespielt haben.

Obwohl oft ein Geistlicher einen Sterbenden segnete oder ihm die letzte Ölung spendete, die Leichenpredigt von einem Pfarrer gehalten wurde und der Friedhof eine geweihte Stätte der Kirche war, war die Begräbnisfeier insgesamt dennoch keine kirchliche Feier im eigentlichen Sinn, sondern eine

58. Sendlinger-Tor-Platz mit Leichenzug, um 1770. Gemälde v. Josef Stephan.

Trauerfeier der Trauergemeinde, in der christliche und abergläubisch-magische Vorstellungen mit volkstümlichem Brauchtum verquickt waren.[14] Der gültige katholische Beerdigungsritus konnte lange die verschiedenen Vorstellungswelten integrieren, weil er auch die Feier des Toten, seine Verabschiedung und die Sorge um sein Seelenheil in den Mittelpunkt stellte. Die katholische Kirche war überzeugt davon, daß der Tod für den Verstorbenen keinen Bruch mit der Gemeinde bedeutete und daß diese für den Toten sehr wohl etwas tun konnte. Der Fegefeuerglaube implizierte, daß die Angehörigen des Toten durch Messen und Gebete zum Heil des Toten beitragen und ihm die Fegefeuerstrafe verkürzen konnten. Weil der Tote Mitglied der Gemeinde blieb, hatte im Katholischen die Totenfeier einen substantiellen Wert für den Toten und damit auch für die Gemeinde.[15] Dies änderte sich durch die Reformation für die später protestantischen Gebiete insofern, als im Beerdigungsritual nicht länger der Tote im Mittelpunkt stand, da man für ihn nichts mehr tun konnte. „Dem nach haben wir in unseren Kirchen die Bepstlichen Grewel, als Vigilien, Seelmessen, Begengnis, Fegfewr und alles ander Gauckelwerk, fur die Todten getrieben, abgethan und rein ausgefegt."[16] Im Mittelpunkt des protestantischen Beerdigungsrituals steht die lebende Gemeinde. Die Trauernden werden an die Sterblichkeit des Menschen erinnert, an das Jüngste Gericht, an die Auferstehung von den Toten und das künftige Leben. Trotz allen Bemühens, die Beerdigungsriten von jedem abergläubischen Beiwerk zu reinigen, gingen die protestantischen Kirchen doch vorsichtig ans Werk. Bereits Luther hatte zur Mäßigung geraten: „Die Väter haben die Gräber herrlich gziert und in Ehren gehalten. Sie haben die Toten nicht hingeworfen gleich wie das Aas der unvernünftigen Tiere... Darum soll man die Zeremonien und das Leichengepränge behalten, desgleichen auch, daß man weine und Mitleid habe mit denen, so ihre lieben Freunde verloren haben."[17] So logisch der Glaube war, daß man für einen Toten nichts mehr tun könne, und die religiösen Aktivitäten sich auf die Lebenden zu konzentrieren hätten, so dauerte es im einfachen Volk doch viele Jahrzehnte, ja Jahrhunderte, bis es die Vorstellung von der Gemeinschaft der Lebenden mit den Toten aufgab.

Für den Christen war es eine Selbstverständlichkeit, in geweihter Erde, auf einem kirchlichen Friedhof beerdigt zu werden.[18] Ursprünglich wurden die Mitglieder einer Gemeinde in und um die Kirche herum begraben. Der Kirchenraum selbst war meistens den hohen Herrn der Kirche und des Adels vorbehalten. Eine christliche Beerdigung erhielten allerdings nur christliche und ehrbare Leute. Ungetaufte Kinder wurden außerhalb des Friedhofs bzw. am Rande desselben beerdigt, wohingegen Selbstmörder lange auf dem Schindanger verscharrt wurden.[19] Die mittelalterliche, aber auch noch lange die frühneuzeitliche Gesellschaft legte Wert darauf, daß ihre Toten in unmittelbarer Nähe, inmitten ihrer Gemeinschaft beerdigt wurden. Tote und Lebende blieben in Verbindung. Welche sozial-sakrale Bedeutung der Friedhof lange hatte, zeigt nicht nur die Tatsache, daß er ein Schutzbereich war für die Toten, sondern auch ein rechtlich geschützter Raum für Flüchtlinge. Die Kirche gewährte einem Verfolgten nicht nur in der Kirche, sondern auch auf dem Friedhof Schutz. Der Friedhof war ein sakraler Bereich inmitten der Dorf- oder Stadtgesellschaft. Das schloß allerdings nicht aus, daß er gleichzeitig als Ort für Jahrmärkte, als Arbeitsplatz oder Abstellplatz benutzt wurde. Eine besondere Pflege, wie wir sie kennen, kannte der Friedhof auch in der frühen Neuzeit noch nicht. Nicht selten klagten Pfarrer über das Gerümpel auf dem Friedhof.

Mit der ‚neuen' Einstellung der Reformation zum Tod und zum Toten änderte sich auch langfristig die Rolle des Friedhofs in der traditionellen Gesellschaft. Die Kirchen erhielten dabei früh Unterstützung von seiten der weltlichen Obrigkeit. Da die Reformatoren davon überzeugt waren, daß ein Christ für einen Toten nichts mehr tun könne, der Tote nicht mehr zur Gemeinde zählte, propagierten sie die Verlagerung der Friedhöfe an den Stadtrand, ja die Anlage von Friedhöfen außerhalb der Stadtmauern. Ihrem Wunsch kam es entgegen, daß der Jahrmarktsrummel und die ‚Unordnung' auf den Friedhöfen störte. Ein noch wichtigeres Argument waren die üblen Gerüche auf den Friedhöfen, die um die Gesundheit bangen ließen. Religiöse und hygienische Gründe waren es bereits im 16. Jahrhundert, die den Friedhof aus der Stadt verdrängten.[20] Parallel geht dies wohl auch mit der Durchsetzung des römischen Rechts, das Friedhöfe in geschlossenen Ortschaften verbot. Allerdings dauerte es lange, bis dies konkret realisiert wurde. Was bereits die Reformatoren angeregt hatten, konnten erst die Aufklärer mit Hilfe des Staates durchsetzen. So lange wehrte sich das einfache Volk auch in protestantischen Gebieten dagegen, seine Toten außerhalb des Kirchhofs, d. h. der kirchlichen Gemeinschaft zu beerdigen. Mit der Verlagerung des Friedhofs vom Stadtmittelpunkt weg änderte sich allerdings auch dessen soziale Funktion. Wurden die alten Friedhöfe für die verschiedensten Zwecke verwandt, ohne daß man darin ein pietätloses Handeln gegenüber den Toten sah, so glichen die neuen Friedhöfe des frühen 19. Jahrhunderts mehr oder weniger einer Parkanlage mit Blumenbeeten und Bäumen, denen man dauernde Pflege widmete. Friedlichkeit, Ruhe, vor allem Pietät strahlten sie aus. Die großen Grabstätten entstanden jetzt; sie dienten dem Andenken und der Ehre der Familie und förderten einen ‚säkularisierten' Totenkult, der sich grundlegend von dem der alten Zeit unterschied.

Die Toten wurden in der frühneuzeitlichen Gesellschaft wie heute einzeln oder in Familiengräbern beerdigt. Sowenig in der ständischen Gesellschaft die ‚Kernfamilie' öffentlich hervortritt, sondern immer nur die Hausgemeinschaft, so auffällig ist bei den Beerdigungen, wie bei allen religiösen Akten überhaupt, daß hier allein die Verwandtschaft zählt. Ebenso wie ein Herr für seinen Knecht nicht auf Wallfahrt ging, so kam niemand auf die Idee, dem Knecht eine gleiche Beerdigung zukommen zu lassen wie dem Herrn, oder gar ihn im Familiengrab zu beerdigen. Zur geistlichen Familiengemeinschaft zählten nur die Eltern mit ihren Kindern. Ursprünglich hatten nur die oberen Stände ein Grabmal oder eine Grabplatte mit Namen und Gebets- und Segenssprüchen; im Laufe der frühen Neuzeit schufen sich dann die meisten Familien Familiengräber.[21] Arme und unehrliche Leute waren allerdings weitgehend ausgeschlossen, wenn sie nicht überhaupt nur am Rande des Friedhofs bzw. auf einem Arme-Leute-Friedhof ihre letzte Ruhe finden durften.

Das Begräbnisritual war weitgehend durch die Kirchen festgelegt, was nicht ausschloß, daß bestimmte ständische Wünsche berücksichtigt wurden. Auch gab es je nach Konfession beträchtliche Unterschiede. Es wurden Gebete gesprochen und Lieder gesungen, schließlich bei Katholiken das Grab mit Weihwasser und Weihrauch abgesegnet, damit der Tote Ruhe finde bzw. die Lebenden kein Unheil durch den Toten erleiden und sich im christlichen Glauben festigen möchten. Beim Versenken des Sarges gab es entweder Schweigen oder lautes Geschrei, wie überhaupt die Ausgestaltung des Zeremoniells je nach sozialer Schichtung oder Region schwankte. Als Zeichen gemeinsamer Verbundenheit warf jeder der Anwesenden nach dem

59. Ein Handwercks Weib in tiefer Trauer, um 1700. Kupferstich v. Johann Martin Will.

Vorbild des Pfarrers drei Erdwürfe auf den Sarg im offenen Grab.[22] Später traten oft an Stelle der Erdwürfe Blumen. Individuelle Bezüge zum Toten wie kollektive Interessen berührten sich. Den Höhepunkt der Begräbnisfeierlichkeit bildete die Predigt des Geistlichen, die sogenannte Parentation, die Leichenabdankung.[23] Während im katholischen Ritus die Gemeinschaft der Lebenden mit dem Toten beschworen wurde und alle Gebete dem Heil des Toten dienen sollten, ohne daß dabei der speziellen Biographie des Verstorbenen gedacht wurde, richtete sich die Leichenpredigt des evangelischen Pfarrers an die versammelte Gemeinde, zwar im Gedenken an den Toten, aber um die Lebenden zu trösten und zu stärken. Dafür trat dann allerdings der Verstorbene stärker als Person hervor. Die vielen erhaltenen Leichenpredigten des Protestantismus berichten allgemein im Spiegel des christlichen Sterbens vom Leben des Verstorbenen als einem Beispiel christlicher Lebensführung. Wie der Beerdigungsritus ständischer Repräsentation unterworfen wurde, zumindest unterworfen werden konnte, bot auch die Leichenpredigt die Möglichkeit, dem Ruhm der Familie des Verstorbenen zu dienen, was entgegen der ursprünglichen Intention der Leichenpredigten allzu häufig geschah. Obwohl die protestantische Kirche immer wieder vor zu großer Prachtentfaltung bei der Beerdigung warnte, die dadurch als Ereignis irdischer Hoffahrt die christliche Einfachheit umkehre, fügte auch sie sich den allgemeinen Repräsentationswünschen der ständischen Gesellschaft.[24] Wie Geburt und Taufe, Verlobung und Hochzeit zählte das Sterben und das Begräbnis zu den großen ‚Übergangsriten', die zu gestalten nicht nur in der Hand der Kirche lag, sondern die auch von der weltlichen Lebensgemeinschaft des Verstorbenen mit den ihr eigenen Vorstellungen mitbestimmt wurde, sosehr die Kirche natürlich auch mit ihnen immer wieder versuchte, das Leben des einzelnen unter die Norm christlicher Lebensführung zu zwingen.

Nach Beendigung des Begräbnisses versammelte sich die Trauergemeinde zu einem Totenmahl.[25] Wie jede große Feier in der traditionellen Gesellschaft wurde auch die Beerdigung mit einem Gelage beendet, das ähnlich wie das Tauf- bzw. Hochzeitsessen zu Klagen von Obrigkeiten und Kirchen führte. Mit dem Totenmahl gedachten die Trauergäste noch einmal des Toten als eines Mitglieds ihrer Gemeinschaft, zugleich aber diente es dazu, das Abschiednehmen emotional zu erleichtern. Beim Tod eines Hausherrn initiierte das Totenmahl den Beginn der Herrschaft des Erben. Insofern hatte auch das Totenmahl einen festen, nicht nur symbolischen, sondern auch rechtlichen Platz in der ständischen Gesellschaft.

Ursprünglich umfaßte die Totenfeier nicht nur die Speisung der Trauergäste nach der Beerdigung, sondern sie begann mit der Totenwache und endete erst Tage nach dem Begräbnistermin. Spuren davon sind bis ins 19. Jahrhundert erhalten. Während früher das Mahl wie die Totenwache im Haus des Verstorbenen stattfand, also inmitten seiner Lebenswelt, wurde es, in dem

60. Die Lebensalter des Mannes, um 1650. Kupferstich v. G. Altzenbach (Vorlage rechts beschädigt).

Maße, wie der Friedhof außerhalb der Stadt verlegt wurde, ins Gasthaus verlegt. Je nach Stand fiel die Mahlzeit sehr üppig aus. Wenn die Obrigkeiten auch hier mäßigend einzugreifen suchten, dann ging es nicht nur darum, das Maß der Ausgaben einzuschränken, sondern für Zucht und Ordnung während der Beerdigungsfeierlichkeiten zu sorgen. Denn nicht selten endeten Trauerfeierlichkeiten wie Hochzeitsessen, vor allem, wenn bereits vor der Beerdigung Bier und Branntwein ausgeschenkt wurden, mit Trunkenheit der Gäste. Im bürgerlichen Haushalt trat im 19. Jahrhundert anstelle von Bier und Branntwein der Kaffee.

Zwar kehrte man nach dem Totenmahl zur alltäglichen Arbeit zurück, aber an den Verstorbenen wurde in besonderer Weise noch dreimal gedacht, am 7. und am 50. Tag nach der Beerdigung sowie ein Jahr nach dem Tod. Spezielle Gebete wurden dem Toten gewidmet. Besonders gedacht wurde der Toten im katholischen Raum außerdem am Festtag der Allerseelen.[26] Mit zum Totenkult gehörte schließlich die Errichtung von Grabdenkmälern, die oft mit großem Aufwand angefertigt wurden, sowie die Pflege des Grabes, die allerdings in der Vormoderne lässiger gehandhabt wurde als in der neueren Zeit. Von den Hinterbliebenen erwartete man noch lange eine regelmäßige Aufmerksamkeit gegenüber ihren Toten. Ein deutliches Zeichen war die Trauerkleidung.[27] Während einer festgelegten Trauerzeit durfte nicht gefeiert oder getanzt, vor allem nicht geheiratet werden. Zwar war die Trauerzeit gestaffelt je nach dem Verhältnis zum Toten, aber eine offizielle Trauerzeit galt beim Tod eines Hausmitgliedes für alle Einwohner eines Hauses, am längsten mußte allerdings eine Witwe trauern.[28] Viele Frauen trugen bis zum Ende ihres Lebens Trauerkleidung.

Wenn man insgesamt die Beerdigungsrituale und Totenkulte der vormodernen Gesellschaft betrachtet, so fällt zunächst der ungewöhnlich große Aufwand auf, nicht nur in finanzieller, sondern auch symbolischer Hinsicht, den sich nicht nur vermögende, sondern auch weniger reiche Gruppen bei der Beerdigung ihrer Familienmitglieder leisteten. Dabei spielten Zuneigung, aber auch individuelle Leistungen oder das moralische Ansehen des Verstorbenen eine geringe Rolle; selbst wenn ein Patrizier seine Frau nicht liebte, ließ er sich ihre Beerdigung doch etwas kosten und trauerte in der vorgeschriebenen Weise. Dieser Aufwand leitet sich her aus der Achtung vor dem Toten, aber auch aus Repräsentationsgründen bzw. der Ehre eines Hauses.

Obwohl, abschließend gesagt, das Sterben und der Tod in der frühen Neuzeit stets erfahrbar waren, in der Biographie jedes einzelnen Begegnungen mit Sterbenden und Toten etwas Alltägliches waren, nacheinander der Tod von Großeltern, Geschwistern, Eltern und von Nachbarn erlebt wurde, stellten das Sterben und das Begräbnis immer etwas Besonderes dar, das unabhängig von persönlicher Betroffenheit oder Ungerührtheit stets mit großem Aufwand ‚begangen' und nach einem festen Ritus gestaltet wurde.

Dieser Ritus mochte zwar je nach Region, Stand und Konfession unterschiedlich sein, aber als solcher legte er auf jeden Fall das Muster christlichen Sterbens und eines ehrlichen Begräbnisses fest. Ein bloßes Verscharren der Toten gab es außerhalb von Pestzeiten ebensowenig wie eine stille Totenfeier im ‚engsten Familienkreis'. Zwar stieß der große Pomp der Trauerfeierlichkeiten, wie er vor allem in katholischen Ländern üblich wurde, nicht nur bei den anderen Konfessionen auf Kritik, doch der Verzicht auf Öffentlichkeit, kirchlichen Rahmen und förmliche Zeremonialität überhaupt wäre einer Aufkündigung der kollektiv-traditionellen Einbindung des einzelnen wie der Familie gleichgekommen. Wenn auch die Individualität seit der Reformationszeit vor allem im Protestantismus eine zunehmende Rolle spielte, so stand doch in Beerdigungsriten der Tote eben vor allem als Mitglied einer Haus-, Dorf- oder Zunftgemeinschaft im Vordergrund, aus der er ‚verabschiedet' wurde. Während dies für den Sterbenden und Toten eine Hilfe zum Ewigen Heil bedeutete, integriert der öffentliche Ritus die durch den Tod betroffenen Hinterbliebenen wieder in den kollektiven Lebensverbund. Die Riten sicherten so nicht nur dem einzelnen die Eingebundenheit in die Gemeinschaft, sondern stifteten Kontinuität in einem immer wieder bedrohten Lebenszusammenhang über Generationen hinweg. Aufweichungen dieses Musters gab es erst im 18. Jahrhundert, als einzelne nicht mehr in traditionellen Gemeinschaften lebende Personen, vor allem aus den neuen bürgerlichen Schichten, eigene, neue Formen im Umgang mit dem Sterben und dem Tod entwickelten und ihren subjektiven Bedürfnissen der Trauer mehr Rechnung tragen wollten. Den ‚Luxus' von allzu großem Gefühlsüberschwang und Verzweiflung über den Tod eines Angehörigen konnte die traditionelle Gesellschaft sich nicht leisten, was nicht heißt, daß der Tod keine Verzweiflung auslöste; sie wurde aber im Zusammenhang eines magisch-christlichen Weltbildes aufgearbeitet.

V. Die Geburt der bürgerlichen Familie: Utopie oder Wirklichkeit

61. Familie Chodowiecki, zweite Hälfte des 18. Jh. Radierung v. D. Chodowiecki.

Allgemein wird angenommen, daß sich gegen Ende des 18. Jahrhunderts eine neue bürgerliche Familienform herausbildete, die zwar zunächst nur von einer kleinen sozialen Schicht getragen wurde, dann aber langfristig zur vorherrschenden Familienform der Moderne wurde. Diese Familie beschränkte sich auf die ‚Kernfamilie', d.h. auf die emotional bestimmte Gemeinschaft der Eltern mit den Kindern, sie schuf in der Häuslichkeit und Liebe einen Intimbereich, den ökonomisch abzusichern der Hausherr übernommen, den aber vor allem die Frau als Hausfrau, als Ehefrau und Mutter zu bewahren hatte. Die von außen abgeschirmte Privatsphäre sollte für den Mann und die Kinder Voraussetzungen dafür schaffen, sich in der Außenwelt zu behaupten bzw. die Welt vernünftig zu gestalten. Alle Anfänge der modernen Familie weisen jedenfalls zurück auf das späte 18. Jahrhundert.[1] An dieser These bewahrheitet sich zweierlei: Einmal entsprach die Realität auch bis ins späte 18. Jahrhundert, ja weit ins 19. Jahrhundert hinein nicht allgemein den Bedingungen der bürgerlichen Familie. Aufgrund der spätfeudalen Produktionsverhältnisse herrschten noch immer die traditionellen Formen des Zusammenlebens vor. Sowohl in der bäuerlichen und handwerklichen wie in der kaufmännischen und adeligen Welt hatte sich wenig geändert, überall dominierte trotz der Brüchigkeit der traditionellen Weltordnung der Zunahme unbehauster Schichten und des moralischen Anspruchs kirchlicher Kräfte sowie der Aufklärung noch vielfältig die Idee des ‚ganzen Hauses', in dem ökonomische, politische, soziale und mentale Funktionen der Hausgemeinschaft zusammenwirkten. Die angesprochenen neuen Elemente, das neue Verständnis von Familie fand Resonanz nur in einer kleinen Schicht bürgerlicher Eliten, die sich vor allem aus aufklärerischen Beamten, Pfarrern, Professoren und Kaufleuten zusammensetzte, und aufgrund von Tätigkeit und Lebensanspruch sich aus dem ständischen Lebenszusammenhang herausgelöst hatte. Zum anderen muß bedacht werden, daß das Familienideal, das das neue Bürgertum hervorbrachte, selbst in bürgerlichen Kreisen nur beschränkt verwirklicht wurde. Obgleich man in allen neuen Medien, in Zeitschriften, Dramen und Romanen der adeligen Unmoral und der Derbheit des Volkes ein neues bürgerliches Lebensideal der Vernunft und Moral entgegensetzte[2], so bestehen doch große Zweifel, wieweit dies selbst für die neue bürgerliche Elite Verbindlichkeit besaß. Zwar wird vor allem seit den 70er–80er Jahren des 18. Jahrhunderts das Ehe- und Familienleben mit einer Intensität thematisiert, die vorher nicht gegeben war, aber auffallend ist doch, wie wenig diese Diskussion mit der eigenen Lebenswirklichkeit zu tun hatte.[3]

Offensichtlich hatten selbst radikale Aufklärer wenig Schwierigkeiten, aufklärerische Lebensideale mit ständischer Eingebundenheit zu verbinden.

Welche bekannte Eheschließung geht schon tatsächlich auf emotionale Beziehungen zurück? Nur die wenigsten konnten sich von den realen Problemen einer Lebenssicherung freimachen und eine reine Liebesheirat eingehen. Insofern lag die Bedeutung des bürgerlichen Familienideals vor allem in seinem Programmcharakter für künftige Generationen, in der Wirklichkeit war es nur gebrochen zu finden. In den konkreten Lebenszusammenhängen der Familien um 1800 läßt sich dementsprechend weit weniger ein radikaler Bruch feststellen, als allgemeinhin angenommen wird. Trotz des neuen Anspruchs herrschten noch lange traditionelle Formen vor, die sich auch später nur teilweise zögernd den neuen Anforderungen anpaßten.[4]

Die Entstehung des neuen Familienideals setzte vor allem drei strukturelle Gegebenheiten voraus, die im Laufe des 18. Jahrhunderts, vor allem zu seinem Ende, vermehrt gegeben waren: einmal vollzog sich ein langsamer Trennungsprozeß von Haus und Betrieb, von Wohn- und Arbeitsstätte, der mit der Etablierung der Marktgesellschaft und der modernen Staatlichkeit einherging, als zunehmend mehr Menschen ihre Arbeit außerhalb ihrer Hausgemeinschaft fanden. Daß hiervon vor allem die bürgerlichen ‚Eliten' betroffen waren, war eine deutsche Besonderheit. Dann etablierte sich jenseits der ständischen Gesellschaft eine neue soziale Formation, das neue Bürgertum (Beamte, Pfarrer, Lehrer, Ärzte), das vor allem aufgrund seiner Leistungen in fürstlichen Diensten aufgestiegen war und mit zunehmender Intensität und großem Selbstbewußtsein eine auf Tugend und Vernunft gegründete Lebensordnung propagierte. Schließlich bildete die Aufklärung eine wichtige Voraussetzung für das moderne Familienideal, indem sie anstelle von traditioneller Verbundenheit und Verpflichtung die Vernunftorientierung und die Selbstbestimmung der Menschen setzte und im Familienleben eine natürliche Lebensordnung verwirklicht sah, in der jeder zu seinem Recht kommen und zur Freiheit erzogen werden sollte. Indem die Aufklärung die zunehmende Trennung von privat und öffentlich forcierte und dabei dem Familienleben erstmals einen rein privaten Charakter zuschrieb, wurde die neue Familienform eine wichtige Voraussetzung für die Entstehung der bürgerlichen Gesellschaft. Fünf Merkmale kennzeichnen das bürgerliche Familienideal:

1. Die bürgerliche Familie löste sich mit der völligen Trennung von Arbeit und Haus, von Arbeit und ‚Leben', damit vor allem von Männer- und Frauenwelt erstmals aus dem Kontext der Idee des ‚ganzen Hauses'. Während der Mann außerhalb des Hauses einer Erwerbsarbeit nachgeht und sich hier behaupten muß, nicht nur, um eine rationale öffentliche Ordnung aufzubauen, sondern auch, um seine Familie ökonomisch abzusichern, obliegt der Frau die Verwaltung des Haushalts und die Pflege des von Erwerbsarbeit entlasteten Haus- und Familienlebens. Sie sorgt allgemein für eine häusliche und emotionale Atmosphäre, in der nicht nur den Kindern eine gute Erziehung zuteil wird, sondern vor allem der Mann Entspannung

findet und gestärkt wird, der Probleme im Berufsleben Herr zu werden. Damit die Frau sich ganz diesen neuen häuslich-familiären Aufgaben widmen kann, wird sie weitgehend von jeder körperlichen und erwerbsmäßigen Arbeit entlastet. Zwar tritt sie damit in den Mittelpunkt des häuslichen Geschehens und übernimmt neue Aufgaben, die im ‚ganzen Haus' bisher nicht vorgesehen waren. Weil nun aber der Mann allein über alle Außenkontakte verfügte, verlor sie durch Erweiterung ihres häuslichen Aufgabenfeldes an Wirklichkeitserfahrung, an Einblick in ökonomische und politische Geschehnisse, abgesehen davon, daß die Berufstätigkeit der Männer für sie sowieso nicht mehr transparent war. So gerät die Frau trotz der Stärkung ihrer Rolle in völlige Abhängigkeit vom Mann. Im Mittelpunkt des Familienlebens standen nicht mehr die gemeinsame bzw. arbeitsteilige Organisierung der Hauswirtschaft, sondern die Kinderaufzucht und die intime Kommunikation zur gemeinsamen Bildung, die emotionale Sorge umeinander und die Pflege geistig-literarischer Interessen, die konkret zum einigenden Band wurden. Wir kennen heute die Problematik des bürgerlichen Familienideals vor allem im Hinblick auf die soziale Abkapselung der Kinder und die Belastung für die Hausfrau, doch im späten 18. Jahrhundert kam dieses Ideal weitgehend den Interessen nicht nur der bürgerlichen Männer, sondern auch der Frauen entgegen, insofern sie entlastet von körperlicher Arbeit und verheiratet mit einem Mann, der ihr Gespräch suchte, hier noch am stärksten auch ihrem Bildungsanspruch nachkommen konnten. Die Entstehung einer von Erwerbsarbeit entlasteten Häuslichkeit, einer von äußeren Einflüssen freien sittlichen Erziehungsinstanz und eines auf Emotionalität gründenden Familienlebens wurde entscheidend für die Entwicklungsgeschichte der bürgerlichen Gesellschaft mit ihrem Anspruch, außerhalb traditioneller Verbindlichkeit eine neue rationale und moralische Weltordnung zu begründen.

2. Während im ‚ganzen Haus' die Ehefrau bei aller Spezialisierung auf die innerhäuslichen Tätigkeiten im Prinzip am ganzen Arbeitsprozeß des Hauses partizipierte, wurde die Arbeit der bürgerlichen Hausfrau eingeschränkt, was zugleich mit einer neuen Bestimmung des Wesens der Aufgaben der Frau durch die Männer korrespondierte.[5] Man kann dies als Antwort sehen auf die neue soziale Konstellation durch die Erosion der Ständegesellschaft. Zum einen wurde die Ehefrau von aller Erwerbsarbeit entlastet, Mithilfe bei der Arbeit des Mannes war schon wegen deren Abstraktheit nicht mehr ohne weiteres möglich, wurde auch nicht mehr erwartet. Um so stärker traten drei gleichgewichtige Funktionen in den Vordergrund, an deren Erfüllung bald jede Frau gemessen wurde. Sie sollte mit vollem Einsatz Hausfrau, Mutter und Gattin sein. Zumeist stand sie einem großen Haushalt mit vielen gesellschaftlichen Verpflichtungen vor, sorgte fürs Essen, das immer anständig aufgetragen wurde, und für die häusliche Ordnung mit ihren neuen hohen hygienischen Anforderungen. Zwar wurden die meisten

62. *Das Weib, spätes 18. Jh. Titelvignette von Samuel Christian Hahnemann, Handbuch für Mütter, oder Grundsätze der ersten Erziehung der Kinder, nach dem Französischen bearb., Leipzig 1796.*

Hausfrauen von Dienstmädchen unterstützt, aber den gestiegenen Ansprüchen an eine bürgerliche Hausfrau gerecht zu werden, erforderte ihren vollen Einsatz. Ferner erwartete man von der Frau, daß sie ihre Mutterrolle ernst nahm; sie sollte ihre Kinder selbst nähren und erziehen und sich gerade dadurch von der Frau des bäuerlichen wie adeligen Haushalts unterscheiden. Weil aber die eigentliche Erziehung der Kinder oft den Ehemännern oblag, hatte eine Frau selten freie Hand, ihren Vorstellungen entsprechend zu handeln. Schließlich und vor allem sollte eine Frau Gattin sein, d. h. dem Mann nicht nur ein angenehmes Heim bereiten, sondern ihm die Erwerbsarbeit zu ertragen helfen und das Leben verschönen. Kein Wunder, daß es kaum einen Schriftsteller gibt, der sich nicht zu diesem Ideal bekennt. Goethe schrieb: „Dem Manne, der die Welt kennt, der weiß, was er darin zu tun, was er von ihr zu hoffen hat, was kann ihm erwünschter sein als eine Gattin zu finden, die überall mit ihm wirkt und die ihm alles vorzubereiten weiß; deren Tätigkeit dasjenige aufnimmt, was die seinige liegen lassen muß, deren Geschäftigkeit sich nach allen Seiten verbreitet, wenn die seinige nur einen geraden Weg fortgehen darf."[6] Mit welchen Problemen allerdings Frauen zu tun hatten, die dem Ideal nicht entsprechen konnten und wollten, zeigt das Beispiel der Frau von Gottfried August Bürger.

Andererseits kam es in der bürgerlichen Welt zu einer neuen Wesensbestimmung der Frau bzw. zur Entdeckung einer Weiblichkeit, die den neuen Aufgabenbereich der Frau als ihrer Natur entsprechend definierte; sie brachte zwar eine moralische Aufwertung der Frau, dafür definierte sich ihr Wesen verstärkt über den Mann.[7] Generell galt in der alten Ordnung des ‚ganzen Hauses' die Frau letztlich als ein unentwickelter Mann, der mit weniger Vernunft und mehr Leidenschaft begabt, zur Verwirklichung eines vernünftigen Lebens der Herrschaft des Mannes bedurfte. Deswegen war die Frau dem Mann untergeordnet und auf die Verwaltung des Haushalts beschränkt. Das Wesen der Frau wurde nicht primär durch Charaktereigenschaften, sondern durch die Rechte, Pflichten und Aufgaben der Hausfrau bestimmt.[8] Anstelle einer mehr oder weniger engen Zusammenarbeit von Hausmutter und Hausvater in der Ökonomie des ‚ganzen Hauses' trat nun zu Ende des 18. Jahrhunderts die Idee einer universellen Differenzierung männlicher und weiblicher Tätigkeitsbereiche, die räumlich und sachlich deutlich voneinander geschieden waren. Von Natur aus sei die Frau passiv und emotional, der Mann aktiv und rational veranlagt. Diese je spezifischen ‚Geschlechtscharaktere' prädestinieren Frauen für Arbeit in der Familie, Männer für Tätigkeiten in Wirtschaft, Politik und Kultur:

„Daher offenbart sich in der Form des Mannes mehr die Idee der Kraft, in der Form des Weibes mehr die Idee der Schönheit ... Der Geist des Mannes ist mehr schaffend, aus sich heraus in das Weite hinwirkend zu Anstrengungen, zur Verarbeitung abstracter Gegenstände, zu weit aussehenden Plänen geneigter; unter den Leidenschaften und Affecten gehören die raschen, ausbrechenden dem Manne, die langsamen, heimlicher in sich selbst gekehrten dem Weibe an. Aus dem Manne stürmt die laute Begierde; in dem Weibe siedelt sich die stille Sehnsucht an. Das Weib ist auf einen kleinen Kreis beschränkt, den es aber klarer überschaut; es hat mehr Geduld und Ausdauer in kleinen Arbeiten. Der Mann muß erwerben, das Weib sucht zu erhalten; der Mann mit Gewalt, das Weib mit Güte oder List. Jener gehört dem geräuschvollen öffentlichen Leben, dieses dem stillen häuslichen Cirkel. Der Mann arbeitet im Schweiße des Angesichts und bedarf erschöpft der tiefen Ruhe; das Weib ist geschäftig immerdar, in nimmer ruhender Betriebsamkeit. Der Mann stemmt sich dem Schicksal selbst entgegen, und trotzt

63. Die Eherollen, spätes 18. Jh. Gemälde v. Jean Baptist Seele.

schon zu Boden liegend noch der Gewalt; willig beugt das Weib sein Haupt und findet Trost und Hilfe noch in seinen Thränen."[9]

3. Zum ‚ganzen Haus' zählten selbstverständlich auch Kinder, manche Haushalte waren auf sie angewiesen, und ein Ehepaar ohne Kinder galt als von Gott gestraft, doch besondere Aufmerksamkeit schenkte man ihnen nicht, was nicht heißt, daß man sie nicht liebte. Das Verhältnis zu Kindern änderte sich nun grundlegend in der bürgerlichen Familie, ging es ja nun nicht mehr darum, das Kind in den Arbeitsprozeß des Hauses bzw. die Berufswelt des Hausvaters einzuführen, sondern die Kinder – vor allem die Jungen – zu selbständigen, disziplinierten und ihrem Innern bzw. ihrer Vernunft folgenden Menschen zu erziehen.[10] Um den schädlichen Einfluß der Ammen auszuschalten, sollte die Mutter ihre Kinder selbst stillen, ganz

dem natürlichen Bild der Mutter entsprechend. Die Erziehung sollte mit aller Behutsamkeit und Liebe erfolgen; sie zählte zur Hauptaufgabe der bürgerlichen Familie; in ihr trafen sich die Interessen des Elternpaares. Ein wichtiges Erziehungsprinzip war es, die Kinder von allen fremden Einflüssen fernzuhalten, d.h. einmal den Kontakt über die Straße zu anderen Menschen wenn auch nicht zu unterbinden, so doch zu kontrollieren, zum anderen den vertraulichen Umgang mit dem Gesinde, wie er im ‚ganzen Haus' üblich war, auszuschalten. Aus diesem Grunde teilten Kinder nicht mehr ihr Zimmer mit dem Gesinde, auch wurden die Grenzen zwischen den Geschlechtern besonders streng gezogen.[11] „Die Schamhaftigkeit ist das stärkste Aussenwerk der Menschheit und bey gesitteten Völkern nothwendig. Wenn es die Umstände erlauben, so gebt jedem Kinde nicht nur ein besonderes Bett, sondern auch einen solchen abgetheilten Raum zum Schlafen und Ankleiden... Kinder verschiedenen Geschlechts müssen weder zusammen schlafen, noch eins in des anderen Gegenwart sich entkleiden" (Basedow).[12] Die Kontrolle über alle Handlungen der Kinder sowie ihre Isolierung von der Außenwelt, von der nichtfamilialen Welt, wurde kompensiert durch verstärkte Familienkontakte, vor allem mit der Mutter, aber auch mit den Geschwistern, und auch durch die Stärkung des Lernwillens; viele Kinder der bürgerlichen Familien lernten die Welt primär durch Bücher kennen. Zwar gingen die meisten Söhne von Bürgern in die ‚höhere' Schule bzw. später auf die Universität, ihre Grundausbildung erhielten sie aber zu Hause durch den Vater oder einen angestellten Erzieher. Das Kind sollte zwar liebevoll und streng zugleich erzogen werden, aber zu starke emotionale Zuwendungen sollten ebenso unterbleiben wie körperliche Bestrafungen; ging es doch wesentlich um die Stärkung seiner Individualität und Disziplinierung seiner Triebe. „Wenige Eltern wählen die Mittelstraße zwischen Gelindigkeit und Strenge. In ihrer Affenliebe verwöhnen die Eltern die Kinder, ohne sich um eine regelrechte Erziehung zu kümmern."[13] Durch Strafen sollten die Eltern ihre Kinder nur mit „Zärtlichkeit" und „sanfter Ernsthaftigkeit" zur Ausübung ihrer Pflichten bringen. „Wenn das Kind fehlet, so sucht es erst von der Unanständigkeit und von der Schändlichkeit seines Fehlers zu überzeugen, ehe ihr dasselbe straft."[14] Sosehr durch die sorgfältige wie strenge Erziehung der Eigenwille und die Selbständigkeit gestärkt wurden, so produzierte die Herauslösung aus der traditionellen Umwelt zugleich aber auch Probleme einer Isolierung, die nur mit einer verstärkten Aktivität ausgeglichen werden konnten; wenn Bürgerliche später um eine Kontrolle der herrschaftlichen Gewalten kämpften und für eine Besserung der sozial-politischen Welt sich einsetzten, so spielte die Erfahrung des bürgerlichen Elternhauses, das auf Liebe und Kontrolle gründete, eine beträchtliche Rolle.

4. Wohl den stärksten Bruch mit der alten Familienordnung stellte in der bürgerlichen Familie das Postulat der Liebe als des einzig legitimen Grundes

der Partnerwahl dar.[15] Zwar hatte die Ehe stets zu Treue und gegenseitiger Hilfe verpflichtet, auch gab es zahlreiche Bekundungen echter Liebesbeziehungen, aber von der Notwendigkeit einer Verbindung von Liebe und Ehe waren weder die bäuerliche, handwerkliche, adelige noch die kirchliche Welt überzeugt, ging es ja in der traditionellen Ehe nicht um Glückserfüllung und Lustgewinn, sondern vor allem um die Sicherung eines Hausstandes, die immer von der Arbeitsfähigkeit von Mann und Frau abhängig war. Die Liebesheirat dagegen wurde zur Norm der bürgerlichen Gesellschaft, unabhängig davon, ob Ehepartner den neuen Anforderungen konkret entsprachen. Auf jeden Fall mußten eheliche Beziehungen durch Liebe legitimiert werden, auch wenn andere Gründe vielleicht vorherrschten. Zwar gab es schon lange Stimmen, die darauf hinwiesen, daß nur Menschen einander heiraten sollten, die sich auch verstanden, und daß deshalb die Eltern bei den Heiratsplänen für die Kinder auf deren Wünsche eingehen sollten, doch vor einem Primat der Liebe schreckte jeder zurück: Liebe sei keine Basis für einen dauernden Lebenszusammenhang. Dies änderte sich erst langsam in drei Schüben, und auch dann nur in einer Welt, die sich den ‚Luxus' einer Liebesheirat überhaupt leisten konnte, in der Besitz keine vorrangige Rolle spielte. Die Aufklärer propagierten zwar nicht die reine Liebesheirat, aber verstanden unter ehelicher Liebe immerhin schon eine „menschliche vernünfftige Neigung, zwey Hertzen auff das festeste und stetswehrend miteinander zu verknüpfen und durch eine keusche Vereinigung Kinder miteinander zu erzeugen" (Thomasius).[16] Eine gute Ehe gründete für sie auf einer vernünftigen Liebe, in der Vernunft und Liebe keine Gegensätze sind; miteinander Kinder zu zeugen, ist zwar eine Selbstverständlichkeit, doch sollte keine „grobe Sinnlichkeit" herrschen. Erotik, Sinnlichkeit und Triebe werden dämonisiert, die wahre Ehe versteht sich als reine Seelenvereinigung. Die Liebe ist „ein Verlangen des menschlichen Willens, sich mit demjenigen, das der menschliche Verstand für gut erkennet hat, zu vereinigen oder in dieser Vereinigung zu bleiben" (Thomasius).[17] Einen beträchtlichen Schritt weiter gingen die Literaten der Empfindsamkeit, sie entdeckten die sinnliche Kraft des Menschen, ohne die er nicht Mensch sein und in einer Ehe glücklich werden könne.

„Der Körper gehört so gut als die Seele zu unserer Natur ... Die sinnliche Liebe, die bloß auf den Körper geht, ist eine Beschäftigung kleiner und unfruchtbarer Seelen. Und die geistige Liebe, die sich nur mit den Eigenschaften der Seele gattet, ist ein Hirngespinst hochmütiger Schulweisen, die sich schämen, daß ihnen der Himmel einen Körper gegeben habe, den sie doch, wenn es von dem Reden zu der Tat käme, um zehn Seelen nicht würden fahren lassen" (Gellert).[18]

Zum Ideal wird die Verbindung bzw. Durchdringung von sinnlichen und geistigen Interessen. „Die Übereinstimmung der Gemütsart, eine gewisse Gleichheit in unseren Meinungen und Neigungen, ein innerlicher Trieb, dem anderen zu gefallen, sein ganzes Herz, seine ganze Hochachtung zu besitzen: das ist der Grund der ehelichen Liebe“ (Gellert).[19] Voll zum Durchbruch kommt das neue Verständnis und Ideal einer Liebesheirat in der sogenannten Romantik. Hier wird nicht nur erstmals die Ehe als umfassende Vereinigung eines Paares gefeiert, in der geistige, seelische und körperliche Interessen und Bedürfnisse gleicherweise zur Geltung kommen und Befriedigung finden sollen zur Vervollkommnung des Menschen, sondern eine Ehe ohne Liebe wird geradezu als Sakrileg dargestellt, der Begriff Ehe sei hier eigentlich nicht mehr angebracht:

„Wenn man sich so liebt wie wir, kehrt auch die Natur im Menschen zu ihrer ursprünglichen Göttlichkeit zurück. Die Wollust wird in der einsamen Umarmung der Liebenden wieder, was sie im großen Ganzen ist – das heiligste Wunder der Natur, und was für andre nur etwas ist, dessen sie sich mit Recht schämen müssen, wird für uns wieder, was es an und für sich ist, das reine Feuer der edelsten Lebenskraft“ (Schlegel).[20]

Damit vollzog sich nicht nur eine Aufwertung ehelicher Sexualität, sondern die Liebe wird zur zentralen Kraft des Ehelebens, die einer Unterstützung von seiten des Staates oder der Kirche nicht mehr bedarf. Obwohl – trotz aller Faszination, die von der romantischen Liebe im frühen 19. Jahrhundert ausging – ihr Realität nur bei einer kleinen literarischen Elite zukam, wurde die Liebe doch seither vor allem in der bürgerlichen Welt zum konstitutiven Merkmal der Eheschließung, nicht als Pflicht, sondern als Voraussetzung, sosehr sicherlich zwischen der Norm und der Wirklichkeit eine beträchtliche Kluft bestehen blieb.[21]

5. Bei aller öffentlichen Diffamierung von Sexualität und Sinnlichkeit besonders von seiten der Kirchen, die ja letztlich in der Überwindung irdisch-sinnlicher Triebe eine Aufgabe des menschlichen Lebens sahen, waren im Familientyp des ‚ganzen Hauses‘ Sexualität und Sinnlichkeit auf ihre Weise voll integriert, so wenig Möglichkeiten es auch gab, sie im modernen Sinn auszuleben, denn das ‚ganze Haus‘ war ja vor allem eine Gemeinschaft von arbeitenden Menschen. Auch dies änderte sich mit und in der bürgerlichen Familie. Zwar spielten christliche Werte nicht mehr eine vorrangige Rolle, dafür aber um so stärker aufklärerisch-puritanische Leitvorstellungen von der Beherrschung der Triebe durch den Verstand als der ersten und höchsten Aufgabe des Menschen: allein dadurch könne der Mensch zu sich selbst kommen und selbstbestimmt sein Schicksal in die Hand nehmen. Obwohl anfangs das bürgerliche Eheideal die sexuelle Komponente noch positiv integriert hatte, vollzog sich dann im Laufe der Zeit eine rigide Puritanisierung des bürgerlichen Familienlebens, wie sie es bisher nicht einmal im protestantischen Pfarrhaushalt gegeben hatte. Es wurden nicht nur erstmals die Mädchen und Jungen getrennt aufgezogen und unter elterliche Kontrolle gestellt, das Elternleben abgesondert vom Leben der Kinder, die Schlafzimmer zu abgeschlossenen Räumen, sondern Sexualität

64. Häusliches Glück, 1795. Radierung v. D. Chodowiecki.

wurde einerseits derart tabuisiert, daß bereits Anzüglichkeiten oder Anspielungen diffamiert wurden, andererseits wurde sie als eine so bedrohliche Kraft angesehen, daß sie rigide ausgeklammert werden mußte.[22] Jetzt erst wurde das uneheliche Kind einer Tochter oder die verbotene Liebschaft eines Elternteils zu einem Familienskandal, über dem manche Familien auseinanderbrachen. Gerade in ihrem moralischen Bewußtsein, das besonders auch das sexuelle Verhalten betraf, suchte sich die bürgerliche Familie stets über die Familie des Adels wie des einfachen Volkes zu erheben. Aber das verhinderte nicht, daß das Leitbild der bürgerlichen Familie mit seiner Betonung der von außen abgeschirmten Häuslichkeit, mit der moralischen Aufwertung der Frau, der bewußten Zuwendung zu den Kindern, der Hervorhebung der Verbindung von Liebe und Ehe und schließlich mit der Unterdrückung sexueller Bedürfnisse weit über die Kreise des gebildeten Bürgertums hinaus Attraktivität besaß.

Das bürgerliche Lebensideal, das unter den besonderen ökonomischen und kulturellen Bedingungen des späten 18. Jahrhunderts entstanden war, übte mit seinem hohen Anspruch starke Anziehung aus, doch als reales Lebensmuster finden wir es nur im gehobenen Bürgertum; es setzte eine gepflegte Häuslichkeit voraus mit hohem Wohnstandard; eine Entlastung der Frau im Haushalt durch Dienstpersonal, vor allem Bildung und geistige Beweglichkeit.

Schlußbetrachtung

Das alltägliche Leben in der frühen Neuzeit vollzog sich weitgehend im ‚ganzen Haus', der häuslichen Organisation, die unter den Bedingungen vormoderner Ökonomie und Herrschaft eine optimale Lebenssicherung garantierte. Es bildete nicht nur einen Wirtschaftsverbund, sondern stellte zugleich eine kulturelle Gemeinschaft dar, in der alle unter einem Hausherrn stehenden Mitglieder des Hauses gemeinsam arbeiteten und wohnten, zusammenlebten und für ihre Nahrung sorgten. Bei aller Selbständigkeit stand doch das Haus keineswegs für sich allein, der Hausherrngewalt unterworfen und nach außen abgeschirmt, sondern es war ganz und gar offen. Es war sozial und kulturell in die Nachbarschaft (Dorfgemeinde) bzw. den Zunftverband einer Stadt eingebunden und damit den Normen unterworfen, die das politische und gesellschaftliche Leben allgemein regelten. Das betraf die patriarchalische Struktur des Hauses insofern, als der Hausherr zwar alle Verantwortung nach innen und außen trug. Wollte er aber den Frieden seines Hauses sichern, so mußte er auf die Bedürfnisse seiner Hausgenossen, soweit sie sich mit den Interessen der Allgemeinheit deckten, eingehen.

Die Größe des Hauses und auch die innerhäusliche Arbeitsteilung unterlagen keiner strikten Regel, sondern waren abhängig von der Hof- bzw. Betriebsgröße und dem ständischen Anspruch, wobei Nahrungssicherung und ständische Selbstdarstellung sich nur schwer trennen lassen. Zwar gehörte der innerhäusliche Bereich in der Nähe des Herdes seit je zum Aufgabenbereich der Frau, wie die Außenarbeiten, vor allem die Feldbestellung bzw. die gewerbliche Produktion, dem Mann zugewiesen waren. Doch aufschlußreicher als dies ist die Tatsache, daß in den einfachen und kleinen Betrieben – d. h. also in den meisten Haushalten – die gemeinsame Arbeit von Mann und Frau vorherrschte, d. h. der Unterschied und die Trennung zwischen männlicher und weiblicher Tätigkeit sehr gering waren. Eine eindeutige Arbeitsteilung und geschlechtsspezifische Rollenzuweisung existierte nur in den großen Haushalten. Insofern gab es keinen linearen Prozeß vom ‚ganzen Haus' zum modernen Haushalt, sondern verschiedene Haushaltsformen bestanden nebeneinander auch über das 18. Jahrhundert hinaus. Neue Haushaltsformen entstanden erst unter den Bedingungen der zunehmenden Marktverdichtung und Verstaatlichung und entwickelten sich oft neben den alten traditionelleren Typen.

Unter den sozioökonomischen Bedingungen des ganzen Hauses und seiner Einbindung in die dörfliche Nachbarschaft bzw. das städtische Zunftwesen konnte sich ein emotionales Familienleben im modernen Sinne nicht entfalten. Unabhängig davon, daß Mutterliebe und Liebesheirat als bürgerliche Leitbilder auch im 19. Jahrhundert noch lange keine Realität waren, kannte natürlich die frühneuzeitliche Gesellschaft weder eine ausschließliche Orientierung der Mutter auf die Kinder noch eine Verehelichung ausschließlich auf der Basis emotionaler Beziehungen zwischen Mann und Frau. Das schloß allerdings nicht aus, daß der vormoderne Haushalt sehr viel für die Erziehung der Kinder sowie den Frieden zwischen den Ehepaaren investierte. Sicherlich gab es Verwahrlosung der Kinder und streitsüchtige Paare, aber das ständische Ansehen und der Hausfriede standen doch sehr im Vordergrund. Also nicht nur die Kirchen und die Obrigkeiten verlangten von den Eltern, den Ehepaaren christliches Verhalten, Dorf und Zünfte achteten auch darauf. Es ging um die Sicherung der Nahrung, um Auskömmlichkeit und Schutz in einer Gemeinschaft, die allein das ‚ganze Haus' zu garantieren schien. Willkürliches Handeln war damit weitgehend ausgeschlossen.

Über diesen Tatbestand hinaus gibt es in der frühen Neuzeit einmal zahlreiche Zeugnisse großer Zuneigung zu Kindern. Die Welt sowohl der Frauen wie der Männer ist ohne Kinder nicht vorstellbar, insofern schätzte man sie nie nur als Arbeitskräfte. Zum anderen gab es zwar – wie auch später übrigens – keine freie Liebesheirat, die ökonomische und soziale Substanz mußte sichergestellt sein. Dennoch sind zahlreiche Verbindungen belegt, die durchaus auf Liebesbeziehungen gründeten. Sicherlich steuerten die Eltern die Heiratspläne der Kinder, doch zunehmend berücksichtigten sie die Wünsche der Kinder nicht nur auf Druck der Kirchen und Obrigkeiten, die sich um die Verwirklichung christlicher Lebensführung kümmerten, sondern auch im Interesse des Familienfriedens. Wenngleich beschränkt, ließ das ganze Haus doch emotionale Beziehungen zu, solange sie sich mit der Ökonomie des Hauses vertrugen. Ebenso schwierig ist es, die sexuelle Komponente näher zu bestimmen, nicht nur, weil die Quellen rar sind, sondern weil die öffentlichen Institutionen der Kirchen eine Sexualfeindlichkeit propagierten, die wir in außereuropäischen Gesellschaften nicht kennen. Sie schätzten nur den Menschen, der alle seine Triebe beherrschte, wenn nicht sogar unterdrückte. Das gilt auch später vom aufgeklärten Bürgertum. Die Ehe war seit dem Mittelalter bereits als einziger Ort legitimer Sexualität angepriesen, doch während bis ins 16. Jahrhundert hinein außer- bzw. voreheliche Beziehungen zwar nicht anerkannt, aber auch nicht diskriminiert waren, beginnt seit der Reformation eine Kriminalisierung außerehelicher Sexualität, die beträchtliche Wirkungen zeitigte. Sie stand zwar nicht in kausaler Beziehung zur Emotionalisierung, veränderte aber die ehemals lockere Einstellung zur Sexualität. Voreheliche Sexualität tolerierte das Bürgertum nicht mehr, womit es sich eindeutig absetzte sowohl vom „sittenlosen" Adel wie vom „triebhaften" einfachen Volk.

Das Haus bildete die zentrale Sozialisationsinstanz der frühneuzeitlichen

Gesellschaft. Hier lebten und wirkten die meisten Menschen während ihres ganzen Lebens. Hier wurden sie geboren, hier sammelten die meisten ihre ersten Lebenserfahrungen, hier heirateten sie und zeugten ihre Kinder, hier mußten sie ihr Auskommen finden. Schließlich war das Haus auch der Sterbeort der meisten Menschen. Das schloß unbehaustes Leben nicht aus – wir erinnern an die vielen Armen und Bettler –, doch jedermanns Ziel war die Gründung bzw. das Leben in einer Hausgemeinschaft. Sicherlich regelten die Arbeit und der Überlebenswille die meisten Handlungen von selbst, große Variationsmöglichkeiten gab es weder im bäuerlichen noch im handwerklichen Haushalt. Aber was die notwendige Haus-Ordnung, die stets auch eine Lebensordnung war, zusammenhielt, war mehr als dieser letztlich äußere Zwang, oder der Wille und Anspruch des patriarchalischen Hausherrn, sondern das von der ganzen Gesellschaft getragene und tradierte Bündel von Lebensgewohnheiten und Ritualen, die so selbstverständlich einzuhalten waren, daß darüber kaum gesprochen wurde und sie auch nicht schriftlich festgehalten werden mußten.

Die Rituale stellten keine vom Alltagsleben abgehobene Welt dar, sondern sind aufs engste mit der Arbeitswelt bzw. den ständischen Lebensverbänden verknüpft, denen zu entsprechen oft wichtiger sein konnte, als der alltäglichen Arbeit und Nahrungssicherung nachzugehen. Die Rituale sind im einzelnen weder nach Inhalt und Form oder Funktionen genau festgelegt, sie variieren je nach Zeit und Raum, dienen aber allesamt wichtigen Aufgaben. Einmal sollten sie alle von außen drohenden Gefahren (Unwetter, Brand, Krankheit und gewaltsamen Tod) abwenden. Ein Unwetter konnte zur Ernährungskrise führen und eine lange Krankheit des Hausherrn zum Untergang des Hauses. Nicht minder war das häusliche Leben durch soziale Gefahren bedroht. Es galt, allen Streit und Zank, Feindschaft zwischen Hausmitgliedern sowie mit Nachbarn einzugrenzen. Aufgrund der Eingebundenheit des Hauses in den Nachbarschaftsverband bzw. die Zunftvereinigung galt es, die Rituale einzuhalten, jede häusliche Handlung wird von außen kontrolliert, wie umgekehrt jede gemeinschaftliche Aktion das einzelne Haus berücksichtigen muß. Rituale regeln nicht nur den Umgang mit der Natur und stärken die Solidarität von sozialen Gruppen, sondern stiften Traditionen bzw. garantieren familiare Kontinuitäten. Dies gewinnt Bedeutung vor allem bei der Geburt, Hochzeit und der Beerdigung. Sie sichern den Zusammenhalt der Hausgemeinschaft über die Zeiten hinweg und binden den einzelnen in einen kollektiven Zusammenhang, der ihm zwar nur einen geringen individuellen Lebensraum gewährte, dafür aber emotionale und materielle Absicherungen des Lebens garantierte. Wer sich in diese Welt fügte, konnte ein standesgemäßes Leben führen. Aber auch wenn die Rituale auf den einzelnen Zwänge ausübten und Regelverletzungen hart geahndet wurden, müssen wir uns hüten, sie aus moderner Sicht zu bewerten. Zweifellos gewährte die ritualisierte Welt nur beschränkten Freiheitsspielraum, aber die individuelle Freiheit war den meisten weniger wichtig als die Lebenssicherung, die trotz aller Anstrengungen des frühmodernen Staates keineswegs garantiert werden konnte: Es wundert zwar nicht, wenn das aufklärerische Bürgertum gerade in der Welt der Rituale ein Hemmnis für die Emanzipation erblickte, aber de facto konnten ein Leben außerhalb dieser kollektiven Rituale nur diejenigen führen, die nicht in die bäuerliche, handwerkliche oder adelige Lebenswelt eingebunden waren.

Die Struktur des häuslichen Lebens hat sich in der frühen Neuzeit vom 16. zum 18. Jahrhundert nicht wesentlich geändert. Die zunehmende Marktverdichtung, das verstärkte Bemühen des frühmodernen Staates, das Alltagsleben der Menschen seinen ‚rationalen' Normen zu unterwerfen, sowie die expansiven Interessen der Kirchen, das Familienleben ganz zu verchristlichen, hatten, was die ganze Ständegesellschaft betrifft, zunächst nur beschränkte Wirkung auf das konkrete Familienleben und die Lebensordnung der Menschen. Einen stärkeren Strukturwandel brachte erst das 19. Jahrhundert im Zuge der Industrialisierung und der Herausbildung einer bürgerlichen Gesellschaft. Dennoch lassen sich einige Trends beobachten, die zwar nicht alle sozialen Schichten berührten, aber in dieser Zeit sich eindeutig herausbildeten und wichtige Voraussetzungen schufen für das Idealbild der bürgerlichen Familie, wie es das späte 18. Jahrhundert erstmals beschrieb. Einmal ist eine generelle Verhäuslichung des Familienlebens feststellbar. Die Grenzen zwischen dem Haus und der Straße, d. h. zur Nachbarschaft bzw. zum Stadtleben, werden für die Angehörigen des Hauses schärfer gezogen. Die Klein-Familie wollte unter sich sein. Die zunehmende Trennung von Haus und Betrieb wirkte hier nach. Zweitens begann eine Emotionalisierung und Intimisierung des Familienlebens insbesondere in Mittelschichten, die sich aus dem ständischen Kontext gelöst hatten und das Familienleben zum Selbstwert erhoben. Weiterhin vollzog sich eine Entsexualisierung der sozialen Beziehungen. Im Maße, wie die Selbstbeherrschung zum Erziehungsziel des frühmodernen Staates und dann vor allem der entstehenden bürgerlichen Gesellschaft wurde, wurden Sinnlichkeit, Erotik und Sexualität dämonisiert bzw. als schlechthin gefährlich für jede vernünftige Gesellschaftsordnung begriffen. Die Einheit von Liebe, Ehe und Vernunft grenzte sexuelle und sinnliche Begehrlichkeit aus. Schließlich vollzog sich allgemein eine Trennung von privat und öffentlich, die insofern die alte Haus-ordnung als zentrale Familienordnung aufhob, als hier das häusliche Leben befreit von jeder Erwerbsarbeit nur noch als Ort intimer familiärer Beziehungen definiert wurde, dessen Obwalterin die Frau war. Die frühere Arbeitsteilung von Mann und Frau im ‚ganzen Haus' hat mit der neuen Trennung von Privat- und öffentlicher Welt nichts gemein. Eine Konsequenz der bürgerlichen Entwicklung war, daß trotz Gleichheitsanspruch die Frau in der Öffentlichkeit nichts mehr zu sagen hatte und mit öffentlicher Ordnung und Berufswelt nur der Mann identifiziert wurde.

Anmerkungen

Das Buch hätte nicht ohne vielfältige Hilfe und Anregungen meiner Mitarbeiter geschrieben werden können. Besonderen Dank schulde ich meiner Frau und auch Renate Blickle für die kritische Lektüre des Manuskriptes. Und wertvolle Unterstützung erhielt ich von Brigitte Gutjahr, die die verschiedenenen handschriftlichen Fassungen der Arbeit ins reine geschrieben hat. Bärbel Kuhn half bei der Fahnenkorrektur. Schließlich danke ich Peter Schünemann für das vorzügliche Lektorat.

I. Haus und Familie

1. Das Haus

1. Vgl. allgemein: O. *Brunner,* Das ‚ganze Haus' und die alteuropäische ‚Ökonomik', in: ders., Neue Wege der Verfassungs- und Sozialgeschichte (1968[3]); M. *Mitterauer,* Grundtypen alteuropäischer Sozialformen. Haus und Gemeinde in vorindustriellen Gesellschaften (1979); *ders.* – R. *Sieder* (Hg.), Historische Familienforschung (1982). L. *Stone,* The Family, Sex and Marriage in England 1500–1800 (1977). Zum Stand der Forschung: D. *Kippel,* Entstehung und Strukturwandel der modernen Familie. Neuere Forschungen zur Sozialgeschichte der Familie, in: Zs. f. d. ges. Familienrecht (1978–85).
2. D. *Schwab,* Familie, in: Historische Grundbegriffe II (1975) 253–301.
3. Vgl., Art. Haus, in: J. H. *Zedler,* Grosses vollständiges Universal Lexikon XII (1735) 873f.
4. Wichtig K.-S. *Kramer,* Nachrichten zum Komplex ‚Haus und Hof' im Volksleben, vorwiegend aus Holstein, in: Kieler Bl. z. Volksk. II (1970) 53ff.; vor allem *ders.,* Häusliches Leben. Nach archivalischen Quellen, in: Kieler Bl. z. Volksk. XIV (1982) 5ff.; H. *Heidrich,* Grenzübergänge. Das Haus und die Volkskultur in der frühen Neuzeit, in: R. van Dülmen (Hg.), Kultur der einfachen Leute (1983) 17ff.
5. K.-S. *Kramer,* Volksleben im Fürstentum Ansbach und seinen Nachbargebieten (1961) 191f.; vgl. E. *Osenbrüggen,* Der Hausfrieden. Ein Beitrag zur deutschen Rechtsgeschichte (1857); auch L.-S. *Kramer,* Das Herausfordern aus dem Haus. Lebensbild eines Rechtsbrauches, in: Bayer. Jb. f. Vk (1956) 121ff.; R.-E. *Mohrmann,* Volksleben in Wilster im 16. und 17. Jahrhundert (1977) 269ff.
6. Vgl. u. a. K. S. *Bader,* Das mittelalterliche Dorf als Friedens- und Rechtsbereich (1957).
7. Vgl. u. a. M. *Mitterauer* – R. *Sieder,* Vom Patriarchat zur Partnerschaft. Zum Strukturwandel der Familie (1984[3]); H. *Rosenbaum,* Formen der Familie. Untersuchungen zum Zusammenhang von Familienverhältnissen, Sozialstruktur und sozialem Wandel in der deutschen Gesellschaft des 19. Jahrhunderts (1982); R. *Sieder,* Sozialgeschichte der Familie (1987).
8. Vgl. *Schwab,* Familie 262.

9. Codex Maximilianeus Bavaricus Civilis (1759).
10. Vgl. F. *Schwarz*, Deutsche Namenforschung, 2 Bde. (1949); A. *Bach*, Deutsche Namenkunde, 5 Bde. (1942ff.).
11. Vgl. u.a. *R. van Dülmen*, Fest der Liebe. Heirat und Ehe in der frühen Neuzeit, in: ders. (Hg.) Armut, Liebe, Ehre. Studien zur historischen Kulturforschung (1988) 67–106.
12. Vgl. auch *Heidrich*, Grenzübergänge; J. *Schlumbohm*, Straße und Familie. Kollektive und individualisierende Formen der Sozialisation im kleinen und gehobenen Bürgertum Deutschlands um 1800, in: Zs. f. Pädagogik 25 (1979) 697ff.
13. Vgl. u.a. W. *Conze* (Hg.), Sozialgeschichte der Familie in der Neuzeit Europas (1977); H. *Rosenbaum* (Hg.), Seminar. Familie und Gesellschaftsstruktur. Materialien zu den sozioökonomischen Bedingungen von Familienformen (1978).
14. Hierzu neuerdings v.a. H. *Medick* – D. *Sabean*, Emotionen und materielle Interessen in Familie und Verwandtschaft: Überlegungen zu neuen Wegen und Bereichen einer historischen und sozialanthropologischen Familienforschung, in: H. Medick – D. Sabean (Hg.), Emotionen und materielle Interessen. Sozialanthropologische und historische Beiträge zur Familienforschung (1984) 27ff.
15. Dazu die Überlegungen von W. *Freitag*, Haushalt und Familie in traditionalen Gesellschaften: Konzepte, Probleme und Perspektiven der Forschung, in: Gesch. u. Gesellschaft 14 (1988) 5ff.
16. Vgl. *Mitterauer*, Grundtypen alteuropäischer Sozialformen; *Ders.*, Zur Familienstruktur in ländlichen Gebieten Österreichs im 17. Jahrhundert, in: H. Helczmanovszki (Hg.), Beiträge zur Bevölkerungs- und Sozialgeschichte Österreichs (1973) 193ff.; *Rosenbaum*, Formen der Familie 47ff.; M. *Mitterauer*, Formen ländlicher Familienwirtschaft. Historische Ökotypen und familiale Arbeitsorganisation im österreichischen Raum, in: J. Ehmer – M. Mitterauer (Hg.), Familienstruktur und Arbeitsorganisation in ländlichen Gesellschaften (1986) 185ff.
17. H. *Möller*, Die kleinbürgerliche Familie im 18. Jahrhundert. Verhalten und Gruppenkultur (1969); M. *Mitterauer*, Zur familienbetrieblichen Struktur im zünftischen Handwerk, in: H. Knittel (Hg.), Wirtschafts- und sozialhistorische Beiträge. FS f. A. Hoffmann (1979) 209ff.; *Rosenbaum*, Formen der Familie 121ff.
18. Knappe Hinweise in: *Rosenbaum*, Formen der Familie 251ff.
19. J. *Richarz*, Herrschaftliche Haushalte in vorindustrieller Zeit im Weserraum (1971); H. *Reif*, Westfälischer Adel 1770–1860. Vom Herrschaftsstand zur regionalen Elite (1979).
20. U.a. H. *Reif*, Zum Zusammenhang von Sozialstruktur, Familien- und Lebenszyklus im westfälischen Adel in der Mitte des 18. Jahrhunderts, in: M. Mitterauer – R. Sieder (Hg.), Historische Familienforschung 123ff.
21. Vor allem P. *Kriedte*, H. *Medick*, J. *Schlumbohm*, Industrialisierung vor der Industrialisierung. Gewerbliche Warenproduktion auf dem Lande in der Formationsperiode des Kapitalismus (1977); vgl. auch H. *Medick*, Zur strukturellen Funktion von Haushalt und Familie im Übergang von der traditionellen Agrargesellschaft zum industriellen Kapitalismus: Die proto-industrielle Familienwirtschaft, in: Conze (Hg.), Sozialgeschichte der Familie 265ff.
22. Einige Hinweise in: *Rosenbaum*, Formen der Familie 251ff.
23. Hierzu vor allem M. *Mitterauer*, Funktionsverlust der Familie? in: ders. – Sieder,

Vom Patriarchat zur Partnerschaft 94ff. *Ders.*, Vorindustrielle Familienformen. Zur Funktionsentlastung des ‚ganzen Hauses' im 17. und 18. Jahrhundert, in: F. Engel-Janosi – G. Klingenstein, H. Lutz (Hg.), Fürst, Bürger, Mensch (1975) 123ff.

24. Dazu G. K. *Schmelzeisen*, Polizeiordnungen und Privatrecht (1955); D. *Schwab*, Grundlagen und Gestalt der staatlichen Ehegesetzgebung in der Neuzeit bis zum Beginn des 19. Jahrhunderts (1967).
25. M. *Mitterauer*, Auswirkungen von Urbanisierung und Frühindustrialisierung auf die Familienverfassung an Beispielen des österreichischen Raums, in: Conze (Hg.), Sozialgeschichte der Familie 53ff.
26. J. *Schlumbohm* (Hg.), Kinderstuben. Wie Kinder zu Bauern, Bürgern, Aristokraten wurden 1700–1850 (1983).
27. Vgl. u. a. *Schmelzeisen*, Polizeiordnungen 341f.
28. Allgemein dazu: *Rosenbaum*, Formen der Familie 189ff.; 251ff.
29. Hinweise in: Ph. *Ariès*, Geschichte der Kindheit (1975).
30. Vor allem A.E. *Imhof*, Die gewonnenen Jahre. Von der Zunahme unserer Lebensspanne seit dreihundert Jahren (1981); U. *Pfister*, Die Anfänge von Geburtenbeschränkung: eine Fallstudie (ausgew. Zürcher Familien im 17. und 18. Jahrhundert) (1985).
31. *Mitterauer – Sieder*, Vom Patriarchat zur Partnerschaft.
32. *Sieder*, Sozialgeschichte der Familie 125ff.
33. J. *Hoffmann*, Die ‚Hausväterliteratur' und die ‚Predigten über den christlichen Hausstand'. Ein Beitrag zur Geschichte der Lehre vom Hause und der Bildung für das häusliche Leben im 16., 17. und 18. Jahrhundert (1959).
34. R. *van Dülmen*, Entstehung des frühneuzeitlichen Europa (1982) 193ff.

2. *Haushalts- und Familiengröße*

1. Zur Rekonstruktion von häuslichen Lebenswelten dienen deswegen weniger die Auswertungen der reichlich überlieferten Kirchenbücher (Tauf-, Heirats- und Totenmatrikel), die es seit dem späten 16. Jahrhundert gibt, die aber nur Daten über das allgemeine generative Verhalten vermitteln. Aufschlußreicher sind die sogenannten kirchlichen Seelenstandsregister bzw. obrigkeitlichen Volkszählungs- und Häuserbücher, die alle Einwohner einer kirchlichen oder politischen Gemeinde nach Haushalten gegliedert aufzeichnen. Sie liegen allerdings in größerer Zahl erst seit dem späten 17. Jahrhundert vor. Allein aus diesen gewinnen wir Einblick vor allem in die Größe und Zusammensetzung der Häuser, die selten identisch ist mit der Größe der Familie, wie sie uns die Familienrekonstruktion erschließen läßt. Zu den Methoden der historischen Demographie und der historischen Familienforschung vgl. A. E. *Imhof*, Einführung in die historische Demographie (1977); eine Bilanz, in: *ders.*, Historische Demographie, in: W. Schieder – W. Sellin (Hg.), Sozialgeschichte in Deutschland II (1986) 32ff.; und K. *Hausen*, Familie und Familiengeschichte, in: Schieder – Sellin (Hg.), Sozialgeschichte in Deutschland II, 64ff.
2. Beispielhaft A.E. *Imhof*, Die verlorenen Welten. Alltagsbewältigung durch unsere Vorfahren und weshalb wir uns heute so schwer damit tun (1984).
3. Nach M. *Mitterauer*, Zur Familienstruktur in ländlichen Gebieten Österreichs im

17. Jahrhundert, in: Helczmanovszki (Hg.), Beiträge zur Bevölkerungs- und Sozialgeschichte Österreichs 167–221.
4. Ebd. 180.
5. Ebd. 182.
6. Bayr. Hauptstaatsarchiv München, Herrschaft Hohenaschau B 153.
7. J.-P. *Lehners*, Haus und Familie im Markt Stockerau am Ende des 17. Jahrhunderts, in: Unsere Heimat 45 (1974) 222–235. Vgl. auch *ders.*, Die Pfarre Stockerau im 17. und 18. Jahrhundert. Erste Resultate einer demographischen Studie, in: Helczmanovszki (Hg.), Beiträge zur Bevölkerungs- und Sozialgeschichte Österreichs 374–401.
8. *Lehners*, Haus und Familie 227.
9. Ebd. 228.
10. O. K. *Roller*, Die Einwohnerschaft der Stadt Durlach im 18. Jahrhundert (1907).
11. Ebd. 122ff. Weitere Übersicht über die Haushaltsgröße der Stadt Göttingen vgl. *Schlumbohm* (Hg.), Kinderstuben 41:

Beruf	1763 durchschnittl. Haushaltsgröße	1763 davon Kinder	1829 durchschnittl. Haushaltsgröße	1829 davon Kinder
Professor/Hofrat	4,9	1,3	5,2	1,6
Kaufmann	5,7	2,0	6,4	1,8
Bäcker	5,3	2,4	7,3	3,2
Metzger	5,2	2,7	6,8	2,1
Schneider	5,0	1,9	6,0	2,2
Schuhmacher	4,5	1,9	5,5	2,3
Tuchmacher	3,8	1,7	4,9	2,3
Tagelöhner	2,6	1,0	3,3	1,4
alle Göttinger Haushalte	3,7	1,4	4,5	1,8

12. Vgl. auch die Zusammenstellung von „Haushaltskonstellationen in ausgewählten Gebieten 17.–20. Jahrhundert“, in: W. H. *Hubbard*, Familiengeschichte. Materialien zur deutschen Familie seit dem Ende des 18. Jahrhunderts (1983) 127:

Gebiet und Jahr	Von 100 Haushalten hatten: Alleinlebende	nur Familienangehörige	Kinder	Verwandte	Eltern	Gesinde[2]	Untermieter Schlafleute	N
Calenberg								
1689	·	28	·	30	·	25	17	1560
1766	·	3	·	44	·	30	23	1826
Göttingen								
1689	·	69	·	7	·	20	4	1865
1766	·	39	·	33	·	17	11	2592
Pfarre Dorfbeuren								

Gebiet und Jahr	Von 100 Haushalten hatten							
	Allein-lebende	nur Familien-angehörige	Kinder	Verwandte	Eltern	Gesinde[2]	Untermieter Schlafleute	N
(Salzburg)								
1671	·	·	88	22	8	2	24	152
1772	·	·	71	33	16	34	22	158
1876	·	·	67	26	21	26	5	171
Salzburg (Stadt)								
1647	·	·	67	10	2	41	13	1478
1794	·	·	49	10	4	33	22	1383
Graz								
1857	7	31	57	12	2	35	27	1101
1900	6	29	58	21	8	30	24	1045

13. W. R. *Rödel,* Mainz und seine Bevölkerung im 17. und 18. Jahrhundert. Demographische Entwicklung, Lebensverhältnisse und soziale Strukturen in einer geistlichen Residenzstadt (1985) 165.
14. P. *Zschunke,* Konfession und Alltag in Oppenheim. Beiträge zur Geschichte von Bevölkerung und Gesellschaft einer gemischtkonfessionellen Kleinstadt in der frühen Neuzeit (1984) 194.
15. A. E. *Imhof* (Hg.), Historische Demographie als Sozialgeschichte. Gießen und Umgebung vom 17. zum 19. Jahrhundert, 2 Bde. (1975).
16. *Rödel,* Mainz 269.
17. *Zschunke,* Oppenheim 201.
18. *Imhof,* Gießen 357f. Weitere differenzierte Angaben nach *Schlumbohm* (Hg.), Kinderstuben 29:

Gebiet	Zeitraum	Zahl der geborenen Kinder		
		vollst. Ehen	unvollst. Ehen	alle Ehen
Stadt Gießen	1631–1680	6,3	4,4	5,9
	1681–1730	5,8	4,7	5,6
Heuchelheim (ländl.	1691–1720	5,2	4,9	3,6
Gemeinde, Hessen)	1721–1750	3,7	3,5	3,6
	1751–1780	5,9	4,7	5,3
	1781–1810	5,3	4,2	4,7
	1811–1840	6,0	4,8	5,5
Stadt Luzern	Ende 18. Jh.	4,5	4,5	4,5
Marbach (ländl. Gemeinde, Kanton Luzern)	Ende 18. Jh.	6,7	4,9	6,4
Speicher (ländl. Gemeinde, Kanton Appenzell, Ausserrhoden)	1720–1749	6,5	5,0	5,7

19. *Rödel,* Mainz 266.
20. Ebd. 204. Vgl. auch A. E. *Imhof,* Unterschiedliche Säuglingssterblichkeit in Deutschland, 18. bis 20. Jahrhundert. – Warum?, in: Zs. f. Bevölkerungswiss. 7 (1981) 343–382.
21. Dazu auch die Überlegungen von *Imhof,* Die verlorenen Welten.
22. *Zschunke,* Oppenheim 141.
23. Ebd. 227, 229, 234.
24. Die Selbstbiographie des Burckhardt Zink, in: Chr. *Meyer* (Hg.), Ausgewählte Selbstbiographien aus dem 15. bis 18. Jahrhundert (1897) 1–29.
25. V. *Wirth,* Bartholomäus Dietwar. Leben eines evangelischen Pfarrers im früheren markgräflichen Amte Kitzingen von 1592–1670, von ihm selbst erzählt (1887).
26. Über ihn *Imhof,* Die verlorenen Welten 27ff.
27. Joh. Heinrich *Jung-Stilling,* Lebensgeschichte (Hg. G. A. Benrath) (1976).
28. Ebd. 533f.

3. Der patriarchalische Haushalt

1. Immer noch aufschlußreich: M. *Horkheimer,* E. *Fromm,* H. *Marcuse* u. a. (Hg.), Studien über Autorität und Familie (1936); bes. *Mitterauer – Sieder,* Vom Patriarchat zur Partnerschaft; *Rosenbaum* (Hg.), Seminar: Familie und Gesellschaftsstruktur.
2. Aus: *Zedler,* Universal-Lexikon XII 912.
3. Überzeugend H. *Wunder,* Zur Stellung der Frau im Arbeitsleben und in der Gesellschaft des 15. bis 18. Jahrhunderts, in: Geschichtsdidaktik 6 (1981) 239–251; und *dies.,* Frauen in der Gesellschaft Mitteleuropas im späten Mittelalter und in der frühen Neuzeit (15. bis 18. Jahrhundert), in: H. Valentinitsch (Hg.), Hexen und Zauberer. Die große Verfolgung – ein europäisches Phänomen in der Steiermark (1987) 123–153.
4. P. *Bourdieu,* Das Haus oder die verkehrte Welt, in: ders., Entwurf einer Theorie der Praxis (1976) 48–65.
5. M. *Freudenthal,* Gestaltwandel der städtischen, bürgerlichen und proletarischen Hauswirtschaft unter besonderer Berücksichtigung des Typenwandels von Frau und Familie, vornehmlich in Südwestdeutschland zwischen 1760 und 1933 (1934).
6. Vgl. u. a. G. *Becker,* H. *Brackert,* S. *Brauner,* A. *Tümmler,* Zum kulturellen Bild und zur realen Situation der Frau im Mittelalter und in der frühen Neuzeit, in: G. Becker u. a., Aus der Zeit der Verzweiflung. Zur Genese und Aktualität des Hexenbildes (1977) 11ff.; M. *Wensky,* Die Stellung der Frau in Familie, Haushalt und Wirtschaftsbetrieb im spätmittelalterlich-frühneuzeitlichen Köln, in: A. Haverkamp (Hg.), Haus und Familie in der spätmittelalterlichen Stadt (1984) 289ff.
7. Dies forcierten vor allem die Kirchen. Vgl. *Hoffmann,* Die ‚Hausväterliteratur'.
8. Vgl. u. a. R. *Wissell,* Des Alten Handwerks Recht und Gewohnheit I (1971); *Möller,* Die kleinbürgerliche Familie.
9. Vgl. K. *Rutschky,* Deutsche Kinder-Chronik. Wunsch- und Schreckensbilder aus vier Jahrhunderten (1983) 155ff.
10. Zur Stellung der Frau vgl. R. *Bartsch,* Die Rechtsstellung der Frau als Gattin und Mutter... Geschichtliche Entwicklung ihrer persönlichen Stellung im Privatrecht bis in das achtzehnte Jahrhundert (1903); H. *Fehr,* Die Rechtsstellung der

Frau und der Kinder in den Weistümern (1912); M. *Mitterauer,* Familie und Arbeitsorganisation in städtischen Gesellschaften des späten Mittelalters und der frühen Neuzeit, in: Haverkamp (Hg.), Haus und Familie in der spätmittelalterlichen Stadt 1 ff.; M. *Wensky,* Die Frau in Handel und Gewerbe vom Mittelalter bis zur Frühen Neuzeit, in: H. Pohl (Hg.), Die Frau in der deutschen Wirtschaft (1985); *Wunder,* Frauen in der Gesellschaft Mitteleuropas; N.Z. *Davis,* Frauen und Gesellschaft am Beginn der Neuzeit. Studien über Familie, Religion und die Wandlungsfähigkeit des sozialen Körpers (1986).

11. M. *Luther,* Tischreden (WA) (1912) 532. Wie wichtig aber diese Haushaltung ist, betont Luther an anderer Stelle: „Wohlan, wenn man dieses Geschlecht, das Weibervolk nicht hätte, so fiele die Haushaltung, und alles was dazugehört läge darnieder, darnach das weltliche Regiment, Städte und die Polizei. Summa, die Welt kann des Weibervolkes nicht entbehren, auch wenn die Männer selbst Kinder austragen könnten" (Tischreden I, 11). Auch H. *Lauterer-Pirner,* Vom ‚Frauenspiegel' zu Luthers Schrift ‚Vom ehelichen Leben'. Das Bild der Ehefrau im Spiegel einiger Zeugnisse des 15. und 16. Jahrhunderts, in: A. Kuhn – J. Rüsen (Hg.), Frauen in der Geschichte III (1983) 63 ff.
12. Dies wird m.E. immer zu wenig berücksichtigt.
13. Vgl. auch die Materialien in: A. *Wolf-Graaf,* Die verborgene Geschichte der Frauenarbeit. Eine Bildchronik (1983).
14. Vgl. *Möller,* Die kleinbürgerliche Familie.
15. Vgl. u.a. H. *Reif,* Westfälischer Adel 1770–1860. Vom Herrschaftsstand zur regionalen Elite (1979) 263 ff.
16. Ein detailliertes Bild allerdings aus der gebildeten Schicht bietet A. *Schulz,* Alltagsleben einer deutschen Frau zu Anfang des achtzehnten Jahrhunderts (1890); zum Haushalt der Eltern Goethes *Freudenthal,* Gestaltwandel, Fr. *Bothe,* Wirtschaft und Kultur in Goethes Vaterhause, in: Arch. f. Frankf. Gesch. u. Kunst 4 F (1932) 1 ff. Die Tagesarbeit einer stadtbürgerlichen Frau aus dem 16. Jahrhundert schildert ausführlich der Arzt Leonhard Thurneyser in Berlin:

    „Du sollst so viel müglich und ehrlich ist allen Überfluß und Verschwendung meiden. Mir das Meine zu Ehren ziehen und zu rath halten und doch daneben sehen, das Untreuw oder Kargheit halber über dich mit Wahrheit nichts möge geklagt werden. Denn Speise und Lohn soll man dem Gesinde geben, das Übrige aber aufheben und die Gaben Gottes, damit man durch Unrathsamkeit oder Verschwendung Gott nicht erzürne. Dagegen soll man auch das Gesinde und Kinder zur strengen, aber doch leidlichen Arbeit halten. Die Malzeit halte mir zu rechter Zeit, um zehn Uhr. Morgens gibt man den Kindern und Gesinde eine gute kräftige Suppen, und die gibt man ihnen täglich, denn sie seind junk und müssen (so sie anders wachsen, arbeiten und ihre Geschäfte verrichten sollen) zu essen haben. Derhalben gebührt ihnen um Acht Uhren die Suppen, um zehn die Mittagsmalzeit und Abends um drei das Abendbrot, um fünf Uhr gibt man ihnen das Nachtmal. –

    Dem Gesinde gieb seinen Wein, wie ich es zuvor gehalten habe, aber den Kindern gib jedem sein Geschirrlein voll und nicht mehr, denn er schadet ihnen, weil der Wein stark und kreftig, sie aber schwach und jetzund wachsend sind. Denn er zerstört und corrumpirt die Natur, inflammirt die Leber und schwechet das Hirn wo sein zu viel, dagegen aber sterket er die vires vitales und hilft der

Verdewung, machet gut Geblüt und reinigt die humores, wo sie den mit mass und rechter Portion trinken. Sie werden aber zu vollen Flaschen, wenn man sie zum Saufen gewenet, derhalben ihnen zu Zeiten ein Wassertrüncklein auch wol dazwischen thut. --

Die Kinder lasse mir Morgens nicht länger dann bis umb sechs Uhr schlafen. Zeuch sie säuberlich, erstlich den Mundt, Hend und Augen mit frischem Wasser zu waschen und zu reinigen, nach dem zum Gebet und folgendes zu der Arbeit. Auch halte sie beim Tisch zu züchtigen, jungfrewlichen Sitten und Gebährden mit schamhaftigem Essen und Trinken und halte sie sonst in gebürlicher Forcht und rechtem kindlichen Gehorsam, welchen ich ihnen hoch befohlen, dir zu beweisen. Lerne sie auch einen erbarlichen, schamhaftigen Gang auf der Gassen und unterweise sie aller Zucht und Tugend, sonderlich aber, masse dich unzüchtiger Geberden und Weisen, und enthalt dich aller Lästerwort, Zanks und Leutausrichtens vor ihnen zu reden, dann man darf die Läus nit in den Beltz setzen, sie kriechen ohne das wol ein. -- Allen Wein, den ihr trinket, den kaufet auf dem Markt und lasset mir den Wein so mir zu Zins worden oder selbst gewachsen ist, im Keller bleiben, dann ich den zu sunderlichen Sachen brauchen will. So du aber Lust hast einen Trunk daraus zu thuen, so lass dir eine Kanne, zwo oder drei daraus und fülle ihn wieder zu. -- Gasterei, außerhalb deiner oder meiner Freunden oder Verwandten will ich im Hause, abwesend meiner, keineswegs nicht leiden, dann es gebührt keine frommen Bürgersfrauwen oder Töchtern, viel Geste ins Haus zu führen. Wann aber ehrliche fromme Bürgersfrauwen oder Töchtern, dein Vater, Mutter Brüder, oder sunst Freunde zu dir kommen, ist es mir nit zuwieder, ihnen einen guten Trunk zu schenken und eine Malzeit oder Abendtrunk, je nach dem es die Gelegenheit der Zeit erfordert zu geben, und Fröhlichkeit oder Ergetzung in Freundschaft mit ihnen zu halten.

Keine fremde Männer solltu mir ins Haus lassen, nicht daß ich dir übel vertrawe, sondern derhalb, daß es böse Schandmäuler und wie auch andern Orts, so hier lose und verlogene Leut hat, die sich nichts zu reden schemen. Man möchte dich bald in ein Geschrei bringen ...

Im Gras und Garten solltu nicht viel Leute hin und her, damit es zertreten werde, spatzieren lassen. Die Früchtlein ziehe als eine Gottesgabe und gehe mir der Baumen müßig, es dienet nicht jedermann und zu allen Zeiten darmit umbzugehen. Dann ich will (wils Gott) ein solchen Garten, dergleichen in Deutschland nicht sein wird, meinem Vaterland zur Zier und Ruhm und uns zu nutze daraus ziehen. -- Viel Ausgehens, zu Gastessens und spatzieren masse die Zeit meines Abwesens und bleib in dem unsern bei den Kindern. Wann ich wieder heimkomme, solltu alsdann mit mir zu guten Freunden gehen und fröhlich sein etc." Zit. aus: M. *Bauer*, Deutscher Frauenspiegel. Bilder aus dem Frauenleben in der deutschen Vergangenheit I (1917) 261ff.

17. B. *Becker-Cantarino*, Der lange Weg zur Mündigkeit. Frau und Literatur 1500–1800 (1987).
18. Zit. nach A. *Müller*, Beiträge zu einer hessischen Medizingeschichte des 13.–18. Jahrhunderts (1929) 19 oder „Weibersterben, kein Verderben, Gaul verrecken, das macht Schrecken". L. *Büttner*, Fränkische Volksmedizin (1935) 214.
19. Weitere Sprichwörter zum Stichwort ‚Haus' und ‚Frau' vgl. K.F.W. *Wander* (Hg.), Deutsches Sprichwörter-Lexikon II (1977) 396ff.; I (1977) 1103ff.

20. Zit. nach K. *Böck,* Das Bauernleben in den Werken bayerischer Barockprediger (1953) 114.
21. Auch H. *Reichmann,* J. *Schneider,* W. *Hofstaetter* (Hg.), Die innere Stellung zur Kultur (Ein Jahrtausend deutscher Kultur. Quellen von 800–1800 II) (1924) 13f.
22. Vgl. auch die Quellen in P. *Münch* (Hg.), Ordnung, Fleiß und Sparsamkeit. Texte und Dokumente zur Entstehung der ‚bürgerlichen Tugenden' (1984).
23. K. *Hausen,* Die Polarisierung der ‚Geschlechtscharaktere'. Eine Spiegelung der Dissoziation von Erwerbs- und Familienleben, in: Conze (Hg.), Sozialgeschichte der Familie 367–393; S. *Bovenschen,* Die imaginierte Weiblichkeit. Exemplarische Untersuchungen zu kulturgeschichtlichen und literarischen Präsentationsformen des Weiblichen (1979); U. *Frevert,* Frauen – Geschichte zwischen Bürgerlicher Verbesserung und Neuer Weiblichkeit (1986).
24. Vgl. *Mitterauer,* Zur Familienstruktur in ländlichen Gebieten Österreichs im 17. Jahrhundert, in: Helczmanovszki (Hg.), Beiträge 168ff.
25. O. *Könnecke,* Rechtsgeschichte des Gesindes in West- und Süd-Deutschland (1912); W. *Hartinger,* Bayerisches Dienstbotenleben auf dem Land vom 16. bis 18. Jahrhundert, in: Zs. f. bayer. Landesgesch. 38 (1975) 598ff.; M. *Mitterauer,* Gesindedienst und Jugendphase im europäischen Vergleich, in: Gesch. u. Gesellsch. 11 (1985) 177ff.
26. M. *Mitterauer,* Familienwirtschaft und Altersversorgung, in: Mitterauer – Sieder, Vom Patriarchat zur Partnerschaft 186ff.; P. *Borscheid,* Geschichte des Alters, 16.–18. Jahrhundert (1987).
27. Ebd., vgl. auch *Kramer,* Häusliches Leben 18ff.
28. Bei Joh. Gg. Krünitz heißt es 1787: „Viele Herrschaften achten ihr Gesinde gar nichts. Sie halten es nicht viel besser als das liederlichste Bettelvolk in der Republik, ja sie betrachten sie kaum als Menschen. Sie sind grausam wider sie und fordern mehr Arbeit von ihnen als Menschen leisten können und als sie vermöge ihres Vertrages zu leisten schuldig sind." Zit. nach Zs. f. KG II (1895) 304f. Ein mehr oder weniger idyllisiertes Bild bietet S. v. Orelli (1797): „Mann, Frau, Kinder und Gesinde arbeiten und leben den ganzen Winter beisammen.

    Eine notwendige Folge dieses nahen und anhaltenden Beisammenseins der ganzen Haushaltung ist u. a. auch die Übersicht des Hausvaters und der Hausmutter über ihre Kinder und ihr Gesinde, die immer unter ihren Augen lernen und arbeiten, und die Ordnung und der Fleiß, welche bei dieser beständigen Aufsicht erhalten werden. Es ist zum Verwundern, was am Ende eines Jahres durch eine solche Haushaltung erarbeitet worden ist.

    Auch habe ich nirgends treueres und seiner Herrschaft anhänglicheres Dienstgesinde angetroffen, wozu wahrscheinlich dieses vertrauliche Beisammenleben viel beiträgt. Der Dienstbote, der an der Seite des Hausvaters und seiner Kinder arbeitet, mit ihnen aus einer Schüssel ißt und an ihren Gesprächen teilnehmen darf, sieht sich als einen Hausgenossen an, dessen Glück an den Wohlstand des ganzen Hauses angeknüpft ist. Der Hausvater und die Hausmutter sehen hinwieder diese Untergebenen auch nicht als Geschöpfe an, denen sie nichts weiter als einen Jahrlohn für ihre Dienste zu geben schuldig sind. Sie machen es sich zur Pflicht, für ihr Betragen und für ihr Fortkommen zu sorgen und behandeln solche nicht viel weniger sorgfältig als ihre Kinder. Bei diesen Verhältnissen ist's nichts Seltenes, in einem Hause Dienstboten zu finden, die seit der Errichtung des Hauswesens 20 und 30 Jahre da sind und an ihren Zustand so gewöhnt, so zufrieden, daß sie an keine eigne Einrichtung denken, sondern in der Haushaltung, in welcher sie gelebt, auch sterben." Zit. nach *Reichmann* u. a. (Hg.), Die äußeren Formen deutschen Lebens I, 20.

29. M. *Stürmer* (Hg.), Herbst des Alten Handwerks. Zur Sozialgeschichte des 18. Jahrhunderts (1979) 153ff.; A. *Grießinger,* Das symbolische Kapital der Ehre. Streikbewegungen und kollektives Bewußtsein deutscher Handwerksgesellen im 18. Jahrhundert (1981).

30. Beispiele für eine Bestrafung u. a. in: H. *Schaffner* (Hg.), Duisburger Konsistorialakten – Protokolle des Presbyteriums (1635–1721) 3 Bde. (1964–73) I 15, 31, 71, 72, 75, 82, 111,155, 159, 164, 167, 168; II 29, 56, 82, 186, 195. Zumeist ging es um ein „ungebührliches Verhalten", um ein „unordentliches" Leben, „üblen" Umgang mit der Frau, um „Ungestümmigkeit gegen das Weib", „unfreundliche Tractirung seines Weibs", um „beharrliche, unchristliche, so ärgerliche Uneinigkeit" etc. Als 1565 in St. Gallen ein Mann seine Ehefrau körperlich mißhandelte, wurde er bestraft und ihm eingeschärft: „Wann sein Weib Unrecht tue, dann soll er sie mit Worten strafen, wie es recht sei und einem Biederman zusteht, aber nicht mit solchen großen Streichen." Vgl. C. *Moser-Nef,* Die Freie Reichsstadt und Republik Sankt Gallen V (1951) 309. Vgl. auch die aufschlußreiche Stelle aus Jörg *Wickram,* Das Rollwagenbüchlein (1555): „Ein schneider, fast ein zenckischer mensch, welchem die frauw, wiewol sie frumm unnd treüw was, so kundt sy im doch nimmer recht thůn; er war allweg mit ir zů unfriden, schlůg unnd raufft sy stetz. Deßhalb die oberkeit darinn sehen můßt und legt in ein zeitlang in gefencknuß. Unnd als man meint, er hette nun wol gebůßt, er solt witzig werden und mit seinem weib furthin freüntlich lében, ließ man in wider herauß; er aber můßt ein eydt schweren, das weib nimmer zů schlahen, sunder solt freündtlich mit ir leben, auch lieb und leid mit leiden, wie sich under eeleüten gebürt. Der schneider schwůr.

Als er nun ein zeit lang fridlich mit ir lebt, kam im seine alte weiß wider an, daß er mit ir zanckt; er dorfft sy aber nit schlagen, darumb wolt er sy bey dem har erwůtschen. Das weib aber war im zů geschwind und entsprang; do erwůtscht er die schér und warffst ir nach, jagt sy im hof umb, und was er erwütscht, warff er ir nach. Wenn er sy traff, so lachet er, unnd wenn er iren felt, flůcht er. Das treib er so lang, biß ir die nachpauren zu hilff kamen.

Der schneider ward wider für die herren beschickt, die hielten im für, ob er nit wußt, was er geschworen hett. Antwort der schneider: ‚Lieben herren, ich hab mein eyd gehalten; hab sy nit geschlagen, sunder, wie ir mir befolhen haben, sol lieb und leid mit ir leiden, das hab ich gethan.' Die herren sagten: ‚Wie kan das sein? Sy fůrt doch ein grosse klag.' Er antwortet unnd sprach: ‚Ich hab sy nur ein wenig bey dem haar wőllen ziehen, also ist sy mir entwichen; do bin ich ir nachgeilt, nach ir mit benglen und, was ich erwütscht hab, geworffen. Wenn ich sy hab troffen, ist es mir lieb gewesen und ir leid; wenn ich hab gefelt, ist es ir lieb gewesen und mir leid. Also hab ich ir lieb und leid mit ir gelitten, wie ir mir befolhen haben.' Solch findt man etwan fantasten, mit denen man ein gantz jar zů schaffen hett, so man inen losete. Die herren geboten im, er solt sy nit mer schlagen, auch kein lieb noch leid in solcher gestalt mer mit ir leiden, sunder lůgen, daß das weib kein klag mer über in fůrt, es wurde im nümmen mit einem schertz außschlitzen." Zit. nach H. *Heger* (Hg.), Spätmittelalter, Humanismus, Reformation. Texte und Zeugnisse II (1978) 673f.

31. Hinweise bei B. *Müller-Wirthmann,* Raufhändel. Gewalt und Ehre im Dorf, in: van Dülmen (Hg.), Kultur der einfachen Leute 79ff. Allgemein über die aufsässige Frau vgl. N.Z. *Davis,* Humanismus, Narrenherrschaft und die Riten der Gewalt. Gesellschaft und Kultur im frühneuzeitlichen Frankreich (1987) 136ff.

32. Zit. nach J.R. *Dieterich,* Eselritt und Dachabdecken, in: Hess. Bl. f. VK I (1902) 87ff., hier 103. Zu diesem Brauch vgl. K.-S. *Kramer,* Volksleben im Hochstift Bamberg und im Fürstentum Coburg (1500–1800) (1967) 214f. Die ‚Vossische Zeitung' berichtete 1784 folgenden Vorfall: „Das Fürstenthum Fuld ist vielleicht die einzige Provinz, wo die Feigheit der Männer gegen ihre Weiber auf die empfindlichste Art gerügt wird. Wenn dort ein Mann überwiesen wird von seiner Frau Schläge empfangen zu haben, so hat das bischöfliche Hofmarschallamt das Recht die Sache zu untersuchen, und wenn die That gegründet ist, das Wohnhaus des geprügelten Ehemannes durch die fürstl. Livereybedienten abdecken zu lassen. Noch vor 16 bis 17 Jahren war zu Fuld eine solche Execution, da das Haus in weniger als 5 Minuten von allen Ziegeln entblößt wurde, so sehr auch Mann und Frau um Schonung baten." Zit. nach E. *Buchner,* Liebe. Kulturhistorisch interessante Dokumente aus alten deutschen Zeitungen (o.J.) 122.

33. Die absolute Unterwürfigkeit verlangten letztlich nur Pfarrer und Theologen. Sie begründeten sie religiös. Z.B. A. *Musculus,* Wider den Ehteuffel (1556): „Und die weil es denn dahin gerathen, das Got von wegen der erbsünd, die Eva sampt allen iren nachkomenden töchtern, degradiret, ernidriget, und in die straff geleget, das sie nit mehr in gleichem regiment mit Adam sitzen, sondern im unterthenig und gehorsam sein sol, in für iren Herren erkennen, das sich demnach die weiber, in demut und gedult, solchem aufferlegten creutz williglich unterwerffen, leiden und dulden..." Zit. nach R. *Stambaugh* (Hg.), Teufelbücher in Auswahl IV (1978) 126. Oder Joh. *Fischart,* Philosophisch Ehezuchtbüchlein (1578): „Untertan dem Mann: untertan sein heißt, nicht allein dem Manne sein Kraut kochen und das Haus versorgen, sondern den Mann halten, als den ihr Gott gegeben hat, er sei weise oder ein Narr, arm oder reich."

4. *Wohnen, Essen und Kleiden*

1. Allgemein: N. *Elias,* Über den Prozeß der Zivilisation. Soziogenetische und psychogenetische Untersuchungen, 2 Bde. (1969^2); S. *Giedion,* Die Herrschaft der Mechanisierung. Ein Beitrag zur anonymen Geschichte (1982); F. *Braudel,* Der Alltag. Sozialgeschichte des 15.–18. Jahrhunderts (1985).

2. Zur Geschichte der Wohnkultur vgl. H. *Zinn,* Entstehung und Wandel bürgerlicher Wohngewohnheiten und Wohnstrukturen, in: L. Niethammer (Hg.), Wohnen im Wandel. Beiträge zur Geschichte des Alltags in der bürgerlichen Gesellschaft (1979) 13ff.; H.J. *Teuteberg,* Betrachtungen zu einer Geschichte des Wohnens, in: ders. (Hg.), Homo habitans. Zur Sozialgeschichte des ländlichen und städtischen Wohnens in der Neuzeit (1985) 1ff.; weiterhin wichtig: K. *Bedal,* Historische Hausforschung. Eine Einführung in Arbeitsweise, Begriffe und Literatur (1978); L. *Gläntzer,* Ländliches Wohnen vor der Industrialisierung (1980).

3. M. *Heyne,* Das deutsche Wohnungswesen von den ältesten geschichtlichen Zeiten bis zum 16. Jahrhundert (1899); *Schultz,* Das häusliche Leben; E. *Meier-Obrist,* Kulturgeschichte des Wohnens im abendländischen Raum (1956); H. *Vogts,* Das Kölner Wohnhaus bis zum Anfang des 19. Jahrhunderts (1914); J. *Dünninger,* Hauswesen und Tagewerk, in: Deutsche Philologie im Aufriß III (1962) 2781ff.; P.H. *Ropertz,* Kleinbürgerlicher Wohnbau vom 14. bis 17. Jahrhundert in Deutschland und benachbartem Ausland (1976); G. *Dimt,* Haus und Wohnung zwischen Mittelalter und Neuzeit am Beispiel Oberösterreichs, in: Haverkamp (Hg.), Haus und Familie 66ff.; H. *Heidrich,* Wohnen auf dem Lande. Am Beispiel der Region Tölz im 18. und 19. Jahrhundert (1984), *Gläntzer,* Ländliches Wohnen.
4. J. *Höhnel,* Stube. Wort- und sachgeschichtliche Beiträge zur historischen Hausforschung (1975).
5. Reichliche Materialien und Einzelbeobachtungen v.a. in den Untersuchungen von K.S. *Kramer* (Häusliches Leben [1982]; Volksleben im Fürstentum Ansbach und seinen Nachbargebieten 1500–1800 [1961] 191ff.; Volksleben im Hochstift Bamberg und im Fürstentum Coburg 1500–1800 [1967] 201ff.; zus. mit U. *Wilkens,* Volksleben in einem holsteinischen Gutsbezirk [1979]; Volksleben in Holstein 1500–1800 [1987] 105ff.), von U. *Meiners* (Wohnkultur in süddeutschen Kleinstädten vom 17. bis zum 19. Jahrhundert. Soziale Unterschiede und Wertestrukturen, in: J. Wiegelmann [Hg.], Nord-Süd-Unterschiede in der städtischen und ländlichen Kultur Mitteleuropas [1985] 157ff.; Wohnen im alten Münster. Untersuchungen zur städtisch-bürgerlichen Sachkultur des 17. und 18. Jahrhunderts [1986]) und vor allem von R.-E. *Mohrmann* (Volksleben in Wilster im 16. und 17. Jahrhundert [1977] 240ff.; Städtische Wohnkultur in Nordwestdeutschland vom 17. bis zum 19. Jahrhundert, in: Wiegelmann [Hg.], Nord-Süd-Unterschiede 89ff.; bald v.a. Alltagskultur im Land Braunschweig. Städtisches und ländliches Wohnen vom 17. bis 20. Jahrhundert [M.S.]).
6. Bemerkenswert eine Stelle aus der Autobiographie von Friedrich Lucä, von 1667: „Bisher an die großen Städte, herrlichen Dörfer, wohlgekleideten Leute und reinen Gemächer in Holland gewöhnet, kamen mir auf diesem Wege (bei Lauenburg) die halbwüsten Städtlein, die kleinen Dörflein mit ihren beraucherten Stroh- und Leimenhütten, und das armselige Volk darinnen gar seltsam, und doppelt häßlich für. Die Bauernhäuser sind übrigens hier auch so schlecht bestellet, daß Stube, Küche, Kammer und Stall und damit Mensch und Vieh alles in einem Raum zusammengedrängt ist, und der Rauch statt zum Schornstein, zum Fenster hinaussteiget." Zit. nach Der Chronist Friedrich Lucä (1854) 136f. Im ‚Simplicissimus' von Grimmelshausen heißt es von einer Armenwohnung um 1650: „Der Alten Bett (im Gegensatz zu dem Lager der Kinder aus Laub und Moos) war scheinbar von Stroh gemacht, so doch auch schon ziemlich zermahlen war. Die Bettlade samt Tisch, Stühl und Bänken waren alle des Mannes eigne Maurer Arbeit, und wie mich bedünkte, so war er auch selbst der Zimmermann, Maurer und Decker zum ganzen Haus gewesen. Die Fenster waren von Papier und der Stubenofen von gebackenen Steinen und Hohlziegeln zusammengestükket." Zit. nach *Reichmann* u.a. (Hg.), Die äußeren Formen deutschen Lebens 32.
7. Vgl. u.a. L. *Schneider,* Der Arbeiterhaushalt im 18. und 19. Jahrhundert.

Dargestellt am Beispiel des Heim- und Fabrikarbeiters (1967) 133ff.; K. *Bedal*, Bäuerliche und bürgerliche Wohnkultur Nordostbayerns in Inventaren des 16. und 17. Jahrhunderts, in: J. Wiegelmann (Hg.), Kulturelle Stadt-Land-Beziehungen in der Neuzeit (1978) 175ff.; R. *Braun*, Industrialisierung und Volksleben. Veränderungen der Lebensformen unter Einwirkung der verlagsindustriellen Heimarbeit in einem ländlichen Industriegebiet (Zürcher Oberland vor 1800) (1979²) 155ff.

8. Vgl. u. a. J. *Wiegelmann*, Novationsphasen der ländlichen Sachkultur Nordwestdeutschlands seit 1500, in: Zs. f. Volksk. 72 (1976) 177ff.; *Heidrich*, Wohnen auf dem Lande; K.-S. *Kramer*, Ländliche Wohnverhältnisse in holsteinischen Gutsbezirken von 1650 bis 1850, in: Teuteberg (Hg.), Homo habitans 25ff.
9. Aus einem Bericht aus Bayreuth um 1800, zit. nach *Gläntzer*, Ländliches Wohnen 124f.
10. Vgl. u. a. *Ropertz*, Kleinbürgerlicher Wohnbau; *Roller*, Durlach.
11. Zit. nach *Möller*, Die kleinbürgerliche Familie 121.
12. M. *Schmidt*, Das Wohnungswesen der Stadt Münster um 17. Jahrhundert (1965); *Möller*, Die kleinbürgerliche Familie 116ff.; F. *Kaspar*, Bauen und Wohnen in einer alten Hansestadt. Zur Nutzung von Wohnbauten zwischen dem 16. und 19. Jahrhundert (dargestellt am Beispiel der Stadt Lemgo) (1984); *Meiners*, Wohnen im alten Münster; *Mohrmann*, Alltagskultur im Land Braunschweig.
13. Vgl. u. a. P. R. *Gleichmann*, Die Verhäuslichung körperlicher Verrichtungen, in: P. R. Gleichmann, J. Goudsblom, H. Korte (Hg.), Materialien zu Norbert Elias' Zivilisationstheorie (1979) 254ff.; *Giedion*, Die Herrschaft der Mechanisierung; A. *Corbin*, Pesthauch und Blütenduft. Eine Geschichte des Geruchs (1984).
14. Vgl. u. a. G. *Schnapper-Arndt*, Studien zur Geschichte der Lebenshaltung in Frankfurt (1925); W. *Schwemmer*, Das Bürgertum in Nürnberg (1972); R. *Fricke*, Das Bürgerhaus in Braunschweig (1975); F. *Kretzschmar* – U. *Wirtler*, Das Bürgerhaus in Konstanz, Meersburg und Überlingen (1977); G. *Benker*, Bürgerliches Wohnen. Städtische Wohnkultur in Mitteleuropa von der Gotik bis zum Jugendstil (1984).
15. So äußert sich Piccolomini über die Stadthäuser in Basel. Zit. nach L. *Zehnder*, Volkskundliches in der älteren schweizerischen Chronistik (1976) 17. Über das Fuggerhaus heißt es 1531: „Welch eine Pracht ist nicht in Anton Fuggers Haus! Es ist an den meisten Orten gewölbt und mit steinernen Säulen unterstützt. Was soll ich von den weitläufigen und zierlichen Zimmern, den Stuben, Sälen und dem Kabinette des Herrn selbst sagen, welches sowohl wegen des vergoldeten Gebälkes als der übrigen Zieraten und der nicht gemeinen Zierlichkeit seines Bettes das allerschönste ist? Es stößt daran eine dem h. Sebastian geweihte Kapelle mit Stühlen, die aus dem kostbarsten Holze sehr künstlich gemacht sind. Alles aber zieren vortreffliche Malereien von außen und von innen. Raymund Fuggers Haus ist gleichfalls köstlich und hat auf allen Seiten die angenehmste Aussicht in Gärten. Was erzeuget Italien für Pflanzen, die nicht darin anzutreffen wären, was findet man darin für Lusthäuser, Blumenbeete, Bäume, Springbrunnen, die mit Erzbildern der Götter geziert sind! Was für ein prächtiges Bad ist in diesem Teile des Hauses! Mir gefielen die königlichen französischen Gärten zu Blois und Tours nicht so gut. Nachdem wir ins Haus hinaufgegangen, beobachte-

ten wir sehr breite Stuben, weitläuffige Säle und Zimmer, die mit Kaminen, aber auf sehr zierliche Weise zusammengefügt waren. Alle Türen gehen aufeinander bis in die Mitte des Hauses, so daß man immer von einem Zimmer ins andere kommt. Hier sahen wir die trefflichsten Gemälde. Jedoch noch mehr ergriffen uns, nachdem wir ins obere Stockwerk gekommen, so zahlreiche und große Denkmale des Altertums, daß ich glaube, man wird in Italien selbst nicht mehr bei einem Manne finden: in einem Zimmer die ehernen und gegossenen Bilder und die Münzen, in anderen die steinernen, einige von kolossaler Größe. Man erzählte uns, diese Denkmale des Altertums seien fast aus allen Teilen der Welt, vornehmlich aus Griechenland und Sizilien, mit großen Kosten zusammengebracht." Zit. nach *Reichmann* u. a. (Hg.), Die äußere Formen deutschen Lebens 29f. Über die Hauskultur des Literaten Joh. Jak. Bodmer aus Zürich wird berichtet: „Sein Haus auf der anmutigen Höhe in der Vorstadt, auf allen Seiten frei, in einer ganz ländlichen Lage, ländlich gebaut, nannte er vorzüglich seine ‚föhrene Hütte', weil nur eine Seite gegen dem Westwinde steinern und die drei andern von Riegelholz waren. Das Innere entsprach der äußern einfachen Form. Drei kleine, doch nicht niedere Stuben, neben große Säle gebaut, die unsere Vorfahren liebten, waren mit braunfirnißtem oder nußbäumernem Holz vertäfelt. Die Balken in den Sälen und auf den Lauben mit Blumen bemalt. Die Mobilien im Stil des Täfelwerks; zwei Dutzend nußbäumerne Stühle, in jedem Zimmer ein Tisch von demselben Holz, in seinem Studierzimmer zwei, davon einer immer mit Handschriften schwer belegt war...

In vier großen nußbäumernen Schränken waren die Kleider, das Bett- und Tischzeug aufbewahrt, in einem kleinern seine griechischen, lateinischen und italienischen Lieblingsautoren...

Hin und wieder waren die Wände mit Familiengemälden oder Kopien aus der italienischen Schule behangen. Eine Sanduhr diente ihm lange anstatt einer Wanduhr... In seinem Museo waren vier stroherne Stühle mit Polstern für die Fremden und andere Besuche; seinen Zöglingen war der Platz auf den hölzernen Wandbänken angewiesen. Zwei Sommer- und so viel Winterkleider, nebst zween Schlafröcken, machten die Garderobe aus...

... Hausrat, der im Anfange einer mehr als sechzigjährigen Ehe angekauft worden, wurde nicht abgeschafft, weil er brauchbar blieb und, wohl unterhalten, ein frisches Ansehen hatte. Ein Dutzend silber und vergoldete Pokale, so viel Messer und Gabeln und ein paar Dutzend Löffel, zu denen in spätern Zeiten noch ein kleiner Thee-Service angeschafft wurde, waren die ganze Vaisselle...

Seine Armatur, Flinte und Patrontasche, die er als Bürger haben mußte, war sauber gehalten..." Zit. nach U. *Imhof*, Stadt und gesellschaftliche Kultur im 18. Jh., in: H. E. Specher (Hg.), Stadt und Kultur (1983) 93.

16. Vgl. O. *Brunner*, Adeliges Landleben und europäischer Geist. Leben und Werk Wolf Helmhards von Hohberg 1612–1688 (1949); N. *Elias*, Die höfische Gesellschaft. Untersuchungen zur Soziologie des Königstums (1969); K. *Plodeck*, Hofstruktur und Hofzeremoniell in Brandenburg-Ansbach vom 16. bis zum 18. Jahrhundert. Zur Rolle des Herrschaftskultes im absolutistischen Gesellschafts- und Herrschaftssystem (1972).
17. Vgl. *Giedion*, Die Herrschaft der Mechanisierung 679ff.; A. *Martin*, Badewesen in vergangenen Tagen (1906).

18. A. *Faber,* Entwicklungsstufen der häuslichen Heizung (1957); J. *Tauber,* Herd und Ofen im Mittelalter (1980); G. *Benker,* In alten Küchen. Einrichtung – Gerät – Kochkunst (1987).
19. Zum Mobiliar vgl. W. *Dexel,* Das Hausgerät Mitteleuropas. Wesen und Wandel der Formen in zwei Jahrtausenden (1962); D. *Becker,* Bäuerliche und bürgerliche Möbel aus dem Westmünsterland (1984).
20. G. *Korff,* Einige Bemerkungen zum Wandel des Bettes, in: Zs. f. Volks. 77 (1981) 1 ff.
21. H. *Mannheims* – Kl. *Rath,* Internationale Bibliothek zur Literatur über Nachlaßinventare (1984); Beispiele: M. K. *Kasparek* – T. *Gebhard,* Niederbayerische Verlassenschaftsinventare des 17. Jahrhunderts, in: Bayer. Jb. f. Volksk. (1962) 201 ff.
22. Allgemein: M. *Heyne,* Das Deutsche Nahrungswesen von den ältesten geschichtlichen Zeiten bis zum 16. Jahrhundert (1901); *Schultz,* Das häusliche Leben 295 ff.; H. *Hauser,* Vom Essen und Trinken im alten Zürich (1961); *Braudel,* Der Alltag 103 ff.; G. *Wiegelmann,* Alltags- und Festspeisen. Wandel und gegenwärtige Stellung (1967).
23. W. *Abel,* Massenarmut und Hungerkrisen im vorindustriellen Europa (1974).
24. W. *Schivelbusch,* Das Paradies, der Geschmack und die Vernunft. Eine Geschichte der Genußmittel (1980) 25 ff.
25. Zit. nach: S. u. K. *Jacobeit,* Illustrierte Alltagsgeschichte des deutschen Volkes 1550–1810 (1986) 203.
26. Zit. nach: F. *Vollmann,* Ein ländlicher Speisezettel aus Schleißheim zu Anfang des Dreißigjährigen Krieges, in: Bayr. Hefte f. Volksk. 4 (1917) 139ff. Ein Speisezettel von 1802 aus Entraching bei München: „Gegessen wird fünfmal des Tages, nämlich 1. des Morgens eine Stunde nach dem Aufstehen, ein Mus von geschrotenem Kern, welches mit Butter belegt, und dann mit vielen Brodbrocken angestopft wird. Im Sommer wird statt dessen Milchsuppe gegeben. 2. Um 9 Uhr Brod ... 3. Um 11 Uhr das Mittagsmahl, es besteht gewöhnlich aus Sauerkraut und Topfennudeln aus gutem Kernmehl. Zuweilen, wiewol selten, werden Fleischknötchen gegeben. 4. Um 3 Uhr Brod, und im Sommer saure Milch mit Topfen. 5. Um 6 oder 7 Uhr das Nachtmahl; es besteht gewöhnlich aus Sauerkraut und Nudeln von Roggenmehl, aus einer Brennsuppe, Bröselsuppe, Milchsuppe, Erbsen und gerandeter Gerste oder (wenigstens alle Samstage des Jahres) aus gebackenen Kücheln vom besten Kernmehl.“ Zit nach *Wiegelmann,* Alltags- und Festspeisen 55.
27. E. *Sehling* (Hg.), Die Evangelischen Kirchenordnungen des XVI. Jahrhunderts. VIII (1965) 39. Ein Speisezettel für festliche Mahlzeiten des Jahres von 1797 aus Althegnenberg bei Fürstenfeldbruck: „Neujahr: Mittags Suppe, Voressen, Fleisch, abends Suppe. Hl. Dreikönig: wie an Neujahr ... Ostersonntag: Morgens Suppe, wie gewöhnlich, mittags Fleischsuppe, Braten, Gemüse oder Salat, abends Fleischknödl. Ostermontag: Mittags Paunzen, abends Suppe ... Am Kirchweihsonntag morgens kam Fleischsuppe mit Würsten, dann Fleisch und Bier auf den Tisch. Mittags bestand die Speisenfolge aus Semmelknödl, Würsten, Voressen, Rind- und Schweinefleisch und Gemüse. Man konnte essen soviel man wollte und auch Bier gab es genügend. Nach der Vesper wurde Schweinsbraten mit Salat aufgetragen, der Abendtisch bestand aus Brühfleisch und Braten mit

Salat. Am Kirchweihmontag kochte die Bäuerin wie am Kirchtag selbst ... Christtag: Am hl. Abend gab es morgens um 8 Uhr eine aufgeschmalzene Wassersuppe, mittags Küache, abends Weißbrot und Bier nach Belieben. ... Am Christag selbst bestand die Speisefolge morgens aus Suppe, Würsten und Fleisch, mittags aus Suppe, Würsten, Voressen und Fleisch, abends gab es Fleischknödl oder Soßfleisch und Bier." Zit. nach *Wiegelmann,* Alltags- und Festspeisen 55f.

28. G. *Erler,* Leipziger Magisterschmäuse im 16., 17. und 18. Jahrhundert (1905); *Hauser,* Vom Essen und Trinken im alten Zürich; J. *Bücking,* Kultur und Gesellschaft in Tirol um 1600. Des Hippolytus Guarinonius' „Grewel der Verwüstung Menschlichen Geschlechts" (1610) als kulturgeschichtlihe Quelle des frühen 17. Jahrhunderts (1968) 148ff.; E.W. *Zeeden,* Deutsche Kultur in der frühen Neuzeit (1968) 177ff.
29. Zit. nach *Wiegelmann,* Alltags- und Festspeisen 59.
30. Hierzu v.a. allgemein *Elias,* Über den Prozeß der Zivilisation I 110ff.
31. P.L. *Marperger,* Vollständiges Küch- und Keller-Dictionarium (1716), zit. nach *Wiegelmann,* Alltags- und Festspeisen 61f.
32. Zur Tischordnung K. *Baumgarten,* Die Tischordnung im alten mecklenburgischen Bauernhaus, in: Deutsches Jahrbuch für Volkskunde 11 (1965) 5ff.; H. *Gamerith,* Bäuerliche Tischsitten, in: Neues Leben 8 (1953) 340ff.; 372ff.; K.-S. *Kramer,* Grundriß einer rechtlichen Volkskunde (1974) 36f. *Heidrich,* Wohnen auf dem Lande 60ff.
33. 1619 wurde in St. Gallen ein Ehepaar ‚gewarnt', als man gehört hatte, „wie unfriedlich sie miteinander lebten, auch in welcher Gottlosigkeit, in dem sie des öftern weder vor noch nach dem Essen ein Tischgebet sprechen, sonder gleichsam wie die unvernünftige Tier zum und vom Essen gangen sind". Vgl. *Moser-Nef,* St. Gallen V 446.
34. Vgl. u.a. P. *Münch* (Hg.), Ordnung, Fleiß und Sparsamkeit (1984) 275f.
35. Vgl. allgemein: J. *Falke,* die deutsche Trachten- und Modewelt, 2 Bde. (o.J.); M. v. *Boehn,* Die Mode. Menschen und Mode, 8 Bde. (1923ff.); L.C. *Eisenbart,* Kleiderordnung der deutschen Städte zwischen 1350 und 1700. Ein Beitrag zur Kulturgeschichte des deutschen Bürgertums (1962); S. *Bovenschen* (Hg.), Die Listen der Mode (1986).
36. Über die männliche Mode, einen kurzen Rock zu tragen, wie es vor allem im 16. Jahrhundert üblich war, gab es von seiten der Kirchen und der Obrigkeit heftige Klagen. In einem Nürnberger Ratsedikt heißt es: „Wann auch von ettlichen mannspersonen eyn unzüchtige schanndbare übung und gewonhait entstanden ist, also daß sie ire letz an den hosen one notturfft größer lassen und dieselben an tentzen und anderhalben vor erbarn frowen und junckfrowen unverschambt ploß und unbedeckt tragen, das dann nit alleyn Got, sonder auch erberkeyt und manlicher zucht wider und unzymlich ist, demnach ist eyn erber rat daran komen, vestigclich gebiettennde, daß hinfüro eyn ydes mannspilde, burger oder inwoner dieser statt, seinen latz an den hosen nyt bloß, unbedeckt, offenn oder sichtigclich tragen, sonnder alle seine cleyder dermaßen machen lassen und geprawchen soll, damit sein scham und latz der hosen wol bedeckt unnd nit ploß gesehenn werde. Dann wellicher sich also damit entploßet und deßhalb gerügt oder fürbracht wurde, und sich des mit seinem rechten nit benemen möcht, der solle darumb von eyner yden überfaren fardt eynes yden tags oder nachts

gemayner statt zu puß verfallen sein und geben drey guldin." Zit. nach W. *Rudeck,* Geschichte der öffentlichen Sittlichkeit in Deutschland (1902) 45 f.

37. Zit. nach *von Boehn,* Die Mode (2 Bde.) I 324 (Moscherosch).
38. Zit. nach *Kramer,* Volksleben im Hochstift Bamberg 225 f.; vgl. *ders.,* Volksleben im Fürstentum Ansbach 197 ff. Als die Kindsmörderin Susanna M. Brandt 1771 hingerichtet wurde, fand man in ihrer Kiste: „1 schwartz tucherner Rock und Jack, 1 grün zeugerner Rock, 1 blauer ditto, 1 Cattonener Jack und Schurtz, 1 Jack von Hanauer Zeug, 2 paar schwartze Strümpfe, 1 Hemd, 1 Gesangbuch, 4 Schlafhauben mit schmahlen Spitzen, 1 paar Pausch Ermel, 2 nesseltücherne Halstücher, 1 seidenes Halstuch, 2 Unterhauben und allerhand Gelümps und 4 Schnür weise Perlen." Zit. nach S. *Birkner* (Hg.), Leben und Sterben der Kindsmörderin Susanna Margaretha Brandt (1973) 125.
39. *Eisenbart,* Kleiderordnung; L. *Bartsch,* Sächsische Kleiderordnung aus der Zeit von 1450–1750 (1882); V. *Baur,* Kleiderordnungen in Bayern vom 14. bis zum 19. Jahrhundert (1975).
40. Aus der Reichspolizeiordnung von 1548, zit. nach *Eisenbart,* Kleiderordnung 74 f.
41. Aus A. *Henß,* Wanderungen und Lebensansichten des Buchbinder-Meisters ... (1848). Zit. nach *Möller,* Die kleinbürgerliche Familie 138 f.
42. Hierzu allgemein: A. *Corbin,* Pesthauch und Blütenduft. Eine Geschichte des Geruchs (1984); G. *Vigarello,* Wasser und Seife, Puder und Parfüm. Geschichte der Körperhygiene seit dem Mittelalter (1988).

II. Kindheit und Jugend

1. Geburt und Kindersterblichkeit

1. Allgemein zur Geschichte der Kindheit: Ph. *Ariès,* Geschichte der Kindheit (1975); L. *de Mause* (Hg.), Hört ihr die Kinder weinen. Eine psychogenetische Geschichte der Kindheit (1977); I. *Weber-Kellermann,* Die Kindheit. Eine Kulturgeschichte (1979); J. *Martin* – A. *Nitschke* (Hg.), Zur Sozialgeschichte der Kindheit (1986).
2. M. *Mitterauer,* Sozialgeschichte der Jugend (1986).
3. Extrem einseitig, zu stark von der Fiktion der bürgerlichen Familie her gedacht: E. *Shorter,* Die Geburt der modernen Familie (1977); *ders.,* der Wandel der Mutter-Kind-Beziehungen zu Beginn der Moderne, in: Gesch. u. Gesellsch. 1 (1975) 256–287; *ders.,* Die große Umwälzung in den Mutter-Kind-Beziehungen vom 18. bis zum 20. Jahrhundert, in: Martin-Nitschke (Hg.), Zur Sozialgeschichte der Kindheit (1986) 503–524; auch: F. *Badinter,* Die Mutterliebe. Geschichte eines Gefühls vom 17. Jahrhundert bis heute (1980).
4. Abwägender: J. *Gélis,* M. *Laget,* M.-Fr. *Morel,* Der Weg ins Leben. Geburt und Kindheit in früherer Zeit (1980); vor allem Fr. *Loux,* Das Kind und sein Körper in der Volksmedizin. Eine historisch-ethnographische Studie (1980).
5. Vgl. v.a. H. *Wunder,* Frauen in der Gesellschaft Mitteleuropas im späten Mittelalter und in der Frühen Neuzeit (15. bis 18. Jahrhundert), in: H. Valentinitsch (Hg.), Hexen und Zauberer (1987) 123 ff.
6. Allgemein mit vorzüglichem Bildmaterial: F. *v. Zglinicki,* Geburt. Eine Kulturgeschichte in Bildern (1983).

7. Näheres hierzu: *Loux,* Das Kind.
8. Informationsreich, aber insgesamt problematisch: E. *Shorter,* Der weibliche Körper als Schicksal. Zur Sozialgeschichte der Frau (1982).
9. *Shorter,* Der weibliche Körper 53ff.; A. *Wolf-Graaf,* Die verborgene Geschichte der Frauenarbeit. Eine Bildchronik (1983) 107ff.
10. *v. Zglinicki,* Geburt 110, 118, 122.
11. Thomas und Felix Platters ... Lebensbeschreibungen (1911) 100.
12. Zur Geschichte der Hebammen: vgl. Gg. *Burckhard,* Die deutschen Hebammenordnungen (1912); E. *Haberling,* Beiträge zur Geschichte des Hebammenstandes (1940).
13. Über diese Bücher: *v. Zglinicki,* Geburt 80ff.
14. Ebd. 108.
15. R. *van Dülmen,* Der Kindsmord. Zur weiblichen Kriminalität in der frühen Neuzeit (MS 1985).
16. *Shorter,* Der weibliche Körper 68ff.
17. Meister Johann Dietz des Großen Kurfürsten Feldscher. Mein Lebenslauf (1966) 196f.
18. *v. Zglinicki,* Geburt 126f; vgl. auch K.-S. *Kramer,* Volksleben in Holstein (1550–1800) (1987) 247f.. Die Gottorfer Polizeiordnungen sprechen von ‚Frawen Versamlungen', die verboten werden sollen.
19. So v.a. F. Platter, B. Zink, S. Sch. v. Burtenbach, Joh. Val. Andreae, B. Dietmar, H. Jung-Stilling etc. Vgl. auch Ch. *Glück-Christmann,* Die Darstellung der Familienbeziehungen in Autobiographien des 16. bis 18. Jahrhunderts (Staatsexamensarbeit 1986). Ein besonderer Fall: aus der „Hauschronik der Familie Holl" (in: Qu. u. Forsch. z. Deutschen insbes. Hohenzollerischen Geschichte 6, 1910) 32ff. „1596, den 3. April beschehrte mir Gott Mittwochs in der Nacht zwischen 12 und 1 Uhr einen Sohn; ward Elias genannt; starb bald den 10. August. War 19 Wochen alt.

   1597, den 22 Junii gebahr mir meine Hausfrau das andere Kind, nehml. wider einen Sohn; ward Johannes genannt. ...

   1598, den 22. Octob. beschehrte mir Gott das 3te Kind, so eine Tochter und Lidia genannt war; starb Ao. 1599 in blühender Jugend.

   1600, den 29. Maii beschehrte mir Gott den 4ten Erben, so auch eine Tochter und Lidia genannt war; starb aber bald in wenig Wochen.

   1601, den 25. Junii gebahr mir meine Hausfrau das 5te Kind, so wider eine Tochter und Juditha genannt war; starb gleich darauf den 13. Sept.

   1602, den 14. Novbr. erfreuete mich Gott mit den 6ten Kind; war abermahl eine Tochter und an einem Donnerstag morgens zwischen ein und zwei Uhr geboren; ward in der hl. Tauf Rosina genannt. ...

   1604, den 14. Maii beschehrte mir Gott das 7. Kind, so ein Sohn und Elias genannt ware; starb im andern Jahr am Vergicht.

   1605, den 25. December erfreute mich Gott mit dem 8ten Erben, Freytags Morgens zwischen 7 und 8 Uhren, so ein Sohn und Christoph in der h. Tauf genannt war; starb aber in 13 Wochen hernach. Stund mit dieser Geburt hart an: sy rang 8 ganzer Stund mit ime, bis die Geburt fröhlich an die Welt kam. Nachdeme nun die Kindbett aus war, war meine liebe Hausfrau sehr krank, daß ihr endlich die Herren Doctoren den Saurbronnen riethen und Ao. 1606 gen

Ueberkingen gesandt war; hat ihr aber wenig ersproßen. 1607 auf Hrn. Dr. Kneulihs Rath war sie ferner in das Leder-Baad geschickt; hat aber auch nichts gefruchtet; nach ihrer Heimkunft aus diesem Baad ist sie noch bis in die 9 Wochen lang krank gewesen; starb also Ao. 1608 den 30. Jenner in Christo selig.

Nachdem ich nun 10 Wochen ein traurig und betrübter Witwer war, sahe ich mich, um mein Haushaben recht zu führen, wiederum um eine ehrliche Hausmutter um und bath Gott herzlich, daß Er mir eine rechte taugliche beschehren wolle. Kame mir ohne männiglichs Antrag des Hrn. Tobias Reischlens Tochter, Rosina, eine rechte Liebe, sie zu begehren, ins Herz; ... den 20. Maii aber, am Aftermontag in Pfingsten die Hochzeit gehabt...

1609, den 11. Martii, am Mittwoch Nachmittag um 1 Uhr, beschehrte mir Gott bey dieser meiner lieben Rosina den ersten Erben, neml. eine Tochter; ward in der h. Tauf Maria genannt.

1610, den 10ten Julii begabte mich Gott am Samstag mit dem andern Erben, so auch eine Tochter und Anna Maria genannt ward.

1611, den 31. December gebahr mir meine Hausfrau das 3te Kind, so ein Sohn war, ward bey St. Ulrich getauft und Elias genannt. ...

1613, den 5. Jan. erfreute Gott meine liebe Hausfrau mit dem 4ten Kind, so auch eine Tochter und Anna Regina genannt ward. ...

1614, den 1. Martii beschehrte uns Gott den 5ten Erben, so ein Sohn und in der h. Tauf Hieronymus genannt war; bey St. Ulrich getauft. ...

1615, den 25. April gebahr meine Hausfrau das 6te Kind, Samstag Nachts zwischen 10 und 11 Uhr; war bey St. Anna getauft und Sara genant. ...

1616 beschehrte mir Gott den 20ten Junii, am Montag Nachmittag um 6 Uhr, den 7ten Erben, so ein Sohn, bey St. Anna getauft und Johannes genannt wurde. ...

1627, den 5. Octobris erfreute uns Gott mit den 13ten Kind, in der Nacht gleich nach 11 Uhr; war ein Sohn und in der hl. Tauf Christianus genannt. ..."

20. Zur Geschichte der Taufe: *v. Zglinicki,* Geburt 342ff.; *Loux,* Das Kind und sein Körper 123ff. – G. Fr. *Meyer,* Geburt und Taufe im Volksglauben Schleswig-Holsteins, in: Nordelbingen 16 (1940) 31ff., 73; H. *Schauerte,* Volkskundliches zur Taufe, in: G. Heilfurth – H. Siutz (Hg.), Europäische Kulturverflechtungen im Bereich der volkstümlichen Überlieferung (1967) 41ff.
21. Vgl. u. a. R. *Laufner,* Zur Entstehung der Personen- und Familiennamen im trierischen Land, in: Trier. Jb. 1950, 49ff.; J. *Baur,* Die Spendungen der Taufe in der Brixner Diözese in der Zeit vor dem Tridentinum (1938) 114ff.; E. *Nied,* Heiligenverehrung und Namengebung (1924).
22. Beispielhaft: H. *Hörger,* Die ‚Ulrichsjubiläen' des 17. bis 19. Jahrhunderts und ihre Auswirkungen auf die Volksfrömmigkeit in Ulrichspfarreien, in: Zs. f. bay. Landesgesch. 37 (1974) 309–357.
23. Beispiele in: V. *Wirth* (Hg.), Bartholomäus Dietwar. Leben eines evangelischen Pfarrers im früheren markgräflichen Amt Kitzingen von 1592–1670 von ihm selbst erzählt (1887); *Imhof,* Die verlorenen Welten 20ff.
24. Hierzu allgemein: R. *Staudt,* Studien zum Patenbrauch in Hessen (1958); D. *Sabean,* Verwandtschaft und Familie in einem württembergischen Dorf 1500 bis 1870, in: Conze (Hg.), Sozialgeschichte der Familie 231ff.
25. Zit. nach *v. Zglinicki,* Geburt 356.

26. Allgemein zur Säuglingssterblichkeit: W. G. *Rödel*, Mainz und seine Bevölkerung im 17. und 18. Jahrhundert (1985) 201ff.; P. *Zschunke*, Konfession und Alltag in Oppenheim (1984). – A. *Imhof*, Säuglingssterblichkeit im europäischen Kontext, 17.–20. Jahrhundert, in: Newsletter 2 (1984) 1–64; *ders.*, Unterschiedliche Säuglingssterblichkeit in Deutschland 18. bis 20. Jahrhundert. – Warum?, in: Zs. f. Bevölkerungswiss. 7 (1981) 343ff.
27. Nach J. *Schlumbohm* (Hg.), Kinderstuben (1983) 35.
28. Zit. nach F. M. *Phayer*, Religion und das gewöhnliche Volk in Bayern in der Zeit von 1750–1850 (1970) 97.
29. Allgemein vgl. A. *Imhof*, Die gewonnenen Jahre (1981).
30. I. P. *Süßmilch*, Die göttliche Ordnung in den Veränderungen des menschlichen Geschlechts, aus der Geburt, dem Tode und der Fortpflanzung desselben erwiesen (1765[3]) 194.
31. Zit. nach K. *Rutschky*, Deutsche Kinderchronik. Wunsch- und Schreckensbilder aus vier Jahrhunderten (1983) 17ff.
32. Zit. nach *v. Zglinicki*, Geburt 250.
33. Bemerkenswert sind zwei Zeugnisse: der Prediger Adam Bernd (gest. 1748) schrieb: „Weil ich auch nicht habe an der Mutter trinken wollen, so hat man mich mit Küh-Milch kümmerlich ernähren müssen; welches ich jederzeit mit als eine Ursache meiner schwachen Leibes-Constitution angesehen, indem mich die Erfahrung nur allzu oft an andern gelehret, daß die Kinder, so nicht mit Menschen-Milch getränket werden, schwache und elende Kreaturen am Leibe und am Gemüte werden, und vielen unordentlichen Affecten und Neigungen unterworfen sind." (A. *Bernd*, Eigene Lebensbeschreibung 1973, 24); und der freisinnige Theologe Joh. Christian Edelmann schrieb: „Unterdessen wurde ich ... recht zärtlich geliebet, und die zarte Mutter gönnte mir zu meiner Nahrung ihre eigene Milch drey viertel Jahr lang, nach welcher Zeit ich entwöhnet, und wegen der wohlgebildeten Gestalt, die Gott mir verliehen hatte, und aus welcher ein munteres Wesen hervorleuchtete, meiner lieben Eltern witzige Lust und Freude wurde" (Joh. Chr. *Edelmann*, Selbstbiographie 1749–1752 [1976] 6).
34. *v. Zglinicki*, Geburt 284.
35. Ebd. 288.
36. *Badinter*, Die Mutterliebe.
37. J. *Hardach-Pinke*, Zwischen Angst und Liebe. Die Mutter-Kind-Beziehung seit dem 18. Jahrhundert, in: Martin-Nitschke (Hg.), Zur Sozialgeschichte der Kindheit, 525–590, hier 568f. (eine vorzügliche Studie).
38. Zur Entwöhnung vgl. *Loux*, Das Kind und sein Körper 157ff.
39. Vgl. v. *Zglinicki*, Geburt. Auch U. *Ottmüller*, Mutter und Wickelkind in der vormedikalisierten Gesellschaft, in: Beitr. z. femin. Theorie und Praxis (1982).
40 *v. Zglinicki*, Geburt 229ff.; *Shorter*, Die Geburt der modernen Familie 203ff.; *Loux*, Das Kind und sein Körper 140ff.
41. Zur Hygiene allgemein nun: G. *Vigarello*, Wasser und Seife, Puder und Parfüm. Geschichte der Körperhygiene seit dem Mittelalter (1988).
42. Vgl. u. a. *Shorter*, Die große Umwälzung in den Mutter-Kind-Beziehungen 515ff.
43. Zur Problematik auch *Hardach-Pinke*, Zwischen Angst und Liebe.
44. Zur Problematik vgl. u. a. K. *Roetzer*, Die Delikte der Abtreibung, Kindstötung

sowie Kindsaussetzung und ihre Bestrafung in der Reichsstadt Nürnberg (Diss. masch. 1957)

45. K. *Rutschky* (Hg.), Schwarze Pädagogik. Quellen zur Naturgeschichte der bürgerlichen Erziehung (1977) 24ff.
46. Hierzu zählt die ganze Hausväterliteratur des 17. und 18. Jahrhunderts. Vgl. auch U. *Ottmüller,* ‚Mutterpflichten". Die Wandlungen ihrer inhaltlichen Ausformung durch die akademische Medizin, in: Gesellschaft. Beiträge zur Marxschen Theorie 14 (1981).
47. Zahlreiche Hinweise in: J. *Gierl,* Bauernleben und Bauernwallfahrt in Altbayern. Eine kulturhistorische Studie aufgrund der Tuntenhausener Mirakelbücher (1960); H. *Dünninger,* Processio peregrinationis. Volkskundliche Untersuchungen zu einer Geschichte des Wallfahrtswesens im Gebiete der heutigen Diözese Würzburg, in: Würzb. Diözesangeschichtsbl. 23 (1961) 53–176; 24 (1962) 53–188; D. *Harmening,* Fränkische Mirakelbücher. Quellen und Untersuchungen zur historischen Volkskunde und Geschichte der Volksfrömmigkeit, in: Würzb. Diözesangeschichtsbl. 28 (1966) 25–240. V. a. auch W. *Theopold,* Das Kind in der Votivmalerei (1981).
48. A. *Beutel* (Hg.), Martin Luther. Briefe an Freunde und an die Familie (1987) 39.
49. Augustin Güntzers merkwürdige Lebensgeschichte. Ein Kulturbild aus dem Jahrhundert des 30jährigen Krieges. Erzählt von ihm selbst (1916) 106. – Als dem Pfarrer Gotslebius zu Dillenburg alle 8 Kinder und seine Frau an der Pest starben, schrieb er zum Tod seines letzten Kindes in das Sterbeprotokoll: „Der 17. October 1635, Abends 5 Uhr, ist mein noch übriges einziges herzliebes Töchterlein, Marie Magdalene, so sich den vorigen Tag, eben in der Stunde, in welcher mein Sohn Johann Philipp verschieden, gelegt und schwach worden, sanft und selig verschieden. Gott, der getreu ist, und die Seinigen nicht will lassen versucht werden über ihr Vermögen, sondern der Versuchung also ein Ende machen, daß sie dieselbe sollen ertragen können, wolle dieser seiner Verheißung nach auch väterlich an mir handeln, mich trösten und stärken, mir Geduld und auch fröhliche Ueberwindung verleihen, um meines lieben Herrn und Heilands Jesu Christi willen." Wenige Tage später starb auch der Pfarrer. Vgl. P. *Lahnstein,* Das Leben im Barock. Zeugnisse und Berichte 1640–1740 (1974) 86.
50. U. *Bräker,* Lebensgeschichte und natürliche Ebentheuer des Armen Mannes im Tockenburg (1945) 323f.
51. Fr. X. *Bronner,* Ein Mönchsleben aus der empfindsamen Zeit I (o.J.).
52. Ebd. 35.
53. Ebd. 42f.

2. Erziehung

1. Zur Welt der Kindheit vgl. *Ariès,* Geschichte der Kindheit. Bei aller Einseitigkeit immer noch beste Darstellung zur Geschichte der Kindheit.
2. Wichtig und weiterführend: J. *Schlumbohm,* ‚Traditionale' Kollektivität und ‚moderne' Individualität: einige Fragen und Thesen für eine historische Sozialisationsforschung, in: R. Vierhaus (Hg.), Bürger und Bürgerlichkeit im Zeitalter der Aufklärung (1981) 265–320 und I. *Hardach-Pinke,* Kinderalltag (1981).
3. G. *Stephan,* Die häusliche Erziehung in Deutschland während des 18. Jh. (1891); W. *Roessler,* Die Entstehung des mod. Erziehungswesens in Deutschland (1961).

4. Vgl. u. a. K. *Rutschky* (Hg.), Schwarze Pädagogik. Quellen zur Naturgeschichte der bürgerlichen Erziehung (1977) 376ff.; P. *Lahnstein,* Report einer ‚guten alten Zeit'. Zeugnisse und Berichte 1750–1805 (1970) 143ff.
5. Dazu allgemein: P. *Münch* (Hg.), Ordnung, Fleiß und Sparsamkeit. Texte und Dokumente zur Entstehung der ‚bürgerlichen Tugenden' (1984).
6. E. *Reicke,* Lehrer und Unterrichtswesen in der deutschen Vergangenheit (1901); *Roessler,* Die Entstehung des modernen Erziehungswesens.
7. Im „Discours der Mahler" I,2 heißt es u. a.: „Zwischen Vätern und Kindern kann die Freundschafft nicht statthaben. Der Respect, welchen diese den Eltern schuldig sind, ist eine Gattung Furcht und wird ... gar wol Ehrfurcht genannt; nun kann ich keine vollkommene Vertraulichkeit mit dem haben, den ich fürchten muß."
8. J. *Hardach-Pinke* – G. *Hardach* (Hg.), Kinderalltag. Deutsche Kindheiten in Selbstzeugnissen 1700–1900 (1981).
9. Joh. Heinr. *Jung-Stilling,* Lebensgeschichte (1976) 45f.
10. Zur Problematik vgl. auch J. *Hardach-Pinke,* Zwischen Angst und Liebe.
11. Vgl. das Beispiel Fr. X. Bronners. Weitere Beispiele in: *Hardach-Pinke – Hardach* (Hg.), Kinderalltag.
12. Vgl. u. a. *Rutschky,* Deutsche Kinderchronik 155ff.; auch H. *Tellenbach* (Hg.), Das Vaterbild im Abendland I (1978); aufschlußreich ist der Bericht von Schack Fluur, in: Schlumbohm (Hg.), Kinderstuben 321ff.
13. *Rutschky,* Deutsche Kinderchronik 548ff.
14. Vgl. allgemein: *Schlumbohm* (Hg.), Kinderstuben 62ff., vor allem auch 81ff.
15. *Hardach-Pinke – Hardach* (Hg.), Kinderalltag 89f.
16. *Bräker,* Tockenburg 89.
17. *Schlumbohm* (Hg.), Kinderstuben 88ff. „... Da ligt der Mann seinem Feldbau oder Weberey, die Frau ihrer Gespunst ob, der noch die Schul besuchende oder ihr nach oben angeführten Jahren entronnene Knabe ist in den Augen der Eltern sehr geschikt, wenn er alle Tage seine 3 bis 4 Ellen wibt, und das Mädchen geht vom Morgen bis in die späte Nacht in die auch hier zu Land üblichen Stubeten, wo es in der Gesellschaft verlaufener Thurgäuer Dirnen, deren eigentlichen Wohnort man selten erfährt, und die um ihr Tischgeld an vielen Orten Unterschlauf bekommen, alles andre, aber nichts gutes lernt, und hört. In diesen Zusammenkünften werden ganze Dörfer je nach den Haushaltungen, ja gar oft ganze Gemeinden durch die Hechel gezogen, hier wird verleumdet und gelogen, hier wird Familien Krieg angezettelt und wieder Friede geschlossen, hier werden von erwachsenen und halberwachsenen die unflätigsten Reden geführt, angehört und belächelt: Und je mehr Neuheiten aller Art das Töchterchen nach Hause bringt, wenn nur dabei 4 à 6 Schneller Garn gespunnen sind, desto besser sind die Eltern zufrieden. An Unterricht oder Repetition des Erlernten denkt niemand, ja man muß diejenigen unter die besten Haushaltungen zählen, wo die Kinder Sonntag Nachmittags ein Capitel aus der Bibel daherschnattern, und etwa monatlich eine Schrift schreiben müssen: Von welcher Pflicht man sich unter mancherley Vorwand los machen kann, durch Viehhüten, durch gethane Versprechen, mit einem andern auf dieß oder jenes Dorf zu gehen, oder gar durch elterlichen Befehl, ein ausgewebtes Stük Tuch zum Kaufmann oder neue Materialien von ihm wegzutragen. Niemand verwundre sich, daß ich gesagt, unter jedem

Vorwand könne ein Kind sich von Haus entfernen, und oben, ein Kind könne nach eignem Gefallen zur Schule gehen, oder nicht, dann selten werden Eltern ihren Kindern etwas befehlen, außer Fleiß zur Arbeit, u. auch dieß nicht aus moralischen Gründen, sonder um der allherrschenden Gewinnsucht willen, die tief im Toggenburger Charakter ligt: Sonst kann ein Kind thun was es will, es ist vor Schlägen und Bestrafungen sicher genug, wenn nicht Vater oder Mutter aus andern Ursachen übler Laune sind. Ja ich kenne Haushaltungen, wo halb erwachsne Kinder befehlen u. Eltern gehorchen, und letztere es öffentlich zu sagen sich nicht schämen." (92)

18. Aus einem Erlaß gegen das mutwillige Treiben der Gassenkinder (1765), vgl. *Schlumbohm* (Hg.), Kinderstuben 226.
19. In bezug auf die Tätigkeit der Mädchen schrieb H. Guarinonius (1600): „Die Übung der Weibsbilder ... ist in der Kindheit mit den Knaben einerley, vom sibenden Jahr aber anderst beschaffen. Dann weil dieselben von Jugend ein besondre Neygung zu ihrer Arbeit haben, die sie bey Lebzeiten vollziehen sollen und darzu sie schier meystens erschaffen, derhalben soll man ihnen ihr Dockenzeug in ihrer Kindheit lassen. Wenn sie hernach umb das sibende Jahr anfangen geschäfftig zu werden und das Hauß zu regieren vermeynen, solle man ihnen ihre Schlüßlen, ihre Schäffer, Spinnräder, Besen, Pfannen, Töpff, Häfen, Schüßlen und dergleichen Haußrat geben, mit welchem sie umbgehen und zeitlich den Lust in der Arbeit zu gewohnen lernen. Wann aber das Mägdlein das 14. Jahr erreicht, da sollen die Eltern sie nur dapffer und stets üben, niemals müssig lassen, jetzt in den Garten, bald in der Kuchl, alsdann im gantzen Haus, damit sie täglich ziemblich müd werden." Zit. nach *Reichmann* u. a. (Hg.), Die äußeren Formen deutschen Lebens 12.
20. *Möller,* Die kleinbürgerliche Familie.
21. Zit. nach *Schlumbohm* (Hg.), Kinderstuben 165.
22. Ebd. 311.
23. Allgemein: E. *Garin* – W. *Raith,* Erziehung – Anspruch – Wirklichkeit. Geschichte und Dokumente abendländischer Pädagogik (1971).
24. Zur Alphabetisierung vgl. W. *Norden,* Die Alphabetisierung in der Oldenburgischen Küstenmarsch im 17. und 18. Jahrhundert, in: E. Hinrichs – W. Norden (Hg.), Regionalgeschichte. Probleme und Beispiele (1980) 103 ff.
25. *Roessler,* Erziehungswesen; G. *Petrat,* Schulunterricht. Seine Sozialgeschichte in Deutschland 1750–1850 (1979); *Rutschky,* Deutsche Kinderchronik 659 ff.
26. C. Fr. v. *Klöden,* Jugenderinnerung (1922) 35 f.
27. Th. *Dietrich* – J. G. *Klink* (Hg.), Zur Geschichte der Volksschule I (1972[2]) 63 f.
28. Ebd. 139.
29. Aus: C. Fr. *Pockels,* Schack Fluurs Jugendgeschichte (1786). Zit. nach *Schlumbohm* (Hg.), Kinderstuben 330.
30. Vgl. die vielen erhaltenen Visitationsberichte. E. W. *Zeeden* – H. *Molitor* (Hg.), Die Visitation im Dienst der ländlichen Reform (1967).

3. Jugend

1. Zur Geschichte der Jugend allgemein vgl. J. R. *Gillis,* Geschichte der Jugend. Tradition und Wandel im Verhältnis der Altersgruppen und Generationen in

Europa von der zweiten Hälfte des 18. Jahrhunderts bis zur Gegenwart (1980); M. *Mitterauer*, Sozialgeschichte der Jugend (1986).

2. Vgl. Chr. *Burckhardt-Seebass*, Konfirmation in Stadt und Landschaft Basel. Volkskundliche Studie zur Geschichte eines kirchlichen Festes (1975); vgl. auch Kl. *Leder*, Kirche und Jugend in Nürnberg und seinem Landgebiet 1400 bis 1800 (1973).
3. Vgl. dazu auch *Rosenbaum*, Formen der Familie 89ff., 162ff., 237ff.
4. Vgl. J. *Hoffmann*, Die ‚Hausväterliteratur' und die ‚Predigten über den christlichen Hausstand'. Ein Beitrag zur Geschichte der Lehre vom Hause und der Bildung für das häusliche Leben im 16., 17. und 18. Jh. (1959)
5. Vgl. M. *Mitterauer*, Gesindedienst und Jugendphase im europäischen Vergleich, in: Gesch. u. Gesellsch. 11 (1985) 180ff.
6. *Schlumbohm* (Hg.), Kinderstuben.
7. Allgemein: H. *Métraux*, Schweizer Jugendleben in fünf Jahrhunderten. Geschichte und Eigenart der Jugend und ihrer Bünde im Gebiet der protestantischen deutschen Schweiz (1942); A. *Lutz*, Jünglings- und Gesellenverbände im alten Zürich und im alten Winterthur (1957); *Gillis*, Geschichte der Jugend 34ff.
8. A. *Grießinger*, Das symbolische Kapital der Ehre. Streikbewegungen und kollektives Bewußtsein deutscher Handwerksgesellen im 18. Jahrhundert (1981).
9. E.P. *Thompson*, Plebejische Kultur und moralische Ökonomie. Aufsätze zur englischen Sozialgeschichte des 18. und 19. Jahrhunderts (1980) 131ff.; N.Z. *Davis*, Humanismus, Narrenherrschaft und die Riten der Gewalt. Gesellschaft und Kultur im frühneuzeitlichen Frankreich (1987); J. *le Goff* – J.Cl. *Schmidt* (Hg.), Le Charivari (1981).
10. H. *Medick*, Spinnstuben auf dem Dorf. Jugendliche Sexualkultur und Feierabendbrauch in der ländlichen Gesellschaft der frühen Neuzeit, in: G. *Huck* (Hg.), Sozialgeschichte der Freizeit (1980) 19ff. – Über das ‚unsittliche' Leben in Spinnstuben berichten die erhaltenen Visitationsakten. Beispielsweise „Der Gemeid halb gehe es mit den leichtfertigen Kunkelhäusern und sonst unter dem jungen volk fast übel zu, also daß aus dieser Leichtfertigkeit der Kunkelstuben vil Unrats erfolge und manche Jungfrau dadurch ihrer Ehren und Magdtums entsetzt werde. Denn selten geschehen Hochzeiten bei ihnen zu Rietheim, die nit zuvor aneinander gehangt seien; wann dann solches gespürt werd, helfen jedermann, daß sie vollends zusammen und zu Ehren kommen." Vgl. J. *Endriß*, Die Ulmer Synoden und Visitationen der Jahre 1531–47. Ein Stück Kirchen- und Kulturgeschichte (1935) 169.
11. R. *Wissell*, Des Alten Handwerks Recht und Gewohnheit (1971) I, 274ff.; Kl. *Schwarz*, Die Lage der Handwerksgesellen in Bremen während des 18. Jh. (1975).
12. Beispiel: H. *Lenhardt*, Feste und Feiern des Frankfurter Handwerks. Ein Beitrag zur Brauchtums- und Zunftgeschichte (1951).
13. *Grießinger*, Das Symbolische Kapital der Ehre.
14. Fr. *Paulsen*, Geschichte des gelehrten Unterrichts, 2 Bde. (1896/7); *Roessler*, Entstehung des mod. Erziehungswesens; W. *Hardtwig*, Studentenschaft und Aufklärung: Landsmannschaften und Studentenorden in Deutschland im 18. Jh. in: E. François (Hg.), Geselligkeit, Vereinswesen und bürgerliche Gesellschaft in Frankreich, Deutschland und der Schweiz 1750–1850 (1986) 239ff.

15. Vor allem H. H. *Muchow,* Jugend und Zeitgeist. Morphologie und Kulturpubertät (1962); W. *Hornstein,* Vom ‚Jungen Herrn' zum ‚hoffnungsvollen Jüngling'. Wandlungen des Jugendlebens im 18. Jahrhundert (1965). Was für die Töchter bzw. Frauen lange galt, thematisiert J. H. Campe in seinem ‚Väterlichen Rath für meine Tochter. Ein Gegenstück zum Theophron. Der erwachsenen weiblichen Jugend gewidmet (1789). Vgl. *Münch* (Hg.), Ordnung, Fleiß und Sparsamkeit 260ff. „Der natürliche Wirkungskreis des Weibes ist das Hauswesen. Dieses besteht, auch bei der kleinsten Haushaltung, aus einer grossen Vielheit und Mannigfaltigkeit von Dingen und Geschäften. Jene zu ordnen, zu brauchen, zu verwahren und zu erhalten, diese einzutheilen, sie auf die rechte Art und zur rechten Zeit zu verrichten und unter ihrer unmittelbaren Aufsicht verrichten zu lassen, ist die erste unumgängliche Pflicht der Hausmutter. Der Mann, mit anderweitigen Geschäften und Sorgen belastet, kann nur im Vorbeygehen und in den Stunden der Erholung darauf achten: und wohl ihm wenn sein trefliches Weib dann jedesmal dafür gesorgt hat, daß er alles so findet, wie er es zu erwarten berechtigt war: wohl ihm und ihr, wenn jeder Blick, den er alsdann auf das Innerste seines Hauswesens wirft, ihm zur Erholung, ihr zum Lobe gereicht, ich will sagen, wenn er überall Reinlichkeit und überall eine schöne musterhafte Ordnung in den Sachen und in den Geschäften des Hauses bemerkt! Dann steht alles wohl: dann verbreitet sich die Zufriedenheit des Hauptes über alle Glieder der Familie; jedes Geschäft geht gut von Statten, das Wohl des Hauses blüht, die ganze Familie fühlt sich glücklich." (261)
16. B. *Beuys* (Hg.), Anna Louisa Karsch, Herzgedanken (1981). Über die Karschin vgl. auch B. *Becker-Cantarino,* Der lange Weg zur Mündigkeit. Frau und Literatur (1500–1800) (1987) 259ff.
17. Aus einem Brief an Joh. Gg. Sulzer, in: *Beuys* (Hg.), Karsch 25.
18. Ebd. 26.
19. Ebd. 29.
20. Ebd. 31.
21. Johanna *Schopenhauer,* Im Wechsel der Zeiten, in: Geschichte der Welt. Jugenderinnerungen, Tagebücher, Briefe (1986).
22. Ebd. 54.
23. Ebd. 81
24. Ebd. 96.
25. Ebd. 125.
26. Ebd. 129f.
27. *Hornstein,* Vom ‚Jungen Herrn'.
28. *Muchow,* Jugend und Zeitgeist 47ff.; A. *Kelletat* (Hg.), Der Göttinger Hain (1972).
29. Zit. nach *Hornstein,* Vom ‚Jungen Herrn' 191.

III. Heirat und Ehe

1. Heirat: Verlobung und Trauung

1. Zur Geschichte der Eheschließung vgl. u. a. H. *Bächtold,* Die Gebräuche bei Verlobung und Hochzeit mit besonderer Berücksichtigung der Schweiz (1914);

H. *Dunker,* Werbungs-, Verlobungs- und Hochzeitsbräuche in Schleswig-Holstein (1930); J. *Schwarz,* Die Bedeutung der Sippe für die Öffentlichkeit der Eheschließung im 15. und 16. Jahrhundert (1959); B. *Deneke,* Hochzeit (1971); G. *Vögler,* – K. *von Welck* (Hg.), Die Braut. Geliebt – verkauft – getauscht – geraubt. Zur Rolle der Frau im Kulturvergleich, 2 Bde. (1985); R. *van Dülmen,* Fest der Liebe. Heirat und Ehe in der frühen Neuzeit, in: ders. (Hg.), Armut, Liebe, Ehre. Studien zur historischen Kulturforschung (1988).

2. Hierzu *Bächtold,* Gebräuche bei Verlobung und Hochzeit 5ff.; *Dunker,* Werbungs-, Verlobungs- und Hochzeitsgebräuche in Schleswig-Holstein; *Deneke,* Hochzeit 9ff.
3. Allgemein hierzu vgl. *Imhof,* Die gewonnenen Jahre; *ders.,* Die verlorenen Welten.
4. *Rödel,* Mainz und seine Bevölkerung 263.
5. Ebd. 264.
6. Ebd. 264.
7. Ebd. 265.
8. Die hessische Generalsynode entschied 1573 z. B.: „daß wenn eine etwa fünfzigjährige Frau einen jungen Gesellen unter 30 Jahren ehelichen wolle, hierüber fördersamst an das ‚Konsistorium' berichtet, und die Ehelustigen auf das Bedenkliche ihres Schrittes aufmerksam gemacht werden sollten." Vgl. H. *Heppe,* Geschichte der hessischen Generalsynode von 1568–1582 I (1847) 107.
9. Hierzu allgemein M. *Schröter,* „Wo zwei zusammenkommen in rechter Ehe". Sozio- und psychogenetische Studien über Eheschließungsvorgänge vom 12. bis 15. Jahrhundert (1985). Ein Beispiel: Margarete Horng aus Frankfurt schrieb 1526 an ihren Sohn Johann von Glauburg in Wittenberg: „Ferner, lieb Johann, so wisse, warum ich dir jetzt also schreibe –– eine ehrliche Person hat mit mir jetzt geredet, des Johann Knoblauchs Hausfrau habe ihrem Hauswirt befohlen, wenn du mitsamst deiner Freundschaft seiner Tochter begehrst und die Tochter einen Willen dazu habe, so soll sie der Vater dir vor andern geben. Darauf hab ich zur Antwort gegeben, ich wisse deine Neigung nicht und wollte dir schreiben und wollte dir es zu wissen tun; was mir dann von dir zur Antwort werde, das wollt ich dieselbe Person wissen lassen. Darum, lieb Sohn, so laß ich dich wissen, daß mir die Jungfrau wohl gefällt mit allem ihrem Wesen, besser als eine andere, die ich jetzt weiß, so ist auch die Mutter eine ehrbare, feste Frau gewesen. Woran ich ein viel besseres Gefallen habe, da sie nicht von einer wankelmütigen Art ist. Denn wer nit eine geschickte, feste Frau hat, sei sie auch so fein und so reich als sie will, so wird doch ein armer, kümmerlicher Mann aus ihm. Darum, lieb Johann, wenn du mir darin folgen willst, so wollt ich dir's mit aller Treue raten." Zit. nach *Reichmann* u. a. (Hg.), Die innere Stellung zur Kultur II 14.
10. H. *Deltmer,* Die Figur der Hochzeitsbitters. Untersuchungen zum hochzeitlichen Einladungsvorgang und zu den Erscheinungsformen. Geschichte und Verbreitung einer Brauchgestalt (1976).
11. P. *Kaupp,* Das Heiratsinserat im sozialen Wandel. Ein Beitrag zur Soziologie der Partnerschaft (1968).
12. U. a. *Medick,* Spinnstuben auf dem Dorf.
13. Vgl. Memorial-Buch der Fahrten und Taten des Schlesischen Ritters Hans von Schweinichen (1911) 271f.; der Chronist Friedrich Lucä (1854) 197. Allgemein

zum Thema: U. *Jeggle,* Liebe auf dem Dorf. Vom Regelwerk der bäuerlichen Welt im 19. Jahrhundert, in: Journal f. Gesch. 5 (1982); – J. *Solé,* Liebe in der westlichen Kultur (1976); Ph. *Ariès* u. a., Die Masken des Begehrens und die Metamorphosen der Sinnlichkeit. Zur Geschichte der Sexualität im Abendland (1984).

14. T. *Knolle,* Luthers Heirat nach seinen und seiner Zeitgenossen Aussagen, in: Luther 7 (1925) 44.
15. J. *Schopenhauer,* Jugendleben und Wanderbilder (1848) 113; auch Joh. H. *Jung-Stilling,* Lebensgeschichte (1976) 406; U. *Bräker,* Lebensgeschichte und natürliche Ebentheuer des Armen Mannes im Tockenburg (1945) 243.
16. C. F. *Weiße,* Briefwechsel der Familie des Kinderfreundes (1791) 11/266.
17. *Wissell,* Des Alten Handwerks Recht und Gewohnheit I 254ff.
18. Z. B. *Moser-Nef,* Die freie Reichsstadt und Republik Sankt Gallen V 402, VI 870.
19. P. *Wehrli,* Verlobung und Trauung in ihrer geschichtlichen Entwicklung von der Reformation bis zum Untergang der alten Eidgenossenschaft (1933).
20. Zum Problem der Winkelheirat vgl. u. a. *Wehrli,* Verlobung und Trauung; G. Kl. *Schmelzeisen,* Polizeiordnungen und Privatrecht (1955) 30ff.; *Möller,* Die kleinbürgerliche Familie 80f.
21. Im Abschied der 7. Generalsynode zu Marburg von 1575 heißt es: „Was darnach vors funfte die heimliche verlobnus anlangt, obwohl darvon, wie es allenthalben darmit gehalten werden solle, die furstliche ordnung und agenda klar ziel und maß gibt, so ist doch darneben erwenet worden, daß sich bisweilen und an etzlichen ortern zutrag, wann zwo personen heimlichen christlicher ordnung und der kirchen disciplin zujegen sich miteinander verlobt und ehelich zusamen versprochen haben, daß deren etzliche, darmit sie der kirchen disciplin entfliehen und keine offene poenitenz tuen, auch sich mit der kirchen, welche sie geergert und mit ihrem bosen leben und heimlichen onzemblichen verlobnus beleidiget, nicht wiederumb versunen dorfen, sich unter andere herschaft oder zun papisten begeben, daselbst copuliren und ehelich zusamengeben lassen und hernach gleichwohl in der kirchen und gemeinde, welche sie geergert, widerumb nidertuen und bei derselben wohnen und mit ihnen umbgehen wollen, dieweil dan dieselbige leute mit solchem ihrem ongehorsamb und leichtfertigem leben die gemein Gottes nicht allein hochlich geergert, sondern auch die kirchen disciplin schimpflichen verachtet, so ist vor ratsamb und notwendig angesehen, daß sie pillich andern zum exemple erstlich mit dem torn ein zeit lang zu strafen, und da sie hernach des orts geduldet werden und sich der christlichen gemein und versamblung mit geprauchen solten, mit ernst zur offenen poenitenz anzuhalten seien, damit sie dadurch sich zuvorderts mit Gott und der christlichen kirchen widerumb versuenen und ihren ongehorsamb und ergernus der ganzen gemeinde abbitten, oder aber sonsten nach gelegenheit der personen durch die obrigkeit ides orts gestraft werden." Zit. nach E. *Sehling* (Hg.), Die evangelischen Kirchenordnungen des 16. Jahrhunderts VIII (1965) 375f.
22. Zit. nach *Deneke,* Hochzeit 10.
23. Allgemein vgl. G. *Korff,* „Heraus zum 1.Mai". Maibruch zwischen Volkskultur, bürgerlicher Folklore und Arbeiterbewegung, in: R. van Dülmen – N. Schindler (Hg.), Volkskultur (1984) 252ff.
24. Beispiel eines Heiratsbriefes vom 30. Okt. 1700: „Georg Jaudt von Unterfinning

bekhennt, daß er sich zu Appollonia, Georgen Clasmillers, gewesten Paures zu Ödlstötten nunmehr seel: und Regina, dessen Eheweib, so noch im Leben, ehelich erzeigten Tochter, verheurath habe, welche ihme nun – viellmehrers aber obig selbst zugegen geweste Muetter – zu einem rechten Heurathgutt an Gelt benantlich 450 fl. Reinisch in Münz, neben ainer ehrlichen Förtigung als angerichte Pöttstatt und Truchen, dan ein rod Kue, zuezebringen und folgentermassen zu erlegen versprochen: 250 fl. paar, an den restierenden 200 fl. aber jährlich jedesmahls zu Pfingsten – woemit der Anfang anno 1702 gemacht werden solle – allzeit 50 fl. solange continuando zu bezahlen, bis alles richtig abgefirt sein würdt.

Dahingegen und zu gebiehrenter Vergleichung dess thuet er beriert seiner Ehewirthin sein dermahlen in veranlaiter Freistiffts-Gerechtigkeit besitzenden, dem löbl. Kloster Diessen grundbahren halben Hof sambt aller Inn- und Zuegehör, nichts hievon ausgenommen, gleich wie er's vermög des underm dato 2. Jener dies Jahrs aufgerichten Vertrags-Briefs von seinen freuntl. lieben Geschwistergethe gegen ordentlich bedingte Hinausgeb an sich gebracht, crafft dis würckhlichen an- und einheurathen, also und dergestalten, daß zum Fahl ains vor dem andere ohne eines ehelich miteinander erzeigent und hindlassent Leibs-Erben mit Todt abgehen würde, sodan es iederseits der Hinausgab halber dennen lobl. churbay. Landtrechten gemes gehalten und vollzogen werden solle." (Staatsarch. München, Briefprot. Landgericht Landsberg F. 1479)

25. Thomas und Felix Platters ... Lebensbeschreibungen (1911) 274f.
26. Der Chronist Friedrich Lucä (1854) 203.
27. Joh. H. *Jung-Stilling*, Lebensgeschichte (1976) 421f.
28. *Bächtold*, Die Gebräuche bei Verlobung und Hochzeit 125f.
29. Dazu *Wehrli*, Verlobung und Trauung 38ff.
30. *Bächtold*, Die Gebräuche bei Verlobung und Hochzeit 144.
31. R. *Köstler*, Ringwechsel und Trauung. Eine kirchen- und deutschrechtliche Untersuchung, in: Zs. Rechtsgesch. K.A. 22 (1933).
32. C. *Simon*, Untertanenverhalten und obrigkeitliche Moralpolitik. Studien zum Verhältnis zwischen Stadt und Land im ausgehenden 18. Jahrhundert am Beispiel Basels (1981) 134. Von einem bemerkenswerten Fall berichtete 1705 der ‚Relations-Postilion' aus Leipzig: „Verwichenen Sonnabend um 8 Uhr des Abends ist in hiesiger St. Nicolai Kirche ein Mann im hundertsten Jahr seines Alters mit einem Frauen-Zimmer, die er, als er ein 68 Jähriger gewesen, im 15. Jahr ihres Alters durch versprochene Ehe zu seinem Willen gebracht, nachmahls aber verachtet, und sich mit einer andern einlassen wollen, da sie nach vieljährigem Proceß die Sache endlich gewonnen, durch Priesterliche Hand copuliret worden." Zit. nach E. *Buchner*, Liebe (1914) 58.
33. *Wehrli*, Verlobung und Trauung 38ff.
34. W. *Köhler*, Zürcher Ehegericht und Genfer Konsistorium I (1932); H. *Schaffner* (Hg.), Duisburger Konsistorialakten. Protokolle des Presbyteriums, 3 Bde. (1964ff.).
35. Vgl. allgemein E. *Friedberg*, Das Recht der Eheschließung in seiner geschichtlichen Entwicklung (1865); *Wehrli*, Verlobung und Trauung; *Möller*, Die kleinbürgerliche Familie 80ff.
36. Hierzu allgemein: R. *Koselleck*, Preußen zwischen Reform und Revolution.

Allgemeines Landrecht, Verwaltung und soziale Bewegung von 1791–1848 (³1982). D. *Schwab*, Grundlagen und Gestalt der staatlichen Ehegesetzgebung in der Neuzeit (1967); A. *Niebergall*, Die Geschichte der evangelischen Trauung in Hessen (1972).

37. Hierzu K. R. V. *Wikmann*, Die Einleitung der Ehe. Eine vergleichende ethnosoziologische Untersuchung über die Vorstufe der Ehe in den Sitten des schwedischen Volkstums (1937); R. *Beck*, Illegitimität und voreheliche Sexualität auf dem Land. Unterfinning 1671–1770, in: R. van Dülmen (Hg.), Die Kultur der einfachen Leute (1983) 112ff.; M. *Mitterauer*, Ledige Mütter. Zur Geschichte unehelicher Geburten in Europa (1983) 55ff.
38. Z. B. Das Herzogtum Württemberg Gemeine Landsordnungen v. 1621, in: W. *Kunkel* u. a. (Hg.), Polizei und Landesordnungen = Quellen zur Neueren Privatrechtsgeschichte Deutschlands II. (1968) 507. Aus einem Generale v. 1670: „Da das Laster der Hurerei und Unlauterkeit so eingerissen, daß bald nicht zwei ledige Personen, jung oder alt, ehelich zur Kirchen gehen, davon nicht die Braut vor der Kopulation schon geschwängert sei, also soll verkündet, ausgerufen und bei den Ehehaften verlesen werden, daß dieses Laster mit allen Ungnaden der Schärfe nach gestraft, und jene, so sich vor der Ehelichung fornicando verfehlet, mit schwerer Geld- und Leibsstrafe, auch wohl gar Landesverweisung unnachlässig gezüchtigt werden." (O. *Rieder*, Beiträge zur Kulturgeschichte des Hochstiftes Eichstätt, in: Neuburger Kollektaneen Bl. 54 [1890] II 78)
39. U. a. vgl. Marburger Kirchenordnung von 1557, in: *Sehling* (Hg.), Die evangelischen Kirchenordnungen VIII 165 f.
40. *Bächtold*, Die Gebräuche bei Verlobung und Hochzeit 255.
41. Vgl. u. a. R. *Quanter*, Die Sittlichkeitsverbrechen im Laufe der Jahrhunderte (ND 1970) 113ff., R. *His*, Das Strafrecht des deutschen Mittelalters II (ND 1964) 172 f.
42. A. *Martin*, Deutsches Badewesen in vergangenen Tagen (1966) 184 f.
43. Vgl. *Zschunke*, Konfession und Alltag in Oppenheim 177.
44. Ebd. 179.
45. H. *Reichmann* u. a. (Hg.), Ein Jahrtausend deutscher Kultur II 104 f.
46. *Platter* Lebensbeschreibungen 276.
47. Ein Pfarrer zu Neiden klagte 1759, „daß die Bauern auf den Hochzeiten, ehe sie zur Kirche gehen, sich starrenvoll anzechen, liegen hernach in der Kirche und schnarchen und richten, sonderlich die jungen Gesellen, allen Unfug an". Vgl. R. *Reichhardt*, Geburt, Hochzeit und Tod im deutschen Volksbrauch und Volksglauben (1915) 78.
48. Der Bürgermeister B. Sastrow berichtet 1551 von einer merkwürdigen Hochzeitssitte: „Am Nachmittag nach 3 Uhr versammelten sich die Geladenen, die dem Bräutigam Beistand leisten wollten, an seinem Hause. Dann ging's gemeinsam auf den Markt nach der Seite der Schuhstraße. Der Bräutigam aber ging zwischen zwei Bürgermeistern. Waren die nicht zur Stelle, so nahm man die Vornehmsten unter den Gästen dazu. In der Tür, mitten auf der Schwelle des Eckhauses an der Schuhstraße, lag ein vierkantiger Stein. Auf den mußte der Bräutigam ganz allein hinauftreten. Die andern blieben etwa 50 Schritte zurück, in der Ordnung, wie sie gingen. Jetzt spielten die Musikanten dem allein dastehenden Bräutigam eins auf mit ihren Pfeifen. Das dauerte einige Vaterunser.

Dann stieg der Bräutigam wieder herunter, und nun ging der ganze Zug in derselben Ordnung zu dem Hause, in dem die Hochzeit stattfinden sollte. Hier wurden Braut und Bräutigam zusammengegeben.

Die Sage geht, daß der Bräutigam sich deshalb allein und ohne jeden Beistand hat auf den Stein stellen müssen, damit jedermann die Möglichkeit hätte, noch vor der Trauung Einspruch zu erheben." Zit. nach *Reichmann* u. a. (Hg.), Ein Jahrtausend deutscher Kultur I 7f.

49. In manchen Gegenden (Hessen) kam es dabei zu turbulenten Szenen: „Ich habe bei dem Antritt meiner hiesigen Amtsbedienung einen andern Mißbrauch angetroffen, der mit noch mehrerer Ausschweifung verknüpft war. Nämlich bei der Abfahrt der Braut, die auf dem mit den zur Aussteuerung bestimmten Mobilien beladenen Wagen zu sitzen pflegt, wurde solche mit einer Reiterei junger Burschen, die alle schwarze Mäntel umgehangen, begleitet und mit einer solchen Reiterei aus dem Ort des Bräutigams auf der Dorfgrenze empfangen. Unterwegs wurden von dieser Kavallerie verschiedene Krüge Branntwein ausgeleert, und wenn diese gemeiniglich berauschte Reiterei die Dorfgrenze etwas überschritten, so fielen blutige Schlägereien vor. Diesen Unfug habe ich, sobald ich davon Nachricht eingezogen, scharf verboten... Bei dem Überzug einer Braut war ehedem hier der Mißbrauch, daß ein besonderer Brautwagen errichtet, ein mit Goldpapier und vielen Bändern gezierter großer Spinnrocken daraufgepflanzt und der ganze Wagen mit Brautmädchen und zwei Musikanten beladen, von solchen den ganzen Weg über gesungen und dieser Brautwagen, hinter dem der Packwagen folgte, von 10 bis 20 reitenden Burschen begleitet wurde. An der Grenze kam der Bräutigam in einem schwarzen Mantel, zu Pferd sitzend und ebenfalls mit 10 bis 20 reitenden Burschen entgegengeritten. Da kam es denn oft zu Schlägereien zwischen den Burschen auf seiten der Braut und denen auf seiten des Bräutigams, weil jede Partei die Braut begleiten wollte. Mit den Pferden wurde sodann unsinnig gerannt, wobei mancher stürzte und entweder sich oder dem Pferde Schaden tat.

Diese Brautwagen sind aber abgeschafft, und die Braut kommt nun mit etwa zwei Freundinnen als Brautmädchen auf dem Packwagen gefahren, wobei mehrenteils der Brautvater und etliche nächste Verwandte nebenher reiten. Bei einigen, wiewohl wenigen, reiten indessen auch noch etliche junge Burschen, die dann der alten Gewohnheit gemäß nach einem Ziel rennen." Nach: *Reichmann* u. a. (Hg.), Ein Jahrtausend deutscher Kultur II 289f.

50. *Vögler – v. Welck* (Hg.), Die Braut 316ff., 330ff.

51. Ausführlich vgl. „Das traubüchlein" aus der Kirchenagenda für die Prediger der Grafschaft Mansfeld 1580; Die Kirchenordnung der Mark Brandenburg v. 1540, vgl. *Sehling* (Hg.), Evangel. Kirchenordnungen Bd. 3, 80ff.

52. D. *Dünninger,* Wegsperre und Lösung. Formen und Motive eines dörflichen Hochzeitsbrauches. Ein Beitrag zur rechtlich-volkskundlichen Brauchtumsforschung (1967) 277.

53. In einer Verordnung gegen das „Hemmen oder Fangen der verlobten Personen beim Kirchgang" vom 9.5.1781 aus Hessen-Darmstadt heißt es: „Wir haben nicht anders als mit Mißfallen vernommen, daß an den mehrsten Orten Unserer fürstlichen Lande bei den öffentlichen Kirchgängen der Verlobten der Mißbrauch im Schwange gehe, daß unter dem Namen des Hemmens oder Fangens die

verlobten Personen im Ein- und Ausgang der Kirche, teils in den Ortschaften auf den Straßen, teils auf dem Felde von Kindern sowohl als erwachsenen Personen mittelst Spannung von Bändern und Schnüren, auch mit Reichung der Sträuße in ihrem Gang mit grobem Ungestüm gehindert und nicht anders als gegen Reichung eines Stücks Geldes losgelassen würden.

Da nun eine solche üble Gewohnheit nicht nur an und für sich höchst unanständig ist, sondern auch zu allerlei Gattung von Ausschweifungen Anlaß gibt und daneben den Verlobten eine unnötige Ausgabe, die doch übel angewendet wird, veranlaßt: so befehlen und wollen Wir, daß dieses sogenannte Hemmen oder Fangen der Verlobten bei den Kirchgängen und sonst gänzlich abgestellt und von niemand, wer es auch sei, mehr unternommen werden solle. Und wenn sich dennoch einer oder der andere unterstehen würde, gegen dieses Unser ernstliches Verbot zu handeln, so sollen solche Übertreter und zwar, wenn es Kinder sind, in den Schulen mit Ruten scharf gestrichen, insofern es aber erwachsene Personen sind, mit achttägiger Turmstrafe bei Wasser und Brot unnachläßlich belegt werden; diejenigen aber, welche sich bei geschehener Anmahnung durch obrigkeitliche Diener hiervon nicht abhalten lassen oder sich widersetzen ..., sollen nach Beschaffenheit der Umstände zu ein-, zwei- und mehrmonatlicher Zuchthausstrafe verurteilt werden. Und es sollen die Denunzianten von den Geldstrafen ein Drittel erhalten, von denen aber, die Leibesstrafen empfangen, ihnen ein Gulden bezahlt werden." Zit. nach *Reichmann* u. a. (Hg.), Ein Jahrtausend deutscher Kultur II 290f.

54. Hierzu vgl. *Dünninger,* Wegsperren und Lösung.
55. Zum Brauch des Häckselstreuens vgl. A. *Schultz,* Alltagsleben einer deutschen Frau zu Anfang des 18. Jahrhunderts (1890) 116. „Höckerling streuen, ist eine Beschimpffung dererjenigen Bräute, so wegen des Jungfer-Standes verdächtigt seynd, da man nemlich über denjenigen Gang und Weg, darüber sie in der Kirche zur Trauung gehen, dergleichen klein geschnittenes Stroh auszustreuen pfleget."
56. „Durch Reichtum sind die Bauern in unserer Gegend und in manchen Teilen Deutschlands üppig und übermütig geworden. Ich kenne Bauern, die bei der Hochzeit von Söhnen und Töchtern oder bei Kindstaufen so viel Aufwand machen, daß man dafür ein Haus und ein Ackergütchen nebst einem kleinen Weinberg kaufen könnte. Sie sind in ihrem Reichtum oft wahrhaft verschwenderisch in Nahrung und Kleidung und trinken kostbare Weine." (Wimpfeling.) Zit. nach M. *Bauer,* Deutscher Frauenspiegel. Bilder aus dem Frauenleben in der deutschen Vergangenheit (1917) I 205; „Der Hochzeitsfraß ist in ein so trefflichen Schwung und Brauch kommen, daß er kaum etwa höher steigen und zierlicher seyn künde, und so fleißig gehalten wird, daß auch die geringsten Handwercker biß in die 6, 7 oder 8 Taflen voll Hochzeitsgäst zu laden ... pflegen. Gedenk jetzt, was die Burger, die Handelsleut, geschweige die vom Adel pflegen ... Die Bauren thuns vilen Burgern und Edelleuten bevor, dann es männiglich bekannt, daß die mittlern Baurenhochzeiten sich auff die 12, 14, 16 und noch mehr wol besetzter Taflen gestreckt" (Guarinonius). Zit. nach *Reichmann* u. a. (Hg.), Ein Jahrtausend deutscher Kultur I 8.
57. A. *Steinegger,* Schaffhauser Hochzeitsbräuche in älterer und neuerer Zeit, in: Schaffhauser Beitr. z. vaterl. Gesch. 16 (1939) 128f.
58. Lucas Geizkofler und seine Selbstbiographie 1550–1620 (1873) 147.

59. F. *Frensdorff,* Verlöbnis und Eheschließung nach hansischen Rechts- und Geschichtsquellen, in: Hansische Gesch.bl. (1918) 98f.

60. Aus der Fülle von Hochzeitsordnungen: 1543: „In Betreff der Hochzeitfestlichkeiten wurde beschlossen bei den Landgrafen zu beantragen, daß da durch die all zu große Anzahl der Gäste, welche man gewöhnlich einlade, nur Unordnung herbeigeführt werde, und die einkommenden Geschenke den zur Bewirtung der Gäste erforderlichen Aufwand kaum zu decken vermöchten, die Einladung von Hochzeitsgästen über eine gewiße Zahl hinaus (anfangs gedachte man nur die Zulaßung von hundert Gästen zu beantragen) nicht erlaubt sein und die sogenannten Nachhochzeiten durchaus unterbleiben sollten, und daß daneben verordnet werde, die Hochzeiten hie an einem Sonntag oder einem anderen Festtag zu feiern" (*Heppe,* Geschichte der hess. Generalsynode 35). 1609: „Bei einer ganzen oder Weinhochzeit sollte das Mahl aus 4 Gerichten, jede Schüssel als ein solches gerechnet, bestehen, nämlich

1. zum ersten Pasteten,
2. gesotten Schaff- oder Ochsenfleisch,
3. Mandelmueß (da auch jemand zu der gantzen Hochzeit bei das Mandelmues ein Gericht Fische oder Gebratenes, als nämlich einen kalkunschen Hanen oder ein Vierteil vom Kalbe, auf des Bräutigams Tische mit aufsetzen lassen wollte, sol ihme solches zugelassen sein),
4. Gebratenes, und mag hernachher aufgesetzet werden Butter und Käse, wie dan auch ingleichen, nachdem das Tischtuch aufgehoben, Krulkuchen und Eierbrot, als bisher bräuchlich gewesen, auch Epfel, Birne und dergleichen dieser Lande gemeine Früchte, und sol sonderlich einig Confect, Marcipan, braune Kuchen oder einig ander Bancket, wie das auch Nahmen haben mogte, nach dem Essen, wie denn auch nachmittages in der Brautkammer ... ernstlich verboten sein" (*Reichmann* u.a. [Hg.], Ein Jahrtausend deutscher Kultur I 8); 1661: „Es sollen an Frühe- und Abendhochzeiten in den Städten des engen Ausschusses, wenn der Bräutigam oder der Braut-Vater graduierte Personen, Geistliche, Rats-Verwandte oder vornehme Bürger und Kauff-Leute seyn, aufs meiste 10 Speisen bey den gemeinen Bürgern und Handwerksleuten aber 6. In den Städten des weiten Ausschusses mit 8 oder 5. In den kleinen Städten aber 5 Speisen durchgehend, auf 1 Tisch aufgesetzet und die Schüsseln mit vielerley Gebratenes und Fischen nicht überhäuffet werden. So mögen sie auch Käse, Butter, Kuchen und Obst nach abgehobenen Speisen auftragen; das Confect soll ihnen gäntzlich verbothen seyn. Deßgleichen sollen mehr nicht denn zweyerley Wein und zweyerley Bier und sonsten keine süsse Weine, als Malvasier, Reinfall, Alacant, Muscateller, Wäldniner und dergleichen ausländischer Wein gespeiset werden. Würden aber jemand mehr Gerichte oder auch Confect und mehr Getränke, es sei am Hochzeits-Tag oder zur Nach-Hochzeit geben, der soll vor jedes derselben zwantzig Gulden zur Straffe unnachlässig verfallen und alle Schau- oder Bey-Essen abgeschaffet seyn." (*Reichhardt,* Geburt 99).

61. Landts und Policey Ordnung der Fürstenthumben Obern und Nidern Bayern (1616) 566: Weil „in Stätten, Märckten und besonderbar auff dem landt in den Hochzeithaltungen am Kirchgang und Mahlzeiten auch sonst vil Unzucht mit schambarn reden, geschrey, singen und andern ublen Geberden, darzu auch von dem Breutvolck viel aberglaubisch Mißbräuch geübt und getriben" werden,

ordnete die bayerische Polizeiordnung von 1616 an, daß jeder, der auf eine Hochzeit geladen wird, sich beim „Kirchgang, Tisch und sonst allenthalben beschaidenlich mit guter Zucht und erbarn Geberden“ zu verhalten habe, wie es sich „zu Ehrerbietung, dem ehelichen Stand von Gott dem Allmächtigen eingesetzt wol gezimbt“.

62. C. *Greber*, Historie der Kirchen-Ceremonien in Sachsen (1732) 596.
63. Vgl. *Schwarz*, Die Bedeutung der Sippe für die Öffentlichkeit der Eheschließung 42ff.
64. In der Stadt Kemberg wurde 1727 verordnet: „Und ob wir wohl das Krantz-Abnehmen oder sogenannte Braut-Häubchen nicht gäntzlich verbiethen wollen, so soll doch solches mit aller Bescheidenheit und ohne Erregung eines großen Tumultes und Aufstandes geschehen, und sich des Häubchens niemand als der Braut Pathen oder deren nächste Nachbarn unterstehen, wobey wir auch eine jede Braut hiermit mahnen wollen, bey Abnehmung des Krantzes sich nicht allzu ungeberdig zu bezeigen, vielmehr, wie ihr hierunter keine Gewalt oder Unrecht geschehe, sondern sie in den Ehestand, welche ja ohne dies von Gott eingesetzet, auch von Gott mit vielen Segens-Verheißungen begnadigt ist, zu treten sich einmahl freywillig resolviert habe, zu beherzigen“ (zit. nach *Reichhardt*, Geburt 110).
65. *Platter* Lebensbeschreibungen 280.
66. *v. Schweinichen*, Memorial-Buch 317.
67. Joachim Brandis’ des Jüngeren Diarium. Hg. v. M. Buklers (1902); Henning Brandis’ Diarium. Hg. v. L. Haenselmann (1896).
68. Von Luther wird berichtet: „Doktor Martinus Luther war auf Hans Luffts Tochter Hochzeit. Nach dem Nachtessen führete er die Braut zu Bette und sprach zum Bräutigam, er sollt’s bei dem gemeinen Lauf und Gebrauch lassen bleiben und Herr im Hause sein, wenn die Frau nicht daheim ist. Und zum Zeichen zog er ihm einen Schuh aus und legte ihn aufs Himmelbett, daß er die Herrschaft und das Regiment behielte“ (*Reichmann* u. a. [Hg.], Ein Jahrtausend deutscher Kultur II 9). Im „Wider den Ehteuffel“ (1561) wird berichtet, „wie noch an etlichen orten der gebrauch, der braut, wenn man sie ins beth zum breutigam gesetzt hat, ein jung kneblein hat lassen die pantoffel ausziehen, und an die wand nageln, die braut damit zu erinnern, das sie nun ferner inn irem haus bleiben, und das selbe regieren, mit kindern umbgehen, und auffziehen sol“ (R. *Stambaugh* [Hg.], Teufelsbücher in Auswahl IV [1978] 128f.).
69. *Reichhardt*, Geburt 113ff. C. Spangenberg (Ehespiegel oder LXX Brautpredigten, 1578) berichtet: „So ist auch an etlichen Orten Brauch, das man nach vollbrachter Freude Braut und Bräutigam zu Bette bringet, da ist ohn noth, das man mit Trommeln und Pfeiffen groß Wesen mache und alle Vollzapfen mit lauffen, und ihren Unlust mit treiben. Ja wenn nun die guten jungen Leute eynmal also aus dem Gewühl in die Ruge kommen, so findet man solche unbändige Leute, welche rottenweise vor die Kammer ziehen, daselbst wüste und grobe Lieder singen, bisweilen gar die Kammer aufbrechen, sie wieder aufheben, und zum Trunk mit Gewalt füren, das sind nit Menschen, sondern Teuffel.“ Zit. nach *Bauer*, Frauenspiegel I 61f.
70 Art. „Hochzeit“, in: Handwörterbuch d. Dt. Aberglaubens IV (1931/2) 148ff.
71. *Schwarz*, Bedeutung der Sippe für die Öffentlichkeit der Eheschließung 73ff.

H. *Fehr,* Die Rechtstellung der Frau und der Kinder in den Weistümern (1912) 41: „und die morgengab ist nit von wegen der grossen heiratguet erfunden und aufgesetzt, sunder den junkfrauen zu eren und belonung eren und frungkait, auch darumb doz die mait und jungfrauen iren magthumb und Junkfrauen schatz des fleissiger irem eelichen gemache behalten" (aus einem Weistum von 1565).

2. *Ehe als gesellschaftliche Institution*

1. Vgl. allgemein: F. *Westermarck,* Geschichte der menschlichen Ehe (1893); G. H. *Joyce,* Die christliche Ehe. Eine geschichtliche und dogmatische Studie (1934); P. *Mikat,* Art. Ehe, in: Handwörterb. z. dt. Rechtsgesch. I (1971) 809–833; M. O. *Métral,* Die Ehe. Analyse einer Institution (1981); J. *Goody,* Die Entwicklung von Ehe und Familie in Europa (1986).
2. Das bekannte Lexikon von Joh. H. *Zedler,* Grosses vollständiges Universal-Lexikon Bd. I (1735) 360–401, schreibt über die Ehe: „Ehestand, Ehe, ist ein natürlicher Stand, in welchen zwey Personen von unterschiedenem Geschlechte miteinander treten, und sich verbinden, ihre Liebe zu Vermehrung des menschlichen Geschlechts einander alleine zu wiedmen, damit sie die aus solcher Verbindung zu hoffenden Kinder, gewiß vor die ihrigen mögen erkennen, und sie so dann zum Nutzen der menschlichen Gesellschafft wohl erziehen können./ ... Die Natur hat zwar überhaupt den Trieb, das Geschlecht fortzupflantzen, denen Menschen eingeprägt. Der Ehestand ist ein Mittel, diesen Endzweck zu erlangen. ... Die Ordnung eines wohl eingerichteten Wesens erfordert die Beständigkeit im Ehestande. Nichts, als eine augenscheinlich dargethane Untreue des Ehe-Gattens, eine gäntzliche Untüchtigkeit zum Kinder-Zeugen, eine dem andern unerträgliche und ansteckende Kranckheit, und eine auf den höchsten Grad getriebene Feindschafft, können nach denen bürgerlichen Gesetzen dieses feste Band wieder auflösen. ... Die Erzeugung derer Kinder also überhaupt ist nicht allein der Endzweck des Ehestandes, sondern es muß die Gewißheit derer Kinder, und die daher entstehende Erziehung mit in Betrachtung gezogen werden. Nächst diesem Endzwecke werden noch andre angeführet, sowohl die Stillungen derer Begierden, und das damit verbundene Vergnügen, als die gesellige Beyhülffe derer Ehe-Gatten werden vor Endzwecke des Ehestandes angegeben. Daß beydes keine eigentliche Endzwecke des Ehestandes sind, erhellet daher, weil diselben auch außer dem Ehestand können erlangt werden. ... Der Mensch muß nur diese Lüste durch die Vernunfft auf ihre rechte Endzwecke richten, so sind sie nicht nur höchst unschuldig, sondern gar geboten, nur setzet man dieser vernünfftigen Richtung allzu weite Grentzen. ... Denn das ist die gröste Hülffe, welche eine Frau einem Manne erweisen kan, wenn sie dem Haus-Wesen wohl vorstehet. Die Männer sind wegen ihrer Stärcke zu denen öffentlichen Geschäfften und weit heraus gehenden Dingen geschickter als die Weiber. Es ist also die gröste Pflicht einer Frauen in dem jenigen, wozu sie gebohren, und woran der Mann durch andere Geschäffte verhindert wird, ihre Geschicklichkeit zu bezeigen. ... Soll ein Haus-Wesen wohl bestehen, so müssen die Häupter derselben einig und die besten Freunde seyn. Der Ehestand ist also eine derer allergenauesten Freundschafften, welche in der Welt angetroffen werden. Da nun bekannt, daß nur eine wahre Vernunfft gute Freundschaft stifftet, und daß nicht alle Gemüther wegen ihrer verschiedenen und ganz widerwärtigen Neigungen

geschicket seyn, gerne und willig eine feste und vertraute Freundschafft untereinander zu stiften: so hat man gleichfalls auf dieses bey einer Ehgattin Achtung zu geben. Man muß Vernunfft suchen: worunter wir aber keinesweges Gelehrsamkeit und hohe Wissenschafften verstehen. ... Die gelehrten Weiber gehen aus ihrem Circel heraus, und mischen sich in diejenigen Dinge, welche vor die Männer gehören, deßwegen sind sie mehr vor Männer zu achten, und also nicht fähig zu denenjenigen Dingen, wozu man sonst kluge Weiber im Ehestande zu gebrauchen pflegt. Die Gemüths-Neigungen unsrer Frauen muß der unsrigen nicht zuwider seyn. Wir müssen die gröste Vertraulichkeit mit derselben eingehen und des wegen müssen beyde Theile willig und ohne Zwang suchen einander gefällig zu werden."

3. Vgl. allgemein *Goody*, Die Entwicklung von Ehe und Familie; *Schröter*, „Wo zwei zusammenkommen in rechter Ehe"; G. *Duby*, Ritter, Frau und Priester. Die Ehe im feudalen Frankreich (1985).
4. R. *Koebner*, Die Eheauffassung des ausgehenden Mittelalters, in: Arch. f. Kulturgesch. 9 (1911) 136–198, 279–318; Fr. *Falk*, Die Ehe am Ausgang des Mittelalters. Eine kirchen- und kulturhistorische Studie (1908).
5. Allgemein vgl. H. *Dietrich*, Das protestantische Eherecht in Deutschland bis zur Mitte des 17. Jahrhunderts (1970).
6. M. *Luther*, Von der babylonischen Gefangenschaft der Kirche (1983) 85 ff. (Über das Sakrament der Ehe). „Luther: Wer kann sich genugsam verwundern über den Ehestand, welcher Gottes Gabe und Ordnung ist, von ihm selbst gestiftet und eingesetzt, aus welchem alle Menschen, so in der Welt sind, und alle Stände kommen, geistliche, weltliche und Hausregiment. Wo wären wir, wenn der Ehestand nicht wäre. –

   Es ist gut, daß Gott den Ehestand eingesetzt hat, sonst sorgeten die Eltern für die Kinder nicht, die Haushaltung läge darnieder und zerfiele; darnach würde auch der Polizei und des weltlichen Regiments, desgleichen die Religion nicht geachtet. Also ginge es alles dahin – und würde ein wüst, wild Wesen in der Welt. –

   Und sprach D. Luther: als er ein junger Knab gewesen wäre, da hätte man die Hochzeit und den Ehestand für sündlich und unehrlich Wesen gehalten und gemeinet, wenn man an der Eheleute Leben gedächte, so sündigte man daran... Aber diejenigen haben der christlichen Kirchen wohl gedienet, die sich des befleißigt haben, daß sie den Ehestand durch Gottes Wort herrlich erhalten und geehret haben. Denn jetzt weiß man, daß es ein heiliger und köstlicher guter Stand sei..." Zit. nach *Reichmann* (Hg.), Ein Jahrtausend deutscher Kultur II 3. H. *Lauterer-Pirner*, Vom „Frauenspiegel" zu Luthers Schrift „Vom ehelichen Leben". Das Bild der Ehefrau im Spiegelbild einiger Zeugnisse des 15. und 16. Jahrhunderts, in: A. Kuhn – J. Rüsen (Hg.), Frauen in der Geschichte III (1983) 63 ff.
7. „Die ehe aber bei den christen ist ein rechtmeßige, von Gott verordente zusamenfügung eines manns und weibs, welche zusammen gegeben werden, von Gott nach seinem Wort und befehl, mit beiderseits freundschaft, gutem gewissen, auch ihrer beider verwilligung, daß sie bis an ihr ende für und für in aller gottseligkeit, zucht und gerechtigkeit beieinanderwohnen und ihr leben in der allerhöchsten gemeinschaft aller ding, in lieb und leid beschließen sollen, kinder zu zeugen und

dieselbigen Gott, seiner kirchen und gemeinen nutz recht aufzuziehen, unzucht zu vermeiden und daß ihre eins sich dem andern als ein gehülf, ihme von Gott gegeben, nicht allein zu diesem, sonder auch zum ewigen leben erzeige und beweise" (Kirchenordnung von 1566 = *Sehling* [Hg.], Evangl. Kirchenordnungen VIII [Hessen] 321).

8. Dies machen die vielen neuen Eheordnungen deutlich, z. B. „Eheordnung des fürstenthumbs Neuburg v. 2. 1. 1577", in: *Sehling* (Hg.), Evangl. Kirchenordnungen III (Bayern) 241 ff.
9. Vgl. D. *Schwab*, Grundlagen und Gestalt der staatlichen Ehegesetzgebung in der Neuzeit (1967).
10. Vgl. H. *Conrad*, Das Tridentinische Konzil und die Entwicklung des kirchlichen und weltlichen Eherechts, in: G. Schreiber (Hg.), Das Weltkonzil von Trient, sein Werden und Wirken (1951) 297ff.
11. L. *Ott*, Grundriss der Dogmatik (1952) 526ff.
12. Allgemein Fr. *Tanner*, Die Ehe im Pietismus (1952).
13. Ebd. 216. Ebenso heißt es bei Hottmann v. Hochenau: „Seynd die Menschen viehisch und bestialisch, so ist auch ihr Ehestand viehisch und bestialisch, und von solcher viehischen Ehestand spricht der Engel Raphael ... Und dieser Ehen ist heutiges Tages die gantze Welt voll, da die Menschen nur aus dem thierischen Trieb der unreinen Natur zusammen lauffen; und kann dieser unreine Stand durch so genante äußerliche kopulation dess Pfarrers nicht geheiligt werden" (Ebd. 220).
14. Ebd. 82ff.
15. F. *Beyreuther*, Ehe – Religion und Eschaton bei Zinzendorf, in: ders., Studien zur Theologie Zinzendorfs (1962) 35–73; G. *Beyreuther*, Sexualtheorien im Pietismus (1963).
16. R. *Critchfield*, Prophetin, Führerin, Organisatorin. Zur Rolle der Frau im Pietismus, in: B. Becker-Cantarino (Hg.), Die Frau von der Reformation zur Romantik (1980) 112–137.
17. P. *Kluckhohn*, Die Auffassung der Liebe in der Literatur des 18. Jahrhunderts und in der deutschen Romantik (1922).
18. *Goethe*, Die Wahlverwandtschaften 1 T. 9. Kap. (Cotta, 1958) 380f.
19. Vgl. *Kluckhohn*, Die Auffassung der Liebe; H. *Schenk*, Freie Liebe – wilde Ehe. Über die allmähliche Auflösung der Ehe durch die Liebe (1987).
20. Vgl. Anm. 2.
21. A. *Beutel* (Hg.), Martin Luther, Briefe (1987) 67f.
22. K. *Stricker*, Die Frau in der Reformation (1927) 21.
23. H. A. *Obermann*, Luther. Mensch zwischen Gott und Teufel (1986^2) 286ff.
24. Gg. *Steinhausen* (Hg.), Briefwechsel Balthasar Paumgartners des Jüngeren mit seiner Gattin Magdalena (Paumgartner) geb. Behaim (1582–1598) (1895).
25. Gg. *Steinhausen* (Hg.), Deutsche Privatbriefe des Mittelalters, 2 Bde. (1899/1907); *ders.*, Geschichte des deutschen Briefes. Zur Kulturgeschichte des deutschen Volkes (1889).
26. Zit. nach B. *Beuys*, Familienleben in Deutschland (1980) 239f.
27. G. *Kramer*, August Hermann Francke. Ein Lebensbild, 2 Bde. (1880/2); E. *Beyreuther*, August Hermann Francke und die Anfänge der ökumenischen Bewegung (1957).

28. A. *Sellschopp,* Neue Quellen zur Geschichte A. H. Francke (1913) 23.
29. Ebd.
30. Vgl. G. *Zaepernick,* Joh. Georg Gichtel und seiner Nachfolger Briefwechsel mit den Hallischen Pietisten, besonders mit A. H. Francke, in: Pietismus und Neuzeit Bd. 8 (1982) 74–118.
31. Zu ähnlichen, allerdings primär von literarisch-gelehrten Interessen geprägten Beziehungen kam es zwischen der Arzttochter Luise Adelgunde Kulmus und dem Frühaufklärer Gottsched, der sie 1735 ehelichte. Höchst aufschlußreich sind ihre Briefe. Vgl. Briefe der Frau Louise Adelgunde Victorie Gottsched, gebohrne Kulmus, 2 Teile (1771). Am 29. Sept. 1734 schrieb sie aus Danzig: „Mein auserwählter Freund, Hier ist endlich das glaubwürdigste Zeugnis unserer Verbindung, und der ewigen Liebe, die ich Ihnen, mein Theurester, in meinem letzten Schreiben mit Freuden versichert habe. Alles, was sich Ihnen darinnen gesagt, bestätige ich durch beyliegenden Ring. Bey gutdenkenden Seelen ist alles dieses überflüssig. Aber es ist der Gebrauch; und um in den Augen der Welt recht heilig verbunden zu seyn, muß man sich solcher äußerlichen Zeichen bedienen. Sie haben den Anfang damit gemacht, ich folge Ihrem Beyspiel. Glauben Sie, bester Freund, mein Herz würde Ihnen ohne alle diese Ceremonien auf ewig eigen seyn, denn meine eigenen Gesinnungen stimmen gar zu sehr damit überein... Die Lehre Ihrer Philosophie ist durchgehends schön. Ich bin bey jeder schönen Stelle mit meinem philosophischen Freunde immer zufriedner. Lassen Sie nur die Welt durch unser Beyspiel zeigen, daß die wahre Glückseligkeit nicht auf zeitliche Güter beruhet. Wie zufrieden werde ich im mittelmäßigen Stande mit meinem Freunde leben und sterben als Seine ganz eigene Kulmus" (I, 141 ff.).
32. Es sind wunderliche Dinger, meine Briefe. Meta Klopstocks Briefwechsel mit Friedrich Gottlieb Klopstock und mit ihren Freunden 1751–1758. Hg. v. Fr. u. H. Tiemann (1980).
33. Ebd. 462 (Br. v. 15.9.1758).
34. Ebd. 462 f. (Br. v. 16.9.1758).
35. Weitere aufschlußreiche Briefwechsel: Meine liebste Madam. Lessings Briefwechsel mit Eva König 1770–1776. Hg. v. G. u. K. Schulz (1979); Ich war wohl klug, dass ich Dich fand. Heinrich Christian Boies Briefwechsel mit Luise Mejer 1777–85. Hg. v. I. Schreiber (1980). A. v. *Haustein,* Die Frauen in der Geschichte des deutschen Geisteslebens des 18. und 19. Jahrhunderts (1899–1900).
36. *Kluckhohn,* Die Auffassung der Liebe 142 f.
37. Ebd. 165.
38. Ebd. 228 ff.; vgl. auch N. *Luhmann,* Liebe als Passion. Zur Codierung von Intimität (1982).
39. *Schaffner* (Hg.), Duisburger Konsistorialakten; vgl. auch H. *Schilling,* Reformierte Kirchenzucht als Sozialdisziplinierung? Die Tätigkeit des Emder Presbyteriums in den Jahren 1557–1562, in: W. Ehbrecht/H. Schilling (Hg.), Niederlande und Nordwestdeutschland (1983), 261–327.
40. Vgl. A. E. *Imhof,* Die gewonnenen Jahre (1981).
41. Hierzu Material in: *Köhler,* Zürcher Ehegericht und Genfer Konsistorium; *Schaffner* (Hg.), Duisburger Konsistorialakten; B. *Haller,* Bern in seinen Rathsmanualen 1465–1665 (1902).
42. Vgl. R. *His,* Das Strafrecht des deutschen Mittelalters II (Nd. 1964) 168 ff.;

H. *Knapp*, Die Zenten des Hochstifts Würzburg. Ein Beitrag zur Geschichte des süddeutschen Gerichtswesens und Strafrechts (1907) 859ff.; R. *Quanter*, Die Sittlichkeitsverbrechen im Laufe der Jahrhunderte und ihre strafrechtliche Beurteilung (1925) 63ff.; *Moser-Nef*, Die Freie Reichsstadt und Republik St. Gallen, Bd. IV: Geschichte ihres Strafrechts I 393ff.; Cl. *Brahmst*, Das hamburgische Strafrecht im 17. Jahrhundert (1958) 123f.; *Schindler*, Verbrechen und Strafen 262ff.

43. *van Dülmen*, Theater des Schreckens 78.
44. R. *Quanter*, Sittlichkeit und Moral im Heiligen römischen Reich deutscher Nation. Bilder aus dem deutschen Kultur- und Rechtsleben (1925) 181f.
45. D. *Blasius*, Ehescheidung in Deutschland 1794–1945. Scheidung und Scheidungsrecht in historischer Perspektive (1987); *Simon*, Untertanenverhältnis und obrigkeitliche Moralpolitik, 128ff.
46. Aus der Ehegerichtsordnung von Kulmbach v. 18. 10. 1567 z.B.

„Ehescheidung

Wiewohl niemand schaiden soll, was Gott zusammen gefueget hat, so tregt sich doch oft zu, das ain ehegemahl vom andern wider Gottes ordnung, willen und gebot bruchig wird und die ehe zerreißet aintweder durch ehebruch oder weglaufen. In diesen fellen ist das consistorium schuldig, zu declariren und erkanntnus zu tun, ob das unschuldig teil ledig sei und sich anderwart verheiraten mueg oder nit.

Wann aber ehebruch offenbar, bekanntlich oder sonst gnugsam erwiesen und ausfündig gemacht und keine versönung hernach geschehen, auch noch nicht statt haben will, nachdem sie vleißig und oftermals gesucht worden, alsdann sol die clagende person, so sie unschuldig, sich ehrlich und wohl gehalten und im wenigsten nicht ursach zu des andern ehebruch geben hat, genzlich absolvirt und ime anderwart sich zu verheiraten erlaubt werden, beede in volzogener und nit volzogner ehe, doch mit dem gedinge, wan sie wieder freiet, daß sie ohn gebrenge stilliglich hochzeit hab, sönderlich, da die ehe volzogen gewesen ist.

Wann eines vom andern ohne gegebene ursachen heimblich und mutwilliger weise weglauft und das andere sitzen läst in volzogner und nit volzogener ehe und man nicht wissen kan, wo persona desertrix hinkommen und ob sie lebendig oder tot ist, und persona deserta ires wohlhaltens guete glaubwirdige kundschaft hat, soll auf ihr, der verlassenen person, nach gebürlicher zeit und vleißig gehabter nachforschung vielfeltig ansuchen die weggelaufene durch ein offen proclama und edict peremtorie citiret und alsdan zu bestimbten terminen zweier oder dreier monate und das unschuldige teil von dem abtrünnigen, treulosen, nicht erscheinenden ehegemahl absolvirt und ledig erkant werden, daß es sich zu seiner gelegenheit widerumb christlicher ordnung nach muge verheiraten, aber doch gleichfals, wie zuvor beim ehebruch gesetzt, einen stillen kirchgang und hochzeit halten soll.

Das proclama soll von der canzel an dem orte, da die weggelaufene person wonhaft gewesen, verlesen und bald darauf an gewonlichen orten angeschlagen werden.

Nachdem sich aber auch zuweilen zutregt, daß die verlassene unschuldige person sich aus unverstand uber etlich jar hernach ohne rechtliche erkantnus wider verheiratet und beischleft, wiewol solches unrecht und streflich ist, wollen wir uns doch, so es an uns gelangen wurde, fernern bescheid zu geben und zu dispensirn vorbehalten haben.

Was sich gebure von wegen der impotentia, geben die rechte gute maß und ordnung. Dem sollen die eherichter hierinnen folgen.

Die sönderung zu bett und tisch ist nicht dan aus wichtigen ursachen auf hofnung künftiger versönung ein zeitlang zu erlauben und kan keine ehescheidung sein.

Alle andere felle, wie die sich zutragen und begeben mugen und nach allen umbstenden, können nicht kurz gefast werden, sollen nach gemeinen rechten und vernünftiger billicheit so wohl als die gesetzten decidirt und geörtert werden." (*Sehling* [Hg.], Evangl. Kirchenordnungen [Bayern I] 374)

47. Kirchenschaffnei Zweibrücken. Vor dem Ehegericht Stuttgart wurden vom 2. Juni 1541 bis zum 20. Februar 1549 499 Fälle verhandelt. Bei 239 ging es um strittige Eheberedungen, 97 Fälle betrafen Begehren von Ehepartnern, erneut zu heiraten, in 90 Fällen ging es um die Anerkennung eines Eheversprechens bzw. um die Zulassung einer Ehe. Nur 73 Fälle betrafen Scheidungsklagen. Davon wurden 43 Ehen geschieden wegen bewiesenen Ehebruchs eines Beklagten bzw. einer Beklagten, 15 Ehen wurden nicht geschieden, weil beide Parteien schuldig waren. Ohne Erfolg verliefen 11 Scheidungsklagen. (Hauptstaatsarchiv Stuttgart A 238a Bd. B1/2/3)
48. Generallandesarchiv Karlsruhe: Protokollsammlung 1554–1559.
49 E. *Hubrich,* Das Recht der Ehescheidung in Deutschland (1891); *Frevert,* Frauen-Geschichte.
50. Bürgers Liebe. Dokumente zu Elise Hahns und G. A. Bürgers unglücklichem Versuch, eine Ehe zu führen. Hg. v. H. Kinder (1981).
51. Ebd. 65.
52. Ebd. 82.
53. Ebd. 87.
54. Ebd. 89f.
55. Ebd. 104.
56. Ebd. 105f.

3. Sexualität

1. Zur Geschichte der Sexualität vgl. M. *Foucault,* Sexualität und Wahrheit. Der Wille zum Wissen (1977); Ph. *Ariès* u. a., Die Masken des Begehrens und die Metamorphose der Sinnlichkeit. Zur Geschichte der Sexualität im Abendland (1984); Ch. *Wulf* (Hg.), Lust und Liebe. Wandlungen der Sexualität (1985).
2. *Simon,* Untertanenverhalten und obrigkeitliche Moralpolitik 97ff.; J. *van Ussel,* Sexualunterdrückung. Geschichte der Sexualfeindschaft (1970); A. E. *Imhof,* Geschichte der Sexualität – Sexualität in der Geschichte, in: Wulf (Hg.), Lust und Liebe 181ff.; M. *Schröter,* Staatsbildung und Triebkontrolle. Zur gesellschaftlichen Regulierung des Sexualverhaltens vom 13. bis 16. Jahrhundert, in: P. Gleichmann u. a. (Hg.), Macht und Zivilisation. Materialien zu Norbert Elias' Zivilisationstheorie 2 (1984) 148ff.
3. D. *Kamper* – V. *Ritter* (Hg.), Zur Geschichte des Körpers. Perspektiven der Anthropologie (1976); A. E. *Imhof* (Hg.), Der Mensch und sein Körper von der Antike bis heute (1983).

4. Allgemein: W. *Rudeck*, Geschichte der öffentlichen Sittlichkeit in Deutschland (1897); E. *Fuchs*, Sittengeschichte, Bd. I: Renaissance (1909); neuerdings: G. *Pallaver*, Das Ende der schamlosen Zeit. Die Verdrängung der Sexualität in der frühen Neuzeit am Beispiel Tirols (1987).
5. Vgl. *His*, Das Strafrecht des deutschen Mittelalters; *Schindler*, Verbrechen und Strafen; Th. *Harster*, Das Strafrecht der freien Reichsstadt Speier in Theorie und Praxis (1900); H. Fr. *v. Tscharner*, Die Todesstrafe im alten Staate Bern (1936); K.-E. *Meinhardt*, Das peinliche Strafrecht der Freien Reichsstadt Frankfurt am Main im Spiegel der Strafpraxis des 16. und 17. Jahrhunderts (1957); E. *Wettstein*, Die Geschichte der Todesstrafe im Kanton Zürich (1958).
6. Vor allem vgl. M. *Mitterauer*, Ledige Mütter. Zur Geschichte unehelicher Geburten in Europa (1983); R. *Beck*, Illegitimität und voreheliche Sexualität auf dem Lande. Unterfinning 1676–1770, in: R. van Dülmen (Hg.), Kultur der einfachen Leute (1985) 112ff.
7. Überzeugung von E. *Shorter*, Die Geburt der modernen Familie (1977) 99ff.
8. Vgl. J. L. Flandrin, Les amours paysannes (XVIe–XIXe siècle) (1975).
9. Vgl. u. a. *Wikman*, Die Einleitung der Ehe.
10. *Mitterauer*, Ledige Mütter 56f.
11. Vgl. u.a. H. *Schaffner* (Hg.), Duisburger Konsistorialakten. Protokolle des Presbyteriums II (1965) 185f.
12. Vgl. Beck, Illegitimität und voreheliche Sexualität auf dem Lande 136f. Vor allem sind es Frauen, die die Eheversprechen einklagten, aber es gab auch Männer, die auf Verehelichung bestanden. Wenn dieser Mann allerdings sozial unter der Frau stand, hatte er kaum eine Aussicht auf Erfolg vor dem Gericht. Vgl. den Streit zwischen den Familien Amerbach und Fuchs. Vgl. E. *Koch*, Die causa matrimonialis im Hause Amerbach/Fuchs. Eine Darstellung des Eherechtsstreits (1981)
13. Vgl. J. R. *Gillis*, Geschichte der Jugend (1980) 42ff.
14. Vgl. allgemein: R. *Wissell*, Des Alten Handwerks Recht und Gewohnheit I (1971) 145ff.; A. *Felber*, Unzucht und Kindsmord in der Rechtsprechung der Freien Reichsstadt Nördlingen vom 15. bis 19. Jahrhundert (1961); *Möller*, Die kleinbürgerliche Familie 21ff., 297ff.
15. *Wissell*, Des Alten Handwerks Recht 244.
16. Ebd. 246.
17. Ebd. 249. Ein Handwerker hatte in St. Gallen Unzucht mit einer angeheirateten Verwandten verübt. Als Strafe erhielt er Verbot des Metzenhandwerks während 2 Jahren und Eheverbot auf 2 Jahre; ihr wurde verboten, Hochzeiten und ehrliche Gastmähler zu besuchen. Vgl. *Moser-Nef*, St. Gallen VI 871.
18. *Wissell*, Des Alten Handwerks Recht 262f.
19. Ph. *Ariès*, Liebe in der Ehe, in: ders. u. a., Die Masken des Begehrens 165ff.; J.-L. *Flandrin*, Das Geschlechtsleben der Eheleute in der alten Gesellschaft: Von der kirchlichen Lehre zum realen Verhalten, in: ebd. 147ff.
20. Zit. nach A. *Beutel* (Hg.), Martin Luther. Briefe an Freunde … (1987) 28.
21. Dazu: J. T. *Noonan* Jr., Empfängnisverhütung. Geschichte ihrer Beurteilung in der katholischen Theologie und im kanonischen Recht (1969); U. *Pfister*, Die Anfänge von Geburtenbeschränkung in Europa. Wege zu einer umfassenden Analyse, in: P. Borscheid – H. J. Teuteberg (Hg.), Ehe, Liebe, Tod (1983) 213ff.; *ders.*, Die Anfänge von Geburtenbeschränkung, eine Fallstudie (1985).

22. Dazu auch H. *Schilling*, Reformierte Kirchenzucht als Sozialdisziplinierung? Die Tätigkeit des Emder Presbyteriums in den Jahren 1557–1562, in: W. Ehbrecht – H. Schilling (Hg.), Niederlande und Nordwestdeutschland. Studien zur Regional- und Stadtgeschichte Nordwestkontinentaleuropas im Mittelalter und in der Neuzeit (1983) 261–327.
23. Dazu allgemein: W. *Walter*, Schrieb oft, von Mägde Arbeit müde. Lebenszusammenhänge deutscher Schriftstellerinnen um 1800 – Schritte zur bürgerlichen Weiblichkeit (1985); Joh. *Geyer-Kordesch* – A. *Kuhn* (Hg.), Frauenkörper, Medizin, Sexualität. Auf dem Wege zu einer neuen Sexualmoral (1986).
24. Vgl. allgemein u. a. *Quanter*, Die Sittlichkeitsverbrechen; *Felber*, Unzucht und Kindsmord; *Simon*, Untertanenverhalten und obrigkeitliche Moralpolitik 98ff. Allerdings müssen wir vorsichtig sein mit den Zeugnissen der zahlreich überlieferten Berichte von Pfarrern über die allgemeine Hurerei. Sie witterten überall sittliche Verfehlungen.
25. Die Quellenberichte von unterschiedlichsten Fällen, die schwer zu normieren sind. Drei besondere Beispiele seien hervorgehoben: 1. 1769 gibt die Vollwaise Franziska Leberin von Freiburg, welche „aus gnaden hiesiger obrigkeit die arme pfründ in den mehreren spithelr genießt", an „sie seye vor 5 jahren nach ihrer eltern todt in die arm pfründt auf- und angenohmen worden, das erste jahr nun ihres dortigen aufenthalts habe sie keine gelegenheit gehabt, zu Sebastian Hay von Freiburg (einem Schuhmacher, der die L. geschwängert haben soll) zu kommen, die letztere 4 jahr aber habe sie bereits täglich zu Seb. Hay zu komen und selbem Flickschueh zu bringen gelegenheit gehabt; nun sey sie außer stand, die zahl zu beantworten, wie oft sie von diesem pursch in unehren gebrauchet worden seye, sondern sie hoffe, daß man sich des orts begnügen werde, wenn sie sage, daß das sündhafte werk so oft geschehen, so oft sie selbem Flickschuh in das zimmer gebracht. Da sie nun solches geschäft, wie eben angegeben, bereits täglich gehabt, so gebe sich von selbsten, daß sie bereits täglich von Seb. Hay in unehren gebrauchet worden seye, ja es seye auch oftmahls das sündhafte werk an einem tag zu 3, 4 und 5 mal wieder holet worden, wie dann sich aus ihrem angeben ferners gebe, daß sie allzeit in Seb. Hayen zimer in unehren gebrauchet worden seye. Seb. Hay habe sie jeweils auf sein beth, sich sodann auf sie geleget, sein glied entblößet und in ihre schaam hineingestecket, sich auch eher nicht ruckgezogen, biß alles von selbem bey ihr geweßen'. Der 50jährige Seb. Hay gibt an: ‚Er habe dieses mensch einmal vor 5 wochen, und einmal vor 4 jahren unzüchtig an dem unteren leib betastet. Er habe selbe zu beed angegebenen malen an der bloßen scham mit der linken hand berühret und ohngefahr ein halb vatter unßer lang daran geriben, und weiter habe er diese Person nicht mißhandelt." Zit. nach *Schindler*, Verbrechen und Strafen 271f.

2. 1648 wehrte sich Anna Schlumpf aus St. Gallen vor Gericht gegen die Behauptung, mit Lor. Högger geschlechtlich verkehrt zu haben. Högger behauptete, „daß die Schlumpf, als er ihr ein Küßlein gegeben, ihm ihre Zunge in den Mund geschoben und drinnen hin und her zogen habe; sie gab diese Tatsache zu, erklärte sie aber dahin, daß es aus lauter Affektion und Liebe geschehen sei. Dagegen sei es nicht zum Geschlechtsverkehr gekommen. Der Gerichtsschreiber bemerkt dazu, es sei *notorisch*, daß die Töchter derzeit es nicht für eine Unehre halten, einem Knaben die Zunge in das Maul zu stoßen: ‚ist aber ein *unfläterey;*

dies ist heut bey tag vnder jungen ledigen Leuten gar breüchig an schenkhinen vnd achtend es nit für eine vngebeür, sondern eine Zeichengebung der Liebe vnd anstatt des Kusses' –1654 hatte es ‚der krum Sibmacher' Kaspar Mötteli, genannt ‚Munter', durch sein ständiges Fluchen und Schweren und unordentliche Leben soweit gebracht, daß er zu 6 Tag Gefangenschaft bei Wasser und Brot verurteilt wurde. Dabei stellte sich heraus, daß sein 7jähriger Knabe bereits allerhand unzüchtige Handlungen mit Schulmädchen betrieben hatte: Das Töchterlein Halder, auch 7 Jahre alt, klagte, daß der Knabe Mötteli allen Meitlinen unter die Kleider greife; die Mutter Heim hatte beobachtet, daß ihr kleines Töchterchen einen ‚bösen Gang' habe, sie habe es untersucht und festgestellt, daß ‚das Geburtsglied' übel verschwollen war; das sei noch einmal vorgekommen. Der beklagte Bube bekannte sich, nachdem er etlichemal durch den Bettelvogt mit der *Rute gestrichen* worden war, zu den verzeigten Unzuchten, schob jedoch die Hauptschuld auf das Mädchen Heim, welches begehrt habe, er solle auf sie liegen und sie küssen, worauf sie sich vor ihn hingelegt und sich entblößt habe; hernach habe er ihr ‚sein rütlin in ihr gmächtlin tun vnd verricht, wie sie es begehrt; der Vatter und Mutter liegend auch dieweilen dolcher Gestalt aufeinanderen; er habe nicht gewußt, daß es nit recht seye, welle es aber künftig nit mehr tun'. – 1684 legte sich der bayrische Schneiderknecht Wolf Weber mit den hiesigen Töchtern Wetzlin und Hessin zu dritt nackt ins Bett, wo sie Unzucht trieben; dreimal verrichtete er Koitus mit der Wetzlin und trieb Unfläterey mit der andern; diese behauptete, sie könne ihren Leib so beschließen, daß ihr kein Mann beikommen möge; Strafe: Gefangenschaft, Stadtverbot.

1691 war Elisabeth Wettachin (jetzt Frau Z.) in Gefangenschaft wegen Unzuchten, die sie mit einem Beckenknecht Tanner aus Herisau begangen hatte. Sie gab zu, daß er sich, als sie neben ihm gedient habe, stehend mit ihr vermischt und an ihres Bruders Hochzeitstag wiederum auf der ‚Bachmulth' geschlechtlich mit ihm verkehrt habe. – Wegen Geschlechtsverkehrs mit ihrem Stiefvater Sp. wurde 1694 eine Rosine Halder in peinlichen Untersuch gezogen und in der Reichskammer geschreckt, jedoch ohne Handanlegen durch den Scharfrichter. Sie kam mit der Gefangenschaft davon." (*Moser-Nef*, St. Gallen 447–449).

3. Aus Freiburg wird 1793 berichtet: „Demnach aus denen unterm 14. und 17. monats Augusti vor löbl. turmambt abgehaltenem constitutis mit mehrerem zu ersehen ist, daß: 1. Peter Weigelsperger, seines alters 15 jahr, nach dem tod seines vatters eines gewesten hiesigen hintersessens bey seiner von dem statt-almosen sich erhaltenden mutter sich aufhaltend mit Maria Cath. Hablizin einem 12jährigen bettelmädle zum dritten mal und sodann mit einer andern, Maria Anna genant, sich einmal fleischlich versindiget; 2. vorgedachte Maria Hablitzin auch gestehet, mit gemeltem buben zweymal gesindigt zu haben; 3. Michael Dietrich oder sog. Neünfingerle, seines alters 15 bis 16 jahr, bey seinen eltern als hintersessen sich aufhaltend, sogar mit seiner aigenen schwester sich fleischlich zu vermischen nit gescheüet, wiewohlen er vorgibt, wegen kleine seiner schwester s.v. scham das werk nit vollbringen zu können; 4. Johann Christoph Rombatscheck, 10 jahr alt, eines gewesten und gestorbenen soldatens und der noch lebenden schlosserin Schmeiderin sohn, wiewohl er bekennet, vor jahren mit des Zächers mädle unkeischheit getrieben zu haben, und derowegen auß befehl des Herrn stattpfarrers mit ruthen abgestraft worden zu seyn, gleichwoh-

len hierauf sich wiederumb mit der Hablitzin zwey mal fleischlich versündigt zu haben, vorgebend habe es von dem Tschone erlernet; 5. Frantz Antoni Tschone, seines alters 13 oder 14 jahr, wiewohl er übelgehörig, auch schier gar ein stum und einfalt scheinet, jedoch gestehet, mit der Tschone gesindigt zu haben; 6. Anna Maria Hablitzin, beyläufig 15 Jahr alt, sich mit betteln erhaltend, entlich gestanden, mit obgedachten Neünfingerle zweymal und zwar das letzte mal in dem hiesigen Münster unter den bänken sich fleischlich vermischet zu haben und derowegen auß befehl des herrn stattpfarrers duch die umsagerin gehauet worden seye; 7. Anna Maria Dietrichin, ihres alters 10 jahr, bekennet mit obged. ihrem brudern fleischlich sich zum zweyten mal eingelassen zu haben, und wiewohlen sie zum ersten mal das werk wegen schmerzen nit vollbringen lassen, solches auch in der beicht ihro wegen schwere der sind verwiesen worden, sie sich gleichwohlen daraufhin noch ein mal in solche sind eingelassen habe; 8. sodann Anna Maria Tschernin, 15 jahr alt, von Gerzhausen, eines soldatens hinterlassene tochter, dero mutter allhier das statt-almosen genüßet, und gleichfals 9. Julina Bürkmeyerin, ihres alters 10 jahr, eines verstorbenen bettelvogts und der hiesigen stattalmosen genüßenden bettelfrau tochter gleichförmig gestehen, daß sie beyde mit obgemelten bettelbuben Rombatscheck und Tschone schon vor 2 jahren mit einander unzucht getriben, und wiewohl sie derowegen auß befehl des herrn stattpfarrers 3 tag nacheinander abgestraft worden: gleichwohlen sich widerumb vor 3 wochen mit eben selbigen buben gedachtermaßen versindiget haben, wie wohl auch denselben die schwere solcher sünden in der beicht vorgestellt worden. Alß kunte zwar wider obgedachte 9 lasterhafte hiesiger statt allmosen unwürdig und undankbar sambt ihren eltern genüßende kinder eine weitere untersuch- und bezüchtigung mit mehrerer schärpfe vorgenommen werden, vorab da hierauß genugsam abzunehmen, daß bey denen eltern selbsten wenige gottesforcht und davon kommen sollende kinderzucht zu verspihren, sondern vielmehr durch sie und ihre Kinder große ärgernußen und beleidigungen Gottes mehr und mehr entstehen können, in dergleichen begebenheiten auch die offentlichen argernußen vorab mit denenjenigen abzuwenden seynd, welche unter hiesiger statt in keinen pflichten stehen, sondern vielmehr durch ihr bettlen anderen frommen, ehrlichen und gottliebenden personen einen abtrag verursachen. So wird jedoch die gnad hiermit vorgezogen und obgedachten neün boßhaften kindern ihre straf dahin gemildert, daß selbige nach vorhin in dem turn zu empfangen habenden streichen sambt ihren eltern auß hiesiger stattbann und obrigkeiten auf ewig verwißen seyn und bleiben sollen.“ (*Schindler,* Verbrechen und Strafen 273 f.)

26. Nürnberg und Frankfurt nach *van Dülmen,* Theater des Schreckens 187ff.; Memmingen: Stadtarchiv M. Urgichtbücher; Ulm: Stadtarchiv U. Urgichtbuch A (6589); Danzig: Archivum miasta Gdanska MS 373/4 (Gerichtsurteile)

27. In einem Rechtsgutachten über Anna Catharina Lumpertin in Freiburg, die Ehebruch begangen hatte, heißt es: „und weilen der ehebruch ein vor Gott abominable und abschewliche sünd ist, welche danenhero von göttlichen gaist- und weltlichen rechten mit dem hartisten tod der versteinigung in dem alten testament und heitzutag nach gestalt der sachen, sonderlich der zweyfache ehebruch mit dem schwert und anderen tod und leibs straf gebüest und abgestraft, und da es mit sonderen gnaden hergehet, mit außhawung der ruetten und

landverweysungen die adulterii oder adulterae relegiert und von der gmeind abgesindet werden, alß hat diese adultera, welche sich mit unterschiedlichen manßbüldern ledigen und verheyrateten standes in dem schantlichisten ehebruch herumbgewelzt, auch vor der ehe kein bösseren wandel mit aufläsung eines uhnehelichen kinds von einem reiter sich verhalten, wohl verdient, daß sye ihren zur straf und anderen zum abschewlichen exempel auf die schupfen und halßeysen gestelt, mit rueten außgehawen und der Stadt verwysen werden solle." 1668 bekannte Ambrosius Schilli von Hofwihr: „das ich mich mit Lorenz Spindlers Ewers zünftigen ältister dochter Magdalena ehelichen verlobt, bey ihro underschidlichen malen im bett gelegen, auch unzichtiger weis wider die gebühr angetastet, hernach aber derselben schwester Anna Maria Spindlerin beschlafen und dieselbe hernach ebenfals zuer ehe genommen, doch nichtsdestominder widermal zue der Magdalena in das bett gelegen und dieselben mit ungebühr angegriffen, auch dessen ohnerachtet ihre schwester Anna Maria zu mehrmahlen flaischlich erkendt ... Strafe: aus Gnade 40 Reichstaler." (*Schindler,* Verbrechen und Strafen 262ff.)

28. Zur Geschichte der Prostitution: *Rudeck,* Geschichte der öffentlichen Sittlichkeit; *Fuchs,* Illustrierte Sittengeschichte I 378ff.; I. *Bloch,* Die Prostitution Bd. I (Handbuch der gesamten Sexualwissenschaft I) (1912); M. *Bauer,* Die Dirne und ihr Anhang (1912); *ders.,* Liebesleben in deutscher Vergangenheit (1924) 126ff.
29. Beispielhaft: „Die Sinnlichkeit, der Geschlechtstrieb der Männer, ist im Ganzen viel heftiger, viel reizbarer, wie bey den Weibern ... Ferner: die Natur bestimmte den Mann in der Handlung der Fortpflanzung des Geschlechts zu einem weit thätigeren Werkzeuge, wie das Weib. Schon hieraus folgt, daß er der angreifende, das Weib der sich sträubende Theil seyn sollte" (E. *Brandes,* Über die Weiber, 1787). Vgl. auch C. Fr. *Pockels,* Versuch einer Charakteristik des weiblichen Geschlechts (1797).
30. Vgl. allgemein u. a. *Frevert,* Frauen-Geschichte.
31. Allgemein vgl. Ph. *Ariès,* Überlegungen zur Geschichte der Homosexualität, in: ders. u. a., Die Masken des Begehrens 80ff.
32. Vgl. u. a. H. H. *Muchow,* Jugend und Zeitgeist. Morphologie der Kulturpubertät (1982).
33. Aus Freiburg wird 1547 berichtet, daß eine Frau in Männerkleidern eine Frau geehelicht habe. Nach 8 Jahren wurde dies aufgedeckt. Sie hatte nach Auskunft der Hebamme „ein instrument wie ain mennlich glid gestaltet, von lumpen gemacht, im latz bei ir getragen". Sie wurde des Landes verwiesen. Ebenso vertrieben wurde eine Frau, die 1680 in Männerkleidern Unzucht getrieben hatte. Vgl. *Schindler,* Verbrechen und Strafen 132, 271.
34. Hierzu allgemein: *His,* Das Strafrecht des deutschen Mittelalters II 166ff.; zur Sodomie zählte auch der den ‚Hexen' unterstellte Verkehr mit dem Teufel. Von einem bemerkenswerten Fall von Sodomie berichtet der ‚Dienstagische Postillion' von 1687 aus Halberstadt: „Auff hiesiger Nachbarschafft ist vor einigen Tagen eine Weibes Person eingezogen worden, welche zwar anfangs einer schlechten Hurerey bezüchtigt, wie es aber mit ihr zur Geburt gekommen, hat sie eine Mißgeburt zur Welt gebracht, welche halb ein Mensch und halb ein Hund gewesen; Als nun hierüber jeder männiglich bestürtzet, auch weil die Person unzüchtiges Gemüht bekennt, allerhand Gedancken geschöpffet worden, hat

solches verursachet, daß sie nach vorbey gebrachten Kindbette vor die Obrigkeit gezogen und scharff examiniret worden, da sie dann gestanden, daß sie auff einen gottlosen Ort schwanger worden, welches vor züchtigen Ohren verborgen gehalten wird... Die Mißgeburt ist, nachdem sie einige Stunden ans Tages Licht gewesen, gestorben" (E. *Buchner*, Das Neueste von gestern. Kulturgeschichtlich interessante Dokumente aus alten deutschen Zeitungen I [1911] 242).

35. Dazu *van Dülmen*, Theater des Schreckens 126; *Schindler*, Verbrechen und Strafen 281.

36. Aus Freiburg zwei Fälle: 1603: „Hans Faller, Müller von Kirchzarten, bekennt in seiner Urgicht: ... Zum andern wahr sein, das er zwey underschidliche mal sich understanden, in seinem kuestahl ein junge kalbelin (...) anzugehn, aber er habe niemals könden zuekomen, dann das erste mal die kalbelin hinden ußgeschmeiset und ihne mit kühekot heßlich besudlet, das andermal sich gar unstellig erzeigt, das er auch nichtzit fürnemen könden, sondern unverrichter dingen müeßen von iren lassen, auch seye er nit darzue gerüst gewesen, dahero im werk nichtzit mit der kalbelin vollbracht habe. Darnach habe es ihnen übel gerawen, daß er solche sachen mit der kalbelin tuen wollen, und von derselben zeit an sich dergleichen (...) nit mehr understanden, auch derwegen solche sind zue Kilchhofen und in der Zarten dem priester bekent und beichtet habe. Diser Hanß Faller, ist Donnerstags den 16. October 1603 durch die 24 berechtiget, und mit dem schwerdt vom leben zum tod zu richten erkant worden, welcher urtel dann umb 12 uhren uf dem Schutzrein statt beschehen." – 1600: „ist über Christian Zipfel aus dem Öttenbach bei Breitnaw (...) seyner wider die natur mit roßen und kühen abscheüchlicher begangener unzucht halber mit gemainer urteil erkant worden, das er unrecht getan, dasselbig mit seinem leib und leben bessern, ihme ein beichtvatter zugeben, volgents dem nachrichter befohlen, so ihme die händ vornen zusammenbinden, hinauß an die gewonlich richtstadt zum hochgericht führen, ihne daselbst also lebendig zu äschen, die stute aber, damit er sein flaischlichen muttwillen getriben, zerhawen, demnach auch mit ihme verbrennen und, was darvon überbleibt, underm hochgericht vergraben solle, und wann solches beschiht, er sein hochstrafliche abscheüchliche wider die natur begangene mißetat gebessert habe (...) Als hievor gemelte urteil wider Christian Zipfel außgesprochen worden, haben die 3 haimbliche rät durch herrn obristmaister Jacob Schotten ihren erlaubten Fürsprechen ganz undertänig (...) bitten lassen, die richter wollten diß orts gegen den übeltätter barmherzigkait erweysen, und darmit sich gegen ihme als eynem einfeltigen bauersmann keiner verzweiflung zu befahren, die allbereits ergangene urteil aus gnaden mildern, ihme zuvorderst das haubt nemmen und demnach er erst zu äschen verbrennen laßen. Als sye nun darauf abgetretten und widerumb ein umfrag, ob ihme mehrere barmherzigkait zue erweysen oder nit, beschöhen, hat von den 24 kainer von seiner zuvor gegebenen urteil weichen wöllen, sonder ist widerumb das mehr worden, dieweyl Ch. Zipfel das ermelt abscheüchliche laster bey 10 jaren här zu underschiedlichen malen begangen, das es bey hievoriger urtail genzlichen verbleyben und er also lebendig zu äschen sambt der stuten verbrant werden soll." (*Schindler*, Verbrechen und Strafen 281f.)

37. Besonders streng gestraft wurde die Sodomie im Landgericht Kyberg bei Bern in der Schweiz:

a)

	Sodomie Homosex.	Unzucht/Ehebr. Inzucht	Hexerei	Strafurt. insg.
1600–1620	14	8	1	42
1621–1640	12	15	1	51
1641–1660	5	5	–	20
1661–1680	5	–	–	13
1681–1700	42	14	1	55
1701–1720	22	5	1	41
1721–1740	10	2	–	13
1741–1760	1	–	–	1
1761–1780	1	1	–	4
1781–1800	–	1	–	3
	112	51	4	243

b) Strafarten

Galgen und Verbrennen	7
Schwert	13
Schwert und Verbrennen	69
Rad und leb. Verbrennen	1 (plus Mord)
Verbrennen	14
Hausbann/Auspeitschen od. Pranger/Landesverweis	8

(Staatsarchiv Bern, BVII 21,2 BVIII 2). Vgl. auch v. *Tscharner*, Die Todesstrafe im alten Staate Bern 38, 44ff.

38. Dazu vgl. *van Ussel*, Sexualunterdrückung 132ff. Sie wurde z.T. sogar strafrechtlich verfolgt, vgl. *Schindler*, Verbrechen und Strafen 276; *Moser-Nef*, St. Gallen V 477.

39. „Ich habe gesehen, daß sehr wollüstige Personen sich fast immer warm kleiden und sehr warm schlafen." „Mit der Sitte, auf Federn zu schlafen, ward grenzenlose Wollust über unsere Staaten verbreitet" (*van Ussel*, Sexualunterdrückung 154f.).

40. Zur Erziehung als Triebabwehr vgl. *Rutschky* (Hg.), Schwarze Pädagogik 299ff.

IV. Alter und Tod

1. Alter und Altersversorgung

1. Zum Problem des Alters in der frühneuzeitlichen Gesellschaft vgl. R. *Sieder*, Probleme des Alterns im Strukturwandel der Familie, in: Mitterauer – Sieder, Vom Patriarchat zur Partnerschaft 169ff.; vor allem neuerdings P. *Borscheid*, Geschichte des Alters. 16.–18. Jahrhundert (1987).
2. Ebd. 151.
3. K. *Böck*, Das Bauernleben in den Werken bayerischer Barockprediger (1953) 49.
4. Dazu ausführlich *Borscheid*, Geschichte des Alters 11f.
5. Ebd. 16.

6. Das Alter wurde als Alter kaum dargestellt, sondern nur als Hinweis auf die Vergänglichkeit des Lebens, insofern muß man vorsichtig sein bei der Analyse kirchlicher Quellen.
7. *Borscheid,* Geschichte des Alters 105.
8. Zit. ebd. 136f.
9. Ebd. 67ff.
10. M. *Mitterauer,* Arbeitsorganisation und Altersversorgung seit dem Mittelalter, in: Beitr. z. Hist. Sozialkunde 5 (1975) 4–10; *ders.*, Problemfelder einer Sozialgeschichte des Alters, in: H. Konrad (Hg.), Der alte Mensch in der Geschichte (1982) 9–62. Th. *Held,* Ausgedinge und ländliche Gesellschaft. Generationsverhältnisse im Österreich des 17. und 18. Jahrhunderts, in: Chr. Conrad – H.J. v. Kondratowitz (Hg.), Gerontologie und Sozialgeschichte (1983) 151–185.
11. Zit. nach *Borscheid,* Geschichte des Alters 207f.
12. Dazu auch M. *Mitterauer,* Zur familienbetrieblichen Struktur im zünftischen Handwerk, in: H. Kittler (Hg.), Wirtschafts- und sozialhistorische Beiträge (1979) 190ff.
13. Vgl. R. *Jütte,* Obrigkeitliche Armenfürsorge in deutschen Reichsstädten der frühen Neuzeit. Städtisches Armenwesen in Frankfurt am Main und Köln (1984); Th. *Fischer,* Städtische Armut und Armenfürsorge im 15. und 16. Jahrhundert (1979).
14. Zit. nach *Borscheid,* Geschichte des Alters 220.
15. H. *Bahl,* Ansbach. Strukturanalyse einer Residenz vom Ende des dreißigjährigen Krieges bis zur Mitte des 18. Jahrhunderts. Verfassung, Verwaltung, Bevölkerung und Wirtschaft (1974) 214–219; auch: *Borscheid,* Geschichte des Alters 249.
16. Ebd. 237ff.
17. Ebd. 272ff.
18. H. *Urlaub,* Die Förderung der Armenpflege durch die Hamburgische Patriotische Gesellschaft bis zum Beginn des 19. Jahrhunderts (1932).
19. Zit. nach *Borscheid,* Geschichte des Alters 277f.

2. *Lebenserwartung und Todesursachen*

1. Zur Lebenserwartung allgemein: K. *Kisskalt,* Epidemiologische-statistische Untersuchungen über die Sterblichkeit von 1600–1800, in: Arch. f. Hygiene und Bakteriologie 137 (1953) 26ff.; *Imhof,* Die verlorenen Welten; *ders.*, Die gewonnenen Jahre.
2. Vgl. die kritischen Äußerungen von *Borscheid* zu A. Perrenoud (L'inégalité sociale devant la mort à Genève au XVII siècle, in: Population 30, 1975, 221ff.). Vgl. *Borscheid,* Geschichte des Alters 152. Weiterhin: A.E. *Imhof,* Unterschiedliche Einstellungen zu Leib und Leben in der Neuzeit, in: ders. (Hg.), Der Mensch und sein Körper (1983) 65ff.; *ders.*, Unsere Lebensuhr. Phasenverschiebungen im Verlaufe der Neuzeit, in: Borscheid – Teuteberg (Hg.), Ehe, Liebe, Tod 170ff.
3. Th. *Kohl,* Familie und soziale Schichtung. Zur historischen Demographie Triers 1730–1860 (1985) 219.
4. *Zschunke,* Konfession und Alltag in Oppenheim 184.
5. Ebd. 185.

6. *Rödel,* Mainz und seine Bevölkerung 211.
7. Chr. F. *Weißens,* Selbstbiographie (1806) 200f.
8. A. E. *Imhof* (Hg.), Historische Demographie als Sozialgeschichte. Gießen und Umgebung vom 17. zum 19. Jahrhundert (1975) 580.
9. *Rödel,* Mainz und seine Bevölkerung 214ff.
10. *Rödel,* Mainz und seine Bevölkerung 199.
11. W. *Norden,* Eine Bevölkerung in der Krise. Histor.-demographische Untersuchung zur Biographie einer norddeutschen Küstenregion: Butjadingen 1600–1850 (1984) 75.
12. *Zschunke,* Konfession und Alltag in Oppenheim 188ff.; *Imhof,* Die gewonnenen Jahre 76ff.
13. Leben und Taten des weiland wohledeln Ritters Sebastian Schertlin von Burtenbach. Durch ihn selbst deutsch beschrieben. Hg. v. E. Hegaur (1910).
14. Ebd. 233.
15. Ebd. 234.
16. Der Chronist Friedrich Lucä 269.
17. Ebd. 270.
18. *Jung-Stilling,* Lebensgeschichte 570.
19. Ebd.

3. Sterben und Begräbnis

1. Zur Geschichte des Todes vgl. allgemein: Ph. *Ariès,* Geschichte des Todes (1980); M. *Vovelle,* La mort et l'occident de 1300 à nos jours (1983); R. *Winau* – H. P. *Rosemeier* (Hg.), Tod und Sterben (1984); I. *Illich,* Tod contra Tod, in: H. Ebeling (Hg.), Der Tod in der Moderne (1984) 184–209.
2. W. *Geiger,* Totenbrauch im Odenwald (1960); Ph. *Berger,* Religiöses Brauchtum im Umkreis der Sterbeliturgie in Deutschland (1966); P. *Löffler,* Studien zum Totenbrauchtum in den Gilden, Bruderschaften und Nachbarschaften Westfalens vom Ende des 15. bis zum Ende des 17. Jahrhunderts (1975); I. R. *Blüm* (Hg.), Studien zur Thematik des Todes im 16. Jahrhundert (1983; I. *Wilhelm,* Beerdigungsriten im Deutschland der frühen Neuzeit als Form der Todes- und Trauerbewältigung (Staatsexamensarb. 1986).
3. Dazu vgl. A. *von Gennep,* Übergangsriten (1986) 142ff.; E. *Samter,* Geburt, Hochzeit, Tod. Beiträge zur vergleichenden Volkskunde (1911); R. *Reichhardt,* Geburt, Hochzeit und Tod im deutschen Volksbrauch und Volksglauben (1913).
4. W. *Rehm,* Der Todesgedanke in der deutschen Dichtung vom Mittelalter bis zur Romantik (1928); F. W./E. *Kantzenbach,* Leben, Tod, Ewigkeit im Umbruch der Neuzeit. Die Aussage von Grabinschriften im protestantischen Barock an Beispielen aus Mittelfranken (1985).
5. Aus der Kirchenordnung von Regensburg 1543, in: *Sehling* (Hg.), Evangel. Kirchenordnungen (Bayern III) 410.
6. Zit. nach *Löffler,* Studien zum Totenbrauchtum 63f.
7. Vgl. *Reichhardt,* Geburt, Hochzeit und Tod 131ff.; *Geiger,* Totenbrauchtum im Odenwald 65f.
8. *Reichhardt,* Geburt, Hochzeit und Tod 137f.
9. F. R. *Longe,* Sterben und Begräbnis im Volksglauben zwischen Weichsel und Memel (1955) 93f.

10. *Berger,* Religiöses Brauchtum 18ff.
11. *Löffler,* Studien zum Totenbrauchtum 75ff.
12. F. *Finder,* Hamburgisches Bürgertum in der Vergangenheit (1930), 100.
13. *Geiger,* Totenbrauchtum 68ff.
14. Nach evangelischem Verständnis sollte die Beerdigung folgendermaßen ablaufen: „Do jemand von gott durch krankheit und tödtlichen abgang von diesem jammerthal abgefordert würde, sol derselbige nicht alsobald begraben, besondern zum wenigsten zwelf stunden doheim im hause behalten werden, in betrachtunge, das etzliche durch geschwinde krankheiten oder anmacht etwan also schwach, mathlos und vorzuckt, das sie vor tode menschen angesehen, und doch gleichwol uber etzliche stunden widerumb sich erholen, vorstendig und lebendig werden.

    Alle todten sollen ehrlich beleitet werden den lebendigen zu einer erinnerung irer sterbligkeit, auf das ein jeder sein ende, und wie ungewis dasselbige sei, bedenke, auf das er sein leben in bussfertigkeit zu richten, und sich zum tode bereit und geschickt zu machen, hierdurch vormanet werde. Den leichen sol allein an denen oertern, da sie begraben, und nicht uber land an frembden orten gelautet werden, aus ursachen, das solches eine aberglaubige superstitio, und seinen grund von dem ertichten fegefeuer bekommen.

    Auch sollen der christen verstorbene cörper christlich und ehrlich beleitet und begraben werden. Derwegen sol die leiche mit einem tuch ehrlich bedeckt, und mit dem pfarherr, glöckner, diaconis und schulmeister, einen oder mehr, nach andacht und vormögen eines jedern, sampt den schülern (da die vorhanden) und mit christlichen gesengen, dadurch die menschen irer sterblichkeit, und des jüngsten gerichts, auch der frölichen auferstehung von den todten, und des künftigen ewigen lebens erinnert, zu der erden bestattet werden.

    Damit auch die beleitung der todten desto christlicher geschehen möge, sollen auf den dörfern etliche personen von der freundschaft (sonderlich wann ein aldes verstorben) mit gehen, und die leiche zum grabe beleiten helfen, ausgeschlossen, wann die pestilenz regieret, alsdann sol solches in eines jedern gefallen gestalt sein.

    Auf das auch die kirchhöfe allenthalben und sonderlich auf den dörfern, da sich pfarherrn oder glöckener, dero darauf wachsenden greserei gemeinlich gebrauchen, ehrlich und rein, als ein schlafhaus der christen, so am jüngsten tage von Christo auferwecket und selig gemacht werden sollen, gehalten, so sollen dieselben mit mauren, blanken, zeunen und thüren verwaret, und vorm viehe allenthalben mit fleiss vormacht werden." (Kirchenordnung von Alb. Sachsen, General-Artikel 1557, in *Sehling* (Hg.), Evangl. Kirchenordnungen I 320)
15. Vgl. zum Fegefeuerglauben: M. *Landau,* Hölle und Fegefeuer in Volksglaube, Dichtung und Kirchenlehre (1909); J. *le Goff,* Die Geburt des Fegefeuers (1984).
16. M. *Luther,* WA 35, 478.
17. R. *Mohr,* Protestantische Theologie und Frömmigkeit im Angesicht des Todes während des Barockzeitalters, hauptsächlich auf Grund hessischer Leichenpredigten (1964) 19.
18. Zur Geschichte der Friedhöfe vgl. H. *Derwein,* Geschichte des christlichen Friedhofs in Deutschland (1931); A. *Hüppi,* Kunst und Kult der Grabstätten (1968).
19. u. a. J. *Dieselhorst,* Die Bestrafung der Selbstmörder im Territorium der Reichsstadt Nürnberg, in: Mitt. d. Vereins f. Gesch. d. Stadt Nürnberg 44 (1953) 58ff.

20. *Hüppi*, Kunst und Kult der Grabstätten 161ff.; *Ariès*, Geschichte des Todes 603ff.; Fr. *Schnelbögl*, Friedhofverlegungen im 16. Jahrhundert, in: Jb. f. fränk. Landesgeschichte 34/5 (1975) 109ff.
21. u.a. *Kantzenbach*, Leben, Tod, Ewigkeit im Umbruch der Neuzeit.
22. In evangelischen Gebieten wurde dieser Brauch zeitweise abgeschafft: G. *Nebe* (Hg.), Die Kirchenvisitationen des Bistums Halberstadt in den Jahren 1564–1589 (1880) 107.
23. Zum Phänomen der Leichenpredigt: R. *Lenz* (Hg.), Studien zur deutschsprachigen Leichenpredigt in der frühen Neuzeit (1981); *ders.* (Hg.), Leichenpredigten als Quelle historischer Wissenschaften (2 Bde. 1975 79); *Mohr*, Protestantische Theologie und Frömmigkeit; J. *Kroll*, Ars moriendi. Bayreuther Leichenbegräbnisse um die Mitte des 17. Jahrhunderts, in: Arch. f. Gesch. v. Oberfranken 52 (1972) 265ff.
24. Vgl. u.a. H. *Mattausch*, Das Beerdigungswesen der Freien Reichsstadt Nürnberg (1219–1806). Eine rechtsgeschichtliche Untersuchung an Hand der Ratsverlässe und der vom Rat erlassenen Leichenordnungen (1970).
25. Vgl. *Löffler*, Studien zum Totenbrauchtum 247ff.
26. E. *Fleischhack*, Fegefeuer. Die christlichen Vorstellungen vom Geschick der Verstorbenen geschichtlich dargestellt (1969); G. *Thomann*, Die Armen Seelen im Volksglauben und Volksbrauch des altbayerischen und oberpfälzischen Raumes, in: Verh. d. Hist. Vereins f. Oberpfl. u. Regensburg 110 (1970) 115–181.
27. Sie wurde z.T. obrigkeitlich festgelegt. Vgl. die bayerische Trauerordnung von 1775, in: Sammlung der Churpfalz-Baierischen Landesverordnungen III (1784) 765ff.
28. Zum Phänomen der Trauer vgl. H. *Stubbe*, Formen der Trauer. Eine kulturanthropologische Untersuchung (1985); K. *Mauli*, Entstehung und Sinn der Trauersitten, in: Schw. Arch. f. Volkskunde 43 (1946).

V. Die Geburt der bürgerlichen Familie: Utopie oder Wirklichkeit

1. Zum Problem der Entstehung der modernen Familie vgl. *Shorter*, Die Geburt der modernen Familie; *Mitterauer – Sieder*, Vom Patriarchat zur Partnerschaft; *Rosenbaum*, Formen der Familie; E. *Langendorf*, Zur Entstehung des bürgerlichen Familienglücks – exemplarische Studien anhand literarischer Texte (1983); *Sieder*, Sozialgeschichte der Familie.
2. Allgemein vgl. H.H. *Gerth*, Bürgerliche Intelligenz um 1800 (1976); R. *van Dülmen*, Die Gesellschaft der Aufklärer. Zur bürgerlichen Emanzipation und aufklärerischen Kultur in Deutschland (1986).
3. M. *Gaus*, Das Idealbild der Familie in den moralischen Wochenschriften und seine Auswirkung auf die deutsche Literatur des 18. Jahrhunderts (1936); *Kluckhohn*, Die Auffassung der Liebe; B.A. *Sørensen*, Herrschaft und Zärtlichkeit. Der Patriarchalismus und das Drama im 18. Jahrhundert (1984).
4. *Rosenbaum*, Formen der Familie 251ff.; *Möller*, Die kleinbürgerliche Familie.
5. B. *Becker-Centarino*, (Sozial) Geschichte der Frau in Deutschland (1500–1800). Ein Forschungsbericht, in: dies. (Hg.), Die Frau von der Reformation zur

Romantik (1980) 243ff.; *Walter*, Schrieb oft, von Mägde Arbeit müde; *Frevert*, Frauen-Geschichte 33ff.

6. Joh. W. *Goethe*, Wilhelm Meister Lehrjahr, Cotta (1958) 542.
7. Allgemein *Hausen*, Die Polarisierung der „Geschlechtscharaktere"; auch B. *Duden*, Das schöne Eigentum. Zur Herausbildung des bürgerlichen Frauenleitbildes an der Wende vom 18. zum 19. Jahrhundert, in: Kursbuch 47 (1977); A. *v. Hanstein*, Die Frauen in der Zeit des Aufschwungs des deutschen Geisteslebens im 18. und 19. Jahrhundert, 2 Bde. (1899/1900).
8. M. *Luther*, Tischreden (WA) (1912) 532.
9. Conversations-Lexikon oder Handwörterbuch für die gebildeten Stände IV (1815) 211. Zit. nach *Hausen*, Die Polarisierung der ‚Geschlechtscharaktere' 366. Hierzu auch B. *Leierseder*, Das Weib nach den Ansichten der Natur. Studien zur Herausbildung des bürgerlichen Frauenleitbildes an der Wende vom 18. zum 19. Jahrhundert (Diss. 1981).
10. G. *Stephan*, Die häusliche Erziehung in Deutschland während des 18. Jahrhunderts (1891); W. *Roessler*, Die Entstehung des modernen Erziehungswesens in Deutschland (1961).
11. J. *Schlumbohm*, Straße und Familie. Kollektive und individualisierende Formen der Sozialisation im kleinen und gehobenen Bürgertum um 1800, in: Zs. f. Pädagogik 25 (1979) 697ff.
12. Vgl. auch M.-L. *Könnecker* (Hg.), Kinder-Schaukel 1. Ein Lesebuch zur Geschichte der Kindheit in Deutschland 1745–1860 (1979) 66ff.
13. Der Einsiedler (1740/1) I 5.
14. Der Menschenfreund (1737/9) 99.
15. *Luhmann*, Liebe als Passion.
16. Ch. *Thomasius*, Zit. nach *Kluckhohn*, Die Auffassung der Liebe 149.
17. Ebd. 143.
18. *Gellert*, Zit. nach *Kluckhohn*, Die Auffassung der Liebe 159.
19. Ebd.
20. Zit. nach *Kluckhohn*, Die Auffassung der Liebe 373.
21. P. *Borscheid*, Geld und Liebe. Zu den Auswirkungen des Romantischen auf die Partnerwahl im 19. Jahrhundert, in: ders. – H.J. Teuteberg (Hg.), Ehe, Liebe, Tod (1983) 112ff.
22. *Rosenbaum*, Formen der Familie 347ff.

Allgemeine Literatur

Ariès, Philippe, Geschichte der Kindheit, München 1975

–, Geschichte des Todes, München 1980

ders. – André *Bejin* (Hg.), Die Masken des Begehrens und die Metamorphosen der Sinnlichkeit. Zur Geschichte der Sexualität im Abendland, Frankfurt 1984

Arnold, Klaus, Kind und Gesellschaft in Mittelalter und Renaissance. Beiträge und Texte zur Geschichte der Kindheit, Paderborn 1980

Badinter, Elisabeth, Die Mutterliebe. Geschichte eines Gefühls vom 17. Jahrhundert bis heute, München-Zürich 1981

Bächtold, Hanns, Die Gebräuche bei Verlobung und Hochzeit mit besonderer Berücksichtigung der Schweiz. Eine vergleichende volkskundliche Studie, Basel-Straßburg 1914

Bartsch, L., Sächsische Kleiderordnungen aus der Zeit von 1450 bis 1750, Annaberg 1882

Bauer, Max, Der deutsche Durst, Berlin-Leipzig o. J.

–, Das Geschlechtsleben in der deutschen Vergangenheit, Berlin-Leipzig 1908[6]

–, Die Dirne und ihr Anhang in der deutschen Vergangenheit, Berlin 1911

–, Deutscher Frauenspiegel. Bilder aus dem Frauenleben in der deutschen Vergangenheit, 2 Bde., München-Berlin 1917

Becker, Albert, Frauenrechtliches in Sitte und Brauch, Kaiserslautern 1913

Becker-Cantarino, Barbara (Hg.), Die Frau von der Reformation zur Romantik. Die Situation der Frau vor dem Hintergrund der Literatur- und Sozialgeschichte, Bonn 1985[2]

–, Der lange Weg zur Mündigkeit. Frau und Literatur (1500–1800), Stuttgart 1987

Benker, Gertrud, Bürgerliches Wohnen: Städtische Wohnkultur in Mitteleuropa von der Gotik bis zum Jugendstil, München 1984

–, In alten Küchen. Einrichtung – Gerät – Kochkunst, München 1987

Berdahl, Robert u. a., Klassen und Kultur. Sozialanthropologische Perspektiven in der Geschichtsschreibung, Frankfurt 1982

Beuys, Barbara, Familienleben in Deutschland: Neue Bilder aus der deutschen Vergangenheit, Reinbek 1980

Biedermann, Karl, Deutschland im 18. Jahrhundert, 4 Bde., ND Aalen 1969

Boesch, Hans, Kinderleben in der deutschen Vergangenheit. Mit 140 (9) Abbildungen und Beilagen nach den Originalen aus dem 15. bis 18. Jahrhundert, Leipzig 1900 (ND 1979)

Bogucka, Maria, Das alte Danzig. Alltagsleben vom 15. bis 17. Jahrhundert, Leipzig 1980

Borscheid, Peter, Altern zwischen Wohlstand und Armut: Zur materiellen Lage alter Menschen während des 18. und 19. Jahrhunderts im deutschen Südwesten, in: Christoph Conrad – Hans-Joachim von Kondratowitz (Hg.), Gerontologie und Sozialgeschichte, Berlin 1983, 217–253

–, Geschichte des Alters. 16.–18. Jahrhundert, Münster 1987

ders. – Hans J. *Teuteberg* (Hg.), Ehe, Liebe, Tod. Zum Wandel der Familie, der Geschlechts- und Generationenbeziehungen in der Neuzeit, Münster 1983

Bourdieu, Pierre, Entwurf einer Theorie der Praxis auf der ethnologischen Grundlage der kabylischen Gesellschaft, Frankfurt 1976

–, Die feinen Unterschiede. Kritik der gesellschaftlichen Urteilskraft, Frankfurt 1982

–, Sozialer Sinn. Kritik der theoretischen Vernunft, Frankfurt 1987

Bovenschen, Silvia, Die imaginierte Weiblichkeit: exemplarische Untersuchungen zu kulturgeschichtlichen und literarischen Präsentationsformen des Weiblichen, Frankfurt 1984

Braun, Rudolf, Industrialisierung und Volksleben. Die Veränderungen der Lebensformen in einem ländlichen Industriegebiet vor 1800 (Zürcher Oberland), Göttingen 1979²

Brunner, Otto, Das „ganze Haus“ und die alteuropäische „Ökonomik“, in: ders. Neue Wege der Verfassungs- und Sozialgeschichte, Göttingen 1968², 103–127

Buchner, Eberhard (Hg.), Liebe. Kulturhistorisch interessante Dokumente aus alten deutschen Zeitungen. Vom Ende des 17. bis zum Ende des 18. Jahrhunderts, München (1914)

Bulst, Neithard – Joseph *Goy* – Jochen *Hook* (Hg.), Familie zwischen Tradition und Moderne. Studien zur Geschichte der Familie in Deutschland und Frankreich vom 16. bis zum 20. Jahrhundert, Göttingen 1981

Conrad, Christoph – Hans-Joachim *von Kondratowitz* (Hg.), Gerontologie und Sozialgeschichte: Wege zu einer historischen Betrachtung des Alters, Berlin 1983

Conze, Werner, Neue Literatur zur Sozialgeschichte der Familie, in: VSWG 71 (1984) 59–72

– (Hg.), Sozialgeschichte der Familie in der Neuzeit Europas, Stuttgart 1976

Corbin, Alain, Pesthauch und Blütenduft. Eine Geschichte des Geruchs, Berlin 1984

Davis, Natalie Zemon, Frauen und Gesellschaft am Beginn der Neuzeit. Studien über Familie, Religion und die Wandlungsfähigkeit des sozialen Körpers, Berlin 1986

De Mause, Lloyd (Hg.), Hört ihr die Kinder weinen? Eine psychogenetische Geschichte der Kindheit, Frankfurt 1977

Deneke, Bernward, Hochzeit, München 1971

van Dülmen, Andrea (Hg.), Frauen. Ein historisches Lesebuch, München 1988

van Dülmen, Richard (Hg.), Kultur der einfachen Leute. Bayerisches Volksleben vom 16. bis zum 19. Jahrhundert, München 1983

–, Entstehung des frühneuzeitlichen Europa 1550–1648, Frankfurt 1987³

– (Hg.), Hexenwelten. Magie und Imagination vom 16.–20. Jh., Frankfurt 1987².

– Frauen vor Gericht. Kindsmord in der frühen Neuzeit, Frankfurt 1990.

ders. – Norbert *Schindler* (Hg.), Volkskultur. Zur Wiederentdeckung des vergessenen Alltags (16.–20. Jahrhundert), Frankfurt 1987²

Dünninger, Josef, Hauswesen und Tagewerk, in: Deutsche Philologie im Aufriß III, Berlin u.a. 1962, 2781 ff.

Dunker, Hans, Werbungs-, Verlobungs- und Hochzeitsgebräuche in Schleswig-Holstein, Kiel 1930

Eisenbart, Liselotte Const., Kleiderordnungen der deutschen Städte zwischen 1350 und 1700. Ein Beitrag zur Kulturgeschichte des deutschen Bürgertums, Göttingen 1962

Elias, Norbert, Die höfische Gesellschaft. Untersuchung zur Soziologie des König-

tums und der höfischen Aristokratie mit einer Einleitung: Soziologie und Geschichtswissenschaft, Neuwied-Berlin 1969
–, Über den Prozeß der Zivilisation. Soziogenetische und psychogenetische Untersuchungen, 2 Bde., Frankfurt 1978[6]
Elschenbroich, Donata, Kinder werden nicht geboren. Studien zur Entstehung der Kindheit, Frankfurt 1977
Ermatinger, Emil, Deutsche Kultur im Zeitalter der Aufklärung, Frankfurt 1969
Falk, Franz, Die Ehe am Ausgang des Mittelalters. Eine kirchen- und kulturhistorische Studie, Freiburg 1908
Fehr, Hans, Die Rechtstellung der Frau und der Kinder in den Weistümern, Jena 1912
Fehrle, Eugen, Deutsche Hochzeitsbräuche, Jena 1937
Felber, A., Unzucht und Kindsmord in der Rechtspflege der freien Reichsstadt Nördlingen vom 15. bis 19. Jahrhundert, Bonn 1961
Finder, Ernst, Hamburgisches Bürgertum in der Vergangenheit, Hamburg 1930
Fischer, Alfons, Geschichte des deutschen Gesundheitswesens, 2 Bde., Berlin 1933
Flandrin, Jean-Louis, Familien – Soziologie, Ökonomie, Sexualität, Frankfurt-Berlin-Wien 1978
Flemming, Willi, Deutsche Kultur im Zeitalter des Barock, Konstanz 1960[2]
Flitner, Andreas – Walter *Hornstein,* Kindheit und Jugendalter in geschichtlicher Betrachtung, in: Zs. f. Pädagogik 10 (1964) 311–339
Foucault, Michel, Sexualität und Wahrheit. Der Wille zum Wissen, Frankfurt 1977
Frensdorff, Ferdinand, Verlöbnis und Eheschließung nach hansischen Rechts- und Geschichtsquellen, in: Hansische Geschichtsblätter 17 (1918) 291–355 und 18 (1919) 1–126
Freudenthal, Margarete, Gestaltwandel der städtischen, bürgerlichen und proletarischen Hauswirtschaft unter besonderer Berücksichtigung des Typenwandels von Frau und Familie, vornehmlich in Südwestdeutschland zwischen 1760 und 1933, Würzburg 1934. ND 1986
Frevert, Ute, Frauen-Geschichte. Zwischen bürgerlicher Verbesserung und neuer Weiblichkeit, Frankfurt 1986
Freytag, Gustav, Bilder aus der deutschen Vergangenheit, 3 Bde., Leipzig o.J.
Friedberg, Emil, Das Recht der Eheschließung in seiner geschichtlichen Entwicklung (1865) ND Aalen 1965
Fuchs, Eduard, Illustrierte Sittengeschichte vom Mittelalter bis zur Gegenwart, 3 Bde., München [1909–1912]
Gebauer, Curt, Studien zur Geschichte der bürgerlichen Sittenformen des 18. Jahrhunderts. Die Reform der häuslichen Erziehung, in: Arch. d. Kulturgesch. 20 (1930) 35–51
–, Geistige Strömungen und Sittlichkeit im 18. Jahrhundert, Berlin 1931
von Gennep, Arnold, Übergangsriten (Les rites de passage), Frankfurt u.a. 1986
Geyer-Kordesch, Johanna – Annette *Kuhn* (Hg.), Frauenkörper – Medizin – Sexualität. Auf dem Wege zu einer neuen Sexualmoral, Düsseldorf 1986
Giedion, Sigfried, Die Herrschaft der Mechanisierung. Ein Beitrag zur anonymen Geschichte, Frankfurt 1982
Gillis, John R., Geschichte der Jugend: Tradition und Wandel im Verhältnis der Altersgruppen und Generationen in Europa von der 2. Hälfte des 18. Jahrhunderts bis zur Gegenwart, Weinheim-Basel 1984

Gläntzer, Volker, Ländliches Wohnen vor der Industrialisierung, Münster 1980
Göltsch, Silke, Beiträge zum Gesindewesen in Schleswig-Holstein zwischen 1740 und 1840, Neumünster 1978
Goody, Jack, Die Entwicklung von Ehe und Familie in Europa, Berlin 1986
Habermas, Jürgen, Strukturwandel der Öffentlichkeit. Untersuchungen zu einer Kategorie der bürgerlichen Gesellschaft, Neuwied-Berlin 1974[6]
Hähnel, Joachim, Stube. Wort- und sachgeschichtliche Beiträge zur historischen Hausforschung, Münster 1975
Händler-Lachmann, Barbara, Die Berufstätigkeit der Frau in den deutschen Städten des Spätmittelalters und der beginnenden Neuzeit, in: Hess. Jb. 39 (1980) 131–175
von Hanstein, Adalbert, Die Frauen in der Geschichte des deutschen Geisteslebens des 18. und 19. Jahrhunderts, 2 Bde., Leipzig 1899/1900
Hardach-Pinke, Irene, Kinderalltag. Aspekte von Kontinuität und Wandel der Kindheit in autobiographischen Zeugnissen 1700–1900, Frankfurt 1981
dies. – Gerd *Hardach,* Kinderalltag. Deutsche Kindheiten in Selbstzeugnissen 1700–1900, Kronberg/Taunus 1978
Hausen, Karin, Familie als Gegenstand historischer Sozialwissenschaft. Bemerkungen zu einer Forschungsstrategie, in: Geschichte und Gesellschaft 1 (1975) 171–209
–, Die Polarisierung der ‚Geschlechtscharaktere'. Eine Spiegelung der Dissoziation von Erwerbs- und Familienleben, in: Conze, Sozialgeschichte der Familie (1976) 367–393
– (Hg.), Frauen suchen ihre Geschichte, München 1983
Haverkamp, Alfred (Hg.), Haus und Familie in der spätmittelalterlichen Stadt, Köln-Wien 1984
Heidrich, Hermann, Wohnen auf dem Lande. Am Beispiel der Region Tölz im 18. und frühen 19. Jahrhundert, München 1984
Helczmanovszky, Heimold (Hg.), Beiträge zur Bevölkerungs- und Sozialgeschichte Österreichs, München 1973
Hentze, Hilke, Sexualität in der Pädagogik des späten 18. Jahrhunderts, Frankfurt-Bern-Las Vegas 1979
Herrmann, Ulrich, Probleme und Aspekte historischer Ansätze in der Sozialisationsforschung, in: Kl. Hurrelmann – U. Herrmann (Hg.), Handbuch der Sozialisationsforschung (1980) 227–252
ders. – Susanne *Renftle*-Lutz *Roth,* Bibliographie zur Geschichte der Kindheit, Jugend und Familie, München 1980
Heyne, Moriz, Das deutsche Wohnungswesen von den ältesten geschichtlichen Zeiten bis zum 16. Jahrhundert, Leipzig 1899
–, Das deutsche Nahrungswesen von den ältesten geschichtlichen Zeiten bis zum 16. Jahrhundert, Leipzig 1901
–, Körperpflege und Kleidung bei den Deutschen von den alten Zeiten bis zum 16. Jahrhundert, Leipzig 1903
Hinrichs, Ernst – Wilhelm *Norden* (Hg.), Regionalgeschichte. Probleme und Beispiele, Hildesheim 1980
Hoffmann, Julius, Die „Hausväterliteratur" und die „Predigten über den christlichen Hausstand". Ein Beitrag zur Geschichte der Lehre vom Hause und der Bildung für das häusliche Leben im 16., 17. und 18. Jahrhundert, Weinheim-Berlin 1959
Horkheimer, Max – Erich *Fromm* – Herbert *Marcuse* u. a. (Hg.), Studien über

Autorität und Familie. Forschungsberichte aus dem Institut für Sozialforschung, Paris 1936
Hornstein, Walter, Jugend in ihrer Zeit. Geschichte und Lebensformen des jungen Menschen in der europäischen Welt, Hamburg 1966
Hubbard, William H., Familiengeschichte. Materialien zur deutschen Familie seit dem Ende des 18. Jahrhunderts, München 1983
Hüppi, Adolf, Kunst und Kult der Grabstätten, Olten 1968
Illich, Ivan, Genus. Zu einer historischen Kritik der Gleichheit, Reinbek 1983
Imhof, Arthur E. (Hg.), Historische Demographie als Sozialgeschichte. Giessen und Umgebung vom 17. zum 19. Jahrhundert, Darmstadt-Marburg 1975
– (Hg.), Biologie des Menschen in der Geschichte. Beiträge zur Sozialgeschichte der Neuzeit aus Frankreich und Skandinavien, Stuttgart 1978
–, Die gewonnenen Jahre. Von der Zunahme unserer Lebensspanne seit dreihundert Jahren oder: von der Notwendigkeit einer neuen Einstellung zu Leben und Sterben, München 1981
– (Hg.), Der Mensch und sein Körper. Von der Antike bis heute, München 1983
–, Die verlorenen Welten. Alltagsbewältigung durch unsere Vorfahren – und weshalb wir uns heute so schwer damit tun, München 1984
– Die Lebenszeit. Vom aufgeschobenen Tod und von der Kunst des Lebens, München 1988
Jacobeit, Sigrid und Wolfgang, Illustrierte Alltagsgeschichte des deutschen Volkes 1550–1810, Köln 1986
Jeggle, Utz, Liebe auf dem Dorf, in: Journal für Geschichte (1982) H. 5, 4–11
Kaspar, Fred, Bauen und Wohnen in einer alten Hansestadt. Zur Nutzung von Wohnbauten zwischen dem 16. und 19. Jahrhundert dargestellt am Beispiel der Stadt Lemgo, Münster 1984
Kinder, Hermann (Hg.), Bürgers Liebe. Dokumente zu Elise Hahns und G. A. Bürgers unglücklichem Versuch, eine Ehe zu führen, Frankfurt 1981
Kisskalt, Karl, Die Sterblichkeit im 18. Jahrhundert, in: Zs. f. Hygiene und Infektionskrankheit 93 (1921) 438–511
Klippel, Diethelm, Entstehung und Strukturwandel der modernen Familie. Neuere Forschungen zur Sozialgeschichte der Familie, in: Zs. f. ges. Familienrecht (1978) 558–566 (1984) 1179–1188
Klomps, Heinrich, Ehemoral und Jansenismus. Ein Beitrag zur Überwindung des sexualethischen Rigorismus, Köln 1964
Kluckhohn, Paul, Die Auffassung der Liebe in der Literatur des 18. Jahrhunderts und in der deutschen Romantik, Tübingen 1966[3]
Kocka, Jürgen u. a., Familie und soziale Plazierung. Studien zum Verhältnis von Familie, sozialer Mobilität und Heiratsverhalten an westfälischen Beispielen im späten 18. und 19. Jahrhundert, Köln-Opladen 1980
König, Maria, Bäuerliche Burschenschaften. Ein Beitrag zur deutschen Volkskunde, Bremen 1938
Könneker, Marie-Luise (Hg.), Kinderschaukel. Ein Lesebuch zur Geschichte der Kindheit in Deutschland, Bd. I: 1745–1860; Bd. II: 1860–1930, Darmstadt-Neuwied 1976
Kohl, Thomas, Familie und soziale Schichtung. Zur historischen Demographie Triers 1730–1860, Stuttgart 1985

Kramer, Karl-Sigismund, Volksleben im Fürstentum Ansbach und seinen Nachbargebieten (1500–1800), Würzburg 1961

–, Volksleben im Hochstift Bamberg und im Fürstentum Coburg (1500–1800), Würzburg 1967

–, Nachrichten zum Komplex ‚Haus und Hof' im Volksleben, vorwiegend aus Holstein, in: Kieler Bl. z. Volksk. 2 (1970) 53–104

–, Häusliches Leben. Nach archivalischen Quellen, in: Kieler Bl. z. Volksk. 14 (1982) 5–75

–, Volksleben in Holstein (1550–1800). Eine Volkskunde aufgrund archivalischer Quellen, Kiel 1987

Kriedte, Peter – Hans *Medick* – Jürgen *Schlumbohm,* Industrialisierung vor der Industrialisierung. Gewerbliche Warenproduktion auf dem Land in der Formationsperiode des Kapitalismus, Göttingen 1977

Kuczynski, Jürgen, Geschichte des Alltags des deutschen Volkes, 5 Bde., Köln 1981/2

Kuhn, Annette – Jörn *Rüsen* (Hg.), Frauen in der Geschichte II. Fachwissenschaftliche und fachdidaktische Beiträge zur Sozialgeschichte der Frauen vom frühen Mittelalter bis zur Gegenwart, Düsseldorf 1982

dies. (Hg.), Frauen in der Geschichte III. Fachwissenschaftliche und fachdidaktische Beiträge zur Geschichte der Weiblichkeit vom frühen Mittelalter bis zur Gegenwart, Düsseldorf 1983

Lahnstein, Peter (Hg.), Report einer guten alten Zeit. Zeugnisse und Berichte 1750–1805, Stuttgart u. a. 1970

– (Hg.), Leben im Barock: Zeugnisse und Berichte (1640–1740), Stuttgart u. a. 1974

Langendorf, Erich, Zur Entstehung des bürgerlichen Familienglücks: exemplarische Studien anhand literarischer Texte, Frankfurt-Bern-New York 1983

Laslett, Peter, Verlorene Lebenswelten. Geschichte der vorindustriellen Gesellschaft. Wien u.a. 1988

Leder, Klaus, Kirche und Jugend in Nürnberg und seinem Landgebiet 1400 bis 1800, Neustadt a. d. Aisch 1973

Lee, W. Robert, Population growth, economic development and social change in Bavaria 1750–1850, New York 1977

Lehners, Jean-Paul, Haus und Familie im Markt Stockerau am Ende des 17. Jahrhunderts, in: Unsere Heimat. Zs. d. Vereins f. Landesk. v. Niederösterreich und Wien 45 (1974) 222–235

Leibbrand, Annemarie und Werner, Formen des Eros. Kultur- und Geistesgeschichte der Liebe, 2 Bde., Freiburg-München 1972

Lennhoff, Ernst, Das ländliche Gesindewesen in der Kurmark Brandenburg vom 16. bis zum 19. Jahrhundert, Breslau 1906

Lenz, K., Vorindustrielle Großfamilie, ein ahistorisches Konzept. Zur Korrektur eines familiensoziologischen Konzepts durch die historische Familienforschung, in: Schweizerische Zs. f. Soziologie 9 (1982) 423–450

Lenz, Rudolf (Hg.), Studien zur deutschsprachigen Leichenpredigt in der frühen Neuzeit, Marburg 1981

–, „Ehestand, Wehestand, Süßbitter-Standt"? Betrachtungen zur Familie der Frühen Neuzeit, in: Arch. f. Kulturgesch. 68 (1986) 371–405

Löffler, Peter, Studien zum Totenbrauchtum in den Gilden, Bruderschaften und Nachbarschaften Westfalens. Ende des 15. b.z. Ende des 19. Jhs., München 1975

Loux, Françoise, Das Kind und sein Körper in der Volksmedizin, Stuttgart 1980
Luhmann, Niklas, Liebe als Passion. Zur Codierung von Intimität, Frankfurt 1982
Martin, Alfred, Deutsches Badewesen in vergangenen Tagen, Jena 1906
Martin, Jochen – August *Nitschke* (Hg.), Zur Sozialgeschichte der Kindheit (Hist. Anthropologie 4), Freiburg-München 1986
Maschke, Erich, Die Familie in der deutschen Stadt des späten Mittelalters, Heidelberg 1980
Medick, Hans, Spinnstuben auf dem Dorf. Jugendliche Sexualkultur und Feierabendbrauch in der ländlichen Gesellschaft der frühen Neuzeit, in: Gerhard Huck (Hg.), Sozialgeschichte der Freizeit. Untersuchungen zum Wandel der Alltagskultur in Deutschland, Wuppertal 1980, 19–49
ders. – David *Sabean* (Hg.), Emotionen und materielle Interessen. Sozialanthropologische und historische Beiträge zur Familienforschung, Göttingen 1984
Meier-Oberist, Edmund, Kulturgeschichte des Wohnens im abendländischen Raum, Hamburg 1956
Metken, Sigrid (Hg.), Die letzte Reise. Sterben, Tod und Trauersitten in Oberbayern, München 1984
Métral, Marie O., Die Ehe. Analyse einer Institution, Frankfurt 1981
Métraux, Hans, Schweizer Jugendleben in fünf Jahrhunderten. Geschichte und Eigenart der Jugend und ihrer Bünde im Gebiet der protestantischen deutschen Schweiz, Aarau 1942
Meyer, Gustav Fr., Geburt und Taufe im Volksglauben Schleswig-Holsteins, in: Nordelbingen 16 (1940) 31–73
Mitgau, Johannes Hermann, Gemeinsames Leben. In braunschweigischen Familienpapieren, Bd. 1: 1500–1770, Göttingen-München 1955; Bd. 2: 1770–1870, Wolfenbüttel-Hannover 1948; Bd. 3: 1870–1919, München-Göttingen 1951–52
Mitterauer, Michael, Zur Familienstruktur in ländlichen Gebieten Österreichs im 17. Jahrhundert, in: Helczmanovszky, Beiträge zur Bevölkerungs- und Sozialgeschichte Österreichs (1973) 167–222
–, Familiengröße – Familientypen – Familienzyklus. Probleme quantitativer Auswertung von österreichischem Quellenmaterial, in: Geschichte und Gesellschaft 1 (1975) 226–255
–, Vorindustrielle Familienformen: Zur Funktionalisierung des „ganzen Hauses" im 17. und 18. Jahrhundert, in: F. Engel-Janosi – G. Klingenstein – H. Lutz (Hg.), Fürst, Bürger, Mensch, München 1975, 123–185
–, Familienformen und Illegalität in ländlichen Gebieten Österreichs, in: Archiv f. Sozialgeschichte 19 (1979) 123–188
–, Zur familienbetrieblichen Struktur im zünftischen Handwerk, in: Herbert Knittler (Hg.), Wirtschafts- und sozialhistorische Beiträge. FS für Alfred Hoffmann zum 75. Geburtstag, Wien 1979, 190–219
–, Grundtypen alteuropäischer Sozialformen. Haus und Gemeinde in vorindustriellen Gesellschaften, Stuttgart-Bad Cannstatt 1979
–, Ledige Mütter. Zur Geschichte unehelicher Geburten in Europa, München 1983
–, Gesindedienst und Jugendphase im europäischen Vergleich, in: Gesch. u. Gesellschaft 11 (1988) 177–204.
ders. – Reinhard *Sieder,* Vom Patriarchat zur Partnerschaft. Zum Strukturwandel der Familie, München 1977

ders. – *ders.* (Hg.), Historische Familienforschung, Frankfurt 1982
ders. – J. *Ehmer* (Hg.), Familienstruktur und Arbeitsorganisation in ländlichen Gesellschaften, Wien 1986
Möbius, Helga, Die Frau im Barock, Stuttgart 1982
Möller, Helmut, Die kleinbürgerliche Familie im 18. Jahrhundert. Verhalten und Gruppenkultur, Berlin 1969
Mohrmann, Ruth-E., Volksleben in Wilster im 16. und 17. Jahrhundert, Neumünster 1977
–, Städtische Wohnkultur in Nordwestdeutschland vom 17. bis zum 19. Jahrhundert (aufgrund von Inventaren), in: G. Wiegelmann (Hg.), Nord-Süd-Unterschiede in der städtischen und ländlichen Kultur Mitteleuropas, Münster 1985, 89–155
Muchow, Hans Heinrich, Jugend und Zeitgeist. Morphologie der Kulturpubertät, Reinbek 1962
–, Jugendgenerationen im Wandel der Zeit. Beiträge zur Geschichte der Jugend, Wien 1964
Münch, Paul (Hg.), Ordnung, Fleiß und Sparsamkeit. Texte und Dokumente zur Entstehung der „bürgerlichen Tugenden", München 1984
Mummenhoff, Ernst, Das Findel- und Waisenhaus zu Nürnberg, Nürnberg 1917
Nahrstedt, Wolfgang, Die Entstehung der Freizeit,dargestellt am Beispiel Hamburgs. Ein Beitrag zur Strukturgeschichte und zur strukturgeschichtlichen Grundlegung der Freizeitpädagogik, Göttingen 1972
von Nell, Adelheid, Die Entwicklung der generativen Strukturen bürgerlicher und bäuerlicher Familien von 1750 bis zur Gegenwart, Diss. Bochum 1973
Niebergall, Alfred, Die Geschichte der evangelischen Trauung in Hessen, Göttingen 1972
Niethammer, Lutz (Hg.), Wohnen im Wandel. Beiträge zur Geschichte des Alltags in der bürgerlichen Gesellschaft, Wuppertal 1979
Noonan, John Thomas, Empfängnisverhütung. Geschichte ihrer Beurteilung in der katholischen Theologie und im kanonischen Recht, Mainz 1969
Osenbrüggen, Eduard, Der Hausfrieden. Ein Beitrag zur deutschen Rechtsgeschichte, Erlangen 1857
Peiper, Albrecht, Kindernöte in alten Zeiten, Berlin 1964
Pfeil, Sigurd Graf von, Das Kind als Objekt der Planung. Eine kulturhistorische Untersuchung über Abtreibung, Kindestötung und Aussetzung, Göttingen 1978
Pfister, Ulrich, Die Anfänge von Geburtenbeschränkung, eine Fallstudie (ausgew. Zürcher Familien im 17. und 18. Jahrhundert), Bern-Frankfurt-New York 1985
Quanter, Rudolf, Sittlichkeit und Moral im Heiligen Römischen Reich deutscher Nation. Bilder aus dem deutschen Kultur- und Rechtsleben, ND Aalen 1970
–, Die Sittlichkeitsverbrechen im Laufe der Jahrhunderte und ihre strafrechtliche Beurteilung, ND Aalen 1970
Reichmann, H. – J. *Schneider* – Dr. W. *Hoffstaetter* (Hg.), Ein Jahrtausend deutscher Kultur. Quellen von 800–1800, 3 Bde., Leipzig 1922ff.
Reif, Heinz, Westfälischer Adel 1770–1860. Vom Herrschaftsstand zur regionalen Elite, Göttingen 1979
– (Hg.), Die Familie in der Geschichte, Göttingen 1982
Riehl, Wilhelm Heinrich, Die Naturgeschichte des Volkes als Grundlage einer deutschen Social-Politik, Bd. 3: Die Familie, Stuttgart-Tübingen 1904[12]

Rödel, Walter G., Mainz und seine Bevölkerung im 17. und 18. Jahrhundert. Demographische Entwicklung, Lebensverhältnisse und soziale Strukturen in einer geistlichen Residenzstadt, Wiesbaden 1985

Roller, O. K., Die Einwohnerschaft der Stadt Durlach im 18. Jahrhundert in ihren wirtschaftlichen und kulturgeschichtlichen Verhältnissen dargestellt aus ihren Stammtafeln, Karlsruhe 1907

Rosenbaum, Heidi (Hg.), Familie und Gesellschaftsstruktur. Materialien zu den sozioökonomischen Bedingungen von Familienformen, Frankfurt 1974 (1978)

–, Formen der Familie. Untersuchungen zum Zusammenhang von Familienverhältnissen, Sozialstruktur und sozialem Wandel in der deutschen Gesellschaft des 19. Jahrhunderts, Frankfurt 1982

Rürup, Reinhard (Hg.), Historische Sozialwissenschaft, Göttingen 1977

Rutschky, Katharina (Hg.), Schwarze Pädagogik. Quellen zur Naturgeschichte der bürgerlichen Erziehung, Frankfurt-Berlin-Wien 1977

–, Deutsche Kinderchronik. Wunsch- und Schreckensbilder aus vier Jahrhunderten, Darmstadt 1983

Sartori, Paul, Sitte und Brauch, Teil 1: Hauptstufen des Menschendaseins, Leipzig 1910; Teil 2: Leben und Arbeit daheim und draußen, Leipzig 1911; Teil 3: Zeiten und Feste des Jahres, Leipzig 1914

Schenk, Herrad, Freie Liebe – wilde Ehe. Über die allmähliche Auflösung der Ehe durch die Liebe, München 1987

Scherr, Johannes, Geschichte der deutschen Frauenwelt, 2 Bde., Leipzig 1898[5]

Schindler, Georg, Verbrechen und Strafen im Recht der Stadt Freiburg im Breisgau von der Einführung der neuen Stadtrechte bis zum Übergang an Baden (1520–1806), Freiburg 1937

Schindler, Norbert, Jenseits des Zwangs? Zur Ökonomie des Kulturellen inner- und außerhalb der bürgerlichen Gesellschaft, in: Zs. f. Volksk. 1985, 192–219

Schivelbusch, Wolfgang, Das Paradies, der Geschmack und die Vernunft. Eine Geschichte der Genußmittel, München-Wien 1980

Schlumbohm, Jürgen, Straße und Familie. Kollektive und individualistische Formen der Sozialisation im kleinen und gehobenen Bürgertum Deutschlands um 1800, in: Zs. f. Pädagogik 25 (1979)

– (Hg.), Kinderstuben. Wie Kinder zu Bauern, Bürgern, Aristokraten wurden. 1700–1850, München 1983

Schmelzeisen, Gustav Klemens, Die Rechtsstellung der Frau in der deutschen Stadtwirtschaft. Eine Untersuchung zur Geschichte des deutschen Rechts, Stuttgart 1935

–, Polizeiordnungen und Privatrecht, Köln 1955

Schneider, Gerhard (Hg.), Frauen in der Geschichte: Frauenrechte und die gesellschaftliche Arbeit der Frauen im Wandel, Düsseldorf 1979

Schneider, Lothar, Der Arbeiterhaushalt im 18. und 19. Jahrhundert. Dargestellt am Beispiel des Heim- und Fabrikarbeiters, Berlin 1967

Schramm, Percy Ernst, Neun Generationen. Dreihundert Jahre deutsche „Kulturgeschichte“ im Lichte der Schicksale einer Hamburger Bürgerfamilie (1648–1948), 2 Bde., Göttingen 1963/64

Schröder, Hannelore (Hg.), Die Frau ist frei geboren. Texte zur Frauenemanzipation Bd. I. 1789–1870, München 1979

Schröter, Michael, „Wo zwei zusammenkommen in rechter Ehe". Sozio- und psychogenetische Studien über Eheschließungsvorgänge vom 12. bis 15. Jahrhundert, Frankfurt 1985

Schubart-Fikentscher, Gertrud, Die Unehelichen-Frage in der Frühzeit der Aufklärung, Berlin/DDR 1967

Schultz, Alwin, Das Alltagsleben einer deutschen Frau zu Anfang des 18. Jahrhunderts, Leipzig 1890

–, Das häusliche Leben der europäischen Kulturvölker vom Mittelalter bis zur 2. Hälfte des 18. Jahrhunderts, (1903), ND Osnabrück 1968

Schwab, Dieter, Grundlagen und Gestalt der staatlichen Ehegesetzgebung in der Neuzeit bis zum Beginn des 19. Jahrhunderts, Bielefeld 1967

–, Familie, in: Geschichtliche Grundbegriffe. Historisches Lexikon zur politisch-sozialen Sprache in Deutschland II (1975), 253–301

Schwarz, Dietrich W. H., Sachgüter und Lebensformen. Einführung in die materielle Kulturgeschichte des Mittelalters und der Neuzeit, Berlin 1970

Schwarz, Ingeborg, Die Bedeutung der Sippe für die Öffentlichkeit der Eheschließung im 15. und 16. Jahrhundert, Tübingen 1959

Shorter, Edward, Der Wandel der Mutter-Kind-Beziehungen zu Beginn der Moderne, in: Geschichte und Gesellschaft 1 (1975) 256–287

–, Die Geburt der modernen Familie, Reinbek 1977

–, Der weibliche Körper als Schicksal: Zur Sozialgeschichte der Frau, München 1984

Sieder, Reinhard, Sozialgeschichte der Familie, Frankfurt 1987

Simon, Christian, Untertanenverhalten und obrigkeitliche Moralpolitik. Studien zum Verhältnis zwischen Stadt und Land im ausgehenden 18. Jahrhundert am Beispiel Basels, Basel-Frankfurt 1981

Solé, Jacques, Liebe in der westlichen Kultur, Frankfurt-Berlin-Wien 1979

Stäudlin, L. F., Geschichte der Vorstellungen und Lehren von der Ehe, Göttingen 1926

Staudt, Reinhold, Studien zum Patenbrauch in Hessen, (Frankfurt) 1958

Steinhausen, Georg, Geschichte der Deutschen Kultur, Leipzig–Wien 1904

Stephan, Gustav, Die häusliche Erziehung in Deutschland während des 18. Jahrhunderts. Mit einem Vorwort von Karl Biedermann, Wiesbaden 1891

Stone, Lawrence, The Family, Sex and Marriage in England 1500–1800, London 1977

Tanner, Fritz, Die Ehe im Pietismus, Zürich 1952

Teuteberg, Hans-J. (Hg.), Homo habitans. Zur Sozialgeschichte des Wohnens seit der Neuzeit, Münster 1984

Theopold, Wilhelm, Das Kind in der Votivmalerei, München 1980

Tyrell, Hartmann, Historische Familienforschung und Familiensoziologie. Versuch einer Zwischenbilanz der historischen Familienforschung und Kritik eines Forschungsprogramms, in: Kölner Zs. f. Soziologie und Sozialpsychologie 29 (1977) 677–701

–, Die Familie als ‚Urinstitution': Neuerliche spekulative Überlegungen zu einer alten Frage, in: Kölner Zs. f. Soziologie und Sozialpsychologie 30 (1978) 611–651

–, Familie und Religion im Prozeß der gesellschaftlichen Differenzierung, in: V. Eid – L. von Vascovics (Hg.), Wandel der Familie, – Zukunft der Familie, Mainz 1982, 19–74

Uitz, Erika, Zur gesellschaftlichen Stellung der Frau in Verbindung mit der Entwicklung von Ehe und Familie in der Stadt der Feudalepoche, in: Wiss. Z. Päd. Hochsch. „Erich Weinert", Magdeburg 17 (1980) 6, 543–565

van Ussel, Jos, Sexualunterdrückung. Geschichte der Sexualfeindschaft, Reinbek 1970

Vischer, Eberhard, Jugend und Alter in der Geschichte. Eine Studie, Basel 1938

Völger, Gisela – Karin *von Welck* (Hg.), Die Braut. Geliebt, verkauft, getauscht, geraubt. Zur Rolle der Frau im Kulturvergleich, 2 Bde., Köln 1985

Vollbrecht, Ralf, Die Entstehung der modernen Familie. Umrisse einer Theorie der Privatheit, München 1983

Vovelle, Michel, La mort et l'Occident de 1300 à nos jours, Paris 1983

Wächtershäuser, Wilhelm, Das Verbrechen des Kindesmordes im Zeitalter der Aufklärung. Eine rechtsgeschichtliche Untersuchung der dogmatischen, prozessualen und rechtssoziologischen Aspekte, Berlin 1973

Walter, Eva, Schrieb oft, von Mägde Arbeit müde. Lebenszusammenhänge deutscher Schriftstellerinnen um 1800 – Schritte zur bürgerlichen Weiblichkeit, Düsseldorf 1985

Weber, Marianne, Ehefrau und Mutter in der Rechtsentwicklung. Eine Einführung, Tübingen 1907, ND Aalen 1971

Weber-Kellermann, Ingeborg, Die Familie: Geschichte, Geschichten und Bilder, Frankfurt 1977[2]

–, Die Kindheit. Kleidung und Wohnen, Arbeit und Spiel. Eine Kulturgeschichte, Frankfurt 1979

Wehrli, Paul, Verlobung und Trauung in ihrer geschichtlichen Entwicklung von der Reformation bis zum Untergang der alten Eidgenossenschaft. Ein Beitrag zur zürcherischen Rechtsgeschichte, Turbenthal 1933

Westermarck, Edward, Geschichte der menschlichen Ehe, Jena 1893

Wiegelmann, Günter, Alltags- und Festspeisen. Wandel und gegenwärtige Stellung, Marburg 1967

Wilckens, Leonie, Tageslauf im Puppenhaus. Bürgerliches Leben vor dreihundert Jahren, München 1956

Winau, Rolf – Hans Peter *Rosemeier* (Hg.), Tod und Sterben, Berlin-New York 1984

Winterholer, Hans, Eltern und Kinder in der deutschen Literatur des 18. Jahrhunderts, Gießen 1924

Wolf-Graaf, Anke, Die verborgene Geschichte der Frauenarbeit. Eine Bildchronik, Weinheim-Basel 1983

Wulf, Christoph (Hg.), Lust und Liebe. Wandlungen der Sexualität, München-Zürich 1985

Zeeden, Ernst Walter, Deutsche Kultur in der frühen Neuzeit, Frankfurt 1968

Zehnder, Leo, Volkskundliches in der älteren schweizerischen Chronistik, Basel 1976

von Zglinicki, Friedrich, Geburt. Eine Kulturgeschichte in Bildern, Braunschweig 1983

Zoepfl, Friedrich, Deutsche Kulturgeschichte, 2 Bde., Freiburg 1928/30

Zschunke, Peter, Konfession und Alltag in Oppenheim. Beiträge zur Geschichte von Bevölkerung und Gesellschaft einer gemischtkonfessionellen Kleinstadt in der frühen Neuzeit, Wiesbaden 1984

Abbildungsnachweis

Bildarchiv Preußischer Kulturbesitz, Berlin 43
Herzog Anton Ulbrich-Museum, Braunschweig 27, 30
Musées Royaux des Beaux-Arts de Belgique, Brüssel 15
Kunstsammlungen Veste Coburg 5, 13, 28, 31, 33, 34, 36, 47, 61, 64
Graphische Sammlung Düsseldorf 37
Historisches Museum Frankfurt 3
Hamburger Kunsthalle 55, 57
Stiftung für Kunst, Kultur und Geschichte Küsnacht 56
Foto Marburg 1
Bayerische Staatsgemäldesammlungen, München 7
Parish Kostümforschungsinstitut, München 59
Staatliche Graphische Sammlung München 38
Münchner Stadtmuseum 58
Germanisches Nationalmuseum Nürnberg 6, 9, 10, 16, 24, 25, 32, 39, 44, 45, 46, 54, 60
Stadtbibliothek Nürnberg 17, 20
Sächsische Landesbibliothek – Deutsche Fotothek 21
Ulmer Museum 40
Fotothek der Nationalen Forschungs- und Gedenkstätten Weimar 35
Herzog August Bibliothek Wolfenbüttel 42, 62
Zentralbibliothek Zürich 26

Diederichs, Eugen (Hg.), Deutsches Leben der Vergangenheit in Bildern, Bd. I, Jena 1908 8, 14, 18, 19, 49, 52
Diederichs, Eugen (Hg.), Deutsches Leben der Vergangenheit in Bildern, Bd. II, Jena 1908 2, 22, 29
Die Welt des Hans Sachs, hg. v. d. Stadtgeschichtlichen Museen Nürnberg, Nürnberg 1976 51
Fuchs, Eduard, Illustrierte Sittengeschichte, Bd. I 53
Fuchs, Eduard/Kind, Alfred, Die Weiberherrschaft in der Geschichte der Menschheit, Bd. I, München 1913 48
Hans Baldung Grien. Vollständiger Katalog der Einzelblattholzschnitte, Buchillustrationen und Kupferstiche, bearb. v. Matthias Mende, Unterschneidheim 1978 41
Sittengeschichte des Intimen, hg. v. Leo Schidrowitz, Wien–Leipzig o. J. 50
Stetter, Gertrud, Altbayerisches Leben auf Wening-Stichen, Rosenheim 1977 4
Weber-Kellermann, Ingeborg, Frauenleben im 19. Jahrhundert, München 1983 63
Zglinicki, Friedrich v., Geburt. Eine Kulturgeschichte in Bildern, Braunschweig 1983 23
Zoepfl, Friedrich, Deutsche Kulturgeschichte, Bd. II 11, 12

Namenregister

Altzenbach, G. 199, 226
Amerbach, Bonifacius 284
Amman, Jost 42
Arnold, Jonas 133

Basedow, Joh. Bernhard 236
Baumann, Lisabeth 142
Behaim, Magdalena 166
Beham, Barthel 214
Beham, Hans Sebald 127, 156
Bernd, Adam 264
Bodmer, Joh. Jak. 258
von Bora, Katharina 165 f.
Bräker, Ulrich 99, 110, 138
Brandes, Ernst 288
Brandis, H. 155
Brandt, Susanna M. 261
Bronner, Franz Xaver 99ff.
Bürger, Gottf. Aug. 94, 181ff., 234
Burgkmair, Hans 154, 175
von Burtenbach, Hans Schertlin 213
von Burtenbach, Sebastian Schertlin 213

Campe, Joachim H. 269
Chodowiecki, David 50, 104, 108f., 113, 129, 169, 227
Claudius, Matthias 90
Claudius, Rebekka 90
de Crescentiis, Petrus 45, 48

Dietwar, Bartholomäus 37
Dietz (Barbier) 83, 179

Edelmann, Joh. Christian 264

Francke, August Hermann 167ff.
Fugger 153, 215, 257

Geizkofler, Lucas 153f.
Gellert, Chr. Fürchtegott 163, 237f.
Gichtel, Georg 162
Glaser, Hans 200
Goethe, Joh. Wolfgang 116, 163f., 234, 251
Gottsched, Joh. Christoph 281
Grien, Hans Baldung 137
Grien-Nachfolger 210
Grimmelshausen, Simpl. 256
de Groot, Jan 115
Guarinonius, Hippol. 267, 275
Güntzer, Augustin 98, 265

Hahn, Elise 181–184
Hahnemann, Sam. Chr. 233
Hals, Harmen 202
Hardenberg Graf von 184
Hartmann, Jacob 142
van Hemessen, Jan 194
Herrlein, J. A. 11
v. Hochenau, Hottmann 280
Holl, Elias 262
Hollar, Wenzel 146
Hooss, Johannes 37
Horng, Margarete 270
van Hutten 31

Jung-Stilling, Joh. Heinrich 38, 104, 138ff., 215

Karl V. 71
Karsch, Anna Luise (Karschin) 128ff.
Kauffmann, Angelika 131
Klöden, Karl Fr. 116
Klopstock, Fr. Gottlieb 131, 168f.
Küsell, M. 159
Krünitz, Joh. Georg 253
Kulmus, L. Adelgunde 281

Leonhart, Dorette 181
Leonhart, Molly 181
Lucä, Friedrich 138, 141, 215, 256

Luther, Martin 30, 43, 48, 98, 138, 160f., 165f., 168f., 190, 222, 251, 265, 277, 279

Merian, Hans 15
Mettenleiter, J. M. 111, 119
Meyer, Conrad 44
Moller, Meta 168

v. Orelli, S. 253
van Ostade, A. 20, 97

Paumgartner, Balthasar 166f., 169
Pencz, Georg 107
Peyer, B. 153
Piccolomini, Enea S. 257
Platter, Felix 140f., 150, 155

Rößlin, Eucharius 82
Rueff, Jakob 82f., 92

Sastrow, Barthol. 273
Schad, Joh. Baptist 110
Schäufflein, Hans 152
Schlegel, Friedrich 238
Schopenhauer, Heinrich Floris 131
Schopenhauer, Johanna 130f., 138
Schütz, C. G. 17
Schupp, Joh. Balthasar 150
Schuster, J. F. 50, 108f.
Schwarz, F. H. 132
Schwarz, Veit Konrad 93, 103
von Schweinichen, Hans 137, 139, 148, 155
Seele, Jean Bapt. 235
Selhamer, Christoph 200
Siberechts, Jan 59
Spalatin, Georg 190
Spangenberg, C. 277
Spener, Ph. Jacob 167
Stella, C. 95
Stephan, Josef 221
Stilling, Wilhelm 38
Stromer (Familie) 62

Thomasius, Christian 170, 237
Thurneyser, Leonhard 251

de Vos, Cornelius 31

von Wasserburg, Jordan 48
Weiditz, Hans 68, 71, 182
von Weinsberg, Hermann 148
Weiße, Christian 211
Weiße, Felix 201
Wenig, Michael 18
Wickram, Jörg 254
Will, Joh. Martin 224
Wimpfeling, Jac. 275
von Wurm, Anna Magdalena 167f.

Zink, Burkhardt 37

Ortsnamenregister

Althegnenberg 259
Ansbach 206
Augsburg 37, 153, 215

Berlin 60, 251
Bern 290
Berndorf 24f.
Braunschweig 118
Breslau 188
Burtenbach 215

Danzig 130, 192, 281
Dorfbeuren 24ff.
Durlach 27ff., 135

Entraching 259

Frankfurt 17, 166, 192, 270
Freiburg i. Br. 90, 285ff., 289

St. Gallen 285
Genf 135
Gießen 31f., 134, 211
Göttingen 181f.
Gotha 117

Hamburg 90, 219
Hildesheim 155
Höchstadt 99f.
Hohenaschau 25f.

Karlsruhe 27, 180f.
Kiel 188
Kirchberg 77
Kitzingen 37
Koblenz 212
Kreuznach 141
Kulmbach 282

Lenzburg 142
Lucca 166
Lübeck 153
Luzern 135

Mainz 31ff., 134f., 212
Marburg 215, 271
Memmingen 192

Nürnberg 166, 192, 260

Oppenheim 31–36, 135, 149f., 208f.

Philippsburg 135
Prag 188

Quedlinburg 168

Schaffhausen 153
Schleißheim 69
Schwalm 37
Stockerau 26f.
Stuttgart 283

Trier 208f.

Ulm 133, 192

Wittenberg 165

Zürich 258
Zweibrücken 180, 283

Sachregister

Aberglauben 9, 82, 216, 220ff., 276, 293
Ackerbau 23, 38, 45
Affenliebe 97
Alkoven 67
Allerseelen 227
Altenteiler (Altenteil) 13, 24, 51f., 203f.
Amme(n) 46, 84, 92ff., 95, 101, 235
Anerbenrecht 24
Arbeitshäuser 207
Armut 47, 205
Arzt(e) 78, 82, 88, 92, 98, 196, 231
Aufgebot 145, 147
Aufklärung (Aufklärer) 71, 74, 92, 94, 97, 102, 104, 121, 128, 131, 157, 159, 163f., 172, 195f., 201, 230f.
Ausgedinge 25, 204

Badestube (Badehaus) 65, 78, 95, 146, 193
Bahrtuch 219
Begräbnisbrief 218
Beichtzettel 178
Beleuchtung 65
Besteck 71f.
Bestialität 195
Bett 58f., 64, 67, 256
Bier 69f., 165, 227
Bigamie 145, 147, 192
Bildung 21ff.
Blattern 212
Blutschande 192
Brand 56
Brandenburgische Polizeiordnung 178
Brautbad 146, 148
Brautbett 156
Brautexamen 145, 147
Brautkrone 153
Brautmesse 151
Brautschau 140
Brautschuhe 145
Brautsuche 136, 138
Brei 69
Briefwechsel 165
Brot 69, 72, 259
Brunnen 61, 78
Bücher 116
Bürgerspital(er) 204
Bürokratisierung 18f., 22
Burschenschaften 122, 124f., 136, 140, 185

Castrum Doloris 220
Charivari 125, 143, 148

Dachtraufe 12
Degen 75
Diele 61
Disziplinierung 117, 236
Dreißigjähriger Krieg 34, 56, 201

Ehebruch 143, 175ff., 179f., 185, 188, 192–194, 283, 287, 290
Ehegericht 143, 160, 175, 190, 193, 283
Ehehindernis(se) 147
Eheideal 164, 238
Ehekonflikt(e) 174, 178, 181
Ehepfand 143, 187
Eherecht 143, 162, 180
Eheversprechen (Heiratsversprechen) 139, 141–144, 187
Ehevertrag (Ehekontrakt) 140f., 158
Ehrbar(keit) 16, 46
Ehre 8, 15f., 20, 55, 140, 152f., 175f., 216, 219
Emanzipation 47, 186, 197, 244
Emotionalisierung 47, 106, 158, 242, 244
Empfängnisverhütung 89
Epidemien 37, 88, 213

Erbgewohnheiten 23
Erbrecht 23
Erbregel 18
Erlösung 215
Erotik 161, 164, 170, 185, 191, 237
Ertrinken 212
Eßritual 73
Etter 12

Familienbücher 30
Familiengrab 223
Familienideal 231f.
Familienplanung 22
Fassade(n) 57, 60
Fayence 65
Fegefeuer 217, 221
Feiertage 57
Feste 8, 125
Feuerstelle 59, 65
Fieber 212
Flachshechseln 48
Fladen 69
Fleisch 70
Freizeit 15, 74
Freudenhaus(er) 185, 193
Freundschaft 132, 141, 172, 266, 279, 293
Friedhof (Kirchhof) 112, 217, 219f., 222f., 227, 293

Gabel 65, 72
Gasthaus (Wirtshaus) 12, 54, 126, 141f., 151, 178, 227
Gardinen 65
Garten 16, 39, 45, 61, 110
Gebärstuhl 83
Geburtenbeschränkung 190f.
Geburtenkontrolle 22
Geburtenplanung 190
Geburtenzahl 22, 32ff.
Geburtsbrief 188
Geburtsregister 85
Geburtstag 85
Gehorsam 43, 55, 102, 107, 124, 151, 200, 205
Gemüse 69, 259
Geschirr 66, 78
Geschlechtscharaktere 234
Geschlechtskrankheit 193
Geschlechtsreife 121f.
Gesellen 16, 28, 50, 52, 54, 121ff., 126, 128, 205
Gesellenordnungen 52, 123
Gesellenverbände 122, 125f., 136
Gesindeordnung(en) 51
Getreide 69
Gilde 14
Gleichstellung 163
Grab 220, 223, 225, 227
Gymnasien 116, 120, 122, 124

Haartracht 132
Hainbund 131
Handtücher 78
Haube 75, 155, 277
Hausfrau (Haus-Mutter) 13, 17, 25, 27f., 30, 39f., 43ff., 47, 49ff., 53f., 98, 130, 138, 176, 182f., 218, 230, 232, 234, 253, 270
Hausfrieden 12, 52, 65, 175, 178
Hausgeräte 58
Hausherr (Haus-Vater) 13, 15, 17, 20, 22, 25, 27–30, 37–45, 47, 50–56, 64, 67, 80, 98, 102, 106, 122, 124f., 136, 175f., 218, 234f., 253
Hauslehrer 131
Haustiere 57
Hausväterliteratur 23, 49
Hausvisitation(en) 174
Hebamme 82f., 85, 153, 288
Heimarbeit(er) 16, 18ff., 24, 46
Heimindustrie 109
Heiratsalter 31, 134f.
Heiratsannonce 136
Heirats- oder Ehebrief 140, 271
Heiratsmarkt 125
Heiratspolitik 22
Heiratsstrategie 24
Heiratsvermittler 136
Heizung 64f.
Herberge(n) 126
Herd 12, 54, 58f., 61, 65, 67
Hirten 196

Hochzeitsfeier (Hochzeitsfest) 153 f., 276
Hochzeitskleid (Brautkleid) 145, 151
Hochzeitslader 150
Hochzeitsmahl 73, 151
Hochzeitszug 151
Hofmeister 116
Hofnamen 14
Hofübergabe 25, 52
Holz (Holzverkleidung) 58 f., 67
Homosexualität 195 f., 290
Hosen 75
Hütte 56, 58
Hunger 34, 47, 68 f.
Hurerei 171, 192, 273
Hut 74
Hygiene (hygienisch) 22, 34, 58, 60, 78, 88, 95 f., 218, 223, 232
Hygienisierung 61

Illegitimität 186
Impotenz 179 ff.
Individualität 7 f.
Individualismus 23
Industrialisierung 18, 21, 109, 244
Infektion(en) 88, 213
Inleute 13, 24 f., 30
Intimisierung 155, 244
Invalide 205
Inwohner 26 f., 29, 51, 204
Inzest 147

Jahrmarkt(e) 222
Jüngstes Gericht 222
Jugendgruppen (-bünde) 124, 128, 195
Jugendkult 131
Jungfräulichkeit 160, 188

Kaffee 69, 227
Kaiserschnitt 83
Kamin(e) 63, 66
Kammer(n) 61
Kanalisation 61
Kapitalisierung 45
Kartoffel 69
Katechismus 105, 117, 120
Katholiken 86, 120, 157, 223
Katholizismus 89, 151, 161 f.
Katzenmusik 126
Kernfamilie 13, 24 ff., 56, 213, 230
Kerzen 58, 63 ff.
Keuchhusten 213
Kienspäne 58, 65
Kinderarbeit 109, 114
Kinderlosigkeit 80, 190
Kinderspiele 79
Kindsbett 212
Kindsmord 96
Kindstöterin(nen) 83, 261
Kirchenbuße 177
Kirchenregister 145
Kirchgang 41
Klassensystem 116, 120, 124
Kleiderluxus 75 f.
Kleinfamilie 244
Kleinvieh (Kleinviehhaltung) 16, 39, 45, 61, 110
Klostereintritt 15
Knabenschaft(en) 125
Knappschaftskassen 205
Körperlichkeit 75, 172, 191
Körperpflege 65
Konfirmation 121
Konkubinat 158
Kranke 21, 205
Krankenkassen 21
Krankheit(en) 34, 52, 57, 78, 98, 179, 207 f., 211 ff., 243
Kriminalisierung 191, 195
Küche 57 ff., 60 f., 63, 66, 71 f., 72, 256

Landsmannschaft(en) 128
Landstreicher 7, 75
Lebensideal 240
Lehrling 16, 122
Lehrpläne 116
Leibgedingevertrag 203
Leichenabdankung 225
Leichenansager 218
Leichenbitter 218
Leichenpredigt 215, 220, 225
Leichenzug 219 ff.
Leichtfertigkeit 144, 187

Löffel 72
Lohnarbeiter 18, 60, 205
Luxusordnungen 76
Liebe 16, 81, 134, 151, 158, 162–167, 169–172, 185, 195, 230, 236ff., 244
Liebesgedichte 164
Liebesheirat 134, 137f., 162, 165, 231, 237f., 242

Mädchenverlosung 140
Mädchenversteigerung 140
Masern 213
Masturbation 195f.
Medizin 34, 82, 85
Mehrgenerationenfamilie(n) 25, 27, 29
Mieter 56
Mietwohnung(en) 60
Milch 69f., 259
Mitgift 51, 138, 168
Mode(n) 74ff.
Möbel (Mobiliar) 60, 63f., 66f.
Moralisierung 41, 161, 194f.
Moralpolitik 162, 185, 188, 196
Morgengabe 141, 156
Mutterliebe 80, 94, 96, 105, 242
Mutter(rolle) 233

Nachbarschaft (Nachbarn) 14, 39, 54f., 58, 65, 84, 101, 106, 136, 178, 216, 218, 227, 241
Nachtfreien 187
Nachthemd(en) 67
Nachtwächter 205
Namengebung 86
Nottaufe 85

Obst 69
Ölung, letzte 220
Ofen 58, 60f., 65, 67, 69
Onanie 196

Pädagogik 131
Parentation 225
Partnerwahl 237
Paten 86, 147
Patriarchalisierung 73
Pensionen 206
Pest 34ff., 212f.
Pietismus 115, 162, 169, 172, 189
Pocken 212
Porzellan 65
Preußisches (Allgemeines) Landrecht 94, 144
Privatisierung 64
Privatsphäre 16f., 19, 56
Probeehe(n) 187
Probenacht(e) 187
Promiskuität 157
Prostitution 185, 193
Protestanten (protestantisch) 86, 120f., 143, 157, 221, 223
Protestantismus 89, 138, 151, 161f., 178, 225, 228
Protoindustrialisierung 19, 22
Prüderie 185
Prüfung(en) 119f.
Prügel(n) 100, 106, 118
Puppen 62
Puritanisierung 238

Rathaus 141
Realteilung 24
Recht, kanonisches 160
Reformation 41, 68, 75, 102, 115, 120, 143f., 159ff., 165, 174, 178, 195f., 221f., 228, 242
Reisen 123
Repräsentation 17, 46, 56, 63, 66, 78, 113, 219, 225, 227
Requiem 220
Ring 143
Rock 75, 77, 260
Romantik 170, 172, 195, 204, 238
Ruhr 213

Säkularisierung 7, 160, 169, 180
Säuglingspflege 96, 98
Sakrament 85, 157, 161
Sakrament der Ehe 160
Sakrament der Taufe 86
Sarg(e) 217, 219, 223
Scharlach 213
Scheidung (Ehescheidung) 162, 178–184, 194, 282f.

Schindanger 222
Schlafanzug(e) 67
Schlafzimmer (-kammer) 51, 58f., 64, 67, 190
Schläge 102
Schlaganfall 212f.
Schleier 75
Schuhe 75, 77
Schule 16, 20f., 101, 111f., 115ff., 120, 124, 130, 236
Schulordnung 117f.
Schulpflicht 112
Schutzimpfung(en) 88
Schrank 67
Schwindsucht 212f.
Seelenfreundschaft 172
Seelengemeinschaft 167
Seide 75
Selbstmörder 222
Selbstmord 212
Sensibilisierung 169, 191, 195
Servietten 65, 72, 78
Seuchen 34, 88
Sinnlichkeit 161f., 164, 170, 172, 185, 237f.
Sittengericht 191
Sittenkodex 15
Sodomie 185, 192, 195f., 288ff.
Sozialversicherung 205
Sparsamkeit 46, 170, 176
Speisezimmer 72
Spinnen 46, 48
Spinnstube 126, 268
Spiritualisten 162
Sterbeglocke 216
Stillen 92, 94, 190
Stoff(e) 74
Strafe(n) 75, 96, 102, 120, 176ff., 187, 191, 196
Stube 59ff., 61, 63, 66, 72, 127, 256ff.
Sturm und Drang 131f.
Suppe(n) 69f., 259

Tapeten 67
Taufe 84–87
Tauftag 85
Teller 72
Tisch 64, 67
Tischdecke(n) 65, 72
Tischgebet 73, 120, 260
Tischordnung 73
Tischsitte(n) 73
Tischzucht 44
Toilette(n) 61, 64
Totenfeier 220
Totengesang 217
Totenkult 223, 227
Totenmahl 225, 227
Totenwache 217, 225
Tridentinum 151, 161
Tranfunzeln 58
Transportgewerbe 205
Trauer 75, 227f.
Trauergemeinde 221
Trauergottesdienst 220
Trauerkleidung 227
Trauerrede 141
Tuche 75f.

Übergabevertrag 205
Übergangsriten 225
Uhren 63f., 258
Unauflöslichkeit 158, 161
Unehelichkeit 13, 185, 188f.
Unfall 213
Unglücksfall(e) 212
Universität 116, 122, 128, 188, 236
Unzucht 154, 158, 191ff., 290

Verhäuslichung 71, 244
Verkirchlichung 143
Versittlichung 201
Verwandtschaft (Verwandte) 13, 18, 23, 25, 54, 110, 178, 216
Volkszählung 30

Wäscherei 50
Waise 136, 139
Wallfahrt 88, 98, 223
Wandschmuck 68
Waschhaus 78
Wassersucht 212f.
Wasserversorgung 14
Weben 46

Wegsperre 152
Weiber-Arbeit (weibliche Arbeit) 43, 47f.
Weiblichkeit 234
Wein 69f., 165
Werbung 134, 139f.
Werbungsrede 139
Wickeln 94ff.
Wiegen 95
Winkelheirat 139, 144
Witwen- und Waisenkasse(n) 21, 207
Witwenversorgung 204, 206
Wochenbett 84, 90f.
Wochenfest 85
Wochenstube 82, 86
Wöchnerin 84
Wohnpolitik 56

Zärtlichkeit 99, 101f., 164, 191
Zeugen 161
Zivilehe 163
Zölibat 160
Zubettlegung 155
Züchtigungsrecht 21, 54, 175

Anzeigen

Richard van Dülmen
Kultur und Alltag in der Frühen Neuzeit
16.–18. Jahrhundert

Band 2: Dorf und Stadt
2. Auflage. 1999. 373 Seiten mit 68 Abbildungen. Broschiert

Richard van Dülmen erzählt in diesem zweiten Band seiner umfassenden Alltags- und Kulturgeschichte der Frühen Neuzeit von der Lebenswelt auf den Dörfern und in den Städten. Bauern und Kaufleute, Handwerker und ihre Zünfte, Festbräuche der Menschen, öffentliches Leben und staatliche Macht werden hier anschaulich und lebendig vorgestellt.

Band 3: Religion, Magie, Aufklärung.
1994. 343 Seiten mit 63 Abbildungen. Broschiert

Im dritten und abschließenden letzten Band seiner Kulturgeschichte des Alltagslebens der Frühen Neuzeit wendet sich der Historiker Richard van Dülmen der großen religiösen Bewegung der Reformation, der Magie, dem Volksglauben und dem gewaltigen geistigen Wandlungsprozeß der Aufklärung des 18. Jahrhunderts zu.
Gegenüber den geistesgeschichtlichen Untersuchungen wird hier vor allem die Frage gestellt: Wie haben Reformation und Aufklärung auf die Menschen und ihre Lebensverhältnisse gewirkt?